JN485571

고대 러시아 문학사

어둠을 밝히는 횃불

김 문 황 저

Moonhwang Kim

A History of Old Russian Literature

A Torch Shedding Light on the Darkness

머리말

러시아 문학에 대해 대부분의 사람들은 중·고교 시절 접했던 19세기 산문 작가인 도스또옙스끼, 똘스또이의 주요 작품 제목 혹은 간략한 줄거리만을 어렴풋이 기억하고 있다. 이러한 경향은 노어노문학과에 입학한 새내기들에게도 결코 예외가 아니다. 대부분 중·고교에서 서양고전 필독서로 선정되어 있는 「죄와 벌」, 「전쟁과 평화」 등을 읽을 때 이에 관련된 역사·사회적 배경을 충분히 이해하지 못하고 무작정 독서하게 되면, 시간이 흐르면서 따분한 느낌을 갖게 되고 책 읽는 흥미마저 차츰 사라져 몇 쪽을 뒤적이다 이내 책을 덮어 버리게 된다. 결국 기억에 남는 것은 제목과 역자가 쓴 반쪽 분량의 간략한 해설뿐이다.

필자는 외국문학을 접하려고 시도하는 중·고생, 대학생 그리고 일반인들에게 다음과 같은 조언을 하고자 한다. 외국작품을 읽기 전에 먼저 그 나라의 역사에 대한 이해가 반드시 선행되어야 한다는 것이다. 그렇지 않을 경우 외국작품 속에 등장하는 인물, 시대적 배경, 풍속, 의복 등은 우리의 대뇌에 전달되는 순간에 우리의 것들로 둔갑하기 때문에 작가의 의도와는 전혀 다르게 변질되고 만다. 그래서 외국문학을 독서하기 이전에 그 나라의 간략한 역사나 문학사에 관한 서적을 참고로 읽을 필요가 있다.

일반적으로 러시아 문학을 시대별로 분류할 때 '고대문학'(11~17세기), '18세기 문학', '19세기 문학', '20세기 초 문학', '구 소비에트문학'(1917~1991년), 그리고 1992년 이후 '현대 러시아 문학'으로 나눈다. 흔히들 러시아 문학에 대해 언급할 때 19세기 혹은 20세기 문학을 주로 이야기한다. 그러나 세계적으로 명성을 얻은 19세기 러시아 문학은 돌발적으로 출현한 것이 아니라 18세기 문학의 영향을 받았고, 또한 18세기 문학은 고대 러시아 문학의 영향을 받았다고 단언할 수 있다. 러시아를 포함한 서방세계에서는 20세기 초부터 고대 러시아 문학에 관한 관심이 증폭되면서 고대 러시아 문학작품의 번역과 고대문학에 대한 많은 연구가 진행되었다. 이에 비하여 한국에서는 고대 러시아 문학에 관한 서적 및 연구가 초보적인 단계에 있는 실정이다.

이러한 상황에서 필자는 노어노문학을 전공하는 학생뿐 아니라 일반 독자까지지도 쉽게 이해할 수 있는 「고대 러시아 문학사」를 집필하게 되었다. 이 책은 러시아와 서방에서 출판된 '고대 러시아 문학사'와는 차별되는 특징이 있다. 먼저 세기별로 장을 나누었고, 각 장의 서두에 그 세기의 간략한 역사를 소개하였다. 그리고 세기별로 주요 작품과 작가를 소개하면서 일반적인 문학사에서 취급하는 전문적인 비평보다는 작품의 줄거리에 많은 분량을 할애하여 독자로 하여금 텍스트의 내용을 이해하고 흥미를 갖고 쉽게 접하도록 배려하였다.

이 책에서는 원문에서 인용한 중요한 단어와 문장들을 각각 ' '와 " "으로 묶었으며, 문학잡지의 명칭을 ≪ ≫, 작품명을 「 」, 작품집을 『 』 안에 넣어 한글과 원어를 병행하여 표기하였다. 이 책에 인용된 고대 러시아 문학작품의 원문은 러시아 학자 구찌가 편집한 「11~17세기 고대 러시아 문학 선집 *Хрестоматия по древней русской литературе XI ~XVII веков*」(Составил Н. К. Гудзий , Москва : Государственное учебно-педагогическое издательство, 1955)과 덴마크 학자 스텐더-페터센이 편집한 「고대 러시아 문학 선집 *Anthology of Old Russian Literature*」(Edited by AD. Stender-Petersen, New York : Columbia University Press, 1954)을 사용하였다. 구찌가 편집한 책에는 6쪽, 그리고 스텐더-페터센이 편집한 책에는 30여 쪽에 달하는 고대 러시아어 어휘 해석이 부록으로 첨부되어 있어 번역에 다소 도움이 되었으나, 정확한 번역을 위해 스레즈넵스끼(1812~1880)가 전생애를 통해 연구한 자료를 토대로 하여 러시아 학술원에서 1890년부터 1912년에 걸쳐 총3권으로 발행한 방대한 분량의 사전을 1958년 재출판한 『고대 러시아어 사전을 위한 교재 *Материалы для словаря древнерусского языка*』(Составил Измаил Иванович Срезневский , Москва : Государственное издательство иностранных и национальных словарей , 1958)를 활용하였다.

끝으로 러시아 문학에 관심이 있는 중·고생 및 대학생, 러시아 문학을 사랑하는 문학 애호가들, 그리고 러시아에 관심을 갖고 있는 일반 독자들이 이 책을 통해 러시아와 러시아 문학에 관한 보다 깊은 이해와 애정을 갖게 되기를 바라며 머리말을 맺는다.

2002년 가을에

저 자

추천의 글

태고의 어둠을 밝히는 횃불을 반기며

고 일(고려대 노어노문학과 교수)

문학은 인간의 다양한 삶을 다양한 글로 기록한 것이고, 문학사는 이를 역사적으로 정리한 것이다. 따라서 문학과 역사는 서로 불가분의 관계에 있다. 역사적 배경을 염두에 두고 문학사를 기술하거나 읽는 것은 바로 이 때문이다.

문학사는 두 가지 기능을 한다. 하나는 문학을 알기 전에 전반적인 흐름을 파악하는 것이고, 다른 하나는 문학을 알고 난 후 이를 정리하는 것이다. 그러므로 문학사를 읽거나 기술할 때는 이 점을 고려하게 된다.

한 인간의 삶은 크고 작은 갖가지 일로 이루어지는데, 그 중에서도 각별한 의미를 지니는 일이 몇 가지 있기 마련이다. 작가는 이를 소재로 하여 작품을 만들어낸다. 어디 한 인간뿐이랴. 공동체의 삶에서도 갖가지 일이 일어나고 중요한 의미를 가지는 일은 문학의 소재가 되기 마련이다. 따라서 문학작품을 감상하는 것은 개인의 삶은 물론 공동체의 삶을 감상하는 것이 된다. 그리고 문학사를 읽는 것은 이러한 개인과 공동체의 삶의 흔적은 물론 그를 구상한 작가의 자취 또한 훑어보는 것이다.

문학사를 기술하는 이는 여러 가지 어려움을 겪게 되는데 그 중

하나는 '무엇을 얼마나 상세하게 기술할 것인가'이다. 물론 이 문제는 누구를 위한 문학사를 기술할 것인가를 결정할 때 어느 정도 해결이 되기는 한다. 그러나 기술하는 과정에도 이 문제는 쉬이 사그러들지 않는다. 그래서 문학사는 주요 문예사조와 주요 작가 그리고 이들의 대표작을 소개한다는 근본 취지는 같으나 쓰는 이에 따라 그 내용이 굵직굵직해지기도 하고 또는 오밀조밀해지기도 한다. 읽는 이의 입장에서 볼 때 전자의 방침에 따라 기술된 책은 일목요연하게 전체를 살펴볼 수 있다는 장점을, 후자의 경우에는 특정 작가나 작품에 대해 상세한 정보를 얻을 수 있다는 장점을 갖게 된다.

한 인간의 삶을 조망할 때 어렸을 때의 기억은 아스라이 멀어 제대로 복원하기가 어렵다. 때문에 으레 기억에 각인된 사건이나 인물 위주로 회상된다. 문학사라고 해서 예외는 아니다. 고대나 중세로 거슬러 올라갈수록 많은 것이 어둠에 묻혀 있어 그 시대의 삶의 궤적을 밝히기가 쉽지 않다. 그러므로 고대, 중세 문학사를 기술한다는 것은 횃불을 들고 조심스럽게 어둠을 밝히는 일에 비유할 수 있다. 그 횃불이 밝을수록 과거의 기억은 어둠에서 나와 현재에 보다 가까이 다가올 것이다.

그런 어려운 작업을 동료 김문황 교수가 시작했다. 바로 이 책으로서, 그가 평소 사려 깊게 탐구하며 부단히 학문을 갈고 닦은 데서 우러난 소중한 산물이 아닐 수 없다. 이 책의 진정한 가치는 독자층을 일반인과 대학생으로 상정하여 가능한 한 쉽고 친절하게 기술되어 있다는 데 있다. 그것은 러시아 역사상 중요한 사건과 흐름, 주요 작가와 작품을 알기 쉽게 풀이하는 형태로 나타난다. 이러한 방침은 앞으로 그가 기술할 다른 책에서도 지속될 것으로 보인다. 반가운 일이다. 이 책을 읽으며 우리는 분명 러시아 그리고 러시아 문학을 이전보다 더 가깝고 친근하게 여기게 될 것이다.

차 례

제2장 13세기 문학

제3장 14세기 문학

제4장 15세기 문학

제5장 16세기 문학

제6장 17세기 문학

러시아 대공과 황제의 계보

(괄호 안의 연도는 통치연도를 지칭함)

끼예프 러시아

류릭(Рюрик, 862~879) — 올레그(Oleg, 879~912) — 이고리(Игорь, 912~945) — 올가(Ольга, 945~957 : 섭정) — 스뱌또슬라프(Святослав, 957~972) — 야로뽈끄 I세(Ярополк I Святославич, 972~980) — 블라지미르 대공(Владимир Святославич Святой, 980~1015) — 스뱌또뽈끄 I세(Святополк I Владимирович Окаянный, 1015~1019) — 야로슬라프 현공(Ярослав Владимирович Мудрый, 1019~1054) — 이쟈슬라프(Изяслав Ярославич, 1054~1078) — 프세볼로드 I세(Всеволод I Ярославич, 1078~1093) — 스뱌또뽈끄 II세(Святополк II Изяславич, 1093~1113) — 블라지미르 모노마흐(Владимир Всеволодович Мономах, 1113~1125) — 므스찌슬라프(Мстислав Владимирович Великий, 1125~1132) — {끼예프 러시아의 분열 : 1132~1238} — 야로뽈끄 II세(Ярополк II Владимирович, 1132~1139) — 뱌체슬라프(Вячеслав Владимирович, 1139~1146) — 이쟈슬라프 II세(Изяслав II Мстиславич, 1146~1154) — 로스찌슬라프(Ростислав Мстиславич, 1154~1167) — {끼예프 러시아의 몰락과 블라지미르-수즈달 러시아의 부상}

블라지미르-수즈달 러시아

유리 돌고루끼(Юрий Владимирович Долгорукий, 1149~1157 : 수즈달 공후) — 안드레이 보고륩스끼(Андрей Юрьевич Боголюбский, 1157~1174 : 블라지미르 공후) — 프세볼로드 III세(Всеволод II Юрьевич Большое Гнездо, 1176~1212 : 수즈달 공후) — 유리 II세(Юрий II Всеволодович, 1212~1238) — 야로슬라프 II세(Ярослав Всеволодович, 1238~1246) — {따따르의 굴레(татарское иго), 1240~1480} — 스뱌또슬라프(Святослав Всеволодович, 1247~1248) — 안드레이 II세(Андрей II Ярославич, 1249~1252) — 알렉산드르 넵스끼(Александр Ярославич Невский, 1252~1263) — {모스끄바-뜨베리 러시아의 부상}

모스끄바-뜨베리 러시아

야로슬라프(Ярослав Ярославич, 1263~1272 : 뜨베리 공후) — 바실리(Василий Ярославич, 1272~1276 : 꼬스뜨롬스끄 공후) — 드미뜨리(Дмитрий Александрович, 1276~1281 : 뻬레야스블 공후, 1283~1294 : 블라지미르 공후) — 안드레이 III세(Андрей III Александрович, 1281~1283 : 고로제쯔끄 공후, 1294~1304 : 블라지미르 공후) — 미하일(Михаил Ярославич, 1304~1319 : 뜨베리 공후) — 유리 III세(Юрий III Данилович, 1303~1325 : 모스끄바 공후) — 알렉산드르(Александр Михаилович, 1326~1328 : 뜨베리 공후) — {모스끄바 러시아의 부상}

모스끄바 러시아

이반 I세(Иван I Данилович Калита, 1328~1340) — 시메온(Симеон Иванович Гордый , 1340~1353) — 이반 II세(Иван II Иванович Красный , 1353~1359) — 드미뜨리 돈스꼬이(Дмитрий Иванович Донской , 1359~1389) — 바실리 I세(Василий I Дмитрьевич, 1389~1425) — 바실리 II세(Василий II Васильевич Тёмный , 1425~1462) — 이반 III세(Иван III Васильевич, 1462~1505) — 바실리 III세(Василий III Иванович, 1505~1533) — 이반 IV세(Иван IV Васильевич Грозный , 1533~1584) — 표도르 I세(Фёдор I Иванович, 1584~1598 : 류릭 왕조의 마지막 황제) — {혼돈의 시기(сумутное время), 1598~1613} — 보리스 고두노프(Борис Годунов, 1584~1598 : 섭정, 1598~1605 : 재위) — 표도르 II세(Фёдор II Борисович, 1605) — 가짜 드미뜨리 I세(Лжедмитрий I, 1605~1606) — 바실리 IV세(Василий IV Шуйский, 1606~1610) — 가짜 드미뜨리 II세(Лжедмитрий II, 1607~1610) — 블라지슬로프(Владислов, 1610~1612 : 폴란드 왕자)

로마노프 왕조

미하일 로마노프(Михаил Романов, 1613~1645) — 알렉세이 로마노프(Алексей Михаилович, 1645~1676) — 표도르 III세(Фёдор III Алексеевич, 1676~1682) — 이반 V세(Иван Алексеевич, 1682~1689 : 공동재위) — 소피아(Софья Алексеевна, 1682~1689 : 섭정) — 뾰뜨르 I세(Пётр I Алексеевич, 1682~1689 : 공동재위, 1689~1725 : 단독통치) — 에까쩨리나 I세(Екатерина I, 1725~1727 : 뾰뜨르 I세의 둘째 부인) — 뾰뜨르 II세(Пётр II Алексеевич, 1727~1730) — 안나(Анна Ивановна, 1730~1740 : 이반 V세의 딸) — 이반 VI세(Иван VI, 1740~1741 : 이반 V세의 증손자) — 엘리자베따(Елизавета Петровна, 1741~1762 : 뾰뜨르 I세의 딸) — 뾰뜨르 III세(Пётр III, 1762 : 뾰뜨르 I세의 손자) — 에까쩨리나 II세(Екатерина II, 1762~1796 : 뾰뜨르 III세의 부인) — 빠벨(Павел Петрович, 1796~1801 : 뾰뜨르 III세의 아들) — 알렉산드르 I세(Александр I Павлович, 1801~1825) — 니꼴라이 I세(Николай I Павлович, 1825~1855) — 알렉산드르 II세(Александр II Николаевич, 1855~1881) — 알렉산드르 III세(Александр III Александрович, 1881~1894) — 니꼴라이 II세(Николай II Александрович, 1894~1917 : 로마노프 왕조의 마지막 황제)

러시아 정교회의 주요 성직자 명칭과 서열

'흑(黑) 수도사'
черноризец
(독신으로 지내는 성직자)

- 총주교
  патриарх
- 부(府)주교
  митрополит
- 대주교
  архиепископ
- 주교
  епископ
- 수도관장
  архимандрит
- 수도원장
  игумен

'백(白) 수도사'
белоризец
(결혼생활을 할 수 있는 성직자)

- 사제장
  протопоп
  (протоиерей)
- 사제
  поп
  (иерей)
- 보제장
  протодьякон
- 보제
  дьякон

제 1 장 11~12 세기 문학

1. 끼예프 러시아의 건국과 11~12세기 러시아
2. 고대 교회슬라브어
3. 고대 러시아 문학의 태동
4. 번역문학
5. 창작문학

1. 끼예프 러시아의 건국과 11~12세기 러시아

러시아 건국에 관한 학설은 두 가지가 있는데 하나는 12세기 수도사 네스또르(Нестор, 1056~1113)에 의하여 1113년에 편집되었다고 추정되는 「지난 시대의 이야기 Повесть временных лет」를 중심으로 한 '노르만 학설'과 9세기 훨씬 이전에 건국되었다는 '슬라브 학설'이 있다.[1] 이 학설에 의하면 '루스'(Русь)[2]의 최초 통치자인 류릭(Рюрик, 862~879)은 바이킹(Варяг)의 후예로 스칸디나비아 반도에서 슬라브 땅으로 들어와 862년 노브고로드(Новгород)에 정착하여 슬라브족을 통치하였다. 그 후 류릭의 후계자 올레그(Олег, 879~912)가 스몰렌스끄와 끼예프를 점령한 후 882년에 끼예프로 수도를 이전하여 '끼예프 러시아'(Киевская русь)를 건국하였다. 그는 정복사업을 계속 수행하여 인근 슬라브족을 흡수 통합하였으며, 인근 유목민 호자르(Хозар)족을 격파하였다. 그는 911년에 비잔틴 제국의 수도인 콘스탄티노플을 공격하여 비잔틴 제국과 항구적 평화조약을 체결하였다.

올레그의 후계자 이고리(Игорь, 912~945 : 류릭의 아들로 추정됨) 공후는 인근 슬라브족을 계속 흡수하면서 두 차례에 걸친 소아시아와

1) 현재까지는 '노르만 학설'이 지배적이다.

2) 이반 III세가 통치하던 시절인 1480년까지 러시아를 '루스'라고 불렀다.

류릭이 바이킹족을 이끌고 슬라브 땅에 도착한 장면
(왼쪽에서 두 번째 인물이 류릭이다.)

콘스탄티노플 원정을 감행하였으며, 945년에는 비잔틴 제국과 새로운 평화조약을 체결하였다. 그는 자신의 '친위대'(дружина)를 결성하여 정복지역으로부터 공물과 인두세로 모피 · 꿀 · 왁스 등을 거두어들였고, 수집한 공물들을 당시 주요 무역로인 드네쁘르(Днепр)강을 이용하여 흑해로 운반하여 콘스탄티노플과 인근지역에서 그들에게 필요한 실크 · 향신료 · 포도주 등으로 교환하였다. 정복지역에서의 공물수집 과정에서 유목민 드레블랴네(Древляне)족의 폭동이 발생하여 이고리 공후와 친위대원들은 945년에 살해되었다. 이고리 공후가 사망한 후 어린 아들을 대신하여 즉위한 부인 올가(Ольга, 945~957) 여공은 957년에 콘스탄티노플을 방문하여 세례를 받은 최초의 공후였다. 현명하고 노련한 통치자 올가에 이어 그녀의 아들 스뱌또슬라프(Святослав, 957~972)가 끼예프 러시아를 통치하였다. 그는 드네쁘르강 동부의 슬라브족들을 복속시켰으며, 볼가강 연안의 호자르족과 두나이(Дунай)강[3]의 불가리아를 공격하여 공물을 받아냈다. 그는 군대를 이끌고 971년에 콘스탄티노플을 침입하였으나 비잔틴 제국의 군사들에게 포위되어 패배한 후 강화조약을 체결하였다. 이듬해 끼예프로 돌아가던 그는 드네쁘르강에서 유목민 뻬체네그(Печенег)족에 의해 살해되었다. 스뱌또슬라프 사후, 아들 사이에 패권다툼이 발생했고, 장남 야로뽈끄(Ярополк, 972~980)가 집권한 후 980년 그의 동생 블라지미르(Владимир Святой, 980~1015) 대공이 권좌에 오르면서 끼예프 러시아는 정치·문화적 측면에서 많은 발전을 이룩하게 된다. 그는 동슬라브 땅을 점령하여 통합하였고, 뻬체네그족의 침공으로부터 러시아를 방어하기 위해 국경지역에 장벽과 울타리를 설치하였다. 비잔틴 제국과 평화관계를 유지하던 그는 988년에 비잔틴 제국의 공주 안나(Анна)와 결혼하면서 '그리스 정교'(православие)를 끼예프 러시아의 국교로 채택하였다. 그 결과 끼예프 러시아는 비잔틴 제국으로부터 발달된 문화와 예술을 적극 수용하게 되었다. 끼예프에는 많은 교회와 수도원들이 비잔틴 양식으로 건립되었고, 비잔틴으로부터 유입된 서적들로 인해 고대 러시아 문학이 발전하게 된다. 이처럼 국내외적으로 많은 업적을 이룩한 블라지미르 대공은 '성자'(святой)의 칭호를 받았고, 자신의 열두 아들을 끼예프 러시아의 주요 도시에 '공후'(князь)로 임명하였다.

블라지미르 대공 사후에 자식들간에 권력계승을 위한 피비린내 나는 살육이 발생하였다. 장남 스뱌또뽈끄(Святополк, 1015~1019)는

---

3) 도나우강의 러시아 명칭.

이복동생 보리스(Борис)와 글렙(Глеб)을 살해하였고, 막내 야로슬라프(Ярослав Владимирович, 1019~1054)는 바이킹과 노브고로드인들로 구성된 군인들을 이끌고 스뱌또뽈끄와 싸워 그를 물리치고 1019년 권좌에 오르게 된다. 야로슬라프는 나라를 잘 다스려 '현공'(賢公, Мудрый) 이라는 칭호를 얻었으며, 유목민 뻬체네그족을 격파하여 남쪽 국경을 수호하였다. 그의 주요 업적으로 콘스탄티노플 '총주교'(патриарх)의 허락을 받지 않고 끼예프에 '부(府)주교'(митрополит)를 임명할 수 있는 권리 확보, 재판에 관한 최초 러시아 법령집인 『루스까야 쁘라브다 Русская Правда』[4]의 편찬, 그리고 비잔틴 양식의 성 소피아 사원 건립 등을 꼽을 수 있다. 야로슬라프 통치 시절에 끼예프는 주요 상업도시로 급성장하였고, 비잔틴을 포함한 제 유럽 국가들과 교역을 통해 경제적 발전을 이룩하게 되었다. 그러나 야로슬라프가 사망하자 그의 자식들 사이에 분란이 발생하였고, 1113년 블라지미르 모노마흐(Владимир Мономах, 1113~1125) 대공이 집권할 때까지 지속되었다. 그 결과 야로슬라프의 아들 이쟈슬라프(Изяслав, 1054~1078)와 프세볼로드(Всеволод, 1078~1093), 그리고 그의 손자 스뱌또뽈끄 II세(Святополк II, 1093~1113)가 통치하던 시절에 끼예프 러시아의 국력은 약화되었고, 국내외 정치 및 경제는 답보 상태에서 벗어나지 못하였다. 국내에서 발생한 공후들의 불화와 주민들의 봉기, 그리고 터키 계통의 유목민인 뽈로베쯔(Половец)족의 잦은 침입은 마침내 끼예프 러시아의 분열을 가속화시키게 되었다. 1113년 권좌에 오른 블라지미르 모노마흐 대공은 끼예프 러시아의 분열을 저지하려 노력하였다. 그는 공후들간의 불화와 다툼을 종식하고 나라를 단결시켜 과거 야로슬라프 현공이 통치하던 시절의 끼예프 러시아의 영광을 회복하기 위

4) 혹은 '야로슬라프의 쁘라브다'(Правда Ярослава)라고도 불린다.

11세기 초의 끼예프 러시아

12세기 중엽의 끼예프 러시아

하여 후손들을 위한 「훈계서 Поучение」를 집필하기도 하였다. 이 작품은 그의 자식들뿐 아니라 후손들에게 들려주는 올바른 도덕과 윤리 그리고 정치 및 종교에 관한 지침서의 성격을 띠고 있다. 그는 대외적으로 뽈로베쯔족의 침입을 저지하였고, 국내적으로 무너진 질서와 규율의 재확립을 시도한 인물이었다. 1125년 블라지미르 모노마흐 대공이 사망하고 즉위한 그의 아들 무스찌슬라프(Мустислав Великий , 1125~1132)는 부친의 과업을 물려받아 끼예프 러시아의 분열을 저지하며 국가 발전을 도모하였다.

그러나 무스찌슬라프 사후 끼예프 러시아는 다시 분열하기 시작하였고 12세기 중엽 끼예프 러시아는 마침내 12개의 독자적인 '공국'(княжество)—끼예프(Киевское) 공국, 갈리찌야(Галицкое) 공국, 볼르인스끄(Вольнское) 공국, 뚜로프(Туровское) 공국, 뽈로쯔끄(Полоцкое) 공국, 뻬레야슬라블(Переяславльское) 공국, 노브고로드-세베르스끄(Новгород-Северское) 공국, 체르니고프(Черниговское) 공국, 스몰렌스끄(Смоленское) 공국, 무롬-랴잔(Муром-Рязанское) 공국, 블라지미르-수즈달(Владимиро-Суздальское) 공국, 노브고로드 연방공화국(Новгородская федеральная республика)—으로 분열되었다. 러시아가 분열하기 시작하자 이 틈을 타고 뽈로베쯔족이 러시아를 침략하여 약탈과 만행을 저지르며 국토를 황폐화시켰다. 12세기 말 '러시아의 단결'을 주제로 한 작가미상의 작품 「이고리 원정기 Слово о полку Игореве」는 이런 시대적 배경에서 탄생하게 된다.

2. 고대 교회슬라브어

9세기 중엽 이전에 슬라브인들은 문자가 없는 상황이었다. 당시 문화가 발달했던 비잔틴 제국과 지리적으로 가까웠던 남슬라브인들에게 기독교가 먼저 전파되었는데, 이 과정에서 우선적으로 성서를 번역할 언어가 필요하게 되었다. 863년 모라비아(Моравиа : 현 슬로바키아 지역)의 로스찌슬라프(Ростислав) 공후는 비잔틴 황제 미카엘 III세(Michael III, 836~867)에게 기독교로 개종한 모라비아 사람들에게 자신들의 언어로 된 성서의 필요성을 호소하면서 이를 해결할 수 있는 성직자를 파견해 달라는 요청을 하였다. 황제는 이에 적합한 성직자로 그리스의 살로니까(Салоника) 출신 꼰스딴찐(Constantinus, Константин, 827~869)을 선발하였다. 비잔틴 궁중에서 교육을 받은 그는 그리스어, 라틴어, 남슬라브어(구어) 등에 능통한 인물이었다. 그는 모라비아로 떠나기 전에 형 메포지(Methodius, Мефодий , 815~885)와 함께 '고대 교회슬라브어'(древний церковнославянский язык)를 고안한 후, 고안한 문자로 복음서, 바울 서신, 시편 등을 번역하여 모라비아로 떠났다. 마케도니아 지역의 남슬라브 구어[5])를 기초로 하여 고안된 이 문자는 그리스어에서 모방한 40개의 자모로 구성되었다. 소위 '글라골

5) 고대 불가리아 구어와 유사하다.

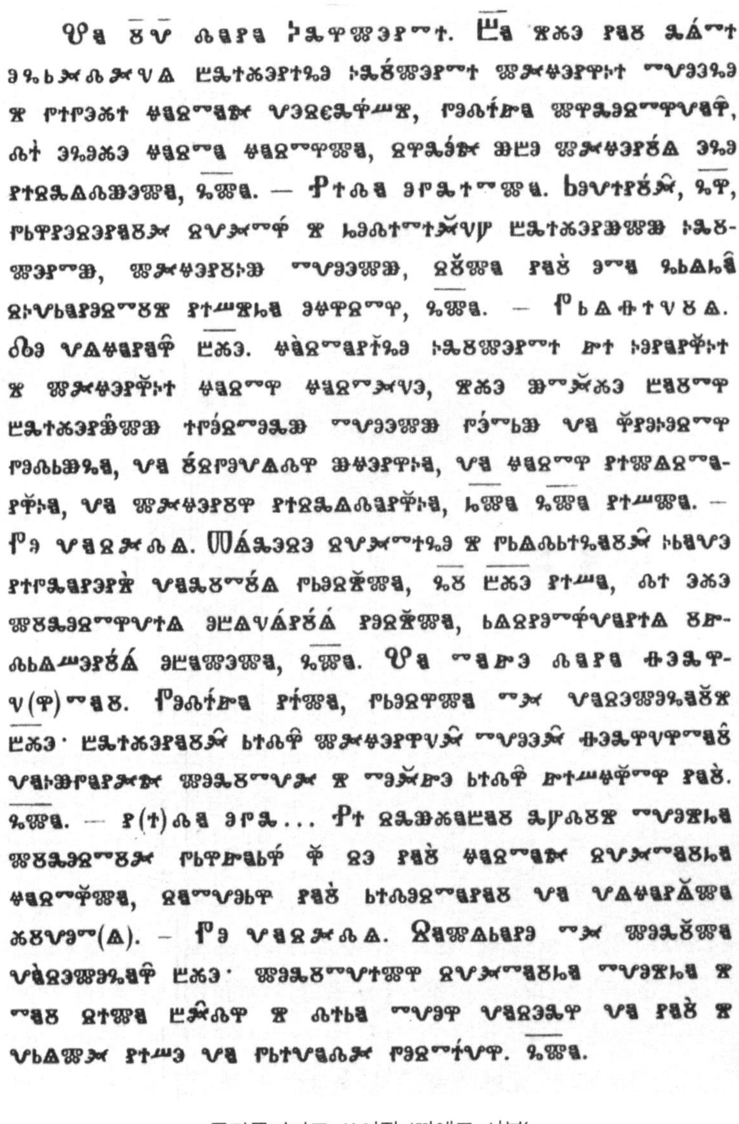

글라골리짜로 쓰여진 '끼예프 사본'
(19세기 중엽 예루살렘에서 발견된 것으로 현재 끼예프 국립박물관 소장)

리짜'(глаголица)라고 불리는 고대 교회슬라브어는 꼰스딴찐과 메포지에 의하여 고안된 가장 오래된 문어체 슬라브어이다.

모라비아에 도착하여 로스찌슬라프의 환대를 받은 꼰스딴찐은 주민들에게 성서를 가르치며 복음을 전파하였다. 그러나 당시 그 지역에 있던 바바리아 계통 성직자들은 "성서는 오직 3개국 언어(히브리어, 그리스어, 라틴어)로만 읽혀져야 한다"고 주장하면서 꼰스딴찐이 하는 행위를 못마땅하게 여겼다. 꼰스딴찐은 모라비아에서 3년을 지내고, 866년에 로마 교황 니콜라스 I세(Nicholas I, 858~867)의 초청을 받고 로마로 향하던 중 빠노니아(Панониа : 현 헝가리 서부지역)를 통과하게 되었다. 그곳에서 꼬쩰(Коцель) 공후의 환대를 받고 '글라골리짜'로 쓴 복음서를 가르쳤다. 그리고 이탈리아의 베네찌아를 거쳐 868년에 로마에 도착하였는데, 니콜라스 I세가 사망하고 즉위한 교황 하드리안 II세(Hadrian II)로부터 환대를 받았다. 이듬해 869년 꼰스딴찐은 로마에서 병들어 사망하고 '끼릴'(Кирилл)이라는 성자명을 부여받았다.

얼마 후 꼬쩰 공후는 교황에게 메포지를 빠노니아로 다시 보내줄 것을 요청하였고, 이에 교황은 바바리아 계통 성직자들과의 마찰을 염려하여 메포지에게 라틴어로 된 성서를 먼저 읽은 후, 고대 교회슬라브어로 번역된 성서로 낭송할 것을 지시하였다. 교황의 명을 받고 빠노니아를 방문하여 복음을 전하던 메포지는 얼마 후 다시 로마로 가서 모라비아와 빠노니아의 대주교(архиепископ) 임명장을 받고 빠노니아로 돌아왔다. 메포지를 늘 못마땅하게 여기던 바바리아 계통 성직자들은 871년에 음모를 꾸며 메포지를 2년간 감옥에 투옥시켰다. 로마 교황 요한 VIII세(John VIII, 872~882)의 도움으로 873년에 석방된 메포지는 모라비아로 가서 복음을 전하게 되었다. 그러나 몇 년 후 요한 VIII세는 고대 교회슬라브어 성서로 예배드리는 것을 금지하는 포고령을 공포하였다. 이에 메포지는 880년 로마를 방문하여 교황을 설득하여 고대 교회슬라브어 성서로 예배드릴 수 있는 허락을 받아냈다. 메포지는 882년부터 2년간 비잔틴에서 생활하고, 884년에 다시 모라비아로 돌아가 시편, 신약의 일부(복음서와 일부 바울 서신) 그리고 구약의 일부(모세5경, 사사기, 열왕기, 예언서 등)를 그의 제자 2명과 함께 번역하기 시작하였다. 그는 885년 모라비아의 수도 베레흐라드(Верехрад)에서 사망하였다.

메포지가 사망한 후, 득세한 바바리아 계통 성직자들은 다시 고대 교회슬라브어 예배를 금지시켰고, 메포지의 제자들을 박해하기 시작하면서 그들을 모라비아에서 추방하였다. 이로 인해 그 제자들은 슬라브 전지역으로 흩어져[6] 고대 교회슬라브어를 슬라브권의 제 민족들에게 전파하게 되었고, 불가리아는 고대 교회슬라브어의 중심지 역할을 하게 된다. 10세기경 그 제자들은 불가리아 지역에서 새로운 형태의 문자를 고안하였는데 이것을 '끼릴리짜'(кириллица)라고 부른다. 현존하는 가장 오래된 끼릴리짜 필사본으로 11세기에 쓰여진 것으로 추정되는 「오스뜨로미르 복음서 Остромирово Евангелие」(1056~1057)가 있다. 이 작품은 당시 노브고로드 시장인 오스뜨로미르를 위해 성직자 그리고리(Григорий)가 신약성서의 복음서 일부를 끼릴리짜로 필사한 것인데 필사가 이름과 연도가 기록되어 있는 것이 특징이다.

988년에 끼예프 러시아가 그리스 정교를 국교로 선포하면서 유입된 고대 교회슬라브어는 교회에서 종교와 문학어로서의 역할을 감당하였다. 10세기 말까지 대부분의 슬라브인들은 상대방의 언어(구어)를 이해하는 데 별 어려움이 없었다. 당시 끼예프 러시아로 들어

6) 대부분 불가리아로 이동하였다.

온 고대 교회슬라브어는 남슬라브인들이 사용하던 구어를 기초로 한 문자이기에 러시아인들은 그 뜻을 이해하는 데 큰 어려움은 없었을 것으로 추정된다. 그리고 이를 통해 고대 러시아 구어에는 부족한 고상한 어휘들과 표현들이 확장되었고, 고대 교회슬라브어의 철자·어휘·발음·문법 등은 고대 러시아어의 발달과 형성에 많은 영향을 끼치게 되었다. 비록 고대 교회슬라브어는 시간이 흐름에 따라 점차적으로 감소하지만, 11세기부터 17세기까지 러시아에서 쓰여진 여러 문헌과 문학작품에서 쉽게 찾아볼 수 있다.

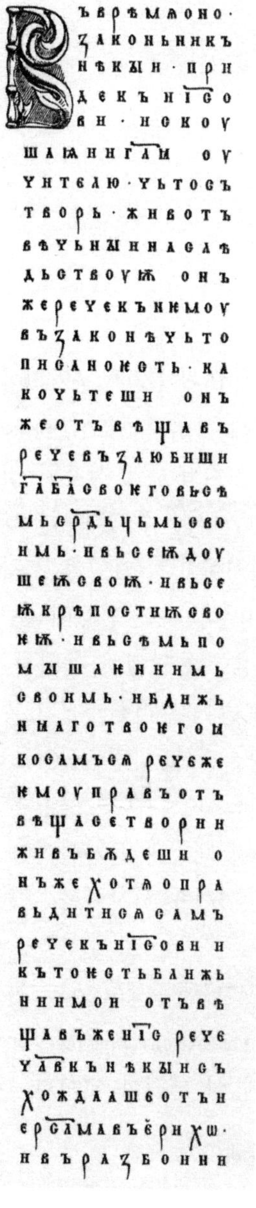

◀ 현존하는 가장 오래된 끼릴리짜 필사본으로 11세기에 쓰여진 것으로 추정되는 「오스뜨로미르 복음서」

3. 고대 러시아 문학의 태동

남슬라브에서 발생한 고대 교회슬라브어가 10세기경에 불가리아를 거쳐 끼예프 러시아로 유입된 사실과 988년에 블라지미르(Владимир Святой, 980~1015) 대공에 의해 그리스 정교가 국교로 선포된 것은 고대 러시아 사회에 문학의 출현과 발달을 가져올 수 있게 한 토대가 되었다. 기독교 수용과 함께 끼예프 러시아로 유입되기 시작한 비잔틴과 불가리아의 종교서적들은 고대 러시아 문학 발달에 큰 영향을 끼치게 되었다. 당시 비잔틴 제국은 상당히 발달한 문화와 예술을 누리고 있었고, 끼예프 러시아보다 100년이나 빠른 9세기 말에 그리스 정교를 받아들인 남슬라브 국가인 불가리아는 시메온(Симеон, 893~927) 왕이 통치했던 시절인 9세기 말부터 10세기 초 사이에 문학과 예술의 부흥기를 누리고 있었다. 비잔틴 제국과 불가리아와 지리적으로 가깝고 또 동일한 종교를 채택한 끼예프 러시아는 이들로부터 영향을 받을 수밖에 없었다.

그리스 정교가 국교로 선포되기 이전인 957년에 올가(Ольга, 945~957) 여공이 비잔틴 제국의 수도인 콘스탄티노플(Constantinople)[7]을 방문해 세례를 받은 사실과 이 당시 끼예프에 성 엘리아 교회가 건립

---

7) 기독교를 로마 국교로 선포한 콘스탄티누스 대제(Constantinus the Great, 306~337)가 자신의 이름을 따서 건립한 도시로 현재의 이스탄불을 지칭한다.

올가가 비잔틴 제국의 궁중을 방문하는 장면
(오른쪽에서 두 번째 인물이 올가이다. 13세기 「비잔틴 연대기」에서 발췌)

되어 있었다는 사실로 미루어 볼 때, 10세기 중엽부터 끼예프 러시아에는 기독교인들이 상당수 있었고 비잔틴과 불가리아로부터 종교서적들이 유입되었다고 추정된다. 이처럼 일부 상류층 끼예프 러시아인들에 의해 10세기 중엽부터 비잔틴 제국의 종교서적들이 직접 혹은 불가리아를 거쳐 반입되기 시작했고, 이 서적들은 필사가들에 의해 고대 러시아어로 번역되었다. 특히 988년에 그리스 정교를 국교로 채택한 이후에는 상당히 많은 분량의 종교서적들이 비잔틴으로부터 유입되었다. 그러나 그리스어를 러시아어로 번역하여 옮겨 쓰는 필사가들이 부족한 상황이었고, 필사하는 데 많은 시일과 노력이 들기 때문에 서적은 주로 성직자·공후, 그리고 상류귀족층만이 소장할 수 있었다. 번역된 비잔틴 작품들은 연대기, 설교문학, 훈계

문학, 성자전, 영웅서사시, 성경과 외경 등이 주류를 이루고 있었다.

비잔틴 서적들과 더불어 끼예프 러시아로 유입된 불가리아 서적들은 비잔틴 문학작품을 번역했거나 이를 각색한 것들로 종교관련 서적들 외에 금언집, 학술서적, 세속적 내용을 담은 작품 등이 있었다. 끼예프 러시아에 살고 있는 불가리아 출신 필사가들은 불가리아 서적을 고대 러시아어로 번역하여 필사하였다. 그러나 당시 고대 불가리아어와 고대 러시아어는 상당히 유사했기 때문에 끼예프 러시아인들은 불가리아 서적을 러시아어로 번역하지 않고도 쉽게 읽을 수 있었다.[8)]

이처럼 10세기 말부터 비잔틴 제국과 불가리아로부터 들여온 성경, 연대기, 성자전 등을 포함한 다양한 문학 장르들이 러시아 토양에 이식되었다. 한편 10세기 이전에 동슬라브족인 러시아인들은 비록 문자는 없었지만 슬라브 특유의 풍부하고 다양한 구비문학의 전통을 갖고 있었다. 전설(легенда)・민화(сказка)・민요(песня)・영웅서사시(былина), 그리고 전쟁을 벌이기 전에 행했던 공후들의 웅변조의 연설 등이 그것인데, 이런 구비문학들도 고대 러시아 문학 발달에 한 역할을 담당했다고 볼 수 있다. 끼예프 러시아의 창작문학으로 간주되는 러시아 '연대기'들과 블라지미르 대공의 「교훈서 Поучение」, 「이고리 원정기 Слово о полку Игореве」, 「유배자 다니일의 간원 Моление Даниила заточника」 등은 비잔틴과 불가리아의 문학과는 다른 독특한 형태의 작품으로 평가된다. 예를 들어 끼예프 러시아 시대에 널리 보급된 말라라스(Johannes Malalas)와 하마르톨로스(Georgio Hamartolos)가 쓴 비잔틴의 '연대기'(хронограф)들은 천지창조에서부터 연대기 작가 시대까지의 사건과 등장하는 황제들의 간략한 전기와 그들의 통치기간만

---

8) 끼예프 러시아가 다양한 불가리아 서적을 받아들이게 됨에 따라 불가리아어 형태론적 특성들과 어휘들이 고대 러시아어에서 많이 발견된다.

을 기록하고 있다. 이에 반해 러시아 '연대기'(летопись)는 독특한 장르의 명칭이 말해 주듯 '매해의 기록'을 다루고 있는데, 각 사건을 묘사할 때 창세기 연대로 '몇 년에'라는 단어로 시작하면서 그해에 러시아 혹은 인접 국가에서 발생했던 사건의 목록들도 기록하고 있다. 그리고 공후들의 탄생·업적·죽음뿐 아니라, 그들의 결혼, 외교·군사적 보고와 더불어 교회의 건축과 성찬식, 자연재해, 진기한 천문학 현상 등 후세 사람들을 위해 남겨질 가치가 있다고 판단되는 사건들이 기록되어 있다. 따라서 러시아의 연대기는 단순한 역사적 기록이 아니며 그것은 대부분 성직자인 연대기 저자들이 러시아의 문화적 유산인 구비문학을 바탕으로 러시아인들에게 필요하다고 판단되는 다양한 일화와 사건들을 기록한 문학작품으로 평가할 수 있다. 이처럼 전통적인 러시아 구비문학의 토양 위에 외부로부터 받아들인 문학들이 접목되면서 끼예프 러시아는 독창적인 문학을 발전시키게 되었다.

4. 번역문학

10세기경부터 불가리아 출신 필사가들이 끼예프 러시아로 유입되어 기독교 관련서적 필사본을 제작하기 시작하였는데, 수도원과 같은 고립된 지역에서 활동했던 필사가들과 교회에 관련된 업무를 보면서 세속의 고위직에 있었던 필사가들은 그리스어로 된 다양한 비잔틴 문학과 불가리아 문학을 번역, 편집, 각색하는 과정에서 자신들의 견해를 일부 첨가하기도 하였다. 초기에 러시아에 등장한 번역문학은 예배에 필요한 성경, 기독교 신자들을 교육시키는 데 필요한 성자전과 설교문, 그리고 연대기 등이 주류를 이루고 있었다. 시간이 흐르면서 외경과 세

번역 작업을 하는 고대 러시아의 필사가 모습
(17세기 「성자전 문집」에서 발췌)

속적인 내용을 일부 포함한 작품들도 점차적으로 번역되었다. 하지만 당시에 기독교 내용을 담지 않고 세속적인 이야기만을 다룬 작품은 전무하였다고 볼 수 있다. 이 때문에 기독교 작품과 세속적인 작품을 구분한다는 것은 거의 불가능하다고 말할 수 있다. 끼예프 러시아 시대의 번역문학 장르는 크게 '성경', '설교문학', '성자전', '연대기', '외경', '영웅서사시', '훈계문학' 등으로 분류할 수 있다.

4-1. 성경(библия)

신 · 구약성서는 15세기에 이르러 러시아어로 완역되었다. 정확한 연대는 알 수 없지만 10세기 말경부터 끼예프 러시아에는 성경의 일부가 번역되기 시작했다. 당시 가장 널리 퍼진 것은 복음서와 시편이었고, 사도행전과 바울 서신의 일부, 그리고 구약의 일부[9]도 번역되었던 것으로 추정된다. 복음서는 교회력에 따라 예배를 드리는 동안 회중들 앞에서 낭송하기 위해 복음서 중 일부를 발췌하여 만든 '아쁘라꼬스 복음서'(Евангелия-Апракос)와 4복음서 전체 내용을 담고 있는 '4복음서'(Четверо-Евангелие)의 두 종류로 나눌 수 있다. 현존하는 가장 오래된 필사본으로 알려진 「오스뜨로미르 복음서 Остромирово Евангелие」는 '아쁘라꼬스 복음서'에 속한다. 예배를 드리는 동안 성직자는 아쁘라꼬스 복음서, 사도행전과 바울 서신의 일부를 발췌한 '아쁘라꼬스 사도전'(Апостол-Апракос), 그리고 '시편'을 낭송하였다. 이 외에 예배드릴 때 성직자는 성경에서 발췌한 금언을 담은 '빠레미닉'(Паремийник)과 기독교 축일순으로 성자를 찬미하는 내용을 담은 '예배보조용 미네이'(Служебные Минеи)와 찬송가 등을 함께 사용하였다.

---

9) 모세 5경, 여호수아, 사사기, 열왕기, 룻기, 예언서 등.

4-2. 설교문학(проповедь)

11세기에 끼예프 러시아에는 상당히 많은 비잔틴의 설교문학이 번역되어진 것으로 알려져 있다. 그 중 가장 유명한 작가로 성 크리소스토모스(Johannes Chrysostomos, Иоанн Златоуст, 350~407)를 꼽을 수 있다. 그의 설교는 신자들에게 기독교 미덕을 실천할 것을 간곡히 부탁하는 내용과 인간이 저지른 죄를 미워하며 때때로 사회의 부정을 경멸하는 내용 등을 담고 있었다. 그의 설교는 처음으로 불가리아에서 시메온 왕이 통치하던 시절에 「즐라또스뜨루이 Златоструй 」라는 제목으로 편집되어 번역되었고, 이후 끼예프 러시아에서 불가리아판을 수정하고 축약하여 번역한 필사본이 등장하였다. 그 밖의 설교문학으로 중세 유럽에서 큰 인기를 누렸던 성경 창조에 관한 이야기를 담은 설교집 「6일, Hexaëmeron, Шестодни」을 쓴 성 바실(Basil the Great, Василий Кесарийский, 330~379), 말세에 발생하는 사건들을 암울하게 묘사한 설교집 「마지막 심판과 적 그리스도의 출현」을 쓴 사이루스의 에프라엠(Ephraem of Syrus, Ефрем Сирина, ?~373), 「나의 삶에 관해서 О моей жизни」를 쓴 나지안주스의 그레고리(Gregory of Nazianzus, Григорий Назианзина, 329~390) 등의 작품이 번역되어 소개되었다.

특히 「6일」은 하나님이 하늘, 별, 천체, 지구, 생명체, 식물과 인간을 6일 동안에 창조했다는 성경 이야기에 관한 작품인데, 비잔틴 학문이 가지고 있던 생물계와 무생물계에 관한 모든 정보들이 망라되어 있다. 당시 끼예프 러시아에는 불가리아의 총주교 요한(Иоан)이 쓴 「6일」이 가장 널리 보급되었다. 요한은 성 바실의 「6일」을 기초로 하여 여기에 상당량의 다른 자료를 보충하여 편집해서 동일한 제목으로 발표하였다. 서언과 6개의 장으로 구성된 요한의 「6일」은 천체와 지구, 대기현상, 동식물과 인간의 특질에 관한 이야기와, 이처럼 다양하고 잘 정돈된 세상을 창조하신 하나님의 지혜를 예찬하는 내용을 담고 있다. 그 밖의 신학이론에 관한 설교문학으로 인간의 영혼은 영적으로 완벽한 길을 통해서 승천한다는 내용을 담은 클리마코스(Johannes Klimakos)의 「천국으로 가는 사다리」와 기독교 교리에 대한 상세한 설명을 담은 다마스세누스(Johannes Damascenus)의 「지식의 원천」 등이 번역되었다.

4-3. 성자전(житие)

성자전은 기독교 교리를 실천한 인물들의 생애와 활동을 묘사하면서 그들을 칭송하는 작품을 일컫는다. 세상을 살아가면서 죄 많은 육체의 소욕을 극복하고 영적으로 승리하는 성자들의 삶은 당시 신자들에게 모범을 보이는 자료로 사용되었다. 끼예프 러시아에서 번역된 성자전은 대부분 비잔틴 작품이 주류를 이루었다. 성자전은 8세기부터 11세기에 걸쳐 비잔틴에서 상당히 번성하였다고 알려지고 있다. 전형적인 그리스 영웅 모험담의 플롯과 설화장치를 이용하여 쓴 성자전에는 보통사람들과 달리 성자가 겪는 고통, 희생, 숭고한 행위, 그리고 하나님의 은혜로 말미암은 기적 등이 묘사되고, 끝부분에는 성자를 칭송하며 기리는 내용이 포함되었다.

성자의 생애를 일반 신자나 성직자들이 매일 낭송할 수 있도록 간략하게 기록한 모음집 장르를 '쁘롤로그'(пролог) 혹은 '시나끄싸르'(синаксарь)라고 부른다. 쁘롤로그는 12세기경 동슬라브 국가에서 성행했던 장르이다. 두 번째 장르로 '체찌이-미네이'(Четьи-Минеи)가 있는데, 쁘롤로그와 달리 교회력에 맞추어 월별로 성자의 생애를 기록한 것으로 성자의 축일에 맞추어 예배시 낭송되는 비교적 많은 분량의 내용을 담고 있다. 그리고 '빠쩨리끄'(патерик)는 주로 수도원에서 신앙생활을 하던 수도사(монах)나 은자(затворник)가 수도원이나 속세에서 고행과 금욕생활을 하면서 겪은 거룩한 사건과 행위를 기록한 단편 모음집을 일컫는다.

끼예프 러시아에서 번역되어 널리 읽혀진 비잔틴 성자전 「하나님의 사람, 알렉세이 성자전 Житие Алексея, человека божия」은 자신의 부귀영화를 저버리고 가난한 사람들을 위해 삶 전체를 희생하는 내용을 담고 있다. 신앙심 깊고 덕망 있는 주인공 알렉세이는 부유한 로마 귀족 가정에서 태어난 유복한 청년으로, 착하고 아름다운 신부와 결혼하여 부모를 모시고 행복한 신혼의 삶을 누리고 있었다. 그러던 중 헐벗고 고통받는 사람들을 생각하며 어느 날 스스로 부귀와 사랑을 포기하고 출가를 결심하였다. 그는 집에서 가지고 나온 돈을 가난한 사람들에게 나누어 주고 에데싸(Едесса)에 있는 성모 마리아 교회 문전에서 구걸하며 17년간 걸인생활을 하였다. 그의 거룩한 행위가 주위에 알려지자 알렉세이는 그곳을 떠나 방랑생활을 하다가 마침내 로마로 돌아왔다. 오랜 세월이 흘러 어느 누구도 그를 알아보지 못하는 상황에서 그는 걸인으로 부친의 집에 기거하면서 어느 귀족이 매일 제공하는 구호음식을 거지들과 함께 먹으면

「하나님의 사람, 알렉세이」
(모스끄바의 우스뻰스끼 사원 내의 성단 뒤편에 있는 벽화, 15세기 작품)

서 생활하였다. 부친의 하인들로부터 모진 수모와 구타를 참고 생활하던 가운데 다시 17년이란 세월이 흘렀다. 얼마 후 알렉세이의 임종이 임박한 순간 뒤늦게 그의 부모와 아내는 그가 알렉세이임을 깨닫게 된다. 이 작품은 자신의 부귀와 영화를 버리고 가난한 사람들을 구제하며, 그들과 함께 생활하는 성인의 모습을 그리고 있다.

끼예프 러시아에 가장 널리 알려진 빠쩨리끄로 『시나이 빠쩨리끄 Синайский патерик』라는 제목으로 11세기에 번역된 작품집을 들 수 있다. 이 작품집에는 한 수도원 암자에서 생활하며 신자들로부터 받은 구호품을 암자 계단 앞에서 구걸하는 걸인들에게 나누어 주며, 그들에게 자비를 베푼 사람은 자신이 아니라 성모 마리아라고 말하는 어느 수도사의 이야기, 자신의 아름다운 두 눈이 한 젊은 청년에게 욕망을 불러일으킨다는 것을 깨닫고 자신의 두 눈을 뽑아버린 수녀의 이야기, 그리고 강간죄로 억울하게 고발된 한 수도사가 하나님께 간절히 기도한 결과 강간당한 여인에게서 태어난 지 12일밖에 안 된 갓난아기가 손가락으로 범인을 지적하는 이야기 등이 포함되어 있다.

빠쩨리끄에 등장하는 주인공들은 고행과 금욕생활 가운데 자비와 자기 희생을 우선으로 하고 있으며, 어려운 상황에 처할 때 하나님의 도움으로 기적과 같은 승리를 얻는다. 그러나 그들은 이 승리에 자만하지 않고 더욱 겸손히 하나님을 찬양한다. 이런 빠쩨리끄의 전형적인 주제는 고대 러시아 작가들의 작품에 적지 않은 영향을 끼치게 된다.

4-4. 연대기(хронограф)

11세기경부터 유입되기 시작한 비잔틴의 연대기들은 주로 불가리아를 거쳐 들어왔다. 당시 끼예프 러시아에 널리 보급된 비잔틴 연대기로는 말라라스(Johannes Malalas)와 하마르톨로스(Georgio Hamartolos)가 쓴 연대기를 꼽을 수 있다. 6세기경 시리아의 수도 안티오크(Antioch)에 살던 말라라스가 쓴 「말라라스의 연대기」는 11세기경에 러시아에 유입되었다. 단순하고 평이한 언어를 사용하여 재미있게 역사를 기술한 이 연대기는 총 18권으로 쓰여졌고, 고대신화, 트로이 전쟁사, 오리엔트의 통치자에 관한 이야기, 로마사, 그리고 유스티안 황제(Justinian I, 483~565)까지의 역사를 다루고 있다. 이 연대기는 페르시아 왕들에 관한 자세하고 매혹적인 이야기들과 로마를 창건한 쌍둥이 형제 로물루스(Romulus)와 레무스(Remus)의 전설, 그리고 초기 로마 황제들과 일부 비잔틴 황제들의 업적을 비교적 자세히 기록하고 있다. 현재 말라라스의 연대기 완역본은 없고 다만 일부 단편들과 불완전한 사본들만이 전해 내려오고 있다.

「하마르톨로스의 연대기」는 9세기 중엽에 쓰인 것으로 알려져 있는데, 나중에 비잔틴 역사가 로고테테스(Simon Logothetes)의 연대기 일부를 첨가하여 재집필되었다. 이 작품은 성경의 창조에 관한 이야기를 필두로 성경의 역사, 바빌론과 페르시아 왕들의 역사, 그리고 로마 황제 콘스탄티누스 대제(Constantinus the Great, 306~337)부터 비잔틴 황제 미카엘 III세(Michael III, 836~867)에 이르는 황제들의 이야기를 다루고 있다. 주로 교회 역사에 초점을 맞추어 연대기를 기술한 하마르톨로스는 신학문답을 인용하면서 종교회의, 이단 그리고 비잔틴 교회 내부의 갈등 등을 자세하게 기록하고 있다. 단순한 역사적 사건들은 매우 간단히 언급되고 있으며 로고테테스가 쓴 이 작품의 마지막 부분에서는 9세기에서 10세기에 걸친 비잔틴의 복잡한 정치활동이 기록되어 있다. 「하마르톨로스의 연대기」를 번역한 11세기 끼예프 필사가들은 이 연대기에 위대한 통치자들의 운명과 이들에 대한 보다 자세한 이야기, 그리고 위대한 황제와 현자들의 매혹적이고 재미있는 생애 등이 결핍된 것을 아쉬워했다. 그들은 「하마르톨로스의 연대기」를 기초로 하여 「말라라스의 연대기」에 담긴 고대신화와 전설, 로마와 비잔틴 황제들에 관한 간략한 자료 등을 가미하여 새로 편집한 연대기를 끼예프 러시아에 유포하였다.

연대기와는 다른 역사서 장르로 유대의 역사적 사건 일부를 묘사한 유대 역사가 요세푸스(Flavious Josephus, 37~100)의 「유대 전쟁에 대한 역사 История Иудейской войны」가 끼예프 러시아에 번역되었다. 총 7권으로 전쟁소설 형식으로 쓰여진 이 작품은 유대 역사 중 기원전 175년부터 로마의 유대 통치 시절, 유대인들의 폭동, 로마 총독 티투스(Titus)의 폭동진압, 예루살렘 점령과 파괴, 그리고 티투스가 로마로 개선하기까지의 역사를 다루고 있다. 「유대 전쟁에 대한 역사」는 끼예프 러시아뿐 아니라 중세 유럽에서 상당한 인기를 얻었던 작품인데, 12세기 초 이전에 러시아어로 번역된 것으로 추정된다. 이 작품은 무미건조한 연대기와는 달리 문학적인 색채를 띤 작품으로 평가된다. 유대인 출신으로 로마 시민이 된 요세푸스는 강력한 로마 황제들을 찬양하면서 유대인들에 대한 불쾌감을 숨기지 않으나 한편으로는 폭동을 일으킨 유대인들의 용기에 갈채를 보내고 그들이 겪는 고통에 대한 일말의 동정을 보이기도 한다. 이 작품에서 작가는 리듬감 있는 음절구성, 다양한 직유와 은유, 형용어구 등을 사용하여 예루살렘 도시와 전투장면을 생생하고 박진감 넘치게 묘사하였다. 당시의 끼예프 필사가들은 이 같은 원작의 문학적 색채와 특성을 최대한 살리면서 러시아어로 실감나게 의역하였던 것이다. 필사가들의 이러한 시도는 고대 러시아의 창작문학 발달에 상당한 기여를 하게 된다.

4-5. 외경(апокриф)

교회에서 정경으로 인정받지 못한 성서인물에 관한 이야기인 외경은 정통신앙에 맞지 않는 이단적인 요소를 갖고 있기에 '금서'로 분류되어 있었다. 그러나 외경이 가진 환상적이고 전설적인 요소는 문학적으로 풍부한 상상력을 자아내고 있다. 10~11세기에 끼예프 러시아에는 정경뿐 아니라 외경도 상당수 번역되었고 후자는 고대 러시아 창작문학에 적지 않은 영향을 끼치게 된다. 당시 외경들 가운데 상당히 널리 보급된 작품으로 「성모 마리아의 연옥순례 Хождение богородицы по мукам」와 「하나님이 아담을 창조하신 이야기 Сказание, как сотворил бог Адама」를 꼽을 수 있다.

「성모 마리아의 연옥순례」는 정경에는 없는, 기독교인들에게 특별한 관심사인 인간의 사후 운명에 관한 내용을 다루고 있다. 천사장 미카엘과 천사들을 동반하여 연옥으로 내려간 마리아는 연옥에서 각양각색의 고통을 받는 죄인들을 목격하였다. 마리아는 그들이 고통받는 이유를 천사장에게 묻고 그로부터 다음과 같은 답변을 들었다. 어둠 속에 갇혀 있는 죄인들은 성부·성자·성령 그리고 성모 마리아를 믿지 않고 대신 우상을 숭배한 자들이고, 불 못에 빠져 있는 자들 가운데 허리까지 잠긴 자들은 불효자들이고, 어깨까지 잠긴 자들은 음욕과 정욕에 사로잡혔던 자들이고, 목까지 잠긴 자들은 인육을 먹은 자들이고, 머리 위까지 잠긴 자들은 십자가에 거짓맹세를 했던 자들이라고 설명하였다. 하나님의 뜻을 따르지 않은 매춘부, 험담 꾼, 게으름뱅이, 중상모략꾼, 방탕한 자, 술주정뱅이, 수전노, 왕, 주교, 성직자들 역시 끔찍한 고통을 당하고 있었다. 마리아는 이런 끔찍한 천벌을 보고 눈물을 흘리며 죄인들에게 자비를 베풀어 달라고 하나님께 간구하였다. 그러나 하나님은 그리스도를 십자가에

못박은 이 죄인들을 결코 용서할 수 없다며 자비를 베풀지 않았다. 마리아가 모세, 사도 바울, 천사장 미카엘, 그리고 모든 천사들과 함께 다시 한번 더 간청하자 하나님은 마지못해 예수 그리스도를 연옥에 내려보냈다. 그리고 그리스도는 성목요일부터 성령 강림일인 오순절까지 죄인들에게 밤과 낮을 허락하고 그 기간 동안에만 안식을 누릴 수 있도록 허락하였다.

「하나님이 아담을 창조하신 이야기」는 정경에 나타난 창세기 내용과는 전혀 다른 내용을 담고 있는 작가의 풍부한 상상력과 해학적인 면모가 돋보이는 작품이다. 하나님이 여덟 가지 물질을 사용하여 아담을 창조했는데, 살은 흙으로, 뼈는 돌로, 피는 바닷물로, 눈은 태양으로, 뇌는 구름으로, 시력은 빛으로, 호흡은 바람으로, 온기는 불로 만들었다. 어느 날 창조된 아담에게 사탄이 다가와 배설물, 진흙, 콧물 등으로 아담의 몸을 더럽히자, 하나님은 아담을 더럽힌 사탄을 저주하고 그를 땅속으로 쫓아내 버렸다. 그리고 더럽혀진 아담의 몸을 깨끗이 닦아 주고, 아담의 눈물로 개를 만들어 그를 지키도록 개에게 명령하였다. 얼마 후 하나님이 자리를 비운 사이에 다시 나타난 사탄은 개 때문에 아담 가까이 접근하지 못하고 멀리서 막대기를 이용하여 그의 몸을 찔러 70가지의 질병을 주입시켰다. 예루살렘에서 돌아온 하나님은 사탄이 아담에게 가한 행위에 분노하며 사탄을 다시 땅속으로 쫓아 버렸다. 하나님은 아담의 아내를 창조하고 난 후, 아담에게 자신이 십자가에서 죽고 3일 만에 부활한다는 것을 꿈을 통해 그에게 보여주었다.

4-6. 영웅서사시(былина)

영웅서사시의 내용을 담고 있는 「알렉산드리아 대왕에 대한 역사적 이야기 Хронографическая Александрия」는 11~12세기에 끼예프 러시아에 소개되었다. 필사가들은 자신들이 번역한 원본을 아리스토텔레스(Aristotle, 384~322 B.C.)의 조카인 칼리스테네스(Callisthenes, 360~327 B.C. : 그리스 역사가)가 쓴 마케도니아의 알렉산더 대왕(Alexander the Great, 356~323 B.C.) 전기로 간주했으나, 훗날 이는 기원후 2~3세기에 만들어진 가짜 텍스트로 판명되었다. 이 작품은 대왕의 역사적 사건과는 무관한 그리스 영웅서사시에 주로 등장하는 다양한 전설과 환상적인 모험담으로 구성되어 있다. 이 작품에서 알렉산더 대왕은 자신이 마케도니아의 왕 필립 II세(Philip II, 382~336 B.C.)의 아들이 아니라 아몬(Amon)이라는 신의 형태로 나타나 필립 II세의 부인 올림피아스(Olympias)와 관계를 가진 이집트 왕 네크타네베스(Nectanebes)의 아들이라고 선언한다. 출생과 더불어 땅이 흔들리고 뇌성이 울리는 신비한 징표, 실제 역사와 다르게 묘사된 다리우스(Darius) 왕과의 관계, 개의 얼굴과 6개의 팔을 가진 괴물이 등장하는 신비스런 미지 오리엔트로의 원정, 사망시 하늘이 갑자기 어두워지고 별 하나가 바다로 서서히 떨어지는 기적적인 징후 등이 묘사되었고, 이러한 영웅서사시적인 요소들은 기독교 모티브와 함께 얽혀서 표현되었다. 「알렉산드리아 대왕에 대한 역사적 이야기」는 내용상 영웅서사시 작품으로 간주되는 것이 마땅하나, 훗날 러시아인들은 이 작품을 연대기 장르에 포함시켰다.

「트로이의 공적 Троянское деяние」은 「말라라스 연대기」와 함께 11세기 말 혹은 12세기 초에 끼예프 러시아로 들어왔다고 추정된다. 호머가 쓴 「오디세이」에 묘사된 트로이와는 전혀 다른 내용을 담고 있는 이 작품은 영웅서사시 장르에 포함시킬 수 있다. 작품 안에 그리스의 다양한 전설이 들어 있으며, 작가는 이야기 진행을 설화체 형식으로 끌어 나가고 있다. 12세기 이전에 번역된 것으로 알려진 비잔틴 영웅서사시 「디게니스의 공적 Девгениево деяние」은 비잔틴의 반(半)신화적 영웅인 디게니스 아크리타스(Degenis Akritas)의 모험에 관한 이야기이다. 아름다운 그리스 처녀를 납치한 아라비아 왕 아미르(Amir)가 그녀의 오빠들로부터 추적당해 고통을 당한 후 기독교도로 개종하여 그녀와 결혼하였다. 이들 사이에서 태어난 아들 디게니스[10]는 어린 시절에 곰·사자와 싸워 이기는 괴력을 과시하기도 하고, 그를 공격하는 용을 무찌르기도 하였다. 어느 날 그는 자신이 정복한 나라의 왕인 필리파파(Philipapa)와 그의 딸 막시미아나(Maksimiana)로부터 초청을 받고 궁궐에 도착하였다. 그러나 그곳에 매복해 있던 군사들로부터 기습공격을 받은 디게니스는 필리파파로부터 스트라티그(Stratig) 장군이 자신에게 저항한다는 사실과 그에게는 스트라티고브나(Stratigovna)라는 막시미아나보다 아름다운 딸이 있다는 말을 전해 들었다. 그는 스트라티고브나와 결혼하기 위해 화려하게 치장한 말을 타고 스트라티그의 집으로 가서 그녀의 창문 아래에서 세레나데를 부르며 그녀를 유혹하였고, 이내 그녀는 그와 깊은 사랑에 빠지게 되었다. 디게니스는 그녀의 아버지가 돌아올 때까지 기다렸다가 스트라티그가 보는 앞에서 그녀를 데리고 나갔다. 이에 분노한 스트라티그는 자신의 딸을 데리고 도주하는 디게니스를 추적하여 한판의 결전을 벌였다. 이 싸움에서 승리한 디게니스는 스트라티그로부터 결혼승낙을 얻어내었다.

영웅서사시의 특징을 잘 보여주는 이 작품의 주인공 영웅 디게니스는 잘생기고, 지혜롭고, 용맹스런 전사로 등장하여 가공할 만한 환상적인 힘으로 단번에 수천 명의 전사들을 죽이기도 한다. 이 작품에서 작가는 수사학적으로 화려한 단어들을 사용할 뿐 아니라, 주

10) 그리스어로 '두 종족 사이에서 태어난 인물'이라는 의미이다.

인공의 외모를 풍부하고 과장된 비유와 화려한 색깔로 묘사하고 있다. “디게니스는 아름답다. 그의 얼굴은 눈같이 희고 양귀비같이 붉다. 그의 머리칼은 황금빛이고, 그의 눈은 접시같이 커다랗다.” 이와 같은 화려한 문체는 고대 러시아 영웅서사시에 적지 않은 영향을 끼치게 된다.

4-7. 훈계문학(наставление)

「아키르 현인에 대한 이야기 Повесть об Акире Премудром」는 기원전 7세기경 앗시리아(Assyria)에서 알려진 이야기인데 정확하게 언제 끼예프 러시아로 유입되어 번역되었는지는 알 수 없지만 12세기 이전으로 추정하고 있다. 앗시리아와 니네베(Nineveh)의 왕 쎈나케리브(Sennacherib, Синагрип)의 보좌관 아키르(Akir, Акиръ)가 조카 아나단(Anadan, Анадан)을 양자로 삼으라는 신의 지시를 받아들이면서 이야기가 시작된다. 아키르는 아나단에게 많은 지혜를 가르치며 양육하여 그를 상속자로 공포하였다. 그러나 천성이 사악한 망나니 아나단은 간교하게 자신의 삼촌이 반역음모를 꾀하고 있다는 내용을 담은 편지를 허위로 작성하여 왕에게 전달하였다. 분노한 왕이 아키르를 체포하여 사형을 선고하였을 때, 아키르는 자신이 죄가 없다는 것을 주장하지 않고 대신 왕에게 자신의 친구가 사형을 집행해 줄 것을 간청하였다. 왕의 허락을 받은 후 사형을 집행하게 된 아키르의 친구는 그가 결백하다는 것을 알아차리고 아키르 대신 다른 범죄자를 처형하고 그를 외딴 곳으로 피신시켰다.

아키르의 처형 소식을 전해 들은 이집트의 파라오는 쎈나케리브에게 사신을 보내어 그의 보좌관들 중 한 사람을 이집트로 보내서 하늘과 땅 사이에 집 한 채 지어달라는 요구를 하였다. 절망에 빠진 왕에게 새 보좌관이 된 아나단은 "그런 일은 오직 하나님만이 할 수 있다"는 말만을 되뇌었다. 그때 아키르의 친구는 왕에게 아키르가 아직 살아 있다고 전하고 그를 궁중으로 데려왔다. 그리고 쎈나케리브에 의해 이집트 사신으로 파견된 아키르는 그곳에서 파라오가 내는 모든 수수께끼를 푼다. 그리고 아키르는 미리 훈련시킨 독수리 수십 마리로 한 소년을 공중으로 들어올리고, 그 소년에게 집을 짓는 데 필요한 돌과 회반죽을 건네주라고 요청하였다. 아키르의 지혜에 매료된 파라오는 그를 환대하고 3년간 이집트에 머물게 하였다. 3년 후 니네베로 돌아온 아키르는 조카 아나단을 집 현관에 쇠사슬로 묶어 놓고 그를 심하게 체벌하고, 그가 저지른 죄를 용서하지 않았다. 끼예프 러시아에 등장한 최초의 훈계 번역문학작품으로 간주되는 이 작품 속에는 지혜로운 아키르가 조카 아나단에게 행한 훈계가 텍스트상에 상당히 많이 산재해 있으며 우정, 정의, 관용, 행위규범, 악인에 대한 비난 등에 관한 격언과 금언들이 포함되어 있다.

12~13세기경 유입된 것으로 알려진 또 다른 훈계문학작품으로 「스쩨파니뜨와 이츠니라뜨 Стефанит и Ичнилат」와 「바를라암과 요아사프 Варлаам и Иоасаф」가 있다. 전자는 기원전 5세기경 인도에서 기원한 이야기로 페르시아와 비잔틴을 거쳐 러시아로 들어온 것으로 추정된다. 이 작품은 동물을 등장인물로 한 교훈적 내용을 담은 우화인데, 동물의 왕인 사자가 다스리는 나라의 고문관으로 등장하는 두 마리 야생개인 스쩨파니뜨 자칼과 이츠니라뜨 자칼이 화자의 역할을 하면서 다양한 우화를 통해 독자들에게 교훈을 주고 있다. 그 중에 다음과 같은 우화가 있다. 굶주린 사자가 4명의 신하 — 까마귀, 여우, 늑대, 낙타 — 에게 자신의 먹이가 되어줄 것을 요청하였다. 이에 네 신하는 함께 상의한 후 왕을 위해 차례로 잡아먹히기로 결정하였다. 그러나 각각의 신하들이 막상 왕 앞에 나서게 되자

마음이 변해 까마귀는 왕에게 자신은 너무 말랐고 허약하다는 이유를, 여우는 자신의 고기에서 냄새가 난다는 이유를, 그리고 늑대 역시 자기 고기가 개고기처럼 맛이 형편없다는 이유를 대고 죽음을 회피하려 하였다. 낙타의 순서가 되자 나머지 3명은 이구동성으로 낙타 고기는 맛있다며 왕에게 잡수시라고 소리쳤다. 이어 화자인 스쩨파니뜨 자칼은 다음과 같이 말한다. "겁쟁이는 세 가지를 싫어한다. 첫째, 왕을 위해 봉사하는 것. 둘째, 바다로 항해하는 것. 셋째, 적에게 대항하여 싸우는 것. 그러나 숭고한 뜻을 지닌 자에게는 두 장소가 예비되어 있다. 하나는 궁중이고, 다른 하나는 광야에 있는 은둔자의 암자이다." 이 작품은 의인화된 동물들을 통해 이기심, 자만감, 교활함, 어리석음 등을 지적함으로써 독자들로 하여금 사회생활 속에서 인간이 마땅히 행해야 할 도리와 윤리규범을 제시한다.

「바를라암과 요아사프」 역시 6세기경 인도에서 기원한 부처에 관한 이야기인데, 비잔틴에 들어오면서 주인공이 기독교인으로 탈바꿈되어 번역되었다. 이 작품은 성자전 장르에 포함되기도 한다. 주인공 인도 왕자 요아사프는 일반 사회와 격리된 공간에서 유복한 생활을 누리고 있기 때문에 평민들이 불행과 고난 속에서 비참하게 살아가는 현실을 전혀 모르고 있었다. 그는 우연히 궁궐 밖을 산책하다가 장례행렬과 길가에 앉아 있는 병약자와 늙은이를 보고 인생의 참된 의미를 깨닫기 위해 출가하여 고행을 시작하였다. 그는 고행을 하던 중 바를라암이라는 은둔자를 만나 많은 진리를 깨닫게 되었다. 그리고 우여곡절 끝에 다시 궁궐로 돌아와 왕으로 즉위하고 온 백성들에게 기독교를 선포하였다. 이 작품에 등장하는 은둔자 바를라암은 독자들에게 기독교의 가르침을 전할 뿐 아니라 많은 우화를 통해 인생의 진리를 가르치고 있다.

5. 창작문학

5-1. 연대기(летопись)

러시아 문학에 출현한 가장 중요한 장르의 하나가 바로 '연대기'이다. 러시아인이 속한 동슬라브 민족은 상당히 오래된 구비문학 전통을 갖고 있다. 슬라브 부족의 정착, 슬라브족과 '아바르족'(Авар)[11]과의 충돌, 끼예프의 건립과 공후들의 업적 등에 관한 이야기는 전설과 민요에 의해 구전으로 전해 내려왔다. 이처럼 구전하는 이야기들은 연대기 저술이 있기 이미 오래 전에 존재했었던 것이다. 그리고 문자의 출현은 이런 이야기들과 당대의 중요한 사건들을 기록할 수 있게 만들었다. 즉, 구비문학의 전통이 바로 연대기 저술의 토대가 되었던 것이다. 연대기는 수세기 동안에 걸쳐 매년 발생하는 사건의 단순한 기록이 아니라, 역사와 문학적 특성을 포괄하는 문학장르인 것이다.

5-1-1. 「원초 연대기 Начальный свод」

19~20세기에 러시아 연대기 전문가들은 현존하는 가장 오래된 연대기인 「지난 시대의 이야기 Повесть временных лет」에 근본적인

---

11) 6~8세기경 동슬라브와 유럽 일부 지역에서 약탈행위를 일삼던 터키 유목민.

자료를 제공하며 이에 영향을 끼친 더 오래된 연대기가 존재할 것이라는 신념을 갖고 비록 발굴되지 않았지만 이를 다양한 역사적 자료를 통해 추정하려는 시도를 하였다. 이러한 작업을 했던 전문가들 가운데 언어학자 샤흐마또프(Алексей Александрович Шахматов)는 1908년에 「가장 오래된 러시아 연대기에 관한 조사 Разыскания о древнейших русских летописных сводах」라는 책을 발표하였다. 이 책에 소개된 그의 가설은 다음과 같다. 1039년에 최초로 끼예프 러시아에 설립된 부주교구(митрополит) 내부에서 성직자들에 의해 당시 끼예프에서 번역된 비잔틴 연대기들과 고대 러시아 민간전설을 토대로 하여 「가장 오래된 끼예프 연대기」가 집필되었다. 이 「가장 오래된 끼예프 연대기」와 1036년에 존재했다고 추정되는 「노브고로드 연대기」를 토대로 하여, 1050년에 노브고로드에서 「고대 노브고로드 연대기」가 편집되었다. 당시 드네쁘르 강가 구릉지에 세워진 '끼예프 지하동굴 수도원'(киевский печерский монастырь)의 수도원장인 니꼰(Никон, ?~1088)은 1073년에 「가장 오래된 끼예프 연대기」를 토대로 하여 「끼예프 지하동굴 수도원 연대기」를 편집하였다. 이 연대기에는 야로슬라프 현공(Ярослав Мудрый, 1019~1054) 사후에 일어난 사건들도 일부 기록되어 있다. 그리고 니꼰이 편집한 「끼예프 지하동굴 수도원 연대기」와 1050년에 편집된 「고대 노브고로드 연대기」를 토대로 하여 「끼예프 지하동굴 수도원 연대기」 두 번째 판이 1095년에 편집되었다는 것이다. 샤흐마또프는 바로 이 「끼예프 지하동굴 수도원 연대기」 두 번째 판을 「원초 연대기 Начальный свод」라고 명명하였다. 결국 「원초 연대기」는 니꼰이 사망(1088년)한 후에 '끼예프 지하동굴 수도원'에 있는 다른 수도사에 의해 최종 편집된 것이다. 이 편집자는 끼예프 공후들이 현자의 말을 귀담아 듣지 않고, 타민족의 침입으로부터 러시아를 방어하는 노력을 소홀히 한다는 비난의 글과 '비잔틴 연대기들'과 '러시아 구비문학', '고대 러시아 금언집'(Паремейник) 등을 참조하여 이를 편집하였다는 것이다.

5-1-2. 「지난 시대의 이야기 Повесть временных лет」

「지난 시대의 이야기」는 1095년에 편집된 「원초 연대기」를 토대로 하여 '끼예프 지하동굴 수도원' 수도사 네스또르(Нестор, 1056~1113)에 의해 1113년경 편집된 것으로 추정된다. 이 책의 제목은 연대기 전문가들에 의해 첫 문장—"지난 시대의 이야기, 러시아 땅은 어떻게 시작되었는가, 끼예프에서 누가 처음으로 통치하였는가, 그리고 러시아 땅은 어떻게 되었는가"(Се повести времяньных лет, откуда есть пошла Руская земля, кто в Киеве нача первее княжити, и откуда Руская земля стала есть)—의 첫 구절을 따서 '지난 시대의 이야기'로 명명되었다. 네스또르가 쓴 「지난 시대의 이야기」는 주로 11세기 말부터 12세기 초까지의 사건을 중점적으로 다루면서 야로슬라프 현공의 손자인 스뱌또뽈끄 II세(Святополк II, 1093~1113)의 역할에 초점을 맞추고 있다. 그런데 1113년에 즉위한 블라지미르 모노마흐(Владимир Мономах, 1113~1125 : 스뱌또뽈끄 II세의 사촌동생)에 의해 연대기 집필장소는 끼예프 지하동굴 수도원에서 브이두베쯔끼 수도원(Выдубецкий монастырь)으로 이전되었다. 브이두베쯔끼 수도원장 실베스뜨르(Сильвестр, ?~1123)는 모노마흐를 중심인물로 하여, 네스또르가 편집한 연대기의 마지막 부분을 개편하여 1116년에 두 번째 개정판을 편찬하였다. 그리고 정확한 연대는 알려지지 않지만 대략 1118년경에 모노마흐의 아들 므스찌슬라프(Мстислав Великий , 1125~1132)의 지시를 받은 끼예프 지하동굴 수도원의 한 수도사에 의해 세 번째 개정판이 편찬되었다. 아쉽게도 네스또르가 집필한 것으로 추정되는 첫 번째 작품의 필사본은 현존하지 않고, 대신 실베르스뜨르가 편집한 두 번째 개정판과 1118년경에 편찬된 세 번째 개정판의 필사본만이 현존하고 있다.

대부분의 연대기 전문가들은 네스또르를 정치적 식견과 폭넓은 문학적 통찰력을 겸비한 작가로 평가하고 있다. 그가 단순히 객관적인 러시아 역사에 관한 사실들을 나열하지 않고 문학적 요소를 충분히 가미하여 「지난 시대의 이야기」를 완성한 점이 높이 평가되었기 때문이다. 이 작품은 노아의 홍수 이후 그의 세 아들(셈, 함, 야벳)이 영토를 분할하고 살아가는 사건을 필두로 해서 전개된다. 구약성서에 나오는 바벨탑에 관한 이야기[12], 슬라브족은 야벳의 후손이라는 주장, 그리고 여러 영토에 흩어져 살게 된 슬라브족들의 명칭·유래·관습들이 기록되었다. 끼예프를 끼고 흐르는 드네쁘르 강가에 정착한 뽈랴네(Поляне)족에 대한 비교적 자세한 설명과 '바랴그'(Варяг : 바이킹)에서 드네쁘르강을 따라가면 비잔틴 제국으로 갈 수 있다는 기록은 주목할 필요가 있다. 즉 작가는 러시아를 건국한 지배계급 '바랴그'인, 그들이 처음 정착한 '노브고로드', 바랴그인들이 필요로 했던 비잔틴 제국과의 주요 교역로인 '드네쁘르강', 그리고 드네쁘르 강가에 세워진 '끼예프' 등의 역사적 중요성을 독자들에게 자연스럽게 제시하고 있는 것이다. 그리고 예수의 12제자 중 하나인 사도 안드레이가 끼예프와 노브고로드를 방문했다는 전설을 이용해 "먼 훗날 끼예프에 거대한 도시가 건설될 것이다"라는 안드레이의 예언과 끼예프 러시아를 건국하기 훨씬 이전에 슬라브인들이 끼예프 도시를 건설했다는 슬라브 전설이 포함되어 있다.

이 작품에는 859년에 바랴그인들이 북서부 슬라브족들로부터 공물을 받았다는 것과 862년 류릭(Рюрик, 862~879)의 러시아 건국, 그의

12) 하나님이 언어를 섞어 72개의 민족으로 나누었다는 이야기.

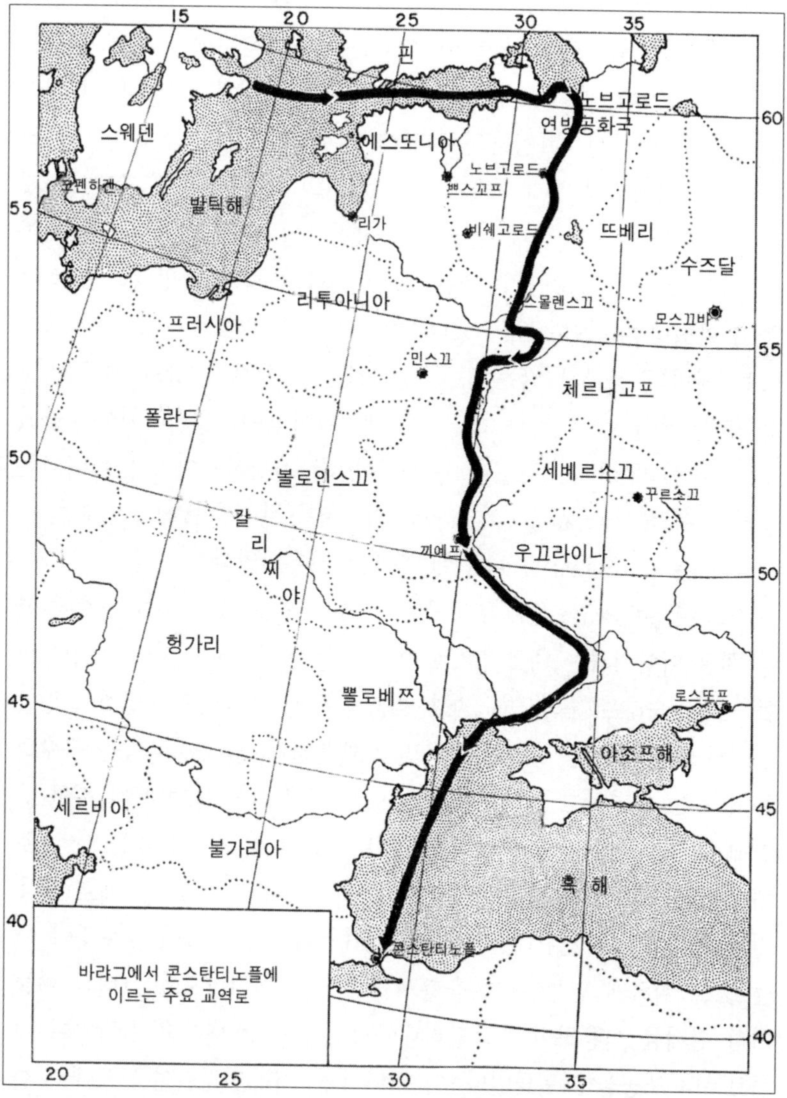

바라그에서 노브고로드를 거쳐, 드네쁘르강을 따라 끼예프를 통과하여 비잔틴
제국의 수도 콘스탄티노플에 이르는 교역로

업적, 아스꼴드(Аскольд)와 지르(Дир) 두 공후의 콘스탄티노플 침공(866) 등이 기록되었다. 882년에 수도를 노브고로드에서 끼예프로 옮긴 올레그(Олег, 879~912) 공후의 업적[13]을 자세히 서술하면서 민간전설을 토대로 한 '마법사의 예언에 의한 올레그의 죽음'을 첨가하였다. 한 마법사가 올레그에게 그는 자신의 애마 때문에 죽게 될 것이라고 예언하였다. 이에 올레그는 마법사의 말을 믿고 4년간 애마를 타지 않고 멀리하였고, 5년 후 자신의 애마가 죽었다는 소식을 듣고 마법사의 예언을 비웃었다. 자신의 죽은 말을 확인하려고 올레그는 애마의 유골이 있는 곳을 찾아갔다. 그곳에서 말의 해골을 밟는 순간 독사 한 마리가 해골 밖으로 기어 나와 그의 다리를 물었고, 온몸에 독이 퍼진 올레그는 얼마 후 사망하였다. 이 이야기는 훗날 뿌쉬낀(Александр С. Пушкин)의 작품 「현명한 올레그에 관한 노래 Песнь о вещем Олега」에 주제로 사용되었다.

작가는 류릭의 아들로 추정되는 이고리(Игорь, 912~945) 공후에 관한 짧은 이야기와는 대조적으로 그의 부인 올가(Ольга, 945~957)와 아들 스뱌또슬라프(Святослав, 957~972)에 관한 이야기에 상당한 분량을 할애하였다. 남편을 살해한 유목민 드레블랴네(Древляне)족을 복수하는 올가는 총명하고 지혜로운 인물로 묘사되었다. 세 차례에 걸친 남편에 대한 복수——① 배에 타고 있던 드레블랴네 사신들을 산 채로 매장함, ② 두 번째 방문한 사신들을 목욕탕에 가두고 산 채로 불을 질러 몰살함, ③ 친위대를 이끌고 드레블랴네족 마을에 당도하여 그들을 술 취하게 만든 후 살육함——에 이어 마지막으로 그녀는 비둘기와 참새를 이용하여 드레블랴네족의 궁궐을 불태우고 함락하여 그들로부터 조공을 거둬들인다. 이 이야기는 전래 민간전설을 토대로 한

13) 907년 콘스탄티노플 침공과 비잔틴 황제 레온과의 강화조약 체결.

것인데, 세 차례에 걸친 복수는 「원초 연대기」에 기록되어 있는 이야기이고, 마지막 복수는 작가에 의해 「지난 시대의 이야기」에 추가된 것이다. 작가는 올가의 죽음을 묘사하는 장면에서 올가가 최초로 기독교 세례를 받은 공후라는 점을 지적하면서, 그녀가 러시아 자손들을 하나님께 인도한 인물이라는 점을 크게 부각시키고 있다. 원정과 전쟁을 유난히 좋아했던 스뱌또슬라프는 최초로 슬라브식 이름을 사용한 공후이다. 작가는 971년에 1만 명의 군대를 이끌고 10만 명의 비잔틴 군대를 물리치고 수도 콘스탄티노플을 점령하여 조공을 거두어들인 스뱌또슬라프의 업적을, 당시 체결한 끼예프 러시아와 비잔틴 제국의 조약서를 소개하면서 자세히 설명하고, 이를 통해 10세기 말 끼예프 러시아가 군사적 강대국이었다는 이미지를 부각시키고 있다.

작가는 이어 2명의 위대한 공후 — 블라지미르 대공(Владимир Святой, 980~1015)과 야로슬라프 현공(Ярослав Мудрый, 1019~1054) — 에 대한 이야기를 진행한다. 야로슬라프의 업적에 관한 이야기와 비교해 볼 때 블라지미르 대공에 대한 이야기가 상당히 많은 분량을 차지하고 있다. 그 중 대부분은 기독교에 관한 이야기들[14)]이다. 이처럼 블라지미르의 업적이 비교적 많이 할애된 이유는 브이

블라지미르 대공(17세기 작품)

14) 그리스 정교를 국교로 채택하게 된 과정, 비잔틴 제국의 공주 안나와 결혼, 눈병이 난 블라지미르가 주교로부터 안수를 받고 치유된 이야기, 그리고 온 국민을 드네쁘르강에 모아 세례를 행했다는 이야기.

두베쯔끼 수도원장 실베스뜨르가 모노마흐를 중심인물로 하여 네스또르가 편집한 연대기의 마지막 부분을 개편했기 때문이다. 야로슬라프 현공에 대한 이야기는 치세기간 중 많은 수도원이 생겨났으며, 필사가들이 비잔틴 서적을 슬라브어로 번역했다는 기록과 함께 책을 통해 회개·금욕·지혜·절제 등을 얻을 수 있다는 현공의 가르침을 간략히 담고 있다. 이를 통해 책과 글을 사랑했던 현공은 비잔틴 서적을 끼예프 러시아에 보급하는 데 앞장선 인물이었고, 그의 공로로 인해 러시아의 문화와 문학이 발전하기 시작했다는 것을 감지할 수 있다.

마지막으로 작가는 1054년 야로슬라프 현공이 사망한 이후 약 1세기 동안 그의 자손들 사이에서 일어난 세력다툼의 와중에 발생한 한 비극을 기록하고 있다. 야로슬라프의 큰아들 이쟈슬라프(Изяслав, 1054~1078)와 셋째아들 프세볼로드 I세(Всеволод I, 1078~1093)에 이어 즉위한 이쟈슬라프의 장남 스뱌또뽈끄 II세(Святополк II, 1093~1113) 시절에 발생한 '봉사가 된 쩨레보블스끄(Теребовльск)의 바실꼬(Василько) 공후의 이야기'가 바로 그것이다.

야로슬라프의 사후 끊임없이 발생한 분쟁의 주된 이유는 공후들간의 세습 및 권력관계였다. 11세기 중반까지 끼예프 러시아의 영토는 대공의 단일한 소유지로 여겨졌다. 대공의 형제들은 끼예프가 아닌 다른 도시의 공후로 그곳의 땅을 소유하고 통치하였다. 대공이 사망한 후 이 지위는 그의 장자에게 세습되지 않고, 바로 아래 동생에게 물려졌다. 이런 식으로 대공 지위가 이양되었기 때문에 공후들은 자신의 영지(혹은 도시)에 영주할 수 없었고, 시간이 흐름에 따라 더 좋고 훌륭한 영지로 이주하였다. 그러나 세월이 흐르면서 공후들의 가문이 자연발생적으로 번창하자, 연장자순에 따른 승계는 복잡해지고 어려워지기 시작하였다. 공후들간의 대립적 관계에 각 도시에 거주하는 귀족(боярин)들의 간섭도 이를 더욱 곤란하게 만들었다.

이 때문에 대공의 자리를 둘러싸고 음모와 술수가 난무하게 되었고 결국 무력충돌이 자주 발생하였다. 이를 방지하기 위하여 1097년에 여러 공후들이 끼예프 근교인 류베츠(Любеч)에 모여 회의를 하였다. 이 회의에서 '장자계승제'가 채택되면서 동시에 '세습영지제'가 실시되었다. 그리고 서로 다른 도시를 공격하지 않기로 결정하였다. 그러나 끼예프 대공의 권좌는 여전히 '형제계승제'의 원칙을 고수하기로 결정하였다.

이 마지막 이야기는 바로 1097년 류베츠 회의 직후에 발생한 사건인데, 작가는 이 회의의 결정사항을 기록하면서 분열하는 러시아 공후들의 단합을 호소하는 글로 이야기를 시작하고 있다. 야로슬라프 현공의 다섯째 아들인 이고리(Игорь)의 아들 다비드 이고레비치(Давид Игоревич)는 볼르인스끄(Вольнск)를 다스리고 있었다. 그는 끼예프 대공인 사촌 스뱌또뽈끄 II세에게 찾아가 바실꼬가 블라지미르 모노마흐와 음모를 꾸미고 있다고 거짓말을 하였다. 이에 스뱌또뽈끄 II세는 1097년 11월에 부하를 시켜 바실꼬를 잡아 그의 두 눈을

바실꼬 공후를 붙잡아 칼로 장님을 만드는 장면(15세기 「라드지빌 연대기」에서 발췌)

칼로 뽑아 버렸다. 이 사실을 전해 듣고 흥분한 모노마흐는 다른 공후들과 함께 스뱌또뽈끄 II세와 전투를 벌이려다, 모친과 끼예프 부주교의 간곡한 청을 듣고 이를 거둬들인다. "공후여, 당신과 당신 형제들에게 간청합니다. 러시아를 망하게 만들지 마세요. 당신들이 서로 싸운다면, 이교도들이 기뻐 날뛰며 쳐들어와서 우리 땅을 점령할 것입니다. 당신의 아버지와 선조들이 힘들고 어려운 가운데 러시아를 위해 용감히 싸우며 개척한 영토인데, 당신들은 러시아를 망하게 하렵니까." 이에 모노마흐는 눈물을 흘리며 다음과 같이 말했다. "사실 우리 아버지와 선조들은 러시아를 지켜 왔는데, 우리는 망하게 하고 있구나."

이처럼 「지난 시대의 이야기」의 작가는 성경과 다양한 슬라브 전설을 토대로 전반부에 '노아의 홍수 이후 사건부터 끼예프 건설까지의 이야기', 그리고 후반부에 바랴그인들이 등장하는 859년부터 류베츠 회의가 열렸던 1097년까지의 역사를 다루고 있다. 대부분 연대기 전문가들은 이 작품의 저자로 네스또르, 그리고 이 작품이 쓰여진 연대는 바로 스뱌또뽈끄 II세와 네스또르가 사망한 해인 1113년으로 추정하고 있다. 이 작품은 조국애 사상, 생동감 넘치는 비유와 형상, 간결한 표현과 경구, 이야기체의 화법 등이 잘 어우러진 작품으로 평가된다.

5-2. 설교문학

러시아의 기독교 수용은 설교와 교훈의 내용을 담은 작품을 양산해 내는 계기를 제공하였다. 특히 설교는 대중들에게 그리스 정교의 교리를 전파하는 데 중요한 수단이었다. 11세기부터 12세기에 걸쳐 많은 성직자 출신 설교가들이 존재했었던 것은 분명하다. 그러나 상당히 많은 설교문에 유명한 설교가들의 이름이 도용되었기 때문에 저자의 진본을 구별해 내는 일은 그리 쉽지 않다. 당시 알려진 설교가로 일라리온(Иларион), 끼릴(Кирилл), 페오도시(Феодосий), 끌리멘뜨(Климент), 세라삐온(Серапион) 등을 꼽을 수 있다.

5-2-1. 일라리온(Иларион)

출생과 사망 연도가 정확하게 알려지지 않은 끼예프 교회의 최초 러시아인 부주교였던 일라리온이 베레스또보(Верестово) 교회[15]의 성직자였던 시절(1037년부터 1050년 사이)에 「율법과 은총에 관한 이야기 Слово о Законе и Благодати」를 썼다고 알려지고 있다. 언어학자 샤흐마또프(Алексей А. Шахматов)의 제자이자 고대 러시아 문학 전문가인 리하쵸프(Дмитрий С. Лихачёв)는 이 작품을 끼예프 주위에 요새 성벽 완성을 축하하기 위해 1049년에 집필하여 야로슬라프 현공이 참석한 끼예프의 성 소피아 성당에서 낭송했다고 주장한다. 일라리온은 신앙심이 돈독한 성직자였으며, 학식과 문학적 재능을 갖춘 작가였다. 그는 1051년부터 부주교직을 수행하였으나 야로슬라프가 사망하고 즉위한 아들 이쟈슬라프(Изяслав, 1054~1078)는 1055년에 그를 파면시키고 대신 그리스인 예프렘(Ефрем)을 부주교로 임명하였다. 이에 일라리온은 머리를 삭발하고 니꼰(Никон)으로 이름을 바꾸고 '끼예프 지하동굴 수도원'으로 들어가 은거하였다.

일라리온은 「율법과 은총에 관한 이야기」의 첫 부분에서 신학담론을 제시하면서 유대이즘(구약)과 기독교(신약)의 차이점을 명확하게 비교하고 있다. 즉, 유대이즘과 기독교는 각각 '율법'과 '은혜'를 상징하는데, 하나님이 유대인들에게 모세를 통해 율법을 주었으나, 다른

15) 야로슬라프 현공이 끼예프 근교에 개인적으로 설립한 교회.

민족들에게는 예수를 통해 이보다 한 차원 높은 은혜를 주었다는 것이다. 이와 같은 차원에서 아브라암의 첩 하갈과 그녀가 낳은 이스마엘은 율법으로부터 자유롭지 못한 인물이나, 본부인 사라와 그녀의 아들 이삭은 율법으로부터 자유로운 은혜의 산물이라는 것이다. 이어 일라리온은 복음을 만방에 전한 예수의 제자들 — 로마에 복음을 전한 베드로와 바울, 소아시아에 전한 요한, 인도에 전한 도마, 이집트에 전한 마가 — 을 칭송하면서 기독교를 도입한 블라지미르 대공을 이들과 같은 위치로 끌어올려 다음과 같이 찬양한다. "하나님의 은혜를 입은 블라지미르 대공은 선함과 용맹스러움과 지혜로움이 넘쳐흐르고, 그리스도를 향한 믿음과 사랑이 넘치는 인물이었으며, 러시아의 가난하고 헐벗은 자들에게 극진한 자비와 관용을 베풀었다." 그리고 일라리온은 블라지미르 대공을 콘스탄티누스 대제와 동등한 선상에 올려놓고, 끼예프 교회의 영광을 묘사하고 있다. 작가는 이를 통해 "끼예프 교회가 비잔틴 교회의 종속으로부터 벗어나 이와 동등한 위치에 있어야 한다"는 것을 간접적으로 시사하고 있다. 마지막으로 블라지미르 대공의 아들 야로슬라프 현공을 찬양하며 글을 맺는다. 대조와 대비, 그리고 은유 · 직유 · 상징 · 반복 등을 사용한 이 작품에는 수사학적으로 화려한 문체가 주류를 이루고 있다. 이 설교는 당시 성직자들과 일반 대중들의 마음을 사로잡았고, 그가 사용한 문체는 12세기부터 15세기에 걸쳐 집필된 설교문학의 본보기가 되었다.

5-2-2. 끼릴(Кирилл, 1130~1182)

끼릴은 끼예프의 북서쪽에 위치한 뚜로프(Туров)에서 1130년에 태어났고 1182년에 사망한 것으로 추정된다. 부유한 가정에서 출생한 그는 수도사의 길을 택해 수도원 종탑에 기거하며 신앙생활을 한 것으로 알려지고 있다. 외지에서 수도사 생활을 하던 그가 뚜로프로 돌아와 주교직을 수행하면서 설교가로 명성이 자자해지자, 당시 그의 이름을 도용한 설교문들이 상당수 유포되었다. 그 중 일부만이 그의 작품인데 이를 구분해 내는 데 고대문학 전문가들도 상당한 어려움을 겪고 있다. 그의 주요 작품으로 다음과 같은 것이 있다. 「부활절 주간의 첫 일요일에 관한 이야기 Слово на новую неделю по Пасхе」, 「영혼과 육체에 관한 우화 Притча о душе и теле」, 「백 수도사와 흑 수도사에 관한 이야기 Повесть о белоризце и мнишстве」, 「흑 수도사의 직위에 관한 이야기 Сказание о черноризском чине」. 그가 설교에서 사용한 비유, 상징 그리고 화려한 수사법 등은 고대 러시아 문학에 많은 영향을 끼치게 된다.

「부활절 주간의 첫 일요일에 관한 이야기」는 다음과 같은 내용을 담은 설교로 시작한다. “부활절을 찬양하기 위해 교회는 위대한 스승과 현명한 설교자가 필요한데, 빈약한 언어와 흐릿한 지혜를 가진 우리는 단지 부활절에 대해 조금밖에 말할 수 없구나.”(Велика учителя и мудра сказателя требуеть церкви на украшение праздника, мы же, нищие словом и мутные умом, лишь можем сказать мало нечто о празднике.) 이 부분은 기독교 최고의 축일인 부활절을 높이 송축하고자 하는 작가의 간절한 마음과 부활한 그리스도를 찬양하기에는 턱없이 부족한 인간의 언어와 지혜를 한탄하는 내용을 표현한 것이다. 이후 작가는 부활절을 이교도였다가 갱생한 기독교인들이 다시 새롭게 태어나는 의미 깊은 날로 간주하며 목가적 풍을 띤 봄의 풍경을 묘사한다. “먹구름에서 벗어난 태양이 높이 떠올라 대지를 따스하게 감싸고, 부드러운 미풍이 불어오고, 대지는 푸른 싹을 틔우고 양과 송아지들은 봄을 즐기며 주위를 거닐고, 꽃이 피고 나무에서 새싹이 돋아난다.” 이 묘사에서 ‘먹구름’은 이교도 신앙, ‘태양’은 기독교 신앙을 의

미하고, '봄'과 '푸른 싹'은 영생과 부활을 상징하고, '양'과 '송아지'는 기독교인으로 갱생한 유대인과 이교도인들을 각각 상징하고 있다. 비록 비잔틴 설교문학을 일부 모방한 흔적이 있으나, 이 작품은 문학적으로 뛰어난 작품으로 평가되고 있다. 이 작품 외에도 끼릴은 7편의 설교문을 더 집필한 것으로 알려지고 있는데, 대부분 그의 설교는 일라리온의 것처럼 비유와 상징을 내포한 화려한 수사체로 쓰여졌으나, 후자와는 달리 정치적인 색채를 전혀 띠지 않고 있는 것이 특징이다.

1160년에서 1169년 사이에 쓰여진 것으로 추정되는 끼릴의 「영혼과 육체에 관한 우화」는 훈계문학의 장르에 포함시킬 수 있다. 이 작품은 장님과 절름발이가 합심하여 범죄를 저지르는 사건을 다루고 있다. 어떤 포도밭 주인이 자기 밭을 지키기 위해 장님과 절름발이를 파수꾼으로 고용했다. 절름발이는 침입하는 도둑을 발견할 수 있고, 장님은 도둑이 침입하는 소리를 들을 수 있기 때문이었다. 그리고 만의 하나 파수꾼들이 도둑질을 하려 마음먹더라도 절름발이는 마음대로 포도밭 안을 걸어다닐 수 없을 것이고, 장님은 설사 포도밭에 들어가더라도 곧 길을 잃을 것이라고 생각하고 안심하고 이 두 사람을 파수꾼으로 고용하였던 것이다. 그러나 장님은 주인을 속이고 포도밭의 포도를 훔칠 계획을 짰다. 장님은 등에 절름발이를 업고 그로부터 방향을 지시받고 포도밭으로 들어가서 등에 업힌 절름발이가 마음껏 주인의 포도를 훔쳐 둘이 나누어 가졌다. 그러나 나중에 주인에게 발각되어 이 두 사람은 호된 벌을 받고 대가를 치르게 된다. 이 이야기에서 장님은 인간의 '영혼'을, 절름발이는 인간의 '육체'를, 그리고 주인은 인간을 창조한 '하나님'을 상징하고 있다. 즉 하나님과 단절된 인간의 영혼이 그의 육체에게 죄를 저지르도록 사주했다는 알레고리를 담은 우화인 것이다.

5-3. 블라지미르 모노마흐(Владимир Мономах, 1113~1125)

블라지미르 모노마흐는 1052년에 부친인 끼예프 대공 프세볼로드(Всеволод, 1078~1093)와 모친인 비잔틴 황제 콘스탄티누스 IX 모노마코스(Constantinus IX Monomachos, 1042~1055)의 딸 사이에서 출생했다. 모친의 영향을 받으며 자란 모노마흐는 책을 가까이하며 많은 학문을 익혔으며, 그리스 정교 신앙을 바탕으로 한 온화한 성품을 가진 인물이었다. 체르니고프(Чернигов)와 뻬레야슬라블(Переяславль)의 공후를 역임했던 그는 1094년에 자신이 통치하던 체르니고프를 사촌형 올레그 스뱌또슬라비치(Олег Святославич)에게 양도하였다. 영토 때문에 공후들 사이에 반목이 커지면서 올레그는 1096년에 모노마흐의 아들을 살해하고 그의 영토를 탈취하였다. 모노마흐는 은혜를

끼예프 러시아 사절단이 블라지미르 모노마흐의 외조부인 콘스탄티누스 모노마코스 비잔틴 황제를 방문하는 장면(왼쪽)과 끼예프로 돌아와 끼예프 대공에게 보고하는 장면(오른쪽)(13세기 비잔틴 필사본에서 발췌)

저버린 사촌을 복수하지 않고 대신 화평과 공후들의 단결을 간구하는 내용을 담은 「올레그 스뱌또슬라비치에게 보내는 편지 Писимо к Олегу Святославичу」를 그에게 썼다. 이처럼 그는 11세기 말 공후들 간에 발생한 반목과 분열을 종식시키려 노력하였고, 1097년에 열린 류베츠 회의에 적극적으로 참여하였다. 류베츠 회의 직후에 발생한 바실꼬(Василько)의 불행한 사건에 대해서도 모노마흐는 공후들의 분열을 저지하기 위하여 이를 의연히 대처하였다. 그는 "형제가 형제를 죽이기 시작하면 러시아 땅은 분열될 것이고, 유목민 뽈로베쯔족이 침입하여 러시아 땅을 점령할 것이다"라는 것을 강조하였다. 1103년에 열린 돌롭스끄(Доловск) 회의에서 모노마흐는 공후들에게 뽈로베쯔족에 대항한 공동전쟁을 주장하기도 하였다. 1113년 60세의 고령에 끼예프 대공으로 즉위한 그는 공후들의 분열을 종식시켰으며, 외적 뽈로베쯔를 섬멸하고 러시아를 부흥시켰다. 그는 1117년에 자손들을 위한 유명한 「교훈서 Поучение」를 썼고 1125년에 사망하였다.

5-3-1. 「올레그 스뱌또슬라비치에게 보내는 편지 Писимо к Олегу Святославичу」

끼예프 러시아는 대공과 공후을 임명할 때 전통적으로 '장자계승제'가 아닌 '형제계승제'를 실시하였다. 시간이 흐르면서 대공의 형제들과 그들의 자손들이 증가하게 되자 이 원칙을 고수하는 것은 점차 어렵게 되었다. 11세기 중엽 야로슬라프 현공 사망 이후 자신들의 이권을 추구하던 공후들 사이에 분열이 발생하기 시작하였고 11세기 말에는 극한상황으로 치닫게 되었다. 즉, 소도시의 공후직 혹은 끼예프 대공직을 얻기 위하여 일부 공후들은 독단적으로 혹은 다른 공후들과 정략적으로 연합하여 자신의 형제나 사촌들을 살해하거나 그들을 불구로 만들었다. 이러한 공후들 사이에서 발생하는 분열을 종식시키기 위하여 1097년에 모든 공후들이 끼예프 근교인 류베츠에 모여 회의를 하고 평화협정을 맺었다. 회의 결과 형제계승제를 폐지하고 장자계승제를 채택하였으나 이는 잘 지켜지지 않았고, 끼예프 대공의 권좌는 여전히 형제계승의 원칙을 고수하기로 결정함으로써 분열의 불씨는 여전히 남아 있었다.

이러한 극한상황 속에서 희생당한 공후로 1096년에 올레그(Олег Святославич)에게 살해된 모노마흐의 아들 이자슬라프(Изаслав) 공후와 1097년에 스뱌또뽈끄 II세(Святополк II, 1093~1113)에 의해 봉사가 된 바실꼬(Василько) 공후를 꼽을 수 있다. 1096년 올레그는 이자슬라프의 영토에 침입하여 그와 전투를 벌려 이자슬라프를 살해하고 그의 영토를 차지하였다. 모노마흐는 올레그에게 복수하는 것을 포기하고, 살해된 자식에 대한 아픔을 마음속에 묻어 버리고 대신 숭고한 '형제애'의 내용을 담은 편지를 그에게 써서 보냈다. 이 편지에는 올레그를 질타하거나 아들을 살해한 그의 행위에 대한 분노가 담겨져 있지 않고, 대신 평화적으로 이자슬라프의 영토를 다시 반환하여 이전보다 더 돈독한 관계를 갖자고 권유하는 글이 담겨져 있다. 그리고 올레그가 붙잡고 있는 며느리를 자신에게 돌려달라는 모노마흐의 애절한 간원에는 '슬픔을 당한 며느리를 향한 시아버지의 애틋한 사랑'이 서정적인 필치로 잘 표현되어 있다. 이 편지는 관대한 성품과 위대한 지도자로서의 지혜를 가진 모노마흐의 사사로운 감정보다 통일된 강력한 끼예프 러시아를 건설하고자 하는 강한 의지가 담겨져 있는 작품으로 평가된다.

5-3-2. 「교훈서 Поучение」

모노마흐가 1117년에 쓴 이 작품은 고대 러시아 문학에서 성직자가 아니라 정치가가 쓴 것으로는 유일하게 훈계문학 장르에 속하는 작품이다. 성서와 비잔틴 성자전에 대해 해박한 지식을 갖추고 있었던 모노마흐가 그의 후손들에게 물려주는 종교, 윤리, 도덕, 정치적 지침서로 평가되는 이 작품은 크게 세 부분으로 나누어져 있다.

첫 부분에서 모노마흐는 자신의 부친과 모친의 가문을 칭송하고, 자신을 이제까지 보살핀 하나님을 찬미하며 이야기를 시작한다. 공후들이 분열의 길로 치닫고 있을 때 이에 동조하지 않고 시편을 읽으며 하나님으로부터 위로를 받았다는 내용[16)]이 담겨져 있다. 비록 모노마흐는 성직자가 아니었지만 시편, 이사야서, 잠언 등에서 필요한 구절을 적절히 인용하여 자신이 남기고자 하는 요지를 잘 전달하고 있다. 하나님을 늘 경외하고, 가난한 자, 고아, 과부, 고통에 처한 자들을 보살피고, 살인을 저지른 자를 용서하고, 가정의 기강을 잡는 것을 게을리하지 말고, 거짓말과 악행을 멀리하고, 병든 자를 문병하고, 열심히 글을 읽고 배워 지식을 갖추라고 후손들에게 당부하고 있다. 작품의 첫 부분에서 신앙과 덕을 근본으로 하는 통치자의 모습을 발견할 수 있고, 두 번째 부분에서는 자신이 12세 때부터 53년간 겪은 산 경험을 소개하고 있다. 자신이 돌아다니던 여러 도시의 이름을 거론하고 그가 참가했던 원정에 대한 이야기를 열거하였다. 1072년부터 1117년까지의 원정은 연대기 형식으로 간단히 기록되었고 정확한 날짜는 기록되지 않았다. 그리고 뽈로베쯔족과 19번 평화조약을 체결했다는 것을 기록하고, 포로로 잡은 자들 가운데 중죄인은 사형에 처했지만 일부 뽈로베쯔족의 공후들과 귀족들을 살려주었다고 토로한다. 이 부분에서 모노마흐의 유화 외교정책의

16) "악인을 괴로워하지 말라, 그들은 모두 멸망할 것이다", "악을 멀리하고 선을 행하면 영원히 살 것이다", "노여움은 잠깐이요, 은총은 평생이로다. 저녁에는 울음이 계속될지라도, 아침에는 기쁨이 온다" 등.

단면을 엿볼 수 있다. 마지막 부분에서 모노마흐는 자손들에게 의미 있는 충고를 던진다. 이 글을 쓴 이유는 자신의 영광을 나타내려는 것이 아니라 하나님의 영광을 나타내려는 것이고, 인간은 누군가의 보호를 받는 것이 좋은데, 특히 하나님의 보호를 받는 것이 훨씬 좋다고 말하며 글을 맺는다.

5-4. 성자전(житие)

11~12세기에 끼예프 러시아에서 집필된 성자전은 주로 '끼예프 지하동굴 수도원'에서 쓰여졌다. 11세기 중엽에 끼예프 근교 드네쁘르강 구릉지에 건립된 이 수도원은 끼예프 대공의 강력한 지원을 받으면서 러시아 정교회의 중심지로 성장하였다. 시간이 흐르면서 비잔틴 교회로부터의 독립을 갈망하던 러시아 교회는 야로슬라프 현공의 도움으로 1051년 일라리온(Иларион)을 최초의 러시아인 부주교로 세우기도 하였다. 당시 쓰여진 러시아 성자전들이 비잔틴 성자전의 영향으로부터 완전히 자유로웠다고는 말할 수 없다. 그러나 러시아 성자전은 비잔틴 것과는 달리 독특한 내용을 담고 있다. 끼예프 러시아에서 가장 먼저 집필된 성자전으로 「지하동굴 수도원의 안또니 성자전 Житие Антония Печерского」이 있고, 11세기 말경에 수도사 네스또르(Нестор, 1056~1113)에 의해 집필되었다고 추정되는 「지하동굴 수도원의 페오도시 성자전 Житие Феодосия Печерского」, 그리고 익명의 작가가 쓴 「성스런 순교자 보리스와 글렙에 대한 찬미와 수난과 이야기 Сказание и страсть и похвала святым мученикам Борису и Глебу」와 이를 토대로 종교적 색채를 한층 가미하여 네스또르가 다시 집필한 「보리스와 글렙의 삶과 죽음에 대한 독본 Чтение о житии и о погублении Бориса и Глеба」이 있다.

5-4-1. 「지하동굴 수도원의 안또니 성자전 Житие Антония Печерского」

「원초 연대기」에 수록된 이 작품의 저자의 이름은 밝혀지지 않았는데 아마도 수도사들 중 한 사람일 것으로 추정된다. 이 작품은 지하동굴 수도원이 어떻게 설립되었는가와 안또니(Антоний , Antonius)에 대한 간략한 이야기를 담고 있다. 작품의 첫머리에는 1051년도라는 연도와 함께 야로슬라프 현공이 일라리온을 부주교로 임명했다는 이야기가 기록되어 있다. 일라리온은 부주교가 되기 전에 드네쁘르 강가의 언덕에서 땅을 파고 그곳에서 종종 기도를 드렸다. 그리고 그리스의 아토스산(Athos)[17]에 위치한 한 수도원에서 금욕생활을 하던 수도사 안또니가 수도원장의 지시에 따라 그리스를 떠나 끼예프로 향했다. 드네쁘르 강가 구릉을 돌아다니던 안또니는 일라리온이 땅을 파서 만들어 놓은 장소를 발견하고 이곳에 정착하여 수도생활을 시작하였다. 얼마 후 그에 대한 소문이 끼예프 러시아 사람들에게 널리 알려지게 되었다. 그들은 안또니에게 필요한 음식을 가져다주었고 그를 성자로 불렀다. 그는 1054년에 현공이 사망하고 즉위한 이쟈슬라프 대공의 도움을 받아 지하실을 크게 확장하여 12명의 수도사와 함께 공동 신앙생활을 하였다. 이곳으로 몰려드는 수도사들이 증가하자 안또니는 대공에게 요청하여 그 언덕 위에 큰 수도원을 새로 건립하였다. 안또니는 이 수도원이 지하동굴에서 시작했다는 역사적 의미를 간직하기 위하여 새로 건립한 수도원의 명칭을 '지하동굴 수도원'이라 명명하였다. 나이가 들자 안또니는 바를라암(Варлаам)을 두 번째 수도원장으로 임명하고 일선에서 물러났다.

---

17) 상당히 많은 수도원들이 건립되어 있던 그리스의 동북부에 위치한 산으로 그리스 정교의 메카 역할을 하던 곳이다.

5-4-2. 「지하동굴 수도원의 페오도시 성자전 Житие Феодосия Печерского」

이 작품은 연대기 「지난 시대의 이야기」를 집필한 네스또르에 의해 페오도시(Феодосий, Theodosius, ?~1074)가 사망한 1074년 이후에 쓰여진 것으로 추정된다. 1074년 이후에 '지하동굴 수도원'에 들어온 네스또르는 동료 수도사로부터 페오도시에 관한 이야기를 전해 듣고, 몇 년 후 그에 대한 성자전을 집필하였다.

이 작품의 내용은 크게 둘로 나눌 수 있다. 첫 부분은 페오도시의 유년시절에 관한 이야기, 두 번째 부분은 그의 지하동굴 수도원 생활에 관한 이야기이다. 유년시절에 관한 14개의 에피소드는 그의 성품과 삶을 유추할 수 있도록 해준다. 유년시절 신앙심이 돈독했던 그는 고난의 십자가를 졌던 그리스도의 삶을 따르려 하였다. 그는 검소하게 옷을 입고 다니며, 노예들과 함께 들판에서 일하며 그들의 고통을 몸소 체험하기도 하였다. 예수의 흔적이 있는 팔레스타인 지방을 방문하여 그곳에서 생활하려는 뜻을 품고 있던 그는 이를 저지하려던 모친과 갈등하던 끝에 마침내 끼예프로 떠나게 되었고, 끼예프 지하동굴 수도원장 안또니를 만나 그곳에 기거하였다. 아들을 찾아 나선 모친은 지하동굴 수도원에서 페오도시를 만나게 되었다. 그녀는 아들이 택한 길을 축복하고 자신도 끼예프 수녀원으로 들어가 수녀로서 평생을 지낸다. 두 번째 부분은 페오도시가 지하동굴 수도원에서 생활하면서 발생한 일을 다루고 있다. 온화한 성품을 가진 그는 동료 수도사들로부터 자주 칭찬을 받았고, 두 번째 수도원장 바를라암이 드미뜨리 수도원장으로 임명되어 떠나게 되자, 페오도시가 세 번째 지하동굴 수도원장으로 임명되었다. 수도원장이 된 이후에도 그는 늘 검소한 옷차림을 하고 다녔고, 힘든 일을 마다하지 않고 일반 수도사와 똑같이 행동하였다. 그는 수도원을 뛰쳐나간 수도사들에게 자비와 용서를 베풀었고, 속세의 권력으로부터 나오는 유혹을 거부하며 자기 자신을 엄하게 다스렸다. 권력과 타협하지 않았던 그는 공후들의 올바르지 않은 행위에 대해서 직언하는 것을 서슴지 않았다. 이 작품에는 그가 수도원에서 행한 기적[18]도 기록되어 있다. 작가는 수도원의 규율을 지키며 겸손하고 숭고하게 살던 페오도시가 죽기 전에 스쩨빤을 수도원장으로 임명하고, 자신이 사망하기 전에 시신을 한밤중에 지하동굴 예배소에 묻어달라는 유언을 했다는 사실을 기록하였다.

5-4-3. 보리스와 글렙에 관한 성자전

익명의 작가가 쓴 「성스런 순교자 보리스와 글렙에 대한 찬미와 수난과 이야기 Сказание и страсть и похвала святым мученикам Борису и Глебу」는 역사적인 사실을 위주로 하여 두 성자의 삶을 기록하고 있다. 익명의 작가는 블라지미르 대공이 사망한 직후 대공으로 즉위한 장자 스뱌또뽈끄 I세를 '죄인'(Окаянный)이라고 비난하고 1015년에 형제들을 살해한 그의 악행을 기록하고 있다. 보리스와 글렙은 모든 러시아 성자들 가운데 최고의 성자로 추앙받고 있는 위대한 인물이다. 이 작품의 줄거리는 다음과 같다.

블라지미르 대공이 사망한 후 스뱌또뽈끄는 끼예프에 정착하였다. 그는 국민들의 마음이 자기를 떠나 있고 대신 보리스에게 있다는 사실을 인식하였다. 보리스의 부하들은 그에게 끼예프로 진격하여 대공의 자리를 차지하라고 설득하였으나 보리스는 이를 받아들이지 않았다. 이런 상황에서 스뱌또뽈끄는 보리스를 살해하기로 작정하고 자객을 보냈다. 형이 자객을 보냈다는 소식을 미리 알고 있던 보리

18) 기도를 하여 빈 꿀통이 꿀로 가득 차고, 빈 밀가루 통에는 밀가루가 가득 담겨졌다.

보리스를 창으로 찔러 죽이는 장면(14세기 「실베스뜨르 문집」에서 발췌)

스는 자객들이 도착할 무렵 새벽기도를 하며, 구약성서에서 다윗이 사울 왕의 추적으로부터 도망다니며 썼던 시편19)을 읽고 있었다. 들이닥친 자객들이 보리스를 창으로 찌를 때 하인 게오르기가 자신의 몸을 던져 창을 막았다. 자객들은 보리스를 막사에서 끌어낸 후 그의 심장을 찔러 살해하였다. 순교자가 되어 하나님으로부터 '의(義)의 면류관'을 받은 그는 성 바실리 사원에 매장되었다.

얼마 후 스뱌또뽈끄는 보리스의 동생 글렙을 죽이기로 작정하고 그에게 "병들어 누워 있는 부친 블라지미르 대공이 글렙을 보고 싶어한다"는 허위 전갈을 보냈다. 여동생 쁘레드슬라바(Предслава)로부터 아버지는 이미 사망했고 형 보리스가 살해됐다는 소식을 전해

19) "강한 무리들이 저를 에워싸고 있습니다…. 하나님께 간구합니다. 추적자로부터 저를 구원해 주십시오."

들은 막내아들 야로슬라프(Ярослав Мудрый)는 형 글렙에게 끼예프로 입성하지 말라는 전갈을 보냈다. 이 전갈을 받고 글렙은 울음을 터뜨린 후 끓어오르는 분노를 삭히며 하나님께 기도를 올렸다. 글렙이 기도를 드리고 있을 때 자객들이 들이닥쳐 글렙의 요리사 또르친을 시켜 글렙을 칼로 찔러 죽였다. 그의 시신 역시 성 바실리 사원에 매장되었다. 작가는 보리스와 글렙은 러시아를 수호하는 빛의 역할을 하는 성자라고 칭송하고 이 두 사람을 위한 수사학적으로 화려한 기도로 작품을 마무리짓는다.

작가는 보리스와 글렙이 형 스뱌또뽈끄에게 대항하여 전투를 감행하지 않고 죽음을 택한 것을 맏형의 뜻에 복종하고 골육상잔에 가담하지 않겠다는 의지를 갖고 선택한 숭고한 뜻으로 기리고 있다. 스뱌또뽈끄가 보낸 자객들이 보리스를 칼로 찌르려는 순간 이를 몸으로 막은 하인 게오르기의 행위 역시 숭고한 충성심의 발로로 묘사하였다. 이 작품이 일반 성자전과 다른 점은 전통적으로 성자전에 기록되는 성자의 출생과 성장과정을 전혀 기록하지 않고 단지 죄인의 악행을 지적하며 순교자의 철저한 순종과 무저항 정신을 높이 기리며 이를 찬양하고 있는 것이다. 주요 등장인물 세 사람의 독백을 이용하여 그들의 심리적 내면세계를 묘사하는 기법은 당시로서는 상당히 독특한 것으로 평가된다.

상기 작품과 달리 네스또르는 역사적인 내용을 축소하고 종교적이고 훈계적인 요소를 가미하여 「보리스와 글렙의 삶과 죽음에 대한 독본 Чтение о житии и о погублении Бориса и Глеба」을 집필하였다. 네스또르는 두 성인의 죽음을 악의와 투쟁과 파멸로 이끄는 악마의 오만을 극복한 그리스도의 승리로 묘사하였고, 끝부분에 순교자의 영광을 나타내는 몇 가지 기적을 추가하였다. 그리고 참고로 네스또르가 쓴 연대기 「지난 시대의 이야기」에는 보리스와 글렙에 관련된 역사적 사건이 다음과 같이 기록되어 있다. 블라지미르가 죽은 후에 대공의 자리를 물려받은 그의 아들 스뱌또뽈끄 I세는 혼자 권력을 독점하기 위하여 자신의 형제들을 살해하고자 하였다. 스뱌또뽈끄의 첫 번째 희생자는 로스또프(Ростов)의 공후 보리스였다. 블라지미르는 죽기 얼마 전에 자신의 친위대를 보리스에게 보내 뻬체네그족과 싸우도록 명령하였다. 얼마 후 부친 사망 소식이 전해지자 친위대원들은 보리스에게 무력으로 왕위를 찬탈하라고 설득했으나, 보리스는 자신의 손을 들어 형을 치고 싶지 않기 때문에 그들의 제의를 거절했고 기꺼이 형을 아버지처럼 존경하리라 선언하였다. 보리스의 반응에 실망한 친위대원들이 떠나자 홀로 남은 그는 스뱌또뽈끄에 의해 살해되었다. 그리고 스뱌또뽈끄는 무롬(Муром)에 있는 글렙에게 사신을 보내 병든 아버지가 보고 싶어하니 빨리 서둘러 오라고 전한다. 형의 전갈에 아무런 의심도 하지 않고 글렙은 끼예프로 향했다. 이복동생 야로슬라프가 보낸 사신이 스몰렌스끄(Смоленск)에서 글렙을 만나 슬픈 소식을 전했다. "가지 마시오, 당신의 아버지는 운명하셨소. 그리고 당신의 형이 스뱌또뽈끄에 의해 살해되었소." 글렙은 아버지와 형의 죽음을 애통해 했다. 그리고 스뱌또뽈끄가 보낸 자객들이 그를 발견한 곳은 바로 스몰렌스끄였다. 그들의 명령에 따라 글렙 공후의 요리사는 그를 찔러 죽였다. 형제를 살해한 맏형의 행위에 분노한 막내 야로슬라프는 살인자 스뱌또뽈끄와의 전쟁을 선언하고 드네쁘르 강가에서 일전을 벌였다. 이른 아침에 야로슬라프의 부하들은 죽기를 각오하고 강을 건너 스뱌또뽈끄의 군대를 덮쳤다. 뒤이은 전투에서 스뱌또뽈끄의 군대가 패배하자 궁지에 몰린 그는 폴란드 왕 볼레슬라프(Boleslaw)의 도움을 청해 야로슬라프를 끼예프에서 몰아냈다. 그러나 1019년 전투에서 야로슬라프 군대에게 대패한 스뱌또뽈끄는 끼예프에서 도주하여 폴란드와 보헤

미아 사이에 위치한 외딴 지방에 살다가 사망하였다.

5-5. 수도원장 다니일의 「순례기 Хождение」

「순례기」를 쓴 수도원장 다니일(Даниил)에 대해서 알려진 것은 거의 없다. 다만 그는 체르니고프(Чернигов)에 위치한 어떤 수도원의 원장이었을 것이라고 추정된다. 다니일은 1106년에 박식하고 나이 많은 수도사를 동반하여 팔레스타인 순례여행을 떠났고, 그곳에서 16개월 동안 머물다가 1108년에 러시아로 돌아왔다. 돌아온 후 그는 순례하면서 보고 느낀 것을 아주 상세하게 묘사한 작품을 12세기 초에 집필하였다. 이 작품에는 다니일의 생애와 예루살렘의 일상생활에 대한 묘사가 그리 많지 않다. 당시 예루살렘 성지로 순례여행을 한 사람들은 성직자뿐 아니라 일반 신도 혹은 무역에 종사하는 사람들도 상당수 있었다고 추정되는데, 성지를 순례하고 돌아온 사람들을 '삘리그림'(пилигрим)이라고 불렀다. 이 외에도 순례자들이 예수가 예루살렘 성으로 입성할 때 그를 환영하던 유대인들이 손에 들고 흔들던 종려나무 가지를 꺾어 가지고 돌아온다는 의미에서 '빨롬닉'(паломник)이라고 부르기도 했고, '순례자들이 신고 다니던 신발'을 의미하는 그리스어 칼리가(kaliga)에서 따서 '깔리까'(калика)라고도 불렀다. 「순례기」의 필사본이 100여 권이 넘게 발견된 것을 미루어 볼 때 이 작품은 당시 끼예프 러시아에서 상당한 인기를 누리고 있었던 것으로 추정된다.

작품 서두에 다니일은 하나님 앞에 자신을 낮추어 '가장 미천한 수도사'라는 진부한 표현을 쓰면서 이야기를 시작한다. 자신은 자기가 속한 수도원 혹은 도시를 대표하는 인물일 뿐 아니라 전 러시아를 대표하는 순례자라고 언급하고, 이 글을 쓰는 것은 팔레스타인 성지를 지극히 사랑하기 때문이라고 말하고 이 작품을 읽는 모든 사람들은 성지순례를 직접 다녀온 사람들과 동일한 은혜를 받을 것이라고 강조한다. 그는 성지 주변의 묘사를 상당히 자세히 언급함으로써 이곳을 방문할 사람들에게 유용한 정보를 제공해 주고 있다. 예수 혹은 성경에 등장하는 인물들과 관련된 성지와 유물에 관심을 가지고 있던 그는 요단강, 그리스도가 불구자를 고친 연못, 골고다 언덕, 그리스도가 부활한 동굴 등을 자세히 묘사하였다. 자신이 본 것을 기록하면서 그들과 관련된 신·구약뿐 아니라 외경의 내용도 간략히 언급하고 있다. 요단강의 한쪽 편은 평평하고 반대편은 급격한 경사를 이루고 있고, 강 폭과 넓이 그리고 구비쳐 흐르는 모습은 마치 러시아의 스노프(Сновъ)강과 똑같고, 강둑에 서있는 나무들도 러시아의 갯버들과 유사하다고 서술한다. 요단강 물을 직접 마셔 보고 비록 혼탁하지만 단맛이 난다는 설명과 이 물을 마시고 병든 자는 아무도 없다고 말한다. 이어 그는 보리와 밀이 자라고 있는 예루살렘 주위의 비옥한 땅, 무화과와 올리브가 자라고 있는 과수원, 풍성한 열매가 열린 오래된 종려나무 등을 비교적 상세히 설명한다. 예루살렘이 가까워지자 감격의 눈물을 흘리며 도시입구로 향하는 길을 묘사한 후, 예루살렘 성전 뒤편에 있는 부활교회의 위치는 지구의 중심이고, 그리스도가 십자가에 매달린 장소 옆에 커다란 돌이 하나 있다고 기록하면서 외경을 인용하여 다음과 같이 설명한다. "이 돌 밑에 아담의 뼈가 묻혀 있다. 예수가 돌아가실 때 이 돌이 둘로 갈라졌고, 예수가 흘린 피가 묻혀 있는 아담의 뼈를 씻었다. 그래서 아담을 통해 들어온 인류의 원죄가 사해졌다." 이처럼 다니일은 성지를 묘사할 때 성경과 외경을 혼용하고 있다. 순례기간 동안 자신이 러시아를 대표한다는 긍지를 갖고 있던 다니일은 예수가 부활한 무덤에서 러시아를 위해 기도를 드렸다. 그는 러시아를 향한 하나님의 특별한 은총을 강조하며 다음과 같은 말로 글을 맺는다. “다니일에 의해 러시아 땅에 놓인 등불은 거룩한 빛으로 밝혀지는데, 카톨릭 땅에 놓인 등불은 밝혀지지 않는다.”

5-6. 「이고리 원정기 Слово о полку Игореве」

5-6-1. 작품의 발견과 문제점

고대 러시아 문학에서 최고의 걸작으로 알려진 「이고리 원정기」 필사본[20]은 고대 러시아 문학 필사본 수집가인 무신-뿌쉬낀(Алексей И. Мусин-Пушкин, 1744~1817) 백작에 의해 1780년대 말 발견되었다. 1792년에 문학잡지 ≪목격자 Зритель≫에 이 작품에 대한 이야기가 최초로 언급되면서 세간에 알려지기 시작한 것이다. 입수한 경위에 대하여 백작은 야로슬라블에 있는 ‘스빠소-야로슬라프’(Спасо-Ярославь) 수도원장 ‘요일’(Иоил)로부터 받은 고서적들 사이에 끼어 있었다고 증언했다. 그리고 백작이 필사가들을 시켜 에까쩨리나 II세(Екатерина II, 1762~1796)를 위해 소위 ‘무신-뿌쉬낀 사본’을 필사하여 1795년 혹은 1796년에 그녀에게 헌정하였다고 추정되는데, 문서국에 보관되었던 이 ‘헌정본’은 얼마 후 분실되었다. 18세기 말경 무신-뿌쉬낀 사본은 고대 문헌학자인 말리놉스끼(А.Ф. Малиновский)와 반뜨이쉬-까멘스끼(Николай Н. Бантыш-Каменский)에게 전달되었고, 까람진(Николай М. Карамзин)이 고문 자격으로 참가한 상태에서 이들은 몇 년간 노력한 끝에 이 작품을 러시아어로 번역한 초판을 1800년에 발표하였다. 18세기 말 러시아의 고문서학은 초보적인 수준이었기 때문에 이 번역본 초판은 적지 않은 문제점을 갖고 있었다고 추정된다. 그런데 백

20) 15~16세기경 필사본으로 추정된다.

작이 소유하고 있던 무신-뿌쉬낀 사본은 1812년에 나폴레옹이 모스끄바를 침공했을 때 불행하게도 화재로 인해 완전히 소실되었고, 번역본 초판의 일부도 소실되었다. 이후 초판을 번역했을 때의 자료를 다시 보충하여 초판을 복원하였다. 그리고 1864년에 역사학자 뻬까르스끼(Пётр П. Пекарский)가 우연히 18세기 말 분실되었던 에까쩨리나 여제에게 헌정된 것으로 추정되는 한 사본을 발견하였다. 그러나 뻬까르스끼가 발견한 사본과 복원된 초판을 비교한 결과 문장과 문체에서 상당한 차이점이 드러남으로써 18세기 말 번역자들이 일부 단어의 의미를 이해하지 못했고 그 결과 본문을 정확하게 판독하지 못했다는 사실이 뒤늦게 밝혀졌다. 이어 당시 대부분 학자들은 무신-뿌쉬낀 사본의 수집·공개·번역·소실·재집필하는 과정에서 발생한 문제점들을 제기하기 시작하였고, 일부 학자들은 무신-뿌쉬낀 사본 자체를 위조품으로 간주하기도 하였다. 즉, 고대 러시아 문학의 우수성을 내보이기 위하여 18세기에 위조한 작품이라는 것이 골자였다.

그로부터 지금까지 이 작품의 진위에 대한 논란은 끊이지 않고 있다. 고대 러시아 문학 비평가인 알렉산드르 지민(Александр Зимин)은 18세기 말 '스빠소-야로슬라프' 수도원장 요일이 무신-뿌쉬낀 사본을 조작한 장본인이라고 주장하였고, 20세기 문학 비평가 치젭스끼(Дмитрий Чижевский)도 이 작품에 사용된 언어와 문체들을 조목조목 지적하면서 이 작품이 안고 있는 문제들을 제기하였다. 리하쵸프(Дмитрий С. Лихачёв) 역시 번역과정에서 발생한 문제점들을 일부 인정하였다. 이런 진위에 대한 논란을 초래한 근본 동기는 "12세기 말 끼예프 러시아 문학작품으로 평가하기에는 문학적으로 너무나 뛰어나다"는 것이었다.

5-6-2. 역사적 배경

이 작품은 실제 역사적인 사건을 주제로 삼고 있다. 블라지미르 모노마흐가 1125년에 사망한 후 끼예프 공국은 분열과 몰락의 길을 걷기 시작하였고, 12세기 중엽부터 유목민 뽈로베쯔족의 습격으로 외환을 겪는 상황이었다. 이때 남동쪽에 위치한 일부 러시아 도시들이 합심하여 외적의 침입에 대항하기 시작하였다. 1185년 3월 끼예프 대공 스뱌또슬라프(Святослав Всеволодович)는 남동부 러시아 공후들과 연합하여 뽈로베쯔족을 공격하여 승리를 거두었다. 당시 이 전투에 참가하기로 예정된 러시아 북동쪽에 위치한 노브고로드-세베르스끄(Новгород-Северск)의 이고리(Игорь Святославич) 공후는 길이 얼어 전투에 참가하지 못했다. 그해 4월 23일 이고리는 개인적인 영광과 승리를 꿈꾸며 뿌찌블(Путивль)의 블라지미르(Владимир, 이고리 공후의 아들) 공후와 르일스끄(Рыльск)의 스뱌또슬라프(Святослав, 이고리 공후의 조카) 공후와 함께 뽈로베쯔족 토벌원정을 떠났고, 며칠 후 뜨룹체쳅스끄(Трубчевск)의 프세볼로드(Всеволод, 이고리 공후의 동생) 공후가 가세하였다. 행군 도중 5월 1일에 일식이 발생했다. 이고리는 일식을 불길한 징조로 생각하고 심려하는 공후들과 군인들을 독려하면서 행군을 감행하였다. 앞서간 정찰병들이 나쁜 소식을 가져왔다. 뽈로베쯔족을 공격하여 그들을 완전히 격파하는 것은 불가능하다는 것이었다. 그러나 이고리는 전투를 포기하고 되돌아간다는 것은 자신들에게 커다란 수치와 불명예라며 이를 무시하고 뽈로베쯔 초원으로 진격했다. 5월 10일 금요일 아침 그들은 뽈로베쯔족과의 첫 전투에서 일단의 승리를 거두었다. 승리 후 이고리는 뽈로베쯔 지원군이 도착하기 전에 돌아가고자 제안했다. 그러나 후퇴하는 패잔병을 추격하던 조카 스뱌또슬라프는 이를 반대했다. 초원에서 밤을 지세고 다음날 아침 러시아 군은 자신들이 뽈로베쯔 군인들에게 포위된 것을 알아차렸다. 이날부터 전투가 시작되어 일요일 아침까지 격전이 지속되었다. 전세가 기울자 체르니고프 공국의 야로슬라프(Ярослав) 공후가 이고리를 지원하기 위해 보내준 터키 용병들이 갑자기 도주하기 시작했다. 이고리는 이들의 도주를 차단하려 애쓰다 자신의 무리로부터 이탈되었고, 뽈로베쯔족에게 포로로 붙잡혔다. 러시아 군은 완패했고, 15명의 군인들만이 간신히 러시아로 돌아왔다. 전투에서 승리한 뽈로베쯔인들은 서쪽으로 계속 진군하여 드네쁘르 강둑을 파괴하고, 블라지미르 공후가 지키던 '남 뻬레야슬라블'(Южный Переяславль) 요새를 포위하고, 리모프(Римов)를 점령하고, 뿌찌블 요새를 불태워 버렸다.

5-6-3. 줄거리와 분석

이 작품의 저자는 미상이다. 전투의 세부 내용이 자세히 기록된 점에 미루어 전투에 직접 참여한 군인이었고, 작품의 짜임새와 문학적 표현이 뛰어난 것을 볼 때 학식을 갖춘 인물이었을 것으로 추정된다. 그는 러시아 전체의 국익을 염두에 두고 당시 복합적인 정치 상황에 대한 탁월한 판단력을 가진 사람으로 고대 러시아 문학작품과 민중설화에도 박식했던 인물로 판단된다. 이 작품이 쓰여진 시기는 12세기 말경으로 추정된다. 이 작품에 사용된 독특한 단어와 문체, 그리고 비유·대조·상징들은 생동감 넘치고 독창적이다. 게다가 시적 리듬 효과를 얻기 위해 일부 문장에서 일정한 운율을 준수하려고 애쓴 흔적도 엿보인다. 이고리가 전투에 참전하고 패배하여 포로로 잡혀간 후 탈출해 귀환한다는 비교적 단순한 테마를 다루고 있으나, 군더더기 없는 매끄러운 줄거리 진행과 시공간을 뛰어넘는 복합적이면서도 치밀한 구성으로 인해 당대 최고의 기념비적인 작품으로 평가된다.

작가는 다음과 같은 문장으로 서두를 열어 나간다. "형제들아, 이고리 스뱌또슬라비치의 원정에 관한 고통스러운 이야기를 옛이야기 방식으로 시작해 보지 않겠는가?"(Не лѣпо ли ны бяшеть, братие, начяти старыми словесы трудныхъ повѣстии о пълку Игоревѣ, Игоря Святъславлича?) 이어 보얀(Боян 혹은 Баян)[21]이 꾸며낸 이야기를 전개하는 것과 달리 작가는 실제 역사적 사건을 노래하겠다고 말한다. 이야기는 블라지미르 대공(Владимир Святой , 980~1015)부터 주인공 이고리에 이르기까지의 여러 공후들을 순서대로 언급하는 것으로 시작된다. 원정 떠나기 전 그는 부하들 앞에서 기필코 전쟁에서 승리하여 뽈로베쯔족을 정벌하겠다는 강한 의지를 다음과 같은 은유와 상징으로 표현한다. "러시아인들이여, 나는 너희들과 함께 뽈로베쯔 초원에서 창을 부러뜨리고, 내 투구로 돈강의 물을 마실 것이다." 작가는 보얀을 꾀꼬리로 비유하면서, 이고리의 승리를 미리 노래한다. "어떤 폭풍우도 넓은 들판 너머 '송골매'(сокол : 4명의 러시아 공후를 상징)들을 날려보내지 못할 것이다. 거대한 돈강을 향해 '갈가마귀'(галица, галка: 뽈로베쯔족을 상징)들이 무리지어 도주하고 있다…. 술라(Сула : 드네쁘르강의 지류)강 너머에 '말'(뽈로베쯔족을 상징)들이 울부짖고, 끼예프에는 영광이 울려 퍼진다."(Не буря соколы занесе чрезъ поля широкая, галици стады бѣжать къ Дону великому.... Комони ржуть за Сулою, звенить слава въ Кыевѣ.) 이고리는 원정길에서 합류한 동생 프세볼로드를 반기며 자신의 대원들의 용맹을 자랑한다. 그러나 진군 도중 태양이 어두워져 길을 방해했다는 일식이 언급되고, 신화적 동물인 흉조를 예언하는 괴조(怪鳥) '지브'(дивъ)가 등장하고, 불길한 자연의 묘사들이 이어진다. 작가는 이 묘사를 통해 독자들에게 미리 이고리의 불행한 결

21) 11~12세기에 구슬리(гусли)라는 고대 러시아 현악기를 연주하며 노래하던 음유시인.

이고리 공후가 이끄는 러시아 군대의 뽈로베쯔 군대와의 전투장면(20세기 화가 이반 골리꼬브이의 작품)

말에 대한 암시를 주고 있다.

다음날 새벽 송골매로 비유된 이고리와 공후들은 갈가마귀로 비유된 뽈로베쯔 군대를 격파하였고, 늑대 같은 뽈로베쯔족의 '한'(хан, 汗, khan : 우두머리라는 의미)은 돈강 너머로 도주하였다. 러시아 군인들은 황금·비단·모피 등 많은 전리품을 획득하였으나, 곧이어 다가올 러시아 군대의 패배에 대한 불길한 징조들이 은유와 상징으로 묘사된다. "다음날 일찍 핏빛 노을이 새벽을 알려 주고, 먹구름이 '4개의 태양'(참전한 4명의 공후를 상징)을 가리기 위해 바다로부터 출현하고, 그 속에 푸른 번개가 번쩍인다."(Другаго дни велми рано кровавыя зори свѣтъ повѣдаютъ. Чръныя тучя съ моря идутъ, хотятъ прикрыти 4 солнца, а въ нихъ трепещуть синіи млънiи.) "오, 러시아 땅이여, 이미 언덕 너머로 사라졌구나! …땅이 신음하고, 강물이 혼탁하게 흐르는구나."(О, Руская Землѣ, уже за шеломянемъ еси! ...Земля тутнетъ, рѣкы мутно текуть.)

그리고 작가는 뽈로베쯔족과의 전투장면을 묘사하다 이를 갑자기 중단하고, 과거 역사 속의 인물인 올레그 스뱌또슬라비치(Олег Святославич : 야로슬라프 현공의 손자) 공후의 반란에 대한 이야기로 잠시 일탈한다. 작가는 이 이야기를 삽입함으로써 「이고리 원정기」의 주제인 '분열하는 공후들에 대한 비난과 통일된 강력한 공국을 향한 갈망'을 독자에게 심어 주고 있다. 잠깐의 일탈에 이어 다시 치열한 전투장면이 묘사되고 셋째 날 정오 러시아 군은 완전히 패배당했다. 작가는 자연을 의인화시켜 이 슬픈 장면을 극적으로 그리고 있다. "풀들이 안쓰러워 고개를 숙이고, 나무들도 슬픔에 젖어 땅에 엎드렸다…"(Ничить трава жалощами, а древо ся тугою къ земли преклонило...) 이 장면에 이어 작가는 잠시 이고리의 이야기를 뒤로 한 채 다시 러시아 땅의 모든 불행의 원인이 되었던 공후들의 분쟁을 비난하면서 러시아 땅에 도래할 슬픔을 노래한다. "비애가 러시아 땅에 퍼지는구나. 러시아 땅 사이에 여인들의 슬픔이 흘러나온다."(Тоска разлияся по Рускои Земли. Печаль жирна утече средъ Земли Рускыи.)

작가는 끼예프 대공 스뱌또슬라프가 이룩한 공적들을 나열하고 이와 대비하여 이고리가 저지른 실패와 어리석음을 지적한다. 이어 작가는 뽈로베쯔 들판에서 끼예프로 공간이동을 하여 스뱌또슬라프 대공이 꾼 불길한 꿈 이야기를 늘어놓는다. 그가 꾼 꿈을 귀족들이 다음과 같이 해석하였다. "2개의 태양이 빛을 잃고, 2개의 적자색 기둥이 타버리고, 그들과 함께 2개의 어린 달도,"(два солнца помѣркоста, оба багряная стлъпа погасоста, и съ нима молодая мѣсяца,) 여기서 '2개의 태양'은 이고리와 그의 동생 프세볼로드를 상징하며, '2개의 적자색 기둥'은 이 두 사람의 군대, 그리고 '2개의 어린 달'은 이고리의 아들 블라지미르와 조카 스뱌또슬라프를 상징하고 있다. 스뱌또슬라프 대공은 이고리의 군대가 뽈로베쯔족에게 섬멸당하는 꿈을 꾼 것이다.

해몽을 듣고 대공은 슬퍼하며 적절치 않은 전투를 벌인 이고리와 프세볼로드를 꾸짖을 뿐 아니라, 이들을 돕지 않은 다른 공후들의 행위를 질책하는 눈물 섞인 '금언'(злато слово)을 말한다. 이어 작가는 대공의 금언과 맥락을 같이하며 자신이 직접 각각의 공후 앞으로 글을 써서 그들에게 호소한다.

작가의 일탈이 끝나고 뿌찌블 요새 성벽으로 공간이 이동되면서 포로가 된 이고리를 향한 부인 야로슬라프나의 처절한 애가가 묘사된다. 그녀의 간절한 목소리는 이른 아침에 울려 퍼지는 갈매기의 울음소리로 비유되고 있으며, 그녀는 바람 · 태양, 그리고 드네쁘르 강에게 남편이 풀려날 수 있도록 도와달라고 애절하게 간구한다.

이고리 공후의 부인 야로슬라프나가 뿌찌블 요새 성벽에서 애가를 노래하는 모습
(20세기 화가 이반 골리꼬브이의 작품)

"오 드네쁘르강이여, '슬로부찌짜'22)여!
그대는 뽈로베쯔 땅을 통과하여 '바위산'23)을 꿰뚫었습니다.
그대는 꼬뱌끄의 군대를 향해 출정한 스뱌또슬라프의 전함들을
달랬습니다.24)
주님, 나의 남편을 내게 보내주세요.
이른 아침 바다로 그를 향한 내 눈물을 보내지 않도록."
(О Днепре Словутицю!
Ты пробилъ еси каменныя горы сквозѣ землю Половецкую,
ты лелѣялъ еси на себѣ Святославли насады до плъку Кобякова,
възлелѣй , господине, мою ладу къ мнѣ,
а быхъ не слала къ нему слезъ на море рано.)

마치 그녀의 간절한 기도에 응답이라도 하듯 파도가 일고 먹구름이 몰려오고 하나님은 포로로 잡힌 이고리에게 러시아 땅으로 가는 길을 보여준다. 뽈로베쯔인 오블루르(Овлуръ)의 도움으로 탈출하여 도네쯔(Донец : 돈강의 지류)강에 도달한 이고리는 의인화된 강과 기쁨의 대화를 나눈다.

도네쯔강이 말했다 :
"이고리 공후여!
당신에게는 적지 않은 영광이,
꼰차끄에게는 증오가,
그리고 러시아 땅에는 기쁨이!"

---

22) 드네쁘르강의 옛 이름으로 '영광의 아들'이란 뜻.

23) 급류와 여울을 발생시키는 강가에 산재한 암괴를 지칭한다.

24) 이 문장은 1184년 여름 뽈로베쯔족을 공략한 끼예프 대공 스뱌또슬라프의 원정을 지칭한다.

(Донецъ рече :
Княже Игорю!
Не мало ти величія,
а Кончаку нелюбія,
а Руской земли веселіа!)

이고리가 말했다 :
"오 도네쯔강이여!
그대에게 적지 않은 영광이 있으리.
파도로 공후를 달래주었고,
그대의 은빛 강가에서 그에게 푸른 풀을 펼쳐주었고,
그대의 따스한 안개로 푸른 나무 그늘 밑에 그를 감싸주었다.
물위에 (떠있는) 물오리로 그를 지켜주었고,
공중에 흘러가는 갈매기로 (그를 지켜주었고),
바람에 나르는 검은 오리로 (그를 지켜주었다)."
(Игорь рече :
О Донче!
Не мало ти величія,
лелѣявшу князя на влънахъ,
стлавшу ему зелѣну траву на своихъ сребреныхъ брезѣхъ,
одѣвавшу его теплыми мъглами подъ сѣнію зелену древу;
стрежаше его гоголемъ на водѣ,
чай цами на струяхъ,
чрьнядьми на ветрѣхъ.)

뽈로베쯔족의 한(хан) 그자끄(Гзакъ)와 꼰차끄(Кончакъ)가 탈출한 이고리를 추적할 때 온갖 동물들이 이고리의 탈출을 도와준다. "까마귀(ворон)들이 까악까악 울어대지 않고, 갈가마귀(галка)들이 침묵을

뽈로베쯔족의 포로가 된 이고리 공후가 탈출하는 장면
(20세기 화가 이반 골리꼬브이의 작품)

지키고, 까치(сорока)들이 시끄럽게 떠들지 않고, 단지 뱀(полоз)만이 기어다닌다. 딱따구리(дятел)들이 딱딱거리며 강가로 가는 길을 안내해 주고, 꾀꼬리(соловей)들이 즐거운 소리로 새벽을 알려 준다." 결말 부분에서 작가는 음유시인 보얀의 시구를 인용하여 이고리의 귀환을 환영한다. "어깨 없는 머리가 존재한다는 것은 고통스럽고, 머리 없는 몸이 존재한다는 것은 불행이다."(Тяжко ти головы кромѣ плечю, зло ти тѣлу кромѣ головы.) 즉, 이고리 공후가 없는 러시아는 고통스럽고 불행하다는 표현을 하고 있는 것이다. 작가는 뽈로베쯔 군대에게 패배하고 포로로 잡혀갔다가 돌아온 이고리를 높이 찬양하며 글을 맺는다. "하늘에 태양이 빛나듯이, 러시아 땅에는 이고리 공후가 빛난다…. (이고리가 귀환하여) 온 나라가 기뻐하고, 온 도시가 즐거워한다."

제 2 장 13세기 문학

1. 13세기 러시아
2. 「끼예프 지하동굴 수도원 빠쩨리끄」
3. 「리삐쯔강에서 벌어진 전투에 관한 이야기」
4. 「유배자 다니일의 간원」
5. 몽고족의 러시아 침입에 관한 이야기들
6. 「알렉산드르 넵스끼 생애에 관한 이야기」
7. 「갈리쯔꼬-볼르인스끄 공국의 연대기」

1. 13세기 러시아

12세기 말에 절정에 달했던 러시아 공국의 분열은 13세기 초에도 지속되었다. 그 결과 1216년 리삐쯔(Липиц)강에서 러시아 공후들 사이에 큰 전투가 발생하였다. 이 전투에서 모든 공후들은 자신들이 패자인 것을 인식하지 못하고 있었다. 그들은 몇 년 후 징기스칸의 후예들이 동쪽에서 물밀듯이 쳐들어올 것을 전혀 예상하지 못하고 있었던 것이다. 러시아인들과 몽고족의 첫 번째 충돌은 1223년 아조프(Азов)해 근처에 위치한 깔까(Калка) 강가에서 발생했다. 이 전투에서 러시아 군은 역사적으로 원수지간이었던 뽈로베쯔족과 연합하여 당시 세계 최강의 군대인 몽고족과 싸웠다.

활과 화살로 무장하고 말을 탄 몽고 군인

1237년 겨울 몽고의 한(хан) 바투(Баты: 징기스칸의 손자)는 몽고 대군을 이끌고 랴잔(Рязан) 공국을 복속시킨 후, 북동쪽 러시아 공국들을 침공하였고, 마침내 1240년에는 끼예프 공국을 함락했다. 이로써 러시아는 '따따르의 굴레'(татарское иго)[25]에 놓이게 되었다. 3년간에 걸친 전쟁으로 인하여 러시아의 도시와 마을이 파괴되고 초토화되었다. 몽고족은 러시아 군인들뿐 아니라 주민들도 무자비하고 잔혹하게 살육하였다. 이러한 잔혹성은 바투의 러시아 침입에 관한 연대기 기록과 13세기 문학작품에서 주제로 등장한다. 몽고 침입은 러시아 문화에도 엄청난 해를 끼쳤다. 커다란 인명손실과 더불어 동부와 남부 러시아의 많은 도시의 건축물, 문화유산, 예술품, 그리고 서적들이 불타 버리거나 소실되었다.

러시아를 정복한 후 바투의 군대는 동유럽을 침략했으나 큰 성공을 거두지 못하였다. 1242년 말에 그들은 볼가강 하류, 서부 시베리아, 카스피 해안의 초원지대, 북부 까프까즈, 끄르임 반도 일대를 포함한 지역에 '킵차크 한국'(Золотая Орда)을 세웠고, 카스피 해안 초원지대에 사라이(Сарай)를 수도로 정했다. 바투에게 공물바치기를 거부하고 저항하는 도시의 모든 주민들은 잔혹하게 살육당했고, 따따르는 재능 있는 러시아 장인들을 포로로 붙잡아 킵차크 한국으로 데려갔다. 그들에게 순종하지 않는 장인들 역시 처참한 죽음을 당했다.

끼예프 러시아의 멸망은 러시아를 단결시키기는커녕 분열을 더욱 가속화시켰다. 일부 공후들은 따따르의 한에게 잘 보이기 위해 주민들의 재산과 경작물을 착취하여 일부는 공물로 바치고 일부는 그들이 착복하였다. 따따르의 한은 그들에게 충실한 공후에게 러시아 땅 전체를 통치할 수 있는 '칙서'(ярлык)를 수여하는 유인책을 실시하였고, 이를 얻기 위하여 공후들간의 반목과 불화는 끊이지 않았다. 그

---

25) 1240년부터 1480년까지 따따르(몽고)족에 의한 지배기간을 말한다. 따따르는 몽고족 가운데 한 종족으로 일반적으로 고대 러시아 역사와 문학에서 몽고족을 총칭하는 명칭으로 사용되고 있다.

러나 비교적 따따르의 세력이 미치지 못했던 북동과 북부 지역은 다른 공국들에 비해 피해가 상대적으로 적었고 따따르의 직접적인 간섭으로부터 다소 벗어날 수 있었다. 북동쪽에 위치한 블라지미르 공국은 인근의 수즈달 공국과 합병하여 세력을 서서히 확장하면서 북부의 노브고로드 공국을 정치적 세력권에 포함시켰고, 블라지미르 공국 내의 조그만 요새였던 모스끄바는 14세기에 접어들면서 정치적 요충지로 부각되기 시작한다. 그러나 노브고로드(Новгород)와 쁘스꼬프(Псков) 등 북부지역은 스웨덴과 독일로부터의 약탈의 대상이 되었다. 이때 블라지미르 공국의 알렉산드르 넵스끼(Александр Невский, 1252~1263) 공후가 스웨덴과 독일의 군대를 격파하면서 어둠 속에서 떠오르는 희망의 빛으로 나타났다.

13세기 초에 쓰여진 「끼예프 지하동굴 수도원 빠쩨리끄 Киево-Печерский Патерик」를 제외한 대부분의 작품들은 몽고족과의 전투에 관련된 작품들로 일색을 이룬다. 익명의 작가들은 공후들의 분열로 인해 러시아가 몽고족에게 패배당하고 멸망의 길로 치달을 수밖에 없었다고 기술하고 있다. 그들은 러시아가 패배한 것이 공국의 분열과 부패, 그리고 이로 인한 하나님의 진노의 결과라고 단언하고 있다. 그러면서 한편으로는 단결했으면 극복할 수 있었을 것이라는 막연한 아쉬움을 암시하기도 한다.

한편 몽고군에 의한 패배와 그들이 실시한 러시아 분할정책이 더욱 러시아의 분열을 가속시켰지만, 러시아의 통일이 절대적으로 필요하다는 생각들이 문학작품 속에서 드러나기 시작하였다. 이처럼 통일의식과 애국심에 관한 모티브들이 13세기 러시아 문학에서 중요한 주제로 등장하기 시작하였다.

2.「끼예프 지하동굴 수도원 빠쩨리끄」

'빠쩨리끄'(патерик)는 '성자전'(житие)과 달리 주로 수도원에서 신앙생활을 하던 수도사나 은자가 수도원이나 속세에서 고행과 금욕생활을 하면서 겪은 거룩한 사건과 행위를 기록한 단편모음집을 일컫는다.「끼예프 지하동굴 수도원 빠쩨리끄 Киево-Печерский патерик」는 러시아에서 가장 오래된 '끼예프 지하동굴 수도원'의 수도사들에 관한 이야기들을 담고 있다. 13세기 초에 집필된 것으로 알려진 이 작품은 블라지미르-수즈달 공국의 주교 시몬(Симон)과 끼예프 지하동굴 수도원의 수도사 뽈리까르프(Поликарп)가 쓴 편지와 그들이 첨부한 이야기들로 구성되어 있다. 그리고 이 작품에는 11세기에 수도사 네스또르에 의해 쓰여진「지하동굴 수도원의 페오도시 성자전」과 문학적으로 그리 뛰어나지 않은 몇 편의 이야기들이 함께 포함되어 있다.

시몬과 뽈리까르프가 편지를 쓰게 된 동기는 다음과 같다. 끼예프 지하동굴 수도원에서 함께 생활하던 시몬과 뽈리까르프는 학식과 필사능력이 뛰어난 수도사였다. 시몬은 블라지미르 수도원장을 거쳐 1214년에는 블라지미르-수즈달 공국의 주교직을 맡게 되었다. 이에 반해 뽈리까르프는 평범한 수도사로 줄곧 지내고 있었다. 그러다가 블라지미르-수즈달 공후인 유리 II세(Юрий Всеволодович, 1212~1238)와 그의 여동생 베르후슬라바 아나스따사(Верхуслава Анастася)로부터 돈독한 신임을 얻은 뽈리까르프는 그들의 도움으로 블라지미르-수즈달 공국의 주교로 임명되었다. 즉, 두 사람의 주교가 탄생하는 어처구니없는 사건이 발생하게 된 것이다. 이에 분개한 시몬은 뽈리까르프의 욕심과 야망을 질타하면서, 비록 그가 지하동굴 수도원의 평범한 수도사이지만 긍지를 갖고 수도사 생활을 해야 한다는 훈계조의 편지를 그에게 썼다. 동시에 시몬은 구비문학을 토대로 하여 끼예프 지하동굴 수도원 수도사들의 행적을 찬양하는 9편의 이야기를 써서 편지에 동봉하였다. 이 9편의 이야기에는 11~12세기 수도사들의 삶과 행적, 그리고 기적들이 기록되었을 뿐 아니라, 당시 수도원과 공후와의 다양하고 미묘한 관계도 간접적으로 묘사되어 있다. 시몬의 편지를 받은 뽈리까르프는 그의 질타와 충언을 겸허하게 받아들였다. 그리고 뽈리까르프는 끼예프 지하동굴 수도원장 아낀진(Акиндин)에게 편지를 썼고, 그도 자신의 편지에 수도사들에 관한 이야기 11편을 동봉하였다. 시몬과 뽈리까르프가 쓴 총 20편의 이야기는 흔히들 생각하기 쉬운 '성자들의 일생을 다룬 작품'이 전혀 아니다. 각각의 이야기는 상호 연관이 없는 별개의 이야기이고, 경건한 수도사 혹은 타락한 수도사들[26]이 겪은 짧은 에피소드를 기록한 것이다. 이 중 어떤 이야기는 10여 개의 문장에 불과할 정도로 짧은 것도 있다.

시몬이 쓴 9편의 이야기는 다음과 같다. ① 오니시포르(Онисифор) 장로(пресвитер)에 관한 이야기, ② '수도에 정진하는 인물'(постник)인 예프스뜨라찌(Евстратий)에 관한 이야기, ③ 인내심이 강했던 금욕주의자 '흑 수도사'(черноризец) 니꼰(Никон)에 관한 이야기, ④ 거룩한 순교자 꾹쉐(Кукше)와 삐멘(Пимен)에 관한 이야기, ⑤ 은둔생활을 했

26) 이들 대부분은 회개하고 수도사 본연의 모습으로 되돌아온다.

던 수도사 아파나시(Афанасий)에 관한 이야기, ⑥ 체르니고프(Чернигов) 공후였다가 사제가 된 스뱌또쉬(Святош)에 관한 이야기, ⑦ 흑 수도사 예라즘(Еразм)에 관한 이야기, ⑧ 흑 수도사 아레파(Арефа)에 관한 이야기, ⑨ 사제 찌뜨(Тит)와 보제 예파그리(Ефагрий)에 관한 이야기.

세 번째 이야기에는 니꼰이 뽈로베쯔족에게 포로로 잡혀 가서 당하는 모진 고문과 고통이 묘사되고 있다. 뽈로베쯔족은 니꼰이 도주할 것을 우려하여, 그의 다리 힘줄을 칼로 절단하였다. 그는 비록 불구가 되었지만 포로로 잡혀온 많은 러시아인들이 도주하는 것을 도와준다. 여섯 번째 이야기는 끼예프 공후 스뱌또슬라프(Святослав, 1073~1076)의 손자인 스뱌또쉬 공후에 관한 이야기다. 그는 1106년 수도원에 들어와 수도사가 된 후 니꼴라이라는 수도사명을 부여받았다. 수도원에 입교할 때 그는 공후 시절부터 자신을 따르던 의사 뾰뜨르와 함께 들어왔다. 니꼴라이는 수도원에서 힘든 일을 자청하며 고행과 금욕생활을 하였다. 과로로 인해 병이 난 니꼴라이를 치료하기 위해 의사 뾰뜨르가 약을 조제해 가지고 오는데, 그가 도착하기 전에 하나님의 축복으로 니꼴라이의 병이 나았다. 얼마 후 뾰뜨르가 병이 나자 니꼴라이는 그에게 약을 먹고 치료하지 말라고 당부하고 그를 위해 기도하여 그의 병이 나았다. 하나님으로부터 뾰뜨르의 죽음을 계시받은 니꼴라이는 그에게 석 달 후 그들은 헤어질 것이라고 넌지시 알려 주었다. 석달 후의 헤어짐을 자신의 죽음이 아니라 니꼴라이의 죽음으로 오해한 뾰뜨르는 니꼴라이를 위해 슬피 기도하였고, 그 역시 수도사가 되었다. 계시대로 석 달 후에 뾰뜨르는 사망했고, 니꼴라이는 30년을 더 살았다.

일곱 번째 이야기에 등장하는 예라즘은 많은 재산을 소유한 수도사인데, 그는 성전을 치장하는 데 많은 돈을 헌납하였다. 얼마 후 그는 자신이 취한 행동이 성급하였다고 판단하였다. 성전을 치장하는 데 헌납한 돈으로 가난한 자들을 구제하는 것이 더 좋았을 것이라고 후회하였다. 성전을 장식하는 것보다 가난한 자를 구제하는 일을 하나님이 더 기뻐하신다는 것을 뒤늦게 깨달았기 때문이다. 아홉 번째 이야기에는 서로가 상대방을 향해 반목과 증오심을 갖고 수도원에서 함께 생활하는 두 인물 찌뜨와 예파그리가 등장한다. 찌뜨는 동료 수도사에 대한 반목이 잘못된 것이라는 것을 깨닫고 예파그리를 향한 증오심을 버리고 그를 존중하는 행동을 취한다. 그러나 예파그리는 찌뜨가 죽을 때까지 그를 미워하며 화해하지 않았다.

시몬은 「끼예프 지하동굴 수도원 빠쩨리끄」에 자신이 쓴 9편의 이야기 외에 끼예프 지하동굴 수도원 교회 건립에 관한 기적적인 사건을 담은 5편의 이야기를 추가하였다. ① 바랴그(варяг) 공후 쉬몬(Шимонъ)에 관한 이야기, ② 건축가(зодчий)들에 관한 이야기, ③ 화가(живописец)들에 관한 이야기, ④ 요안(Иоанн)과 세르기(Сергий)에 관한 이야기, ⑤ '성 삼위일체'(Святая Троица)에 관한 이야기. 이 5편의 이야기에는 '끼예프 지하동굴 수도원 교회'(Киевская Печерская Церковь)의 건립과정에서 발생한 성스런 기적들이 묘사되어 있다.

첫 번째 이야기에 등장하는 바랴그인 쉬몬은 부친 야꾼(Якунъ)이 사망한 후 삼촌이 자신의 재산을 빼앗은 것에 불만을 품고 끼예프 러시아로 귀화하여 야로슬라프 현공을 보좌하며 살아가고 있었다. 야로슬라프가 죽고 즉위한 이자슬라프 대공은 1068년에 쉬몬을 데리고 뽈로베쯔족과 전투를 벌이기로 결정하였다. 전투에 참여하기 전에 이들은 끼예프 지하동굴 수도원장 안또니(Антоний)에게 축복기도를 받으러 갔다. 수도원장 안또니는 쉬몬에게 다음과 같이 말했다. "러시아 군은 전투에서 패배할 것이고, 많은 군인들이 죽을 것이나, 쉬몬은 살아 남을 것이다. 그리고 너는 장차 네가 짓게 될 교회에 묻히게 되리라." 안또니의 예언대로 러시아 군은 전투에서 완패했고, 많은 러시아 군인들이 살육당했다. 쉬몬 역시 큰 부상을 입었다. 부상당해 누운 채 하늘을 응시하고 있던 쉬몬의 눈에 어떤 교회의 환상이 보였다. 이 때 그는 주님께 죽음으로부터의 구원해 달라는 간절한 기도를 드렸다. 그 순간 알 수 없는 어떤 힘이 그를 도왔고, 그는 기적적으로 살아 남게 되었다. 얼마 후 그는 모든 영광을 하나님께 돌리고, 지하동굴 수도원장 안또니와 페오도시(Феодосий)에게 교회를 건립하는 데 필요한 재산과 토지를 헌납하였다.

세 번째 이야기에는 성모 마리아의 인도하심을 따라 비잔틴에서 온 성상화가들이 끼예프에 도착하여 지하동굴 수도원 교회 내부에 성상을 그리게 되는 과정을 담은 일화가 기록되어 있다. 화가들은 안또니와 페오도시의 요청을 받고 이곳에 왔는데 교회가 생각보다 크자 그들로부터 받은 계약금을 돌려주고 콘스탄티노플로 돌아가려 하였다. 이에 수도원장 니꼰(Никон)은 깜짝 놀라며 그 두 사람은 10년 전에 이미 세상을 떠난 사람들이라고 말하고 고인이 된 안또니와 페오도시의 성상을 가져다가 확인시켜 주었다. 죽은 사람들이 자신들과 계약을 했다는 사실을 확인한 화가들은 하나님께 헌신하기로 작정하고 자신들이 가지고 온 값비싼 재료를 이용하여 교회를 장식할 성상을 그렸다. 그리고 그들은 자신들이 배를 타고 이곳으로 오는 과정에 발생했던 기적을 수도원장에게 고백하였다. 드네쁘르강을 거슬러 올라오다가 끼예프 근처에 서있는 큰 교회가 지하동굴 수도원 교회인 것을 확인하고 뱃머리를 남쪽으로 돌려 콘스탄티노플로 회항하려 하였다. 그러나 어떤 알 수 없는 힘이 배를 자꾸 북쪽으로 끌어당기고 있었다. 그들은 배 안에서 교회의 환영과 성모 마리아의 현형을 보았고, 안또니와 페오도시의 음성도 들었다. 이에 큰 두려움을 느끼고 그들은 다시 도주하려 했으나 배는 저절로 수도원 강가에 도착하였다는 것이다. 성상을 그린 대부분 화가들은 그

교회에서 생을 마감하였다고 기록되어 있다.

뾜리까르프가 끼예프 지하동굴 수도원장 아낀진에게 쓴 편지에 첨부한 민간전설과 수도사로부터 전해 들은 이야기를 토대로 한 11편의 이야기는 다음과 같다. ① 공후였다가 훗날 노브고로드 주교가 된 은자 니끼따(Никита)에 관한 이야기, ② 은자 라브렌찌(Лаврентий)에 관한 이야기, ③ 의사인 성 아가삐따(Агапита)에 관한 이야기, ④ 기적을 행한 그리고리(Григорий)에 관한 이야기, ⑤ 은자 요안(Иоанн)에 관한 이야기, ⑥ 1015년 폴란드에 포로로 잡혀간 헝가리인 모이세이(Моисей)에 관한 이야기, ⑦ 끼예프 주민들을 위해 기적을 행한 쁘로호르(Прохор)에 관한 이야기, ⑧ 지하동굴 수도원에서 장의를 담당했던 보제 마르꼬(Марко)에 관한 이야기, ⑨ 표도르(Фёдор)와 바실리(Василий)에 관한 이야기, ⑩ '성찬식에 사용하는 빵을 굽는 사람'(просфорник)인 스삐리돈(Спиридон)과 성상화가 알림삐(Алимпий)에 관한 이야기, ⑪ 평생 동안 병을 앓고 지냈던 삐멘(Пимен)에 관한 이야기.

네 번째 이야기에 나오는 그리고리는 기적과 예언의 능력을 가진 수도사로 묘사된다. 이 이야기에는 그리고리가 자신을 강탈하려는 강도들을 5일간 깊은 잠에 빠지게 만드는 기적을 행한 것이 앞부분에 묘사되어 있다. 그리고 그의 예언능력에 대한 이야기는 다음과 같다. 블라지미르 모노마흐 대공과 로스찌슬라프(Ростислав Всеволодович : 모노마흐의 동생) 공후가 군대를 이끌고 뾜로베쯔족과 전투를 치르기 전에 축복을 받기 위하여 수도원을 향하다가 드네쁘르 강가에서 그릇을 닦고 있던 그리고리를 만났다. 그리고리는 로스찌슬라프 공후에게 그가 물에 빠져 죽을 것이라고 예언하였다. 이 말을 듣고 분노한 로스찌슬라프 공후는 부하를 시켜 그리고리를 강물에 빠뜨려 익사시켰다. 그리고리가 실종된 직후 수도사들은 이틀 동안 그를 찾아다녔으나 헛수고였다. 3일째 되던 날, 놀랍게도 목 주위에 돌이 매달린 채 물에 젖은 그리고리의 시신이 열쇠로 굳게 잠긴 그의 방안에서 발견되었다. 뾜로베쯔족과의 전투에서 러시아 군대는 패배하였고, 도주하던 로스찌슬라프 공후는 뜨레뾜레(Треполе)에 있는 스뚜그나(Стугна)강을 건너가다 그리고리의 예언대로 물에 빠져 죽었다.[27)]

일곱 번째 이야기에도 수도사와 공후에 관한 내용이 담겨져 있다. 끼예프 러시아에 기근과 가난이 닥친 시기에 탐욕스런 상인들은 끼예프 대공 스뱌또뾜끄 II세(Святополк II, 1093~1113)의 용인하에 주민들에게 필요한 소금을 아주 비싼 값에 팔았다. 이에 수도사 쁘로호르는 수도원에서 나무를 태우고 남은 재를 소금으로 변화시켜 주민들에게 무상으로 공급하기 시작하였다. 소금을 팔아 이익금의 일부를 챙기려 했던 스뱌또뾜끄 II세와 귀족들은 분노했고, 부하들을 시켜 수도원에 쌓여 있는 모든 소금을 압수하여 궁중으로 가져오도록 명령하였다. 그런데 부하들이 압수해 온 소금은 궁중에서 다시 재로 변하였다.

여덟 번째 이야기는 지하동굴 수도원에서 장의를 담당했던 보제 마르꼬에 관한 세 가지 이야기가 묘사되어 있다. 첫째, 마르꼬가 죽은 자를 위한 무덤을 팠는데 죽은 자를 안치하고 그에게 입힐 수의의 치수를 재고 몰약(миро)을 바르기에는 부족한 공간이었다. 마르꼬는 죽은 자에게 일어나서 스스로 치수를 재고 몰약도 바르라고 명령했고, 죽은 자는 마르꼬의 말을 듣고 이를 실행하였다. 둘째, 어떤 수도사가 사망한 후, 마르꼬가 죽은 자와 대화하는 것을 부러워한 장의를 담당하는 어떤 동료 수도사가 자신도 죽은 자와 이야기하고 싶다고 그에게 부탁하였다. 마르꼬는 동료 수도사에게 자기 대신 죽은 자에게 "형제여, 하루를 더 살아라. 그리하면 내일 당신의 영혼은

27) 이는 실제 역사적 사실과 일치한다.

평안히 하나님께로 나아갈 것이다"라는 말을 하라고 지시하였다. 동료 수도사는 죽은 자를 위해 수도사들이 모여 찬송가를 부르고 있을 때 마르꼬가 시킨대로 말하였다. 이 말을 듣자마자 죽은 자의 영혼이 다시 사망한 육체로 들어가서 부활한 후 하루 종일 말없이 지내다가 다음날 다시 사망하였다. 셋째, 수도원에서 생활하던 두 형제 수도사가 있었는데 이들은 마르꼬에게 찾아가 자신들이 죽으면 옆자리에 같이 묻어달라고 부탁하였다. 형 페오필(Феофиль)이 수도원을 떠나 있는 동안 동생이 먼저 죽어 무덤에 묻혔다. 수도원으로 돌아와 동생의 무덤이 자신의 무덤보다 높은 곳에 있는 것을 확인한 형은 마르꼬에게 불평을 하였다. 이에 마르꼬는 죽은 동생에게 일어나 높은 무덤 자리는 형을 위해 비워 두고 대신 낮은 무덤으로 가서 누우라고 명령했고, 곧 죽은 자는 일어나 자리를 이동하였다. 이 기적을 본 형은 무릎을 꿇고 마르꼬에게 죄를 지었다며 회개하고 슬피 울기 시작하였다. 금식과 기도를 하며 끊임없이 울던 형은 눈물을 많이 흘려 장님이 되었다. 얼마 후 마르꼬가 죽자 형은 더욱 슬퍼하였고 그의 눈물은 더 많이 흘러나왔다. 그는 눈물을 받는 그릇을 갖고 기도를 하였는데 몇 일 사이에 그릇이 눈물로 가득 차게 되었다. 어느 날 기도하는 순간에 몰약 향기가 가득한 그릇을 가진 천사가 나타났다. 천사는 이 그릇에 담긴 것은 그 동안 페오필이 땅에 흘린 회개의 눈물이라고 말한 후, 향기가 가득한 이 그릇을 그에게 주고 사라졌다. 페오필은 수도원장에게 눈물로 가득 찬 그릇과 몰약 향기로 가득 찬 두 그릇을 보여주면서 자신을 장사지낼 때 이 그릇의 내용물들을 시신에 뿌려달라고 부탁하였다. 3일 후 페오필은 사망하였다.

수도사, 귀족, 공후 그리고 악마가 등장하는 아홉 번째 이야기에는 역사적 사건에 전설과 기적을 가미한 흥미로운 내용이 담겨져 있다. 수도사 바실리(Василий)의 형상을 한 악마가 그의 친구 수도사 표도르(Фёдор)에게 나타나 두 사람 사이를 이간질시킨다. 이 때문에 악마의 농락으로 고통을 당하고 있던 표도르는 마침내 악마들을 굴복시키고, 악마로 하여금 화재를 입어 소실된 교회를 복구하는 데 돕도록 만들었다. 그는 악마들에게 다섯 마차 분의 곡물을 빻는 일을 시켰고, 교회를 재건할 때 사용하기 위해 드네쁘르강에 띄워 놓은 통나무들을 언덕 위로 운반하도록 명령하였다. 악마들은 통나무를 운반하기 위해 고용한 일꾼들에게 표도르를 비방하는 이야기를 하며 그들을 선동하였고, 한 악마는 바실리의 모습을 하고 귀족에게 나타나 표도르가 자신만이 아는 곳에 보물을 숨겼다고 거짓말하였다. 귀족은 이 말을 믿고 므스찌슬라프(Мстислав Великий , 1125~1132 : 블라지미르 모노마흐의 아들) 대공에게 찾아가 이를 고하였다. 보물을 차지하겠다는 욕심에 눈먼 므스찌슬라프 대공은 표도르를 체포하여 가혹한 고문을 하였고, 그의 친구 바실리 수도사도 붙잡아서 고문을 가했다. 이들로부터 아무런 반응이 없자, 화가 난 대공은 고문당하고 있던 바실리를 향해 활로 쏘았다. 바실리는 자신의 몸에 박힌 화살을 손으로 뽑아낸 후 대공에게 "장차 당신은 이 화살로 죽게 될 것이다"(Сею стрелою сам уязвлен будеши.)라고 예언하였다. 모진 고문을 견디다 못한 두 수도사는 얼마 후 사망하였다. 그리고 1132년 전투에 참가한 므스찌슬라프 공후는 바로 그 화살을 맞고 바실리의 예언대로 사망하였다. 작가는 이야기 끝부분에 끼예프 지하동굴 수도원을 감싸고 있던 존귀의 광채와 끼예프 공후들을 휘감고 있던 경건의 광채가 완전히 사라졌다고 하소연하고 있다.

「끼예프 지하동굴 수도원 빠쩨리끄」의 복사본이 상당히 많이 유포되었던 것으로 보아 이 작품은 고대 러시아 사람들로부터 상당한 인기를 누리고 있었던 작품으로 추정된다. 이 작품에 담겨 있는 이야기들이 다루는 테마는 흥미롭고 다양하다. 이런 다양한 주제의 밑바탕에는 '윤리와 도덕의 회복'이라는 정신이 깔려 있다. 비록 이 작품이 구비문학 요소인 전설과 기독교의 기적이 상당히 첨가되어 쓰였지만, 우리는 이 작품을 통해 당시 수도사들의 생활상과 그들과 귀족, 공후들과의 관계도 살펴볼 수 있다. 수도원에는 다양한 부류의 수도사들(성스러운 수도사와 타락한 수도사)이 함께 생활하고 있었고, 그들은 지금과 달리 자신의 사유재산을 소유하고 있었다. 수도사들은 개인적인 일로 속세로 떠났다가도 다시 수도원으로 복귀할 수 있었다. 수도사들 사이에 계급상승을 위한 적지 않은 반목과 질투가 존재했었고, 이 과정에 공후의 권력이 개입하곤 하였다. 일부 공후들은 수도사들을 영적으로 존경하고 돕기보다는 그들을 업신여기며 마음대로 부렸고, 귀족들과 더불어 사리사욕을 채우며 부귀와 재물을 탐하는 데 열심이었다.

3. 「리삐쯔강에서 벌어진 전투에 관한 이야기」

「리삐쯔강에서 벌어진 전투에 관한 이야기 Повесть о битве на реке Липице」는 1216년 리삐쯔강에서 벌어진 러시아 공후들간의 전투에 대한 이야기를 다루고 있다. 이 작품은 전투가 끝난 직후인 13세기 초 익명의 노브고로드인 작가에 의해 쓰여진 것으로 추정된다. 이 작품을 소개하기 전에 11세기 중엽부터 일기 시작한 끼예프 러시아 공후들의 반목과 불화에 대해 살펴보기로 하자.

자식을 많이 두었던 블라지미르 모노마흐 대공이 사망한 후 장남 므스찌슬라프(Мстислав Великий, 1125~1132) 대공이 끼예프 러시아를 통치하는 기간 동안에는 공후들간의 불화가 발생하지 않았다. 1132년 므스찌슬라프가 사망하자 끼예프 대공 자리를 둘러싸고 모노마흐의 일곱 번째 아들인 수즈달 공국의 유리 돌고루끼(Юрий Долгорукий, 1149~1157) 공후가 사망할 때까지, 약 27년 동안 형제들 사이에 치열한 분열과 전쟁이 발생했다. 유리 돌고루끼의 장남 안드레이 보고륩스끼(Андрей Боголюбский, 1157~1174)[28]는 1169년에 무력을 사용해 끼예프 공국을 점령하여 끼예프 대공 자리를 찬탈하였으나, 그는 블라지미르 공국에 있는 자신의 영지에 머물렀다. 훗날 이 영지를 중

28) 블라지미르에서 멀지 않은 보고류보프 마을에 흰 돌로 장식한 궁전을 짓고 살았다하여 보고륩스끼라는 별명을 얻었다.

전투를 벌이려 끼예프로 출정하는 안드레이 보고륩스끼
(맨 앞 인물이 안드레이 보고륩스끼이다. 노브고로드 동정녀 마리아 교회의 벽화에서 발췌)

심으로 하여 모스끄바가 건설된다. 이때부터 끼예프는 그 영광이 차츰 퇴색하면서 더 이상 러시아 땅을 대표하는 역할을 수행하지 못하는 상태로 전락하게 되었다. 그 대신 모노마흐의 일부 아들들이 주축이 되어 블라지미르를 중심으로 영토가 확장되기 시작하였다. 1174년에 안드레이 보고륩스끼가 피살되고 블라지미르 공국의 대공으로 즉위한 동생 프세볼로드 III세(Всеволод Большое Гнездо, 1176~1212)[29]는 지속적으로 블라지미르의 영토를 확장하여 강력한 블라지미르-수즈달(Владимиро-Суздаль) 공국을 건설하였다. 1212년 프세볼로드 III세가 사망하자, 그의 자식들간에 대공 자리를 두고 피비린내 나는 암투가 다시 발생하였다. 동생인 유리 II세(Юрий Всеволодович, 1212~1238)와 야로슬라프 II세(Ярослав Всеволодович, 1238 ~1246)는 그들의 형인 꼰스딴찐(Константин Всеволодович) 공후에 대항하여 전쟁을 일으켰다. 양진영으로 나눠진 이들은 자신을 지지하는 공후들과 친위대원들을 이끌고 1216년 리삐쯔강에서 전투를 벌였다. 이 전투는 모든 러시아 공국들에게 큰 부담을 주게 되었고, 이로 인해 분열된 러시아는 나약한 국가로 전락하게 되었다. 동시에 러시아 땅은 남동쪽에 자리잡고 있던 유목민 뽈로베쯔족의 침입으로부터 무방비 상태에 놓이게 되었다.

29) 자녀를 많이 두었다고 하여 '큰 둥지'라는 별명을 얻었다.

이 작품은 공후들이 리삐쯔강 전투를 준비하는 과정과 전투상황에 관한 자세한 묘사를 담고 있다. 작가는 전투가 시작되기 전에 양진영에 참가한 주요 공후들을 소개한다. 형 꼰스딴찐 프세볼로도비치 공후측에는 스몰렌스끄 공국의 블라지미르 공후, 노브고로드 군인들을 이끌고 참여한 므스찌슬라프 공후, 쁘스꼬프 공국의 프세볼로드 공후와 블라지미르 공후가 합세했고, 동생인 유리 II세와 야로슬라프 II세의 편에는 무롬 공국의 야로슬라프 공후와 프세볼로드 공후가 가세하였다. 노브고로드 출신인 작가는 형 꼰스딴찐 공후측의 입장에서 전투를 묘사하고 있다. 블라지미르 공후와 므스찌슬라프 공후는 자신들이 데려온 노브고로드와 스몰렌스끄의 군인들에게 다음과 같이 지시하였다. “맨발로 싸우고 싶은 자들은 맨발로, 말을 타고 싸우고 싶은 자들은 말을 타고 싸워라.” 이에 노브고로드 군인들은 말을 타고 싸우다 죽기보다는, 자신의 조상들이 깔록샤(Калокша)강에서 맨발로 싸웠던 것처럼 맨발로 싸우겠다고 굳은 각오로 답변하였다. 이에 공후들은 그들의 용맹스런 반응에 기뻐했다. 용감한 노브고로드 병사들은 거추장스런 갑옷과 신발을 벗어버리고 맨발로 뛰어들었고, 스몰렌스끄 군인들 역시 신을 벗고 전투에 참여하였다. 시간이 흐르면서 꼰스딴찐측 군인들은 유리 II세와 야로슬라프 II세측 군인들을 압도하였고, 도주하는 유리 II세와 야로슬라프 II세측 군인들을 살육하였다. 결국 이 전투는 동생 유리 II세와 야로슬라프 II세측의 패배로 끝나게 된다. 그러나 양측 모두 심각한 피해를 입었다. 작가는 꼰스딴찐 진영이 입은 타격은 그리 심각하지 않다고 여기면서, 상대방측이 입은 상당한 인명손실을 지적하며 자신들의 승리를 송축하며 이야기를 끝맺는다. 작가는 이 전투로 인해 발생한 러시아 땅과 주민들이 당하는 고난과 고통을 간과하고 있으며, 또한 훗날 러시아 땅이 외세에 의해 파멸의 길로 치닫게 될 것을 전혀 인식하지 못하고 있다.

4.「유배자 다니일의 간원」

13세기 초에 쓰여진 것으로 추정되는 이 작품은 13세기 러시아 문학에서 가장 뛰어난 작품들 가운데 하나로 평가된다. 공후의 친위대원 혹은 공후의 서자였을 것으로 사료되는 익명의 작가는 당시 정치적 식견과 문학적 자질을 함께 겸비한 인물로 추정된다. 그는 리뻬쯔강 전투가 일어나기 전에 유리 II세(Юрий II, 1212~1238)와 야로슬라프 II세(Ярослав II, 1238~1246)의 진영에 참여했던 인물이었을지도 모른다. 이 작품은 2개의 개정판이 현존하고 있는데, 그 중 하나는「유배자 다니일의 이야기 Слово Даниила Заточника」라는 표제가 붙어 있고 수신자가 야로슬라프 블라지미로비치(Ярослав Владимирович, 1182~1199 : 노브고로드 공후)라고 표기되어 있다. 그런데 다른 개정판에는「유배자 다니일의 간원 Моление Даниила Заточника」이라는 표제와 함께 야로슬라프 프세볼로도비치(Ярослав Всеволодович, 1238~1246)[30]를 수신인으로 하고 있다. 일반적으로「이야기」가「간원」보다 먼저 쓰여졌다는 주장이 지배적이나, 두 개정판 중 어떤 것이 먼저 집필되었는가는 아직도 많은 학자들 사이에 의견이 분분하다.

이 두 개정판의 내용과 주제는 대부분 유사하다. 작가는 자신이

30) 리뻬쯔강 전투에서 패배한 블라지미르 공국의 대공 야로슬라프 II세를 지칭한다.

처한 딱한 입장을 공후에게 하소연하며, 공후 역할의 중요성을 강조하고 그의 권위와 권력을 높이 찬양한다. 그러나 두 개정판에서 귀족에 대한 작가의 입장은 상당한 차이가 있다. 즉, 「이야기」에서는 공후와 귀족을 대비해서 다루고 있지 않으나, 「간원」에서는 이 둘을 대조하면서 "공후의 권위가 귀족에 비해 월등하다"고 강조하고 공후를 따르지 않는 귀족과 성직자들을 비난하고 있다. 그리고 「간원」에 비해 「이야기」에는 '악처'(злая жена)에 대한 이야기가 상당한 분량을 차지하고 있는 것도 또 다른 차이점 중의 하나이다. 이 두 개정판 가운데, 적절히 사용된 다양한 비유·과장·반복, 그리고 수사학적으로 우아한 문체 등이 상대적으로 돋보이는 「간원」은 문학적으로 뛰어난 작품으로 평가되고 있다. 「간원」에서 작가는 자신이 뛰어난 지식과 능력을 겸비한 인물이라는 것을 드러내면서 수신자에게 자신의 간절한 감정을 호소하고 있다. 자신이 처한 비참한 운명을 묘사하는 부분에서 시적인 표현을 사용하여 공후의 심금을 흔들고 있다. 작가는 시편과 성서 구절을 적절히 인용하며 도덕적인 내용을 담은 간언을 간간이 삽입하기도 한다. 짜임새 있는 구성과 작가가 전달하고자 하는 주제를 시적으로 섬세하게 표현하는 점이 높게 평가된다. 「간원」은 「이고리 원정기」의 도입부에 사용된 것처럼 화려한 문체로 글을 시작한다.

"형제들아, 노래를 부르자,
황금으로 만든 나팔 같은,
우리의 지혜의 이성으로
그리고 연주하자 은빛 오르간으로
현명한 지식으로,
두들기자 우리의 지혜의 작은북을 가지고,

하나님의 영감으로 만든 피리를 불면서,
우리 영혼에 유익한 깊은 생각들이 흐느끼도록!"
(Вострубимъ убо, братие,
аки въ златокованную трубу,
въ разумъ ума своего
и начнемъ бити въ сребреныя арганы
во извѣстие мудрости,
и ударимъ въ бубны ума своего,
поюще въ богодохновенныя свирѣли,
да восплачются въ насъ душеполезныя помыслы!)

이처럼 도입부는 악기와 영적인 요소들(지혜, 이성, 지식)이 대조되면서 시적인 감흥을 불러일으키는 멋진 표현으로 시작된다. 공후의 위대함을 찬양하면서 자신의 한스런 처지를 묘사할 때도 작가는 대구법을 사용한다. "태양과 같은 공후의 자비가 모든 사람들을 따스하게 만들었으나, 나는 공후의 눈으로부터 나오는 빛으로부터 추방당해 빛도 없고 비도 오지 않는 곳에서 홀로 지내고 있다." 이어 작가는 공후에게 사람의 외형만을 보고 판단하지 말고, 그의 내면에 있는 본질적인 것을 보고 판단해 줄 것을 요청한다. "비록 가난하나 현명한 사람은 더러운 용기에 담긴 황금 같고, 부유하나 지혜가 없는 자는 짚을 가득 채운 비싼 베갯잇 같다."(Нищь бо, а мудръ, яко злато въ калнѣ сосудѣ; а богатыи человекъ несмысленъ, яко паволочито изголовие, соломы наткано.) 작가는 자신이 '성숙한 지혜'(стар смысл)를 갖고 있다고 주장하며 공후에게 자신을 다시 기용해 줄 것을 간청한다. 이어 작가는 공후를 찬양하며 그가 갖추어야 할 덕목과 위엄을 묘사한다. 공후는 이 땅의 통치자이고, 그에게 종속된 모든 자들의 아버지이다. 그러한 공후는 사랑, 자비, 온화함을 소유한 자다.

태양 같은 그는 사람들을 따스하게 다스릴 것이다. 물고기에게 물이 필요하듯, 사람들에게 공후가 필요하다. 공후는 현자를 가까이해야 하고, 어리석은 자를 멀리해야 한다. 공후의 권위는 누구(귀족)로부터도 제한받으면 안 된다. 마치 뿌리가 많은 상수리나무가 튼튼하듯이, 많은 현명한 보좌관을 가진 공후는 강력해진다. 훌륭한 공후가 없는 군대는 머리가 없는 짐승과 같다. 공후는 선하고 자비로워야 할 뿐 아니라 사람들로부터 경외심을 얻어야 한다.

이처럼 작가는 공후를 높이 받들고 있으며, 이와 대조적으로 귀족들을 냉혹한 멸시의 눈길로 바라본다. "따스한 신발을 신고 귀족을 받드는 것보다, 맨발로 공후를 모시는 것이 훨씬 낫다. 귀족을 모시며 좋은 의복을 입는 것은 돼지가 황금 귀고리를 귀에 달고 다니는 것과 같다. 귀족의 영지에서 꿀을 마시는 것보다, 공후의 궁정에서 맹물을 마시는 것이 더 낫다." 다음 표현에서는 운문에서 나타나는 음성반복과 압운을 발견할 수 있다.

> "좋은 주인을 모시는 종은
> 자유를 얻을 것이고,
> 악한 주인을 모시는 종은
> 많은 노동을 하게 될 것이다."
> (Добру господину служа,
> дослужится свободы,
> а злу господину служа,
> дослужится болшие работы.)

이어 작가는 귀족의 무능함을 다음과 같이 표현한다. "바다에 떠 있는 배를 침몰시키는 원인은 바닷물이 아니라 '바람'이다." 즉, 공후를 불행으로 몰아넣는 것은 공후 자신이 아니라 그의 보좌관인 '귀족'들이라는 것을 지적하고 있는 것이다. "비록 강한 군대를 갖고 있으나 현명한 보좌관이 없을 때 공후는 전투에서 패배한다." 이 문장은 야로슬라프 프세볼로도비치 공후가 1216년에 벌어진 리뻬쯔강 전투에서 형 꼰스딴찐 군대에게 패배한 사실을 암시하는 부분이라고도 간주할 수 있다. 작가는 공후를 위한 간절한 기도로 작품을 마무리한다. "하늘과 땅에 거하는 우리 하나님. 주님, 그(야로슬라프 프세볼로도비치 공후)에게 삼손의 힘, 알렉산더 대왕의 용맹, 요셉의 순결, 솔로몬의 지혜, 다윗의 온유함을 주십시오. …세세토록 하나님께 영광을 돌립니다, 아멘."(Богъ же нашь на небеси и на земли. Подаи же имъ, господи, Самсонову силу, храбрость Александрову, Иосифово целомудрие, Соломоню мудрость, Давидову кротость; ...Слава богу во веки, аминь.)

작가는 이 작품의 각 단락의 첫머리에 '나의 공후들, 주인님들!'(Княже мои, господине!)이라는 문구를 20번 이상 사용함으로써 그의 간원을 반복적으로 절실하게 표현하고 있다. 다윗의 「시편」과 솔로몬의 「애가」 등을 일부 인용한 것을 볼 때 작가는 성서에 해박한 지식을 갖춘 인물이었으며, 다음과 같은 금언과 격언의 의미를 담은 간략한 문장들을 볼 때 지적으로 뛰어난 인물이었을 것으로 추정된다. "슬픔에 잠긴 사람을 돕는 것은 더운 날 얼음물로 그의 갈증을 식히는 것과 같다", "황금은 열에 녹지만, 인간은 불행에 의해 녹는다". 이처럼 작가는 일상생활에서 사용되는 어휘를 사용하여 문장을 쓰면서 표현하고자 하는 핵심 내용에 걸맞는 비유와 상징을 적재적소에 사용하고 있다. 그리고 작가가 의도하는 주제와는 좀 동떨어진 듯한 인상을 주는 악처에 대한 글이 뒷부분에 실려 있다. 작가는 세속적인 격언들을 이용하여 악처를 묘사한다. "«거울을 보지 마시오. 그 속에 더러움이 보일 것이요!» 거울에 기대어 화장하고 있는 악처에게 말했다. 당신은 자기 얼굴의 추함으로 고통받으며, 큰 슬픔에 빠질 것이기 때문이요."(«Не позоруи въ зерцало, но зри въ коросту!» Женѣ бо злообразнѣ не достоитъ въ зерцало принищати, да не въ большую печаль впадетъ, возрѣшве на нелѣпотьство лица своего.)

일부 비평가들은 작가가 사용한 일부 저급문체를 근거로 하여 그가 하층계급의 '노예'(хлоп) 출신이었을 것이라고 추정하는데, 이러한 추정은 일부 구소비에트 비평가들이 노동자문학을 지나치게 의식한 결과라 사료된다. 비록 작가가 일상적 문체를 일부 구사하고 있지만, 그는 성서와 금언 등을 적절히 인용하고 사회와 정치적 흐름을 간파하고 있으며, 시적으로 뛰어난 묘사를 하고 있다. 이런 점으로 미루어 볼 때 작가를 하층계급 출신이 아닌 상류지배계급 출신으로 보는 것이 더 타당하다.

5. 몽고족의 러시아 침입에 관한 이야기들

5-1. 「깔까강 전투에 관한 이야기 Повесть о битве на Калке」

이 작품은 1223년에 바투가 이끄는 몽고군에게 대항한 러시아와 뽈로베쯔 연합군이 깔까강에서 치른 역사적 전투를 배경으로 한 작품이다. 익명의 작가가 13세기 초에 집필한 것으로 알려진 이 작품에는 깔까강 전투에 참여하였던 갈리찌야(Галиция) 공국의 다니일 공후에 대한 변론이 들어 있다. 이 때문에 일부 학자들은 이 작품의 작가와 「갈리쯔끄 연대기 Галицкая летопись」를 집필한 작가를 동일한 인물이라고 주장하기도 한다. 비록 짧은 분량이지만 연대기 형식으로 쓰여진 이 작품에는 러시아 공후들의 전투 준비과정, 뽈로베쯔족과 따따르족의 사신들과의 대화, 러시아 군의 패배장면이 비교적 자세하게 묘사되어 있다. 이 작품은 문학적인 면보다는 역사적인 자료로 높게 평가되고 있다.

이 작품의 도입 부분에서 작가는 몽고군의 진격에 대하여 당황해 하면서, 그들에 대해 다음과 같이 표현한다. "6731년(1237년)… 그해에 나타난 사람들에 대해 어느 누구도 분명히 알지 못했다. 그들이 누구인지, 어디에서 왔는지, 무슨 언어를 사용하는지, 어떤 종족에 속하는지, 어떤 신앙을 갖고 있는지 아무도 모른다. 어떤 사람들은 그들을 '따따르'인이라고 불렀고, 다른 이들은 '따우멘'인이라고 했고, 또 다른 이들은 그들을 '뻬체네그'인이라고 하였다."(В лѣто 6731... Того же лѣта явишася языци, ихже никтоже добрѣ ясно не вѣсть, кто суть и отколѣ изидоша, и что языкъ ихъ, и которого племени суть, и что вѣра ихъ; и зовуть я татары, а инии глаголют таумены, а друзии печенѣзи.)

이어 작가는 파타라(Patara) 출신 메토디우스(Methodius, Мефодий)[31]의 「계시록」 내용을 인용하면서 '러시아가 저지른 죄악에 대한 하나님의 진노' 때문에 따따르족이 출현했다는 것을 지적하고 있다. 즉, 작가는 인간의 죄에 대한 하나님의 형벌이라는 기독교적 해석을 시도하고 있는 것이다.

따따르의 공세에 밀리던 뽈로베쯔족은 갈리찌야 공국의 므스찌슬라프(Мстислав Мстислвич) 공후에게 많은 선물 — 말, 낙타, 들소, 처녀 — 을 사신을 통해 보내고 도움을 요청한다. "러시아 공후들에게 선물을 가지고 왔습니다. 오늘 그대들이 우리를 돕지 않으면, 내일 당신들이 당할 것입니다."(Шли дары по русскимъ князем; днесь насъ не будеть, а васъ заутра.) 이에 므스찌슬라프 공후는 뽈로베쯔족의 요청을 들어주기로 결정하였다. 한편 따따르는 10명의 사신을 므스찌슬라프 공후에게 보내, 그들은 러시아인들과 전쟁을 하지 않을 것이며 단지 뽈로베쯔족만을 공격할 것이라는 메시지를 전달하였다. 그러나 공후는 따따르 사신의 요청을 받아들이지 않고 그들을 처형하였다. 며칠 후 러시아 선발대는 드네쁘르강을 건너 깔까강에 도착하였다. 이미 따따르와 전투를 벌이고 있던 뽈로베쯔족은 따따르의 공세에 밀려 러시아 군이 마차를 이용해 강가에 설치한 임시 주둔지로 도주하였다. 뽈로베쯔족을 뒤쫓던 따따르 군은 이곳으로 밀려들어와

31) 7세기 말에 태초에 창조된 아담부터 예수의 재림까지 인류의 운명을 다룬 작품 「계시록 Revelations」을 쓴 비잔틴 작가.

뽈로베쯔족과 러시아 군인들을 살육하기 시작하였다. 전투 준비가 미처 안 된 러시아 군은 많은 희생을 당했다. 언덕 위에서 이 광경을 목격한 므스찌슬라프 공후는 군대를 이끌고 내려와 깔까강 근처에 진지를 구축하고 3일 동안 따따르 군과 전투를 벌였다. 그러나 러시아 군은 대패하였고, 므스찌슬라프를 포함하여 일부 군인들만이 간신히 살아 남아 드네쁘르강으로 도주하였다. 승리한 따따르인들은 포로로 생포한 공후들과 사살한 공후들을 함께 땅에 눕히고 그 위에 넓은 판자를 깔았다. 그리고 그 판자 위에서 승리의 잔치를 벌였고, 이로 인해 밑에 깔린 공후들은 모두 압사하였다. 다행히 따따르인들은 도주하는 러시아 군인들을 드네쁘르강까지만 추격하였고 무슨 이유인지 도하하지는 않았다. 작품의 끝부분에 작가는 총 6명의 공후가 피살되었고, 전투에 참여한 군인 중 10분의 1만이 간신히 살아서 돌아왔다고 기록하고 있다.

한편 이 작품에는 1216년 리삐쯔강에서 벌어진 러시아 공후들간의 전투에 참여했던 '전사'(богатырь) 중 한 사람인 알렉산드르 뽀뽀비치(Александр Попович)의 이름이 기록되어 있다. 알렉산드르는 꼰스딴진(Константин Всеволодович)[32] 공후측에 가담해 그의 동생인 유리 II세와 야로슬라프 II세를 상대로 벌인 리삐쯔 전투에서 승리를 이끈 수즈달 공국의 전사들 중 한 사람이었다. 그는 꼰스딴찐 공후가 사망한 후 유리 II세의 휘하에 들어가는 것을 거부하고, 다른 전사들을 이끌고 끼예프 공국의 원로 므스찌슬라프 로마노비치(Мстислав Романович : 모노마흐 대공의 손자) 공후 휘하로 들어갔던 인물이었다. 작가는 알렉산드르를 포함한 70명의 전사들이 깔까강 전투에 참여하여 모두 전사하였다고 마지막 부분에 기록하고 있다.

---

32) 수즈달 공국의 프세볼로드(Всеволод Большое Гнездо, 1176~1212) 대공의 장남.

5-2. 「바투가 랴잔을 파멸시킨 이야기 Повесть о разорении Рязани Батыем」

이 작품은 바투가 이끄는 따따르 군이 1237년에 랴잔 공국을 침략한 역사적 사건을 배경으로 하고 있다. 익명의 작가에 의해 13세기 중엽에 쓰여졌다고 추정되는 이 작품은 역사적 군담에서 흔히 사용되는 전투 과정·장면, 그리고 결과에 대한 단순한 연대기식 서술방법보다 작가의 고조된 감정을 문학적으로 표현하는 방식을 사용하였다. 작가는 이러한 점을 드러내기 위하여 일부 공후들의 활동 무대와 사망 연도를 인위적으로 조작하기도 하였다.[33] 이 비참한 패배장면들을 묘사하면서 랴잔의 파멸은 러시아의 죄악 때문에 발생한 결과라는 문구를 수차례에 걸쳐 반복하고 있다. 작가는 줄거리가 진행되는 도중에 자유자재로 일탈을 시도하며 자신의 주관적 관점을 강조하고 있다. 통일된 러시아를 향한 작가의 소망과 만일 공후들이 단합하였으면 따따르를 물리쳤을지도 모른다는 막연한 기대감도 표출하고 있다. 표도르 유리예비치(Фёдор Юрьевич) 공후의 부인이 어린 아들과 함께 성탑에서 투신자살한 후 온 도시가 울음바다가 되었다는 안타까운 장면과 인그바리 인고레비치(Ингварь Ингоревич) 공후가 수많은 러시아인 주검을 바라보며 애가를 부르는 처절한 장면은 극적인 긴장감을 배가시키고 있다. 이 작품은 「이고리 원정기」에서 주류를 이루는 서사시적 서술방식이 조금 덜하나, 대신 허구적인 이야기체 서술방식이 두드러지고 있다. 이 작품은 '러시아 땅을 위한 애국심'과 '러시아 공후들의 단결'을 주요 주제로 다루고 있다.

---

33) 역사적으로 쁘론스끄(Проньск)의 프세볼로드(Всеволод Михайлович) 공후는 1208년에, 그리고 무롬(Муром)의 다비드(Давид Ингоревич) 공후는 1228년에 사망하였고, 올레그(Олег Красный Ингоревич) 공후는 1258년에 사망한 인물이다.

이 작품의 도입부는 연대기 형식처럼 전투가 발생한 연도를 기입하며 줄거리를 전개해 나간다. “1237년, 꼬르순으로부터 기적을 일으킨 니꼴 성상을 옮겨 온 지 12년째 되던 해에, 하나님을 믿지 않는 황제 바투가 많은 따따르 군대를 이끌고 러시아 땅으로 들어와서 랴잔 땅 근처 보로네쥐(Воронеж) 강가에 머물렀다.”(Въ лѣто 6745, во второе на десять лѣто по принесенiи чюдотворнаго Николина образа ис Корсуня, приiде безбожный царь Батый на Рускую землю съ множествомъ вой татарскыми и ста на рѣкѣ на Воронежѣ близъ Резанскiа земли.)

이 문장에서 작가는 블라지미르 공국의 대공 유리 II세(Юрий II, 1212~1238) 치세 때인 1225년에 랴잔으로 옮겨진 니꼴 성상에 대한 이야기를 끄집어낸다. 연대기에 의하면 1222년 몽고족이 꼬르순을 공격하자, 이곳에 거주하던 한 러시아 사제가 그의 부인과 아들 예브스따피(Евстафий)를 데리고 도피하였다. 그때 그의 가족들은 니꼴 성상을 가지고 지중해와 대서양을 거쳐 3년 만에 발틱해의 리가(Рига)에 도착하였다. 그들은 노브고로드를 거쳐 남하하여 1225년에 랴잔에 정착하였다. 작가는 랴잔으로 성스런 니꼴상이 옮겨졌다는 것을 서두에 언급함으로써 랴잔이 하나님의 인도하심을 받는 공국이었다는 이미지를 부각시킨 것이다.

바투는 “…랴잔의 공후와 주민, 그리고 모든 것의 ‘10분의 1’을 공물로 바치라고 요구하였다.”(...просяща десятины въ всемъ: во князѣхъ, и во всякихъ людехъ, и во всемъ.) 랴잔 공국의 유리 인고레비치(Юрий Ингоревич) 대공은 블라지미르 공국의 유리 II세에게 군사적 도움을 요청하였으나 거절당했다. 대신 유리 인고레비치의 동생들[34]과 쁘론스끄의 프세볼로드 공후와 그 밖의 몇몇 공후들로부터 도와주겠다

34) 무롬(Муром)의 다비드(Давид Ингоревич) 공후, 꼴로멘스끄(Коломенск)의 글렙(Глеб Ингоревич) 공후와 올레그(Олег Ингоревич) 공후.

는 통보를 받았다. 유리 인고레비치는 바투에게 아들 표도르 공후를 사신으로 보냈다. 바투는 표도르에게 공후들의 아름다운 부인들을 자기에게 바치라고 명령하였다. 이에 표도르는 다음과 같이 답변하였다. “우리를 물리친 후에, 우리의 부인들을 소유할 수 있다.”(Аще насъ приодолѣеши, то и женами нашими владѣти начнеши.) 이 말에 분노한 바투는 표도르와 그의 부하들을 모두 죽여 버렸다. 이 소식을 전해 들은 표도르의 부인은 어린 아들을 껴안고 성탑에서 뛰어내려 자살하였다. 이 광경을 목격한 유리 인고레비치와 랴잔 주민들은 눈물을 흘리며 통곡하였다. 그리고 유리 인고레비치는 다음과 같이 이야기하면서 공후들과 군대를 이끌고 바투가 있는 국경으로 진격하였다. “이교도의 통치 속에 사느니 차라리 죽음을 택하는 것이 낫다…. 우리도 ‘죽음의 잔’(чаша смертная)을 함께 들자! 마치 우리의 형제(표도르를 지칭)가 성스런 하나님의 교회를 위하여, 기독교 신앙을 위하여, 우리의 조상인 이고리 스뱌또슬라비치(Игорь Святославич : 「이고리 원정기」의 주인공)를 위하여 마셨듯이.” 그들은 전투를 벌이기 전에 우스뻬니 교회에 들러 성모상, 니꼴 성상, 보리스와 글렙 성상 앞에서 기도를 드렸다. 작가는 이처럼 유리 인고레비치 공후가 이끄는 부대가 전멸할 것을 독자에게 미리 등장인물의 대화를 통해 암시하고 있다. 이와 동시에 비록 죽을지언정 굴욕된 삶을 살 수 없다는 단호한 의지도 표현하고 있다. ‘죽음의 잔’이란 표현은 게세마네 동산에서 십자가에서 처형되기 전날 밤에 예수가 마신 포도주 잔(피와 죽음 그리고 대속을 상징하는 잔)에서 따온 것으로 보여진다.

랴잔 국경에서 벌어진 전투에서 러시아 군은 바투에게 전멸당했고, 참전한 모든 공후들도 살육되었다. 이 전투장면을 묘사할 때 작가는 죽음의 잔이라는 표현을 세 차례 인용하고, 패배의 원인을 세 차례에 걸쳐 거듭 기술하고 있다. ① “그러나 하나님의 진노를 누가

바투가 랴잔을 침공하여 함락한 장면(16세기 필사본에서 발췌)

당할 수 있겠는가!", ② "이 모든 것은 우리의 죄 때문에 하나님이 허락하신 것이다.", ③ "우리 죄 때문에 기독교인의 피가 큰 강물처럼 흘러내렸다." 국경에서 벌어진 전투에서 승리한 바투는 부대를 이동하여 랴잔을 공격하기 시작하였다. 주민들이 합세하여 지키려 애썼으나 6일째 되던 날인 12월 21일에 따따르 군은 성벽을 파괴하고 도시를 점령하였다. 따따르군은 모든 주민들을 잔인하게 살육하였다. 그들은 유리 인고레비치 대공의 모친과 부인을 칼로 베어 죽였고, 주교와 성직자들을 불태워 죽였고, 모든 교회와 수도원을 불태워 버렸다. 폐허가 된 광경을 작가는 다음과 같이 표현한다. "도시 안에 살아 남은 자가 한 사람도 없었다. 모두 죽음의 잔을 마셨다…. 그 모든 것은 다 우리의 죄 때문이었다."

바투는 랴잔을 패망시킨 다음 수즈달과 블라지미르 공국을 향해 떠났다. 인그바리 인고레비치(Ингварь Ингоревич)[35]와 함께 체르니고프에 머물고 있었던 랴잔의 귀족 예우빠찌 꼴로브라뜨(Еупатий Коловрат)가 이 소식을 듣고 소수의 군인들을 이끌고 랴잔으로 달려왔다. 폐허로 변한 랴잔을 보면서 비통한 감정과 분노에 쌓인 그는 하나님의 도움으로 간신히 살아 남은 1,700명의 군인들을 모아 바투를 추격하였다. 그들은 따따르인들을 불시에 기습하여 술에 취한 군인들을 살육하기 시작하였다. 그러나 따따르 군인들은 5명의 러시아 군인을 포로로 붙잡았다. 바투는 전사 호스또브룰에게 예우빠찌를 산 채로 붙잡으라고 명령하였다. 따따르 군인들에게 둘러싸인 용맹스런 예우빠찌는 호스또브룰을 단칼에 두 동강 냈다. 따따르 군인들은 많은 희생을 치르고 가까스로 그를 죽였다. 예우빠찌의 용맹에 탄복한 바투는 다음과 같이 이야기하며 포로로 잡은 그의 부하 5명

35) 유리 인고레비치의 형으로 추정된다.

을 풀어 주었다. "오, 예우빠찌 꼴로브라뜨여! 너는 소수의 군인들을 이끌고 자랑스럽게 나를 공격하였고, 나의 많은 전사들과 강한 따따르 군인들을 죽였다. 만약 내가 그곳에 있었다면, 그의 행동은 나의 마음을 사로잡았을 것이다." 예우빠찌가 등장하는 이 부분은 전형적인 러시아 영웅서사시의 특징이 잘 나타나고 있다. 예우빠찌를 통해 작가는 랴잔을 패망시킨 따따르족에 대한 강한 복수심을 묘사하고 있다.

체르니고프에 있던 인그바리 인고레비치 공후는 뒤늦게 랴잔이 패망했다는 소식을 듣고 이곳으로 달려왔다. 그는 폐허가 된 도시에서 많은 사람들이 죽어 있는 모습을 보았고, 그 가운데 모친과 조모의 시신을 발견하고 통곡하였다. 그는 하나님의 도움으로 간신히 살아 남은 사제들과 함께 성가를 부르며 이들을 매장하였다. 랴잔에 하나님의 은총은 간데 없고 연기와 재만 남았다. 얼어붙은 겨울 땅 위에 누워 있는 시신을 맹수와 새들이 뜯어먹고 있었다. 인그바리 공후는 죽은 자들을 위한 처절한 애가를 노래한다. "오, 불쌍한 형제와 군인들이여! 내가 왜 당신들보다 먼저 죽지 않았던가? …일찍 저문 나의 귀중한 태양, 나의 아름다운 달, 동녘 하늘의 별인 당신들이 갑자기 사라지다니, 왜 그리도 빨리 사라졌는가? …즐거움 대신 통곡과 눈물이, 위로와 기쁨 대신 비탄과 고통이 내게 찾아왔다! … 오, 땅이여! 오 참나무 숲이여, 우리 함께 울자!" 애가를 마친 후 그는 하나님께 기도하며 러시아를 버리지 말고 도와달라고 간구하였다. 그리고 인그바리 공후는 국경에서 벌어진 전투에서 피살된 형제들의 시신을 수거하여 랴잔으로 가져와 정성스레 묻었다. 조카 표도르 공후와 그의 부인과 어린 아들을 한 곳에 묻고 십자가를 세워 주었다. 끝으로 작가는 전투에서 사망한 공후들을 위한 추도문을 낭송하며 이야기를 맺는다.

5-3. 「러시아 땅의 멸망에 관한 이야기 Слово о погибели Русской земли」

불과 45개의 문장으로 구성되어 있는 이 작품은 13세기 중엽에 익명의 작가에 의해 집필되었다. 비록 짧은 분량이지만 광대한 러시아의 아름다운 자연이 시적으로 잘 묘사되었고, 찬란한 러시아를 이룩한 위대한 선조들의 업적도 기록되었다. 작가는 문학적으로 풍부한 시적 재능을 소유한 인물로 추정된다. 이 작품에는 뜨거운 애국심, 강한 민족적 자각, 선조 공후들의 위대함, 러시아 자연에 대한 서정적인 묘사, 과거 러시아 땅의 위대함, 그리고 현재 닥친 불운의 애수가 함께 묘사되어 있다. 작가는 서두에 러시아 땅의 아름다움과 러시아 정교의 위대함을 시적으로 다음과 같이 찬미한다.

> "오, 찬란하게 빛나고 아름답게 장식된 러시아 땅이여!
> 너의 많은 아름다움으로 사람들을 경탄시켰다.
> 수많은 호수,
> 강과 신성한 샘물들,
> 가파른 산과 높은 언덕들,
> 깨끗한 참나무 숲, 경이로운 들판들,
> 다양한 짐승들, 헤아릴 수 없이 많은 새들,
> 위대한 도시들, 환상적인 마을들,
> 수도원의 정원들과 교회당,
> 그리고 준엄한 공후들, 명예로운 귀족들,
> 많은 귀인들!
> 이 모든 것들로 충만되어 있다, 러시아 땅이여,
> 오, 기독교의 정교신앙이여!"
> (О, свѣтло свѣтлая и украсно украшена Земля Русьская!

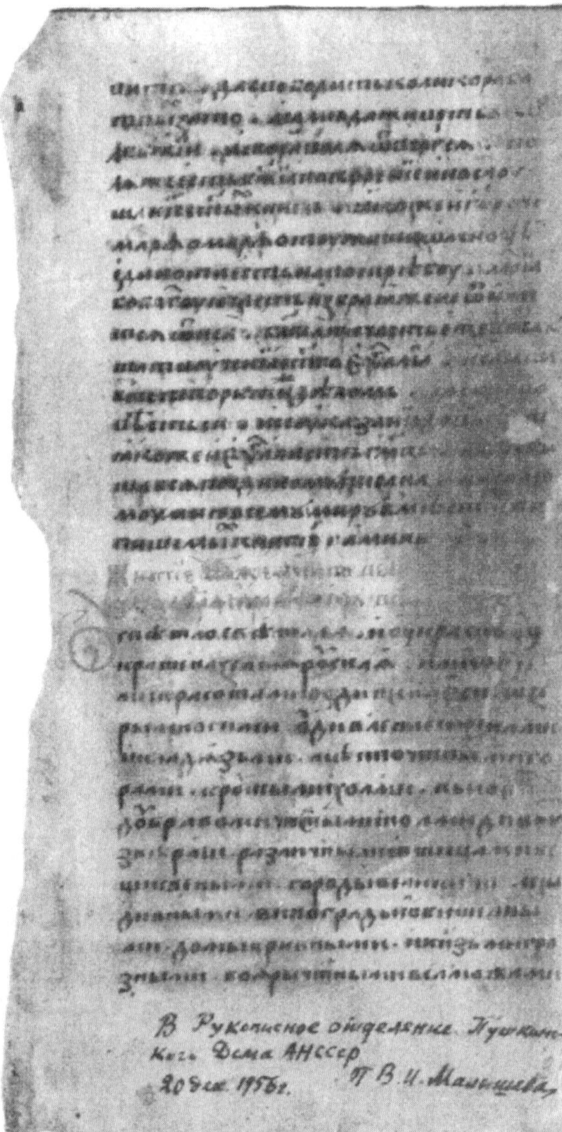

「러시아 땅의 멸망에 관한 이야기」 필사본의 첫 페이지

и многыми красотами удивлена еси:
озеры многыми удивлена еси,
рѣками и кладязьми мѣсточестьными,
горами крутыми, холми высокыми,
дубравоми чистыми, польми дивными,
звѣрьми разлычными, птицами бещислеными,
городы великыми, селы дивными,
винограды обителными, домы церковьными,
и князьми грозными, бояры честными,
вельможами многами!
Всего еси испольнена, земля Руская,
о, правовѣрьная вѣра християньская!)

이어 작가는 광활한 러시아 땅과 국경에 대한 이야기를 펼쳐 나간다. "헝가리(Угоръ)에서 폴란드(Ляховъ)와 체코(Чаховъ)까지, 체코에서 야뜨뱌그(Ятвяг)인들이 살고 있는 영토까지, 야뜨뱌그 영토에서 리투아니아(Литва)와 독일(Нѣмець)까지, 독일에서 꼬렐리아(Корѣлия)까지, 꼬렐리아에서 또이미쯔(Тоймиц)인들이 사는 도시 우스쮸그(Устьюг)와 드이슈치예해(Дышючие море: 북극해를 지칭함)까지, 드이슈치예해에서 불가리아(Болгаръ)까지, 불가리아에서 부르따스(Буртасъ)까지, 부르따스에서 체르미스(Чермисъ)까지, 체르미스에서 모르드바(Моръдва)까지," 이 광대한 영토에 사는 민족이 하나님 말씀에 복종하고 기독교 국가가 되었다고 작가는 선포한다. 이어 작가는 위대한 조상으로 프세볼로드 III세(Всеволод Большое Гнездо, 1176~1212: 블라지미르 공국의 대공), 그의 부친 유리 돌고루끼(Юрий Долгорукий, 1149~1157, 수즈달 대공), 그리고 그의 조부 블라지미르 모노마흐(Владимир Мономах, 1113~1125: 끼예프 대공)의 이름을 나열하고 모노마흐의 업적을 높이 찬양한다. 마지막 문장에서 작가는 러시아 땅에 슬픈 재앙이 도래한 것을 다음과 같이 말하며 이야기를 끝맺는다.

> "그런데 이때 기독교[36]에 고통이 찾아왔다.
> 위대한 야로슬라프 현공부터 블라지미르 모노마흐 대공까지,
> 그리고 지금의 야로슬라프 II세(Ярослав II, 1238~1246)까지,
> 그리고 블라지미르 공국의 대공인 그의 형 유리 II세(Юрий II, 1212~1238)까지, (통치해 온)
> (А в ты дни болѣзнь крестияномъ,
> отъ великаго Ярослава и до Володимера,
> и до ныняшняго Ярослава,
> и до брата его Юрья, князя Володимерьскаго.)

5-4. 블라지미르 공국의 세라삐온의 설교문

세라삐온(Серапион : ?~1275)에 대해서는 성경에 관해 해박한 인물이었다는 것 정도 이외에는 거의 알려진 것이 없다. 그는 1274년까지 끼예프 지하동굴 수도원장을 역임하였고, 부주교 끼릴(Кирилл)의 천거에 의해 1275년부터 블라지미르 공국의 주교로 활동하다가 그 해에 사망하였다. 현재 세라삐온이 쓴 5개의 설교가 전해지고 있는데, 이 중 「하나님의 형벌과 전투에 대하여 О казнях божих и ратях」는 깔까강 전투가 끝난 후 1230년경에 집필되었고 나머지 설교들은 그가 사망하기 직전인 1274년부터 1275년 사이에 쓴 것으로 추정된다. 그의 설교문의 주요 주제는 '러시아인의 죄 때문에 하나님이 내린 응징', 즉 '몽고 침입의 결과로 러시아 땅에 닥친 재앙'들이다. 그

---

36) 러시아를 상징한다.

는 자신의 설교에서 오직 참회와 도덕적 자아 성숙만이 러시아 땅을 구할 수 있다고 주장한다. 그의 설교문에는 러시아 영토에 닥친 재난에 대한 세라삐온의 생생한 묘사와 러시아 민족이 당하는 고통에 대한 깊은 감정이 애국적 사상과 함께 잘 표현되어 있다.

첫 번째 설교에서 그는 침통한 심정으로 따따르족의 침입으로 발생한 끔찍한 상황들을 묘사하고 있으며, 러시아 공후들에게 악한 행위들 — 공후들간의 내전, 사리탐욕, 권력남용 등 — 을 중단하라고 요청하고 있다. "그리고 그들은(따따르족) 우리의 땅을 유린했고 우리의 도시들을 점령했고, 우리의 성스런 교회들을 파괴했고, 우리의 아버지와 형제들을 죽였고, 우리의 어머니와 누이들을 능욕했다."(И землю нашу пусту створиша, и грады наши плениша, и церкови святыя разориша, отци и братию нашю избиша, матери наши и сестры наши в поруганье быша.)

두 번째 설교에서는 몽고족의 무자비한 잔인성에 대한 단순한 수사학적 묘사가 아닌 러시아인 스스로에게 거꾸로 던지는 사실적이고 설득력 있는 반문이 들어 있다. "우리의 땅이 포로가 되지 않았는가? 그들이 우리 도시들을 정복하지 않았는가? 우리의 아버지와 형제들이 주검이 되어 땅 위에 쓰러지지 않았는가? 우리의 여인들과 자녀들이 포로로 잡혀 가지 않았는가? 살아 남은 사람들이 이교도들에 의해 비참한 노예로 팔려가지 않았는가?"(Не пленена ли бысть земля наша? Не вскоре ли падоша отци и братия наша трупиемь на земли? Не ведены ли быша жены и чада наша в плен? Не порабощени быхом оставшем горкою си работою от иноплеменик?)

작가는 세 번째 설교에서 따따르족에 의해 러시아가 당하는 불행과 고난을 묘사한다. "근 40년 동안 모진 고통과 고문, 그리고 버거운 조세가 우리들에게 부과되었고, 기근과 전염병이 우리의 가축들을 괴롭혔다. 우리는 빵을 마음껏 먹을 수 없었고, 우리의 뼈는 신음과 비탄으로 바싹 말라 버렸다…. 하나님은 우리에게 무자비한 민족을, 잔인한 민족을, 그리고 아름다운 젊은이, 병약한 늙은이, 어린 아이들에게 자비를 베풀지 않는 민족을 보내셨다."

네 번째와 다섯 번째 설교에는 이교도 따따르의 영향으로 주술신앙인 샤머니즘을 신봉하는 경향이 발생하자 이를 질책하는 내용이 담겨 있다. 러시아 사람들이 어떤 사람들을 마법사로 몰아세우고 이를 확인하기 위하여 불과 물을 이용하여 이들을 혹독하게 시험하는 행위를 작가는 강하게 비난하고 있다. 세라삐온은 마법사를 시험하는 사람들에게 다음과 같이 반문한다. "마법사가 풍요와 가난을 마음대로 좌지우지할 수 있다고 믿는다면서 왜 그들을 불에 태워 시험하려 하느냐? 그리고 너희들이 정말로 (하나님 대신에) 무당이나 마법사들을 믿는다면, 그들에게 기도하고 예배드리고, 그들에게 제물을 바쳐라. 그리고 그들로 하여금 이 땅을 다스리게 하라. 그들에게 비를 내려달라고 간청하고, 그리고 이 땅에 과실을 맺게 해달라고 간청하라."

세라삐온이 쓴 5개의 설교문에는 시적이고 수사학적인 문체가 거의 눈에 띄지 않는다. 대신 사실적이고 투박하고 단순한 문체가 주류를 이루고 있다.

6. 「알렉산드르 넵스끼 생애에 관한 이야기」

이 작품은 블라지미르 공국의 로줴스뜨벤스끼 수도원(Рождественский монастырь)의 한 성직자가 집필한 것으로 추정된다. 익명의 작가는 갈리쯔꼬-볼르인스끄 공국에서 끼릴(Кирилл) 부주교와 함께 블라지미르 공국으로 이주한 인물로 사료된다. 집필 연대는 블라지미르 공국의 알렉산드르 넵스끼(Александр Невский, 1252~1263) 대공이 사망한 1263년 이후에 쓰여졌을 것으로 추정된다. 알렉산드르 공후는 1220년 태어나서 1236년부터 노브고로드 공후, 그리고 1252년부터는 블라지미르 대공을 지낸 인물이다. 알렉산드르가 노브고로드 공후로 있던 1240년에 스웨덴 군이 러시아 북서쪽으로 침입했는데, 1240년 6월 15일 그는 소수의 군대를 이끌고 네바(Нева) 강가에서 스웨덴 대군을 격파하였다. 이 승리로 인해 그는 '넵스끼'(Невский)라는 별명을 얻게 되었다. 그는 또 1241~1242년에 러시아 북서부의 쁘스꼬프와 노브고르드를 점령했던 독일군을 1242년 4월 5일 얼어붙은 추드(Чуд) 호수 위에서 격파하여 그들을 러시아 땅에서 몰아냈다. 한편 그는 러시아 땅을 점령한 따따르족을 공격하는 것은 무모하다고 판단하고 바투와 우호관계를 유지하고 북동과 북서 러시아 영토를 통일하는 정책을 추구하였다. 그는 암울했던 '따따르 굴레'(татарское иго: 1240~1480) 기간에 지혜롭게 북부 러시아 땅을 통치했던 위대한 인물로 평가된다. 알렉산드르의 생애를 다루고 있는 「알렉산드르 넵스끼 생

알렉산드르 넵스끼의 성상(미국 국회도서관 소장)

애에 관한 이야기 Повесть о житии Александра Невского」는 '역사전기', '영웅서사시', 혹은 '군담 이야기' 장르에 포함시킬 수 있는 독특한 형태의 작품이다. 익명의 작가는 성서의 내용을 일부 인용하면서 세속적인 무용담을 위주로 하여 서정적으로 그의 업적을 높이 기리고 있다.

이 작품의 첫머리에 작가는 자신이 알렉산드르의 생애에 관한 이야기를 서술하기에 턱없이 부족한 인물이라고 고백한다. 왜냐하면 알렉산드르는 하나님의 선택을 받고 태어난 위대한 공후이기 때문이라는 것이다. 작가는 알렉산드르가 생존했을 때 그를 직접 목격한 평범한 인물이라고 스스로를 밝힌다. 이어 공국이 하나님의 축복을 받았음을 성서 구절을 인용하여 서술하고, 알렉산드르의 외모에 대한 묘사는 영웅서사시에서 흔히 볼 수 있는 전형적인 표현을 사용하고 있다. "예언자 이사야가 말했듯이, *하나님이 가라사대 나는 신성한 공후들은 귀히 여기며, 그들을 진리로 인도한다.* 알렉산드르 야로슬라비치 공후의 공국은 하나님에 의해 축복을 받았고, 하나님의 명령에 의해 그의 공국은 존재한다."(Якожъ рече Исаия пророкъ: *Тако глаголеть господь: князи язъ учиню, священни бо суть, язъ ввожю во истинну.* Безъ божіа бо повелѣніа не бѣ княженіа его, но княженіа князя Александра Ярославичя богомъ благословенно.) "그의 용모는 다른 사람들보다 더욱 뛰어났고, 그의 목소리는 백성들 사이에서 울리는 나팔소리 같고, 그의 얼굴은 이집트에서 그가 모시던 왕에 의해 두 번째 왕으로 올랐던 요셉의 얼굴 같다. 하나님은 그에게 삼손의 힘을 주었고, 솔로몬의 지혜를 주었다. 하나님은 그에게 네로 황제의 아들인 베스파시안(Vespasian Tit Flavii, 9~79) 로마 황제의 용기를 주었다…."(Но возрастъ его паче инѣхъ человѣкъ, а гласъ его яко труба въ народе, а лице его яко лице Иосифа, иже бѣ поставилъ его египетски царь втораго царя во Египте. Сила жъ бѣ ему часть бѣ отъ силы Самсоня, и премудрость бѣ ему Соломоня. Далъ богъ храбროство же ему царя римскаго Еуспиcіана, сына Нерона царя....)

이어 작가는 역사적 전투를 기술한다. 로마의 왕[37])이 노브고로드를 침공하기 위해 네바강으로 쳐들어왔다. 이 소식을 듣고 알렉산드르는 출전 준비를 하고 성 소피아 성당으로 향했다. 무릎 꿇고 하나님께 기도한 후 부주교 스삐리돈(Спиридон)에게 축복을 받았다. 그는 알렉산드르에게 다음과 같이 말했다. "하나님은 힘 속에 계시지 않고, 진리 속에 계신다!"(Не въ силѣ богъ, но въ правдѣ!) 스삐리돈이 한 말은 훗날 러시아의 격언이 되었다. 그는 부친 야로슬라프 II세에게 출전 소식도 전하지 못하고 성 보리스와 글렙을 의지하고 7월 15일 소수의 친위대원만을 이끌고 서둘러 전쟁터로 떠났다. 작가는 북부 바닷가를 감시하는 이줴르스끄(Ижерск)의 장로 뻴구이(Пелгуй)가 본 환상을 소개한다. 알렉산드르가 네바강에 도착하기 직전에 뻴구이는 새벽에 해가 뜰 때 바닷가에서 배를 타고 있는 보리스와 글렙의 환상을 보았다. 뻴구이는 보리스가 글렙에게 "우리의 친척인 알렉산드르 공후를 도와주자"라고 하는 말을 들었다고 알렉산드르에게 전하

37) 로만 카톨릭을 신봉했던 스웨덴의 에릭슨(Erickson) 왕을 지칭하는 것으로 추정된다.

자, 그는 이를 아무에게도 발설하지 말라고 지시하였다.

알렉산드르 넵스끼 공후의 군대가 네바강에서 스웨덴 군대와 전투를 벌이는 장면
(16세기 「삽화 연대기」에서 발췌)

작가는 스웨덴과의 전투에서 공로를 세운 6명의 전사를 자세히 소개하고, 유대 왕 예지끼(Езикий, 721~693 B.C.)가 통치하던 시절에 하나님의 천사가 나타나서 앗시리아 군대를 섬멸한 것처럼 스웨덴과 전투를 벌이던 중에 하나님의 천사가 나타나 무수히 많은 적군을 죽이는 것을 보았다고 말한다. 또 독일군과 전투하게 된 배경과 전투장면을 다음과 같이 기술하고 있다. 러시아 땅에 서쪽 나라에서 온 사람(독일인)들이 한 도시를 건설하였다. 알렉산드르는 이 도시를 파괴하고 그들을 쫓아냈다. 얼마 후 독일인들이 쁘스꼬프를 점령하자 알렉산드르는 독일군을 무찌르고 쁘스꼬프 주민들을 해방시켰다. 이에 분노한 독일인들은 알렉산드르와 전투를 벌이기 위해 추드 호숫가에 집결하였다. 알렉산드르는 형 안드레이 II세(Андрей II, 1249~1252)와 함께 전쟁터로 진군했다. 태양이 떠올랐다. 토요일이었다. 격렬한 전투로 인해 얼어붙은 추드 호수는 피로 붉게 물들었다. 작가는 어디선가 '하나님의 군대'가 나타나서 러시아 군을 도와 독일군을 무찌르는 것을 보았다는 목격자의 말을 기록하였다. 승리를 거둔 후 쁘스꼬프로 귀환한 알렉산드르에게 수도원장과 사제들 그리고 온 주민들이 그가 거둔 승리를 축하하였다. 알렉산드르는 하나님의 가호 아래 전투에서 승리하였다면서 겸손해하며, 하나님의 도움을 대대손손 잊지 않을 것을 맹세하였다. 이어 작가는 러시아 땅을 약탈했던 리투아니아 군대도 알렉산드르가 격파했다고 짧게 서술하고 있다.

전투에 대한 묘사가 다 끝난 후 작가는 알렉산드르 공후의 생애에 대하여 기록하며 그의 위대함을 높이 찬양하고 있다. 이 마지막 부분에 기록된 공후의 여생과 죽음에 관한 묘사는 엄숙하면서도 진지한 서정시풍이 넘쳐흐른다. 그의 부친이 사망한 후 블라지미르 공국의 대공으로 즉위한 알렉산드르의 명성과 용맹이 멀리 볼가강까지 퍼졌고, '모야비드 여인들'(жены моявидские : 따따르 여인들을 지칭함)은 "알렉산드르 야로슬라비치 공후가 온다!"(Ѣдетъ князь Александръ Ярославичь!)라고 말하며 자녀들을 겁주곤 하였다. 이 표현은 알렉산드르가 러시아 땅을 침략하는 적들에게 무섭고 무자비한 인물이라는 것을 의미한다. 알렉산드르가 바투를 만나러 찾아갔을 때, 바투는 "그의 선조들 가운데 그와 같은 공후가 없었다는 말은 진실이었다"(Во истину ми повѣдаша, нѣсть подобна ему князя во отечествии его.)고 말하며 그를 크게 칭찬하였다. 작가는 성서의 예언자 이사야의 말을 인용하여 알렉산드르의 겸손함과 자비로움을 찬미하였다. 알렉산드르의 통치 말기에 따따르인들이 강제로 러시아인들을 차출하여 전쟁터에 내보냈고, 이로 인해 많은 러시아인들이 고통을 당했다. 알렉산드르는 러시아인들이 이런 고통으로부터 벗어나도록 간청하기 위하여 바투를 다시 찾아가 만나고 돌아오는 길에 중병에 걸려 드러눕게 되었다. 작가는 그를 위한 슬픈 애가를 노래하고, 알렉산드르는 1263년 11월 14일에 사망하였다고 기록하였다. 그의 시신이 11월 23일 '성모 탄생교회'에 안장되었고, 끼릴 부주교가 관에 성경책을 넣으려는 순간 죽은 알렉산드르가 손을 펴서 성경책을 받아 넣었다는 이야기가 마지막 부분에 기록되어 있다.

작가는 몽고에 의해 러시아의 공국들이 정복되었음에도 불구하고, 러시아 땅에는 침입자를 격퇴할 수 있는 용기와 지혜, 그리고 타민족들에게조차 경외심과 존경심을 불러일으킬 수 있는 군사적 용맹을 지닌 공후들이 여전히 존재하고 있음을 상기시키려는 의도를 갖고 있었다고 추정된다. 이 작품은 작가가 알렉산드르의 성품과 업적을 묘사할 때 시적인 표현보다는 산문체를 많이 이용하였고, 적합한 성서의 구절을 잘 활용하면서 역사적 사실에 전설과 기적 등을 혼합하여 영웅서사시 형태로 집필한 작품으로 평가된다.

7.「갈리쯔꼬-볼르인스끄 공국의 연대기」

러시아 남서부에 위치하고 있는 갈리쯔꼬-볼르인스끄 공국은 서쪽으로는 폴란드, 그리고 남쪽으로는 헝가리와 각각 국경을 접하고 있었다. 이 공국은 13세기 초 가장 부유한 러시아 공국 중 하나였고, 고대 러시아의 정치·경제·문화 발달에 중요한 역할을 담당했던 공국이었다. 특히 갈리찌야의 공후들은 끼예프에서 유럽으로 향하는 무역로를 지배하고 있었다. 지리적으로 가까운 유럽의 영향을 받은 갈리쯔꼬-볼르인스끄 문학은 상당한 수준에 이르렀던 것으로 추정되는데, 아쉽게도 현존하는 문학작품으로는「갈리쯔꼬-볼르인스끄 공국의 연대기 Галицко-Волынская летопись」하나밖에 없다.

이 작품은 두 부분으로 구성되어 있다. ① 1201년부터 1267년까지의 역사적 사건 — 갈리찌야 공후 로만(Роман)의 아들 다니일(Даниил)과 바실꼬(Васько)에 관한 이야기, 깔까강 전투 이야기, 헝가리와 폴란드의 귀족들에 대항한 다니일 공후의 투쟁에 관한 이야기, 바투에 대항한 전투 이야기, 승리자 바투에게 경의를 표하기 위해 길을 나서는 다니일의 여행 등 — 을 다루고 있는「갈리쯔끄 연대기 Галицкая летопись」, ② 1262년부터 1290년까지의 사건을 기술한「볼르인스끄 연대기 Волынская летопись」. 이 두 연대기의 문체가 상이한 점으로 미루어 볼 때, 2명의 다른 작가가 13세기 중엽과 13세기 말경에 각각 집필한 것으로 추정된다.

7-1. 「갈리쯔끄 연대기 Галицкая летопись」

첫 번째 작품인 「갈리쯔끄 연대기」를 집필한 작가는 등장인물의 묘사와 사건전개를 시적 표현을 사용하여 문학적으로 처리하였다. 서사적 군담과 영웅서사시의 형태를 취하고 있는 이 작품을 쓴 저자는 박식하고 문학적 자질이 풍부한 군인이었을 것으로 추정된다. 이 작품은 귀족들의 간섭에 대항한 공후의 투쟁과 귀족들의 반역을 비난하는 내용을 담고 있으며, 영예로운 러시아 군인의 용맹과 러시아 땅을 주제로 하고 있다. 이제까지 러시아 연대기에서 흔히 발견되는 종교적 필치가 비교적 배제되고 세속적인 문학성향이 두드러지는 작품으로 평가된다. 이 연대기는 '갈리찌야의 군주이자 모든 러시아 땅의 전제군주였던 로만 대공 통치의 시작'(Начало княжения великого князя Романа, самодержца бывша всей Рускои земли, князя Галичкого)이라는 표제로 시작되는데, 제목과 달리 로만(Роман Мстиславич) 대공에 관한 이야기는 거의 없고 대신 그의 아들 다니일 로마노비치(Даниил Романович)에 대한 이야기가 주류를 이루고 있다. 이 작품은 매년 발생한 사건을 기록하는 연대기 전통과 연대순서를 무시하고, 주인공 다니일 공후의 인물에 초점을 맞추어 기록하고 있다. 연대기의 도입부는 1205년에 사망한 로만과 그의 선조 블라지미르 모노마흐 대공을 찬양하는 글로 시작한다. 과거 유목민 뽈로베쯔족을 격파했던 모노마흐처럼 로만도 용감한 공후였다고 칭송한다. "(로만은) 하나님의 계시에 따라 지혜의 현명함을 가지고 돌진했다. 사자같이 이교도들을 향해 돌격하였고, 삵쾡이같이 분노하였고, 악어처럼 그들을 물었고, 독수리같이 그들의 땅을 통과하였고, 들소처럼 용감하였다."(Ума мудростью ходяща по заповѣдемъ божиимъ: устремилъ бо ся бяше на поганыя, яко и левъ, сердитъ же бысть, яко и рысь, и губяше, яко и коркодилъ, и прехожаше землю ихъ, яко и орелъ, храборъ бо бѣ, яко и туръ.) 작가는 로만에 이어 모노마흐에 관한 묘사를 다음과 같이 하고 있다. "그때 블라지미르 모노마흐는 이교도 사라센족[38]을 몰아내고 그들의 모든 땅을 획득한 후, 돈강의 물을 황금 투구로 떠마셨다."(Тогда Володимерь Мономахь пиль золотомь шоломомь Донъ, и приемшю землю ихъ всю, и загнавшю оканьныя агаряны.) 로만을 칭송하는 부분에서 사용된 동물의 특징을 이용한 비유와 모노마흐가 "황금 투구로 물을 떠 마셨다"는 상징적 표현은 「이고리 원정기」에 사용된 것으로 14세기 말에 쓰여진 「자돈쉬나 Задонщина」에도 찾아볼 수 있다.

이어 작가는 전쟁에 참여한 다니일과 그의 군대를 화려한 수사체를 사용하여 시적으로 묘사하고 있다. 다니일이 이끄는 군대는 찬란하게 '빛나는 모습'(светлость)으로 그려졌다. 부대원들의 무기 · 갑옷 · 말안장은 빛을 발하고 있고, 두려움을 전혀 모르는 용감한 다니일이 소유한 모든 것은 황금으로 치장되어 있다. '번쩍이는 황금으로 만든 안장'(седло из жженого золота), '황금으로 장식된 화살과 칼'(стрелы и сабля украшены золотом), '황금으로 동그라미와 줄무늬를 수놓은 비잔틴 직물로 만든 옷'(платье из византийской ткани, обшитое кружевами и полосками золота), '황금으로 수놓은 신발'(сапоги расшиты золотом) 등. 작가는 깔까강 전투와 바투가 끼예프를 함락하는 1240년에 벌어진 전투장면을 비교적 자세하게 묘사하고 있다. 바투는 상당히 많은 군사들을 몰고 끼예프로 진격하여 도시를 포위하였다. 바투가 이끄는 몽고군의 침입을 극적인 소리로 표현함으로써 독자에게 공포와 두려움을 한층 배가시키고 있다. "끼예프에는 몽고군 마차의 삐걱거리는 소리와 그들이 타고 오는 군마와 낙타의 울음소리 외 아무 소리

38) 뽈로베쯔족을 지칭한다.

도 들리지 않는다." "온 러시아 땅은 몽고군으로 가득 찼다. 몽고군은 끼예프 성벽 일부를 돌로 쳐서 무너뜨렸다. 부러진 창과 쪼개진 방패가 도처에 널려 있다. 잔인한 전쟁이었다. 러시아 사람들이 합심하여 싸웠으나, 끼예프는 마침내 바투에게 함락되었다."

다니일은 끼예프를 함락한 바투에게 경의를 표하기 위해 그가 거하는 곳으로 떠났다. 가는 도중에 그는 브이두베쯔끼 수도원(Выдубецкий монастырь)에 잠시 들러 수도사들에게 자신을 위해 기도해 달라고 부탁하였다. 장차 러시아인들이 겪을 시련과 고난을 생각하니 다니일의 마음은 더욱 고통스럽기만 했다. 다니일을 만난 바투는 전투에서 보여준 그의 용맹을 칭찬했다. 바투는 다니일에게 몽고족의 음료수인 '꾸무스'(кумуз)[39]를 권하며 그에게 호감을 표시하였다. 다니일이 "당신의 명령이라면 마시겠다"고 대답하는 장면에서 작가는 갈리찌야 공후가 당하는 굴욕적인 모습을 묘사한다. 작가는 자신이 느끼고 있는 이교도를 향한 감정을 다음과 같이 표현하였다. "오, 따따르의 명예는 악보다 더 사악하다!"(О, злѣе зла честь татарьская!)

갈리찌야로 돌아오는 길에 작가는 바투에게 무릎을 꿇은 다니일을 안타까워하며, 그의 아들과 형제들의 감정을 다음과 같이 표현하며 글을 맺는다. "그의 치욕에 대해 슬퍼했으나, 그의 건강에 대해 크게 기뻐했다."(И бысть плачь о обидѣ его, и болшая же бѣ радость о здравьи его.)

7-2. 「볼르인스끄 연대기 Волынская летопись」

두 번째 작품인 「볼르인스끄 연대기」는 다니일 공후의 조카인 블

39) 말 젖으로 검은 색깔을 띠고 있다.

라지미르(Владимир Василькович) 공후에 관한 이야기를 다루고 있다. 블라지미르 공후는 성품이 온순하고 후덕한 인물로 묘사되었다. 그는 책을 가까이 했던 공후였고, 신앙심이 깊고 지혜가 넘치는 인물이었다. 연대기 작가는 그가 공후·귀족 그리고 모든 국민들로부터 사랑을 받는 인물이었고, 지혜와 정의감이 넘치는 인물이었다는 것을 강조하고 있다. 그가 병에 걸려 죽음으로 치닫는 장면의 묘사는 작가의 애절한 사랑과 연민의 정을 담고 있다. 죽기 전에 블라지미르는 자신이 소유했던 부를 부인과 자식들뿐 아니라, 공국의 가난한 자들과 심지어 독일인과 노브고로드 상인들에게도 나누어 주었다는 묘사는 '덕치'(德治)를 근간으로 한 공후의 삶을 엿볼 수 있게 해준다. 블라지미르의 사촌인 리바(Льва Данилович : 갈리찌야 공후 다니일의 아들)가 병들어 죽어 가고 있는 블라지미르에게 주교를 보내 베레스찌예(Берестье) 땅을 자신의 아들인 유리(Юрий Львович)에게 선물로 달라는 요청을 하였을 때, 블라지미르는 기지를 발휘하여 "자신은 오래 전에 동생 므스찌슬라프(Мстислав Василькович)에게 약속을 했기 때문에 이를 깨뜨릴 수 없다"며 리바의 요청을 정중히 거절하였다. 그리고 블라지미르는 동생에게 볼르인스끄 땅을 소중히 다스리고 누구에게든지 절대 양도하지 말라고 당부하였다. 블라지미르 공후가 사망한 후 동생 므스찌슬라프는 볼르인스끄 공국을 잘 다스렸다고 작가는 기록하고 있다. 블라지미르의 기지를 높게 평가하면서 동시에 러시아 땅의 소중함을 강조하고 있는 것이다. 이 작품은 「갈리쯔끄 연대기」와 달리 종교적 색채가 상당히 많이 눈에 띈다. 블라지미르 공후의 신앙심과 후덕함을 묘사할 때 성서 구절이 상당히 많이 인용된 이 작품은 「갈리쯔끄 연대기」와 비교해 볼 때 문학성이 다소 떨어지는 것으로 평가된다.

제 3 장

14 세기 문학

1. 14세기 러시아
2. 「뜨베리의 미하일 야로슬라비치에 관한 이야기」
3. 「쉐브깔에 관한 이야기」
4. 「뾰뜨르 부주교의 성자전」
5. 꿀리꼬보 들판 전투에 관한 이야기
6. 「러시아 황제, 드미뜨리 이바노비치 대공의 …… 이야기」
7. 「또흐따므이쉬의 모스끄바 침공에 관한 이야기」
8. 「티무르 악사끄에 관한 이야기」

1. 14세기 러시아

'따따르의 굴레'(татарское иго, 1240~1480) 기간으로 칭해지는 14세기에도 이전 시대처럼 러시아 공국들간의 정치·경제적 패권다툼은 계속되었다. 따따르의 한(хан)은 칙서를 이용하여 러시아 공후들 사이에 갈등과 반목을 조장하는 한편 이를 통해 따따르의 압제에 대항하여 산발적으로 발생하는 반란을 진압하였다. 한으로부터 칙서를 받은 공후는 러시아의 다른 모든 공후들보다 힘있는 위치에 서게 되었다. 그는 13세기 말부터 끼예프 공국을 대신하여 부상한 블라지미르 공국의 대공이 됨으로써 러시아를 통치할 수 있는 권력을 쥐게 되었다.

13세기 말부터 블라지미르 공국에 속하는 도시들 가운데 뜨베리와 모스끄바가 공국의 중심지가 되고자 경쟁하였다. 13세기 작품인 「리삐쯔강에서 벌어진 전투에 관한 이야기」에 등장하는 야로슬라프 II세(Ярослав Всеволодович, 1238~1246)의 세 아들 가운데 장남 알렉산드르 넵스끼(Александр Невский , 1252~1263)와 막내아들 야로슬라프 III세(Ярослав III, 1263~1271 : 최초의 뜨베리 공후)의 자손들은 각각 모스끄바와 뜨베리를 거점으로 권력을 확장하기 시작하였다. 13세기 중엽까지 블라지미르 공국에 속한 뜨베리나 모스끄바는 블라지미르와 비교할 때 상당히 작은 도시였고, 특히 모스끄바는 거의 알려지지 않은 조그만 요새에 불과하였다.

알렉산드르 넵스끼의 장남 드미뜨리(Дмитрий, 1276~1293)와 차남 안드레이 III세(Андрей III, 1281~1304)는 블라지미르 공국을 다스렸고, 막내아들 다니일(Даниил)[40]은 넵스끼에 의해 모스끄바에 보내져 그곳을 다스렸다. 14세기 초에 야로슬라프 III세의 아들 미하일(Михаил, 1304~1317 : 뜨베리 공후)이 따따르의 한으로부터 칙서를 받고 블라지미르 대공으로 러시아를 통치한 이후, 다니일의 아들 유리 III세(Юрий III, 1317~1326 : 모스끄바 공후), 미하일의 아들 알렉산드르(Александр, 1326~1328 : 뜨베리 공후), 다니일의 아들 이반 깔리따(Иван Калита, 1328~1340 : 모스끄바 공후), 이반 깔리따의 장남 시메온(Симеон, 1340~1354 : 모스끄바 공후)과 이반 깔리따의 차남 이반 II세(Иван II, 1353~1359 : 모스끄바 공후)가 차례로 칙서를 받고 대공으로서 블라지미르 공국을 통치하였다.

모스끄바와 뜨베리의 경쟁관계는 14세기 중엽 이후 모스끄바가 정치적으로 부상하면서 사실상 끝을 맺게 된다. 그러나 이러한 모스끄바의 부상을 탐탁지 않게 여기던 몽고와 리투아니아는 모스끄바와 큰 충돌을 하게 된다. 이반 II세의 아들 드미뜨리 돈스꼬이(Дмитрий Иванович Донской, 1359~1389) 통치 시절 모스끄바 공국의 정치 및 경제는 크게 강화되었다. 킵차크 한국의 내분으로 따따르의 힘이 다소 약화되자 모스끄바는 따따르에게 더 이상 공물을 바치지 않을 것을 공식적으로 선언하였다. 이에 분노한 마마이(Мамай, 1361~1380)는 1378년 보좌(Вожа)강에서 드미뜨리와 전투를 벌였으나 패배하였다. 2년 후인 1380년에 마마이는 따따르 군대 외에 유목민들과 리투아니아의 군대와 연합하여 대군 30만 명을 이끌고 러시아 땅으로 다시 진격하

40) 최초의 모스끄바 공후로 1303년에 사망하였다.

◀
따따르의 사령관 마마이
(20세기 화가 일리야 글라주노프의 작품)

였다. 돈(Дон)강 너머 '꿀리꼬보 들판'(Куликовое поле)에서 벌어진 이 전투에서도 러시아 공후들은 드미뜨리를 중심으로 한데 뭉쳐 싸워 크게 승리하였고, 드미뜨리는 '돈스꼬이'(Донской)[41]라는 별명을 얻었다. 꿀리꼬보 전투는 러시아인들에게 민족적 자긍심과 따따르의 압제로부터 벗어날 수 있다는 자신감을 불어넣어 주었다. 이후 뜨베리와 노브고로드 공국이 모스끄바의 부상을 우려하여 모스끄바를 경계하였고, 마마이를 격파하고 따따르의 한으로 등극한 또흐따므이쉬(Тохтамыш, ?~1406)가 1382년에 모스끄바를 침공하는 사건이 있었음에도 불구하고, 모스끄바 공국의 입지는 지속적으로 강화되었으며, 결국 15세기 중엽에 모스끄바가 러시아를 통일하게 된다. 정치 · 군

41) 돈강의 인물이라는 뜻이다.

사적 요소와 더불어 모스끄바 공국이 부상하는 데 교회 또한 중요한 역할을 담당하였다. 이반 깔리따의 치세기간 중인 1326년에 부주교구가 모스끄바로 이동하였다. 원래 부주교구는 11세기 끼예프에 설치되어 있다가, 13세기에 블라지미르로 옮겨진 후 1326년에 모스끄바로 이전해 온 것이다. 이로써 모스끄바는 러시아 땅을 통일할 강력한 국가로 탄생하기 위한 종교 및 정치적 기반을 갖추게 되었다.

따따르의 지배기간 중인 14세기에는 러시아의 문학과 예술이 크게 진보하지 못하고 답보 상태에 머물러 있었다. 따따르 침공시 손실된 많은 서적들이 다시 제작되기 시작했으나, 간간이 발생하는 따따르의 방화와 약탈로 인해 귀중한 서적들과 자료들이 지속적으로 소실되었다. 특히 1382년에 또흐따므이쉬가 따따르 군대를 이끌고 모스끄바를 침공했을 때 화재로 많은 서적들이 소실되는 불행을 당했다. 14세기 후반에 러시아에 소개된 종이는 문학과 인쇄술의 발달, 그리고 서적의 보급을 촉진하는 기능을 담당하게 되었고, 꿀리꼬보 전투에서 얻은 승리는 14세기 내내 답보 상태에 머물고 있던 문학과 예술에 큰 기폭제 역할을 하게 되었다. 그 결과 꿀리꼬보 전투와 관련된 문학작품이 다수 집필되었고, 그 중에 「자돈쉬나 Задонщина」는 13~14세기를 통틀어 뛰어난 걸작으로 평가되고 있다. 14세기 말에 얻은 민족적 자각은 러시아 문학과 예술이 개화하는 토대가 되었고 비잔틴 제국과 남슬라브 국가들과의 교류를 다시 부활시키는 계기를 마련하였다. 모스끄바 대공으로부터 정치적 후원을 받게 된 모스끄바 부주교는 교회와 수도원을 확장하였고 이를 통해 문학과 예술의 발달이 크게 도모되었다. 14세기 말부터 모스끄바 공국의 정치적 영향력이 확고해지면서 통일 러시아를 향해 나아가듯, 모스끄바 부주교의 권리와 역할이 강화되었고 이와 더불어 문학과 예술 또한 발달하게 되었다.

2. 「뜨베리의 미하일 야로슬라비치에 관한 이야기」

블라지미르 공국의 통치권을 놓고 뜨베리와 모스끄바 공후들의 정치적 분쟁이 계속되던 1318년 말에 뜨베리의 미하일 야로슬라비치(Михаил Ярославич, 1304~1319) 공후가 모스끄바의 유리 III세(Юрий III, 1303~1325)[42]의 음모로 '킵차크 한국'에서 살해되는 사건이 발생했다. 「뜨베리의 미하일 야로슬라비치에 관한 이야기 Повесть о Михаиле Тверском」는 바로 이 사건을 다루고 있는데, 당시 이 사건을 목격한 뜨베리인 누군가에 의해 1320년에 집필된 것으로 추정된다. 문학적 재능이 상당히 뛰어난 인물로 간주되는 작가는 미하일 공후의 애국심을 찬양하면서 그의 숭고한 죽음을 감동적인 필치로 묘사하여 독자들에게 상당한 감흥을 불러일으키고 있다. 동시에 이 작품을 통해 작가는 14세기 초에 일기 시작한 뜨베리와 모스끄바 사이의 갈등을 보여주고 있다.

작품의 서두는 미하일 공후가 죽음이 자신을 기다리고 있다는 것을 알면서도 킵차크 한국으로 떠나는 것으로 시작한다. 그는 따따르의 위협을 저지하고 뜨베리의 안녕을 위하여 희생을 각오하고 장도에 오른 것이다. 그가 떠나기 전에 귀족과 아들이 그를 대신하여 가겠다고 제안했을 때, 미하일은 그렇게 하면 자신의 목숨은 보존할

42) 알렉산드르 넵스끼의 손자이며 모스끄바의 초대 공후 다니일의 아들이다.

수 있겠지만 뜨베리가 직면하고 있는 재난은 막지 못할 것이라고 말한다. "알겠는가, 내 자녀들이여, 황제(따따르의 한을 지칭)는 너희들을 요구하지 않는다. 그는 나 외에 어느 누구도 원하지 않는다. 그는 내 머리를 원하는 것이다."(Видите, чада моя, яко не требует вас царь, детей моих, ни иного котораго, развие мене, но моея главы хощеть.)

작가는 미하일 공후의 애국적 행위를 높이 기리며 그를 훌륭한 통치자로 묘사하고 있다. 이어 작가는 따따르와 정치적으로 결탁하여 뜨베리를 적대시하는 모스끄바의 유리 III세를 강하게 비난하고, 유리 III세와 따따르의 '사령관'(воевода) 까브가드이(Кавгадый)가 킵차크 한국에 도착하여 따따르에 의해 살해된 후 발가벗겨져 땅위에 놓인 미하일 공후의 시신 위에 올라타고 조롱하는 장면을 묘사하면서 까브가드이의 입을 통해 유리 III세의 비열함을 폭로한다. 까브가드이는 유리 III세에게 갑자기 화를 내며 다음과 같이 질문한다. "그(미하일)는 너에게 아버지와 같은 큰형이 아니더냐, 그런데 왜 그의 시신이 발가벗겨져 놓여 있는 것이냐?"(Не брат ли ти старейший, как отець, да чему тако лежать тело его наго повержено?)

작가는 사악한 까브가드이의 질문을 통해 유리 III세를 강렬히 질타하고 있는 것이다. 미하일의 시신을 옮기는 마지막 장면에서 작가는 뜨베리의 슬픔을 극적으로 묘사하면서 끝을 맺는다. "그리고 커다란 널빤지 위에 그의 시신을 눕혀 놓고, 마차에 실은 후, 단단히 묶어서 아지쥐강을 건너갔다. 그때 애통함이 메아리쳤다. 지금 이 순간 형제들에게 애통함이 있다. 내 주군 미하일 공후의 그런 필연적인 죽음을 목격한 바로 그때부터 (애통함이) 있었다."(И положиша его на велицей досце, и въвзложиша на телегу, и увиша ужи крепко, и превезоша за реку, рекомую Адъжь, еже зовется Горесть, горесть бо се нъıне, братие, и есть в той час таковую видевши нужную смерть господина своего князя Михаила.)

3. 「쉐브깔에 관한 이야기」

1327년에 뜨베리에서 발생한 따따르에 대한 러시아인들의 폭동을 다루고 있는 이 작품은 「뜨베리 연대기」에 기록되어 있다. 폭동에 참여한 익명의 작가에 의해 쓰여진 이 작품은 따따르의 압제에 분노한 뜨베리 주민들이 따따르 사령관 쉐브깔(Шевкал)[43]과 그의 부하들을 살해한 사건을 주제로 다루고 있다. 「쉐브깔에 관한 이야기 Повесть о Шевкале」는 '따따르 굴레'에서 고통받는 러시아인들의 애국적 항쟁을 엿볼 수 있는 작품으로 평범한 '민중'(народ)이 작품의 주인공으로 등장하는 것이 특징이다.

이야기의 도입부에는 뜨베리의 알렉산드르 미하일로비치(Александр Михайлович, 1326～1328) 공후가 따따르로부터 블라지미르 공국 전체를 통치할 수 있는 칙서를 받고 대공이 되었다는 사실이 기록되어 있다. 그리고 사탄의 사주를 받은 따따르인들은 우즈벡(Узбек) 한에게 알렉산드르 미하일로비치를 포함한 러시아 공후들을 죽이지 않으면 러시아 땅을 통치하기가 어려울 것이라고 충고하였다. 우즈벡은 이 조언을 받아들이고 자신의 조카이자 부관인 쉐브깔을 뜨베리 땅으로 파견하였다. 쉐브깔은 모든 러시아 공후들을 살해하고 전

43) 쉘깐(Шелкан) 혹은 촐한(Чол-Хан)이라고도 불려졌다.

리품과 노예들을 데리고 오겠다고 호언장담하며 장도에 올랐다. 뜨베리에 도착한 그는 알렉산드르 공후를 궁에서 쫓아내고 주민들에게 폭력, 살인, 강간, 약탈을 자행하였다. 주민들은 쫓겨난 공후에게 그들을 지켜달라는 간청을 하였으나, 공후는 참고 견디라는 비겁한 말만을 되풀이하였다. 시간이 흐르자 결국 쉐브깔의 폭정으로부터 모진 고통을 받던 주민들이 폭동을 일으키는 사건이 발생하였다.

1327년 8월 15일 이른 아침, 볼가 강가에서 보제 듀드꼬(Дюдко)가 자신의 암말에게 물을 먹이고 있었다. 이때 따따르 군인들에 의해 그의 암말이 강탈당하자 그는 큰 소리로 외치며 주민들에게 도움을 요청하였다. "뜨베르의 남정네들이여, (내 말을) 뺏어가지 못하게 해 주세요!"(О мужи тферстии, не выдавай те!) 그의 간절한 절규는 침략자 따따르에 대항한 반란의 신호탄이 되었다. 몇몇 뜨베리 주민들이 그에게 달려갔으나 무기를 갖고 있는 따따르 군인들에게 감히 덤빌 수가 없었다. 분노한 일부 뜨베리 주민들이 도시의 광장에 설치된 종을 울리자 많은 주민들이 도시 한가운데 모였고, 듀드꼬의 암말이 강탈당했다는 소식을 전해 들은 그들은 마침내 폭동을 일으켰다. 쉐브깔을 포함해서 도시에 있던 따따르 군인들은 주민들에 의해 모두 살해되었고 도시 외곽 들판에서 말에게 꼴을 먹이던 소수의 따따르 군인들만이 킵차크 한국으로 도주하였다. 이 소식을 전해 듣고 분노한 우즈벡 한은 사령관 페오도르축(Феодорчук)을 뜨베리로 급파하여 주민을 살해하고 도시를 약탈하였다. 작가는 이 이야기의 끝부분에 알렉산드르 공후가 따따르의 보복을 두려워한 나머지 쁘스꼬프(Псков)로 피신하였다는 것을 기록하고 있다.

이 작품에는 따따르 압제에 대항하는 주민들의 저항정신뿐 아니라, 침략자인 따따르에 대항하기를 꺼리는 공후들의 비겁한 행동이 함께 묘사되어 있다. 민중들이 일상생활에서 흔히 사용하는 구어가 주류를 이루고 있는 이 작품을 쓴 작가는 폭동에 개입했던 평범한 인물이었던 것으로 추정된다. 이 작품은 따따르의 압제에 저항하는 민중의 분노를 표현한 최초의 작품으로 평가된다. 이 작품의 내용을 담은 민요 「쉘깐 두젠찌예비치에 관한 노래 Песня о Шелкане Дудентьевич」가 전해 내려오고 있다.

4. 「뾰뜨르 부주교의 성자전」

이 작품은 뾰뜨르 부주교가 사망한 이듬해인 1327년에 모스끄바 대공 이반 깔리따(Иван I Калита, 1328~1340)의 명령을 받아 로스또프(Ростов)의 주교 쁘로호르(Прохор)가 쓴 것으로 추정된다. 작품은 비교적 짧고 간단하며 수사학적인 화려한 묘사나 표현 등이 없기 때문에 11~13세기의 성자전과 비교할 때 다소 문학성이 떨어지는 것으로 평가된다.

이 작품과 관련된 역사적 상황은 다음과 같다. 13세기 초 끼예프 공국이 몰락하고 '따따르의 굴레'가 시작되면서 13세기 중엽부터 블라지미르 공국(혹은 블라지미르-수즈달 공국)이 강력한 공국으로 부상하였고, 13세기 말부터 14세기 초에 이르는 동안 블라지미르 공국에 속하였던 모스끄바와 뜨베리는 장차 러시아의 패권을 잡기 위한 치열한 경쟁관계에 돌입하였다. 따라서 "과연 누가 러시아의 부주교가 될 것인가?" 그리고 "부주교구는 어디에 설치될 것인가?" 하는 문제는 상당히 중요한 의미를 갖고 있을 수밖에 없었다. 블라지미르 공국에 있던 부주교 막심(Максим)이 1304년에 사망하자, 갈리찌야의 유리 리보비치(Юрий Львович:「갈리찌끄 연대기」에 나오는 주인공 다니일 공후의 손자) 공후는 볼르이냐(Волыня) 출신인 뾰뜨르(Пётр, ?~1326)를 후임 부주교로 추천하였고, 당시 모스끄바와 경쟁관계에 있던 뜨베리의 미하일 야로슬라비치(Михаил Ярославович, 1304~1319) 공후는 게론찌(Геронтий) 주교를 후보로 내세웠다. 비잔틴 제국의 총주교는 두 후보 가운데 뾰뜨르를 부주교로 임명하였다. 콘스탄티노플 총주교의 결정에 반발한 뜨베리의 미하일 대공은 뾰뜨르를 부주교직에서 폐위시키고 게론찌를 즉위시키려고 성직자들을 이용해 뾰뜨르를 규탄하고 고발하였다. 이 문제로 뻬레야슬라블(Переяславль)에서 임시 종교회의가 열렸고, 회의에서 뾰뜨르에 대한 고발은 근거 없는 중상모략으로 판결되었다. 이후 뾰뜨르 부주교는 모스끄바 공후들과 가깝게 지내게 되었고, 이반 깔리따 대공의 요청을 받아들여 13세기에 끼예프에서 블라지미르로 옮긴 부주교구를 1326년에 모스끄바로 이전하였다.

「뾰뜨르 부주교의 성자전 Житие митрополита Петра」의 도입부에는 뾰뜨르가 기독교인 부모로부터 탄생했다는 것과 그의 유년시절, 청년시절, 그리고 수도사 시절이 짧게 묘사되어 있고, 그의 부주교 임명에 관한 묘사에 많은 지면이 할애되었다. 작가는 뾰뜨르가 하나님의 은총을 받아 콘스탄티노플의 총주교에 의해 부주교로 임명되었다고 서술한 후, '뻬레야슬라블 종교회의'의 결정에 대해 언급하고 뜨베리의 게론찌 주교를 비난하면서 악마가 그의 가슴에 파고들어 뾰뜨르를 비방하고 고발하도록 종용하였다고 기록하고 있다. 뾰뜨르는 부주교구가 상주할 곳으로 러시아의 모든 도시 중에서 모스끄바를 선택했고, 장차 자신이 묻힐 곳으로 모스끄바의 한 성당을 예비하였으며, 임종시 그는 이반 깔리따와 그의 자손들에게 은총을 베풀었다고 작가는 쓰고 있다. 이처럼 작가는 이 작품을 통해 뾰뜨르의 찬양과 더불어 모스끄바가 하나님의 은총에 의해 선택된 도시라는 것을 암시하고 있다. 작품의 마지막 부분에는 1326년 뾰뜨르 부주교가 사망한 직후 발생한 기적이 기록되었다.

이 작품은 14세기 말 부주교 끼쁘리안(Киприан, 1336~1406)[44]에 의해 개작되었다. 끼쁘리안은 불가리아와 비잔틴 제국의 아토스산의 한 수도원에서 교육을 받은 박식한 인물로 당시 불가리아 어문학에도 적지 않은 영향을 끼친 것으로 평가되고 있다. 콘스탄티노플 총주교의 후원을 받은 그는 부주교 자리를 놓고 치열한 경쟁 끝에 바실리 I세(Василий I, 1389~1425)가 통치하던 1390년에 모스끄바의 부주교로 임명되었다. 그는 부주교 자리를 놓고 경쟁하던 가운데 이 작품을 다시 집필하게 되었다. 그가 이 작품을 택한 동기는 과거 뽀뜨르 부주교와 자신의 처지가 비슷하다고 판단하였기 때문이었다.

문학적 자질이 뛰어난 끼쁘리안은 간략하고 단순하며 어떤 수사학적 장식이 없던 원작을 화려한 문구를 사용하여 많은 분량으로 둔갑시켰다. 머리말에서 끼쁘리안은 이 작품이 뽀뜨르 부주교에 대한 찬가라고 밝히면서 원전에 없는 머리말과 결론을 덧붙였다. 그리고 원전의 중요한 사건에 대한 짧은 묘사를 허구적 내용을 곁들여 길게 확장하였다. 이 개정판에는 모스끄바 공국의 정치적 위상과 러시아 정교회 중심지로서의 역할이 강조되어 있다. 끼쁘리안은 뽀뜨르 부주교와 모스끄바 공후들을 찬양할 뿐만 아니라, 모든 러시아 땅을 대표하는 부주교 직위에 대한 자신의 권리를 주장하고 있다. 이 작품에는 끼쁘리안이 겪은 기적, 즉 그가 심한 병이 들었을 때, 뽀뜨르 부주교에게 자신의 병을 고쳐달라고 기도한 결과 병이 깨끗이 나았다는 내용이 첨가되어 있다.

---

44) 1390년부터 러시아 부주교직을 담당한 불가리아인.

5. 꿀리꼬보 들판 전투에 관한 이야기

1375년에 드미뜨리 이바노비치(Дмитрий Иванович Донской, 1359~1389) 모스끄바 대공은 뜨베리의 공후와 협정을 맺고 따따르에게 대항하기로 결정하였다. 이에 따따르의 사령관 마마이(Мамай, 1361~1380)는 군대를 동원하여 이 협정을 무력화시키려 하였다(당시 사령관 마마이는 따따르의 한보다 더 막강한 권력을 가진 실질적인 통치자였다). 그는 1378년에 군대를 이끌고 모스끄바로 진격하였고, 이에 드미뜨리 대공은 보좌강에서 그들과 전투를 벌였다. 드미뜨리는 이 전투에서 따따르에 대항하여 최초의 승리를 거두었다. 이 전투에 관한 이야기는 당시 연대기에 기록되었으며, 「보좌강 전투에 관한 이야기 Повесть о битве реке Воже」로 알려져 있다. 이 승리로 드미뜨리 대공과 러시아 공국의 입지는 더욱 강화되었다. 2년 후 마마이는 약 30만 명의 대군을 이끌고 1380년 9월 8일 돈강 너머 꿀리꼬보 들판(Куликовое поле)에서 드미뜨리 대공이 이끄는 약 15만~20만 명의 군대와 치열한 전투를 벌였다. 이 전투에서도 드미뜨리 대공은 마마이를 격파하고 두 번째 승리를 얻었다. 세계 최강의 군대 따따르를 무찌르고 얻은 러시아 군의 값진 승리는 역사상 획기적인 사건이었고, 이 사건은 당시뿐 아니라 이후 오랫동안 러시아인들에게 커다란 감명을 주기에 충분하였다. 이 전투에 관한 다양한 이야기들이 14세기 말부터 집필되기 시작하였고, 이 작품들은 수세기에 걸쳐 고대 러시아 작가들에 의해 필사되면서 수정이 가해졌다. 무적의 따따르 군대를 격파할 수 있다는 자신감과 위대한 공후를 중심으로 모든 러시아인들이 단결하면 '따따르의 굴레'로부터 벗어날 수 있다는 확신을 주었으며, 그 동안 심리적으로 위축되었던 러시아인들의 정신력이 강화되고 사기가 앙양되었다. 그리고 13~14세기에 침체되었던 러시아 문학과 문화가 부흥할 수 있는 토대를 제공해 주었다.

5-1. 「드미뜨리 이바노비치 대공과 마마이와의 전쟁에 관한 이야기 Повесть о побоище великого князя Дмитрия Ивановича с Мамаем」

「삼위일체 연대기 Троицкая летопись」, 「노브고로드 연대기 Новгородская летопись」, 「소피야 연대기 Софийская летопись」에 기록되어 있는 이 이야기는 꿀리꼬보 전투에 관한 중요한 역사적 사실들을 전해주고 있다. 이 이야기는 익명의 작가에 의해 14세기 말에 집필된 것으로 추정된다. 이후 이 작품은 다른 작가들에 의하여 내용이 일부 수정되거나 추가되어 연대기에 기록되었다. 하지만 초기에 쓰여진 필사본을 기준으로 할 경우 꿀리꼬보 전투에 관한 이야기 가운데 「드미뜨리 이바노비치 대공과 마마이와의 전쟁에 관한 이야기」가 가장 먼저 집필되었다고 판단된다. 이 작품은 여타 작품과 달리 수사학적 표현이 적은 대신 치밀한 구성과 생생한 표현 등이 돋보인다.

작품 서두에 마마이가 러시아를 침공하기로 결정했다는 소식이 전해지면서 이야기가 시작된다. 1378년에 보좌강에서 벌어진 전투에서 따따르 군대를 격파한 드미뜨리 이바노비치 대공에게 복수하기 위하여, 마마이는 1380년 9월에 대군을 이끌고 러시아로 진격하였다. 바투가 13세기 초 끼예프 러시아를 침공할 때와 거의 맞먹는 엄청난 규모의 군사를 이끌고 진격한 것이었다. 마마이가 이끄는 군대에 뽈로베쯔족이 합세하였고, 리투아니아의 야가일로(Ягайло) 공후와 러시아 민족의 배신자인 랴잔 공국의 올레그 이바노비치(Олег Иванович) 공후가 합세하였다.

그리고 작가는 드미뜨리 대공측에 참여한 거의 모든 공후들의 이름을 일일이 나열하였다. 마마이는 야가일로 공후가 리투아니아 군대를 이끌고 올 때까지 기다리고 있었다. 반면 러시아 군대는 돈강의 왼쪽 편에 진지를 구축하고 군사회의를 개최하였다. 이 회의에서 일부 공후들은 드미뜨리에게 신중하게 군대를 이동해야 한다고 경고하였다. 그러나 야가일로 공후가 아직 도착하지 않은 것을 알아차린 드미뜨리는 서둘러 군대를 이끌고 돈강을 건너 꿀리꼬보 들판으로 진격하였다. 그리고 드미뜨리는 사촌동생인 블라지미르 안드레예비치(Владимир Андреевич) 공후와 그의 군대를 숲 속에 매복시켰다. 전투가 시작되기 전에 선봉에서 물러서라는 공후들과 귀족들의 만류에도 불구하고 드미뜨리는 앞장서서 군인들과 함께 싸웠다.

피비린내 나는 전투가 온종일 계속되었다. 전투가 시작되면서 따따르 군은 러시아 군을 압도하기 시작하였다. 도주하는 러시아 군을 뒤쫓아가는 따따르 군의 후방을 매복해 있던 블라지미르 안드레예비치 군대가 기습공격하였다. 예기치 않았던 공격을 당한 따따르 군은 당황하였고, 이 틈을 타서 러시아 군은 커다란 승리를 거두게 되었다. 작가는 전투장면을 군담체를 사용하여 생생하고 비교적 자세하게 묘사하고 있다. "두 군대는 맞부딪쳐 싸우고, 무자비하고 잔인한 살육이 계속되었다." "러시아 군인들은 도주하는 따따르 군인들을 메차(Меча : 돈강의 지류)강까지 추격하여 무찔렀고, 일부 따따르 군인

드미뜨리 대공의 군대가 꿀리꼬보 들판에서 마마이의 군대와 전투를 벌이는 장면
(16세기 「삽화 연대기」에서 발췌)

들은 강물에 뛰어들었다.” 작가는 ‘하나님을 부정하는 이교도’에 대항하여 전투를 벌인 드미뜨리 공후가 ‘기독교를 위하여, 그리고 러시아 땅을 위하여’ 적과 싸웠다고 묘사한다. 러시아 군담에 빈번히 사용되는 ‘러시아 땅을 위하여’(за Землю Русскую)와 ‘기독교 신앙을 위하여’(за веру христианскую)라는 표현은 이 작품에도 여러 번 등장한다. 드미뜨리는 하나님의 도움을 받았고, 마마이는 하나님의 진노를 입어 패배하여 소수의 부하들과 함께 가까스로 도망을 쳤다. 이어 작가는 목숨을 잃은 러시아 공후들과 전사들의 이름을 일일이 나열한다. 이들의 죽음을 통해 승리한 드미뜨리는 희생자들을 애도하고 많은 전리품을 가지고 고향으로 돌아온다. 작가는 하나님의 도움으로 값진 승리를 얻은 드미뜨리를 높이 찬양하고, 마마이의 죽음에 대한 글을 기록하며 이야기를 끝맺는다. 전투에서 패배한 마마이는 남은 군대를 모아 다시 드미뜨리에 대한 재침공을 준비하였다. 그러나 또흐따므이쉬(Тохтамыш, ?~1406)는 마마이의 군대를 격파하고 킵차크 한국의 새로운 통치자로 등극한 후, 드미뜨리 공후에게 사신을 보내 마마이가 살해되었고 자신이 킵차크 한국의 한이 됐다는 소식을 전한다. 이를 전해 들은 드미뜨리는 사신들을 잘 대접한 후 선물을 주어 또흐따므이쉬에게 돌려보냈다. 작가는 꿀리꼬보 전투에서 많은 희생을 치른 러시아 군이 또흐따므이쉬를 대적하는 무모함을 택하기보다 그에게 공물을 바치기로 결정한 드미뜨리의 지혜로운 판단을 긍정적으로 평가하고 있다. 또흐따므이쉬 역시 이 전투로 큰 피해를 입어 예전처럼 러시아 땅을 함부로 간섭할 수 없다는 것을 인식하고 있었다.

5-2. 「자돈쉬나 Задонщина」

이 작품은 꿀리꼬보 전투가 끝난 후 1383년경에 랴잔(Рязан)의 수도사 소포니(Софоний)가 집필하였다고 알려지고 있다. '자돈쉬나'라는 제목은 러시아어로 '돈강 너머(за Дон)' 즉, '꿀리꼬보 들판에서 벌어진 전투에 관한 이야기'라는 의미를 갖고 있다. 소포니는 역사적 사건을 기록하기보다 문학적이고 시적인 표현에 중점을 두고 이 작품을 집필하였다. 그는 실제 전투장면 묘사를 압축하고 대신 따따르에 대항하여 얻은 러시아의 승리에 초점을 맞추면서 한 편의 위대한 장편서사시를 생산하였다. '장엄한 출정식', '전투를 준비하는 과정', '남편을 잃은 부인들의 애가', '승전보' 등은 수사학적으로 화려한 문체와 상징 · 비유 · 과장 · 대구법들로 가득차 있다. 이 작품에서 사용된 비유 · 상징 · 대구법 등을 미루어 볼 때, 「자돈쉬나」는 12세기 말에 쓰여진 「이고리 원정기」를 참조 혹은 모방하여 쓰여진 것으로 추정된다. 「자돈쉬나」의 필사본은 현재 6개가 보존되어 있는데, 각 사본에 오류가 많기 때문에 대부분 학자들은 이들 필사본을 혼합하여 재구성한 것을 사용하고 있다.

작품 서두에 드미뜨리 대공은 마마이가 돈강 연안의 러시아 땅으로 침입하고 있다는 이야기를 미꿀라 바실리예비치(Микула Всильевич) 저택에 모인 공후들과 사령관들에게 전달한다. 작가는 마마이가 1380년 9월에 발생한 꿀리꼬보 전투에서 러시아 군에게 패배했다는 역사적 사실을 이미 알고 있다는 것을 텍스트상에 밝히고, 이 작품을 집필하는 목적을 독자들에게 연설조로 언급한다. "깔까강 전투[45] 이후 마마이가 패배할 때까지 160년 동안 러시아 땅은 비탄과 슬픔

45) 1223년에 러시아와 뽈로베쯔의 연합군이 따따르에 대항하여 벌인 최초의 전투.

에 휩싸였다." "우리는 '러시아 땅'과 '기독교 신앙'을 보존하기 위하여 목숨을 바쳐왔다." "형제들아, 끼예프의 블라지미르 대공의 후손인 드미뜨리 이바노비치 대공과 그의 형제 블라지미르 안드레예비치 공후의 원정에 관한 영광스런 이야기를 시작해 보자." 이어 작가는 「이고리 원정기」에 나오는 음유시인 보얀(Боян 혹은 Баян)을 등장시켜 과거 위대한 공후들을 찬미한다. "지난날 보얀은 자신의 황금 손가락으로 살아 있는 (구슬리의) 현을 연주하며, 러시아 공후들에게 영광을 노래하였다: 최초의 끼예프 대공인 류릭, 이고리 류리꼬비치 공후, 블라지미르 대공, 야로슬라프 현공에게."(Тотъ бо вѣщии Боянъ, воскладая своя златыя персты на живыя струны, и пояше рускимъ княземъ славы: первому князю Рюрику, Игорю Рюриковичу, Владимиру Святославичу, Ярославу Володимировичу.) 이어 출정을 준비하는 모습은 마치 웅장한 한 편의 서사시처럼 장엄하게 울려 퍼진다.

"오 종달새여, 아름다운 시절의 기쁨이여!
푸른 하늘 아래로 날아라,
찬미하라 드미뜨리 이바노비치 대공을
그리고 그의 아우, 블라지미르 안드레예비치를!
마치 폭풍이 송골매들을 날려보낸 것처럼,
잘레스끼[46] 땅으로부터
뻘로베쯔 들판으로 날려보냈다.
모스끄바에서 말들이 울고,
꼴롬나[47]에서 북소리가 울려 퍼지고,
세르뿌호프[48]에서 나팔소리가 울려 퍼지고,

---

46) '숲 너머의 땅'이란 뜻으로 모스끄바를 지칭한다.

47) 모스끄바 강가에 위치한 랴잔의 도시.

48) 오까 강가에 위치한 도시.

온 러시아 땅에 영광이 울려 퍼진다."
(О жаворонокъ-птица, въ красные дни утѣха!
Взыди подъ синия облаки,
воспои славу великаму князю Дмитрий Ивановичу
и брату его, Владимиру Андреевичу!
Ци не буря соколы занесе
изъ Земли Залѣсския
въ поле половецкое.
Кони ръжутъ на Москвѣ,
бубны бьютъ на Коломнѣ,
трубы трубятъ въ Серпуховѣ,
звенитъ слава по всеи Землѣ Русскои.)

이어 작가는 뒤늦게나마 노브고로드의 공후들이 참가했다는 사실과 리투아니아의 올리게르드(Ольгерд)[49] 공후의 아들 안드레이(Андрей)와 드미뜨리(Дмитрий), 그리고 볼르인스끄(Вольинск)의 드미뜨리(Дмитрий) 공후가 러시아 땅을 보호하기 위하여 참여했다는 것을 밝힌다. 특히 작가는 마마이 편에 속한 야가일로(Ягайло)와 반대로 그의 형제인 안드레이와 드미뜨리가 자신의 편에 서있다는 것을 강조하고 있다. 작가는 안드레이와 드미뜨리 두 형제의 대화 ― "…빠르게 흐르는 돈강을 바라보고, 형제야, 우리의 투구로 빠르게 흐르는 돈강 물을 떠마시자,"(...посмотримъ быстрого Дону, испиемъ, брате, шеломомъ своимь воды быстрого Дону,) ― 를 통해 승리의 자신감을 묘사하는데, 이 부분은 「이고리 원정기」에 나오는 문구를 인용한 것으로 추정된다.

따따르의 출정이 묘사될 때 검은 구름, 핏빛의 일몰, 푸른 번개

49) 마마이와 연합한 야가일로 공후의 부친으로 역사적으로 러시아에 대하여 적대적인 공후였다.

13세기 러시아 군인들이 쓰던 투구

등 패배에 대한 불길한 징조들이 색깔을 동반한 자연현상을 통해 그려진다. 따따르 군의 이동은 돈 강과 드네쁘르강 사이에 삐거덕거리는 마차의 소리로 표현되었고, '회색 늑대들'(сѣрые волцы)이 울부짖고, '거위들'(гуси)이 메차강 위에서 울어대고, '백조들'(лебеди)이 날개를 퍼덕이기 시작하였다. 회색 늑대, 거위, 그리고 백조는 따따르 군인들을 상징한다. 드미뜨리 대공은 칼을 빼어들고 성모 마리아에게 기도한 후, 러시아 군인들을 이끌고 출정하였다. 이때 태양이 동쪽에서 그의 길을 인도하면서 빛을 발했다. 드미뜨리 대공은 사촌동생 블라지미르 안드레예비치 공후에게 자신감을 심어 주며 러시아 땅과 기독교 신앙을 위해 싸우자고 격려하였다. "…우리에게는 황금으로 된 무기, 체르께스의 투구, 모스끄바의 방패, 독일의 투창, 이탈리아의 창이 있다."(...а на себѣ золоченыя доспѣхы, а шеломы черкаськие, а щиты московьскые, а сулицы немѣцкие, а копии фрязския.) 작가는 전투장면을 묘사할 때 함축된 시적 표현을 사용하여 효과를 극대화하였다. "땅이 말발굽으로 검게 변했고, 따따르의 뼈가 들판을 덮었고, 피가 들판을 따라 흘러내렸다."(Черна земля под копыты, костьми татарскими поля насѣяны, а кровью полиано.) 또한 자연현상을 이용하여 전투장면을 더욱 실감나게 처리한다. "그때 강한 폭풍이 그 자리로 몰려들었고, 이로 인해 가끔 번개가 번쩍이고, 거대한 천둥소리가 울려 퍼졌다."(Тогда бо силнии тучи съступалися въместо, а из них часто сияли молнии, громи гремѣли велицѣ.) 작가는 첫 전투에서 러시아 군이 패배하는 장면을 묘사할 때 칼과 창에 찔려 쓰러져 가는 공후, 귀족, 그리고 전사들의 절규를 마치 평원에서 들려오는 들소들의 포효하는 소리 같다고 비유하고 있다. 쓰러진 시체 위에 갈가마귀와 뻐꾸기가 맴돌고 있고, "…풀밭은 피로 뒤덮였고, 나무들은 슬픔에 젖어 고개를 땅으로 숙였다."(...трава кровью пролита, а древеса тугою к земли преклонишася.)

작가는 다음 장면에서 전쟁터에서 모스끄바 요새로의 공간이동을 시도한다. 미꿀라 바실리예비치의 부인 마리아 드미뜨리예바가 모스끄바 요새에서 돈강을 바라보며 절규한다. "돈강아, 돈강아, 빠르게 흐르는 강물아, 너는 돌산을 무너뜨리고, 뽈로베쯔 땅으로 흘러가는구나, 나의 주인 미꿀라 바실리예비치를 내게 보내주겠느냐."(Доне, Доне, быстрая рѣка, ты пробил еси горы каменныя, течеши в землю Половецкую, прилилѣй моего государя къ мнѣ Микулу Всильевича.) 작가는 「이고리 원정기」에 나오는 흉조를 의미하는 신화적 동물인 괴조(怪鳥) '지브'를 인용하여 첫 전투에서 패배한 슬픔을 묘사한다. "그리고 이미 지브가 따따르의 칼 아래 울부짖었고, 러시아 전사들은 부상을 입고 슬피 울었다."(А уже Диво кличеть под саблями татарскыми, а тѣм рускымъ богатырем под ранами.) 다음날 새벽, 다시 공간은 모스끄바에서 랴잔 공국으로 이동하여 꼴롬나(Коломна)에서 남편을 잃은 부인들이 슬피 흐느끼며 모스끄바 강물을 바라보며 처절하게 애가를 부른다.

이어 작가는 드미뜨리의 군대가 꿀리꼬보 들판에서 따따르 군을 격파하는 장면을 극적으로 묘사한다. 드미뜨리는 공후들과 전사들을 격려하고 블라지미르 안드레예비치 공후에게 다음과 같이 말한 후, 하나님께 의지하며 송골매처럼 돈강을 넘어 적진을 향해 쳐들어갔다. "형제여, 블라지미르 공후여, 이제 꿀로 가득 찬 잔을 건네 마시

◀
드미뜨리 대공과 사촌동생 블라지미르 안드레예비치 공후 (20세기 화가 일리야 글라주노프의 작품)

자. 형제여, 우리의 강한 군대로 이교도 군대를 쳐부수자."(Брате князе Владимере, туто испити медвеная чаша поведенье. Наступаемъ, брате, с своими силными полкы на ратъ поганых.) "러시아 군인들의 칼이 따따르의 투구에 비처럼 쏟아진다." 이 표현 역시 「이고리 원정기」에 "화살이 비처럼 쏟아진다"를 모방한 것으로 보여진다. 승리의 함성이 울려 퍼지고 러시아인들의 황금 갑옷이 번쩍였다. 따따르 군인들이 도주하기 시작했고, 그들의 시체는 들판을 뒤덮었고 그들의 피는 강을 붉게 물들였다. 작가는 도주하는 따따르 군인들을 묘사하면서 앞으로 그들은 러시아 땅으로부터 공물을 받아내지 못할 것이라고 장담한다. 승리한 러시아 군인들은 따따르로부터 의복, 비단, 무기, 말, 들소, 낙타, 술, 설탕, 보석, 벨벳 등을 획득하였다. 러시아 땅에는 영

광이, 따따르 땅에는 치욕이 안겨졌다. 작가는 마마이가 소수의 부하들을 이끌고 까파(Кафа-на-море)로 도주했다는 것을 기록한 후, 과거 바투가 40만 대군을 이끌고 러시아 땅을 침입한 것을 회상하며 승리의 기쁨과 조국애를 장엄하게 노래한다.

마지막 장면에서 작가는 전투에서 253,000명이 전사했다고 과장하여 기록하였다.50) 마지막 부분에는 사망자들을 위한 드미뜨리의 장엄한 애도문이 실려 있다. "형제여, 귀족과 공후, 그리고 귀족의 자녀들이여! 네쁘랴드바(Непрядва)강, 꿀리꼬보 들판, 돈강과 드네쁘르강 사이의 땅이 그대들에게 운명지어졌고, 성스런 교회를 위하여, 러시아 땅을 위하여, 기독교 신앙을 위하여 그대들의 머리가 놓여졌다. 나를 용서하오, 형제들이여, 그리고 지금 이 순간과 미래를 축복해 주오."(Братия бояра и князи и дѣти боярские! то вамъ сужено место меж Доном и Днепром на полѣ Куликовѣ, на рѣчкѣ Непрядве. И положили есте головы своя за святыя церькви, за землю Рускую и за вѣру крестьянскую. Простите мя, братия, и благословите в сем вѣце и в будущем.)

이 작품은 실로 장편 대서사시를 방불케 하는 걸작으로 사물과 동물을 이용한 상징과 비유, 대구법을 이용한 강조와 상징, 과장법, 반복, 성질을 나타내는 형용어구 등 다양한 문학기법들이 사용되었다. 치밀한 구성과 적합한 어휘 선택, 음악적인 효과 등이 뛰어나다. 소포니가 실제 작가가 아니라는 주장과 「이고리 원정기」를 모방한 작품이라며 이를 폄하하려는 학자들도 적지 않다. 그러나 비록 모방의 흔적은 엿보이나, 이 작품을 뜯어보면 볼수록 문학적으로 뛰어난 걸작임에는 틀림이 없다. 13~14세기를 통틀어 최고의 문학작품으로 평가할 만하다.

---

50) 연대기 기록에 의하면 이 전투에 참여한 러시아 군인은 최대 20만 명, 사망자는 최대 10만 명으로 추정된다.

5-3. 「마마이와의 전투에 관한 이야기 Сказание о Мамаевом побоище」

이 작품은 꿀리꼬보 전투에 관한 이야기 가운데 허구적이고 전설적인 요소를 가장 많이 담고 있는 작품으로 평가된다. 익명의 작가에 의해 14세기 말 혹은 15세기 초에 쓰여진 것으로 추정되는 이 작품은 100여 권이 넘는 필사본이 발견된 것으로 미루어 당시 상당한 인기를 누렸던 것으로 추정된다. 이 많은 필사본들을 기초로 하여 집필한 4개의 개정판이 현존한다. 이 작품에는 전투 준비과정, 선발대의 배치, 전투대형, 부대에 내려진 임무, 전투상황 등이 자세히 묘사되어 있다.

이야기는 드미뜨리 대공이 자하리 쮸체프(Захарий Тютчев)를 마마이에게 파견하는 장면으로 시작한다. 청년 쮸체프는 드미뜨리의 명령에 따라 선물을 들고 킵차크 한국을 방문하였다. 그는 그곳 상황을 파악하고 돌아와서 대공에게 리투아니아의 올리게르드(Ольгерд) 공후와 랴잔의 올레그 이바노비치(Олег Иванович) 공후가 마마이와 조약을 맺었다는 사실을 일러준다.[51] 전투가 시작되기 전 '세르기이 수도원'(обитель Сергия)에서 2명의 수도사 뻬레스베뜨(Пересвет)와 오슬랴프(Ослябь)가 드미뜨리 대공 진영에 합류하였다. 드미뜨리 대공은 전쟁터로 떠나기 전에 러시아 부주교 끼쁘리안(Киприан, 1336~1406)으로부터 축복을 받는다. 그러나 전투가 발발했던 1380년도에 끼쁘리안은 러시아 부주교도 아니었으며 모스끄바가 아닌 끼예프에 거

---

51) 마마이와 실제로 조약을 맺은 공후는 1377년에 사망한 올리게르드가 아니라 그의 아들 야가일로 공후이다. 야가일로 대신에 올리게르드가 등장한 것은 작가가 그 동안 러시아에 적대적이었던 올리게르드를 '악의 화신'으로 규정하며 의도적으로 기입한 것으로 볼 수 있다.

주하고 있었으므로 이 부분도 역시 작가에 의해 의도적으로 왜곡된 것으로 볼 수 있다. 즉, 이러한 묘사는 정치적 속셈을 가진 작가의

세르기이 수도사 뻬레스베뜨와 따따르의 전사 사이에 벌어진 결투장면
(16세기 「삽화 연대기」에서 발췌)

문학적 장치라고 간주할 수 있다. 작가는 드미뜨리 대공을 러시아 땅의 이상적인 군주로 간주하며 그가 러시아의 부주교와 친밀한 관계를 형성하고 있다는 것을 독자들에게 제시하고자 원했던 것이다. 작가는 러시아 군대가 모스끄바를 떠나 꼴롬나를 경유해 꿀리꼬보 들판으로 진군하는 모습을 상세하게 묘사한다. 그리고 전투에 참여한 공후들과 지휘관들을 나열하고 돈강을 횡단하는 러시아 군대에 대해 자세히 설명하고 있다. 이어 작가는 전투가 벌어지기 전날 밤에 드미뜨리 대공이 꿀리꼬보 들판에 나가 러시아 군이 승리한다는 의미를 갖는 밤하늘의 신비스런 자연현상을 목격했다고 기록하였다. 다음날 아침 전투가 시작되기 전에 드미뜨리 대공은 따따르 군이 드미뜨리 대공을 집중적으로 공격할 것을 우려하여 귀족 브렌끄(Бренк)와 갑옷을 맞바꾸어 입었다. 그런데 실제 전투가 격렬하게 벌어졌을 때 따따르 군인들은 브렌끄를 드미뜨리 대공으로 오인하고 그를 집중 공격하여 살해하였다. 전열을 갖추고 전투가 시작되기 직전에 러시아의 세르기이 수도원 출신 수도사 뻬레스베뜨가 따따르의 '전사'(богатыр)와 결투를 벌였다. 무공이 비슷한 이 두 전사는 서로를 찔러 함께 전사하였고, 곧이어 전투가 시작되었다. 드미뜨리 대공의 명령에 따라 매복해 있던 블라지미르 안드레예비치 공후의 부대는 따따르 군에게 예기치 못한 측면과 배후 공격을 가해 그들에게 결정적인 패배를 안겨 주었다. 작가는 전투가 러시아 군의 승리로 끝났을 때, 드미뜨리 대공이 정신을 잃은 채 발견되었다는 것도 기록하고 있다. 전투에 패배하고 까파로 도주한 마마이는 다시 러시아 땅을 공격하리라 다짐하였다. 그러나 그는 깔까강에서 또호따므이쉬의 군대와 싸워 패한 후, 까파에서 한 상인에 의해 살해되었다. 작가는 마마이의 죽음을 하나님을 믿지 않는 이교도의 비참한 종말이라 표현한다. 이어 다른 작품에는 기록되지 않은 공후와 귀족들 외에 이 전투에 참여하여 애국심과 영웅심을 보여주었던 '평범한 러시아인들'(простые русские люди)의 이름을 일일이 나열한다.

작가는 자연과 동물, 그리고 러시아 군인들을 생생하고 인상적으로 묘사하면서 시적 이미지와 허구적 문학장치 등을 많이 사용하였다. 역사적인 묘사와 허구적인 묘사들[52]은 꿀리꼬보 전투에 관한 이야기들 중 오직 이 작품에만 기록되어 있다. 작가는 이 작품을 통해 단순히 꿀리꼬보 전투에 관한 이야기를 하려는 것이 아니라, 드미뜨리 대공의 경건함과 위대함을 마마이와 대비하며 강조하고 있는 것이다. 그런 까닭에 마마이와 그의 동조자 올리게르드와 올레그 공후는 불경·어둠·악의 화신으로, 반면에 드미뜨리 대공은 경건함·용맹·빛의 화신으로 묘사되었다. 대부분 꿀리꼬보 전투에 관한 이야기에는 드미뜨리 대공과 블라지미르 공후의 대화만이 기록된 데 반해, 이 작품에는 마마이, 올리게르드, 올레그 공후의 대화가 묘사되었다. 작가는 이 대화를 통해 부정적 인물들의 내면세계를 좀더 구체적으로 표현하고 있다. 이처럼 이 작품에는 허구적인 요소가 많이 사용되었고, 다른 작품들과 달리 꿀리꼬보 전투에 관한 일반적인 묘사를 탈피하고 좀더 흥미진진한 묘사를 시도한 흔적이 엿보인다. 작가는 전투에서 승리한 원동력으로 드미뜨리 대공을 중심으로 한 러시아인들의 단결과 모든 러시아인의 애국심과 용맹성을 들고 있다.

52) 끼쁘리안 부주교의 은총에 관한 에피소드, 올리게르드의 등장, 전투 직전에 수도사 뻬레스베뜨와 따따르 전사의 결투에 관한 에피소드 등.

6. 「러시아 황제, 드미뜨리 이바노비치 대공의 삶과 죽음에 관한 이야기」

이 작품은 1389년에 드미뜨리 대공이 사망한 이후, 그의 죽음과 매장을 목격한 익명의 작가가 1390년대에 집필한 것으로 추정된다. 일부 학자들은 이 작품에서 사용된 문체와 짜임새 있는 구성 등을 미루어 수도사 예삐파니 쁘레무드르이(Епифаний Премудрый : ?~1420)를 작가로 추정하기도 한다. 연대기 기록에 의하면 대공의 죽음을 많은 러시아인들이 슬퍼하며 애도하였다고 한다.53) 장르상 성자전에 포함되는 「러시아 황제, 드미뜨리 이바노비치 대공의 삶과 죽음에 관한 이야기 Слово о житии и о преставлении великого князя Дмитрия Ивановича, царя Русьскаго」는 크게 세 부분으로 나눌 수 있다. ① 드미뜨리 대공의 출생, 성장, 그리고 업적을 다룬 전기, ② 부인 아브도찌야(Авдотия : 니즈니-노브고로드 공국의 드미뜨리 공후의 딸)의 애가, ③ 작가의 송덕.

일반적으로 성자전 혹은 전기의 머리말은 종교적인 축언과 하나님의 선택이라는 어휘 등이 빈번하게 사용되는 데 반해, 이 작품은 드미뜨리 대공이 이반 깔리따(Иван I Калита, 1328~1340)의 손자이고,

53) 그는 39세의 비교적 젊은 나이에 사망하였다.

이반 II세(Иван Иванович, 1353~1359)와 공후비 알렉산드라(Александра)의 아들이라는 것을 강조하며 이야기를 시작한다. 이것은 드미뜨리 대공이 혈통적으로 러시아 땅을 통치할 왕권을 소유한 인물이라는 것을 강하게 암시하는 것이다. 그리고 어린 드미뜨리는 아름다운 꽃과 열매가 가득한 하나님이 가꾸어 놓은 정원에서 성장하였다고 과장되게 묘사하고 있다. 그는 모스끄바 도시의 성벽을 돌로 구축하였고, 16세에 아브도찌야와 결혼하였다. 작가는 1378년 보좌강 전투와 1380년 꿀리꼬보 전투에 대해 간략하게 서술하고, 드미뜨리 대공을 야로슬라프 현공과 비교하고 있다. 보리스와 글렙을 살해한 사악한 스뱌또뽈끄 I세(Святополк I, 1015~1019)를 물리친 야로슬라프 현공처럼 드미뜨리 대공도 '제2의 스뱌또뽈끄'(второй Святополк)인 마마이를 물리쳤다고 언급하고, 꿀리꼬보 전투에서 부주교 뾰뜨르(Пётр, ?~1326)와 성자 보리스와 글렙의 도움을 받아 승리를 얻었다고 기록한다. 그러나 실제로 뾰뜨르 부주교는 1326년에 이미 사망한 인물이다. 작가는 드미뜨리가 통치하던 시절 부주교인 알렉세이(Алексий, 1298~1378) 혹은 끼쁘리안(Киприан, 1336~1406)에 관한 언급은 일체 하지 않고 있다.

작가는 마마이를 자신이 행한 악행의 부끄러움을 모르는 인물로, 드미뜨리 대공을 하나님을 잘 받드는 경건한 인물로 대비하여 묘사하고, 후자는 러시아의 많은 공후들과 귀족들로부터 존경을 받았다고 기술한다. 그리고 마마이에 대한 승리는 러시아 땅에 평화를 가져다주었고, 모스끄바 '황제'(царь)의 권위를 강화시켰다고 서술하고 있는데, 14세기까지의 고대 러시아 문학작품들 가운데 '짜르'라는 단어는 오직 로마와 비잔틴 황제, 그리고 따따르의 한에게만 사용되고 있었으므로, 드미뜨리 대공은 문학작품에서 황제로 지칭된 최초의 러시아 인물인 셈이다. 작가는 드미뜨리 대공을 다음과 같은 비유를 사용하여 묘사한다. '높게 나는 독수리'(высокопарливтй орел), '불신앙을 태워 버리는 불'(огонь, попаляя нечестие), '잡초들을 쓸어 버리는 바람'(ветер, плевелы развевая), '승리의 면류관'(венец победы), '지혜의 밑바닥'(пучина разума).[54)]

두 번째 부분인 드미뜨리 대공의 부인 아브도찌야의 애가에는 수사학적인 문체를 사용하여 사랑하는 남편을 잃은 아내의 애절함이 잘 표현되어 있다. "공후비는 침상에 놓여 있는 그의 주검을 바라보고, 고통스런 소리를 내며 울부짖는다. 그녀의 눈에는 타오르는 눈물이 흘러내리고, 자궁(뱃속)이 타오르고, 자신의 주먹으로 가슴을 내리친다. 마치 울려 퍼지는 군대 나팔같이, 마치 달콤하게 흘러나오는 오르간같이."(Видѣвши же княгыни его мертва на постели лежаща, и восплакася горькимъ гласомъ, огненыя слезы изо очию испущааше, утробою распалаашеся и, въ перси свои руками бьющи, яко труба рать повѣдающи, и яко арганъ сладко вѣщающи.) 이어 아브도찌야는 고인을 7개의 상징— '생명', '빛', '꽃', '포도나무', '태양', '달', '동녘의 별' — 으로 비유하며 슬픔을 시적으로 노래한다.

> "어떻게 죽으셨나요, 내 고귀한 생명이시여,
> 나를 홀로 과부로 남겨 놓으셨나요?
> 왜 당신보다 먼저 내가 죽지 않았나요?
> 어떻게 그 빛이 내 눈으로부터 떠나갔나요?
> 왜 내게 아무런 말씀이 없으신가요?
> 나의 아름다운 꽃이여,
> 왜이리 일찍 시들었나요?
> 많은 열매를 맺은 포도나무여,
> 왜 내 영혼에 달콤함과,

---

54) 상당히 많은 지혜를 소유한 인물이란 뜻이다.

내 가슴에 열매를 주지 않나요!
왜, 주인님, 날 쳐다보지 않나요,
그리고 내게 말씀이 없으신가요?
벌써 날 잊으셨나요?
무엇 때문에 나와 당신의 자식들을 바라보지 않나요?
왜 그들에게 아무런 대답을 하지 않으시나요?
이제 누가 내게 지시하겠습니까?
나의 태양이여, 너무 일찍 저물었습니다!
나의 아름다운 달이여, 너무 일찍 이지러졌습니다!
동녘의 별이여, 왜 서쪽하늘로 사라졌습니까?"
(Како умре, животе мои драгии,
мене едину вдовою оставивъ?
Почто азъ преже тебя не умрохъ?
Како заиде, свѣтъ очию моею?
Почто не промолвиши ко мнѣ?
Цвѣте мои прекрасныи,
что рано увядаеши?
Винограде многоплодныи,
уже не подаси плода сердцу моему
и сладости души моеи!
Чему, господине, не взозриши на мя,
ни промолвиши ко мнѣ?
Уже ли мя еси забылъ?
Что ради не взозриши на мя и на дѣти своя?
Чему имъ отвѣта не даси?
Кому ли мене приказываеши?
Солнце мое, рано заходиши!
Мѣсяць мои прекрасныи, рано погыбаеши!
Звѣздо восточная, почто къ западу грядеши?)

공후비의 애가에 이어 작가는 마지막 부분에서 하나님을 향한 대공의 신앙심을 높이 기리는 내용을 담은 송덕문을 써내려 간다. 이 송덕문은 독자들에게 대공의 위대한 신앙적인 모습을 전할 뿐 아니라, 그의 도덕적으로 나무랄 데 없는 성품도 담고 있다. 작가는 하나님이 택한 성서의 인물들 — 셋(Сиф : 아담이 130세에 낳은 셋째 아들), 에녹(Еноха : 노아의 증조부), 노아(Ноѝ), 에벨(Евер : 노아의 장남인 셈의 증손자), 아브라함, 이삭, 야곱, 요셉, 모세 — 보다 더 위대하다며 높이 찬양한다. 그리고 작가는 다음과 같이 칭송한다 "로마 땅은 베드로와 바울을 찬양한다, 그리고 아시아(소아시아 땅을 지칭)는 사도 요한을, 인도는 사도 도마를, 예루살렘은 주(예수)의 동생인 야곱을, 그리스 땅은 콘스탄티누스 대제를, 모든 북해 연안의 땅은 사도 안드레이를, 기독교를 받아들인 끼예프 땅은 블라지미르 대공을, 너희에게 (말하노라), 모든 러시아 땅은 드미뜨리 이바노비치 대공을 (찬양한다)!(Похваляетъ бо Земля Римская Петра и Павла, а Асииская Иоана Богослова, Индииская апостола Фому, а Ерусалимьская брата господня Иякова, и Андрея Первозванного все Поморие, царя Коньстянтина Гречьская Земля, Володимера Киевская со окрестныими грады, тебе же, великыи князь Дмитреи Ивановичь, вся Русьская Земля!)

7. 「또흐따므이쉬의 모스끄바 침공에 관한 이야기」

이 작품은 14세기 말 혹은 15세기 초에 익명의 작가에 의해 쓰여졌다고 추정된다. 개정본들 가운데 15세기 중엽에 집필된 것으로 추정되는 개정본은 초기본에 비해 비교적 자세한 내용을 담고 있다. 「또흐따므이쉬의 모스끄바 침공에 관한 이야기 Повесть о нашестви Тохтамыша на Москву」는 1382년 8월 23일 따따르의 한 또흐따므이쉬(Тохтамыш, ?~1406)가 군대를 이끌고 모스끄바를 침공한 이야기를 다루고 있다. 1380년 꿀리꼬보 전투에서 대패한 마마이(Мамай, ?~1380)의 군대를 대파하고 따따르 한으로 즉위한 또흐따므이쉬는 러시아 공후들이 마마이를 격파한 후 킵차크 한국에 대한 태도가 급변하고 있다는 것을 인식하고 있었다. 그는 예전의 관계를 회복하기 위하여 2년 후 군대를 이끌고 모스끄바를 침공하였다. 러시아 공후들의 일치되지 않은 행동, 꿀리꼬보 전투 이후 약해진 모스끄바 군대, 그리고 몇 가지 전술상의 실수 때문에 모스끄바는 따따르에게 공략당했다. 또흐따므이쉬는 모스끄바에 잠시 머문 후 킵차크 한국으로 돌아가는 길에 모스끄바를 침공할 때 그를 도와주었던 랴잔 공국마저 약탈하였다. 이 작품에는 서두에 묘사된 별에 관한 이야기 외에 전설적이거나 기적적인 요소들이 거의 다루어지지 않고 있다. 대신 역사적 사건의 사실적인 묘사가 두드러진다. 그리고 공후나 귀족이 아

따따르의 한 또흐따므이쉬가 모스끄바를 침공하여 함락한 장면
(16세기 「삽화 연대기」에서 발췌)

닌 '상인'(гость)을 포함한 일반 주민의 자긍심과 애국심에 초점을 맞추고 작품을 서술하고 있는 것이 특징이다.

서두에 작가는 자연의 불길한 징조를 언급하면서 이야기를 시작한다. "하늘에 어떤 꼬리를 가진 별이 출현하였다."(Появилась на небе звезда некая акы хвоста.) 러시아 민간전설에 자주 등장하는 '꼬리를 가진 악마'를 빗대어 작가는 사악한 따따르의 한을 '꼬리를 가진 별'로 상징하고 있다. 이어 또흐따므이쉬가 모스끄바를 침공하려고 몰래 준비하고 있는데, 이는 따따르가 이전처럼 많은 군사를 갖고 있지 못했기 때문이었다. 이런 상황을 알아차린 드미뜨리 대공은 또흐따므이쉬의 의도를 러시아 공후들에게 경고하고 그들로부터 도움을 요청하였다. 그러나 공후들은 꿀리꼬보 전투에서 너무나 많은 군인들이 희생당했다며 그의 제안을 거절하였다. 이에 드미뜨리 대공은 군대를 요청하기 위하여 뻬레야슬라블(Переяславль)과 꼬스뜨로마(Кострома)로 떠났다. 드미뜨리가 모스끄바를 잠시 비운 사이, 또흐따므이쉬는 랴잔의 올레그(Олег) 공후의 도움으로 랴잔 땅을 통과하여 모스끄바로 진격하였다. 작가는 당시의 긴박한 상황을 생생하게 묘사한다. 이 소식을 전해 들은 모스끄바 주민들은 성안으로 피신하였다. 그러나 모스끄바의 귀족들과 부주교는 군대를 모으러 간다는 미명하에 서둘러 도시를 빠져 나가려 하였고, 이를 저지하는 주민들과 마찰을 빚었다. 작가는 주민들의 행위를 부정적인 어투로 표현하고 있고, 성을 빠져 나간 귀족들과 부주교의 비겁한 행위에 대한 언급을 회피하고 있다. 다만 도시에 남아 있는 상인들에게 동정을 표하고 있다.

1382년 8월 23일 따따르 군인들은 '모스끄바 성채'(Кремль)를 포위하였다. 따따르 군인들은 모스끄바 성을 함락하기 위해 네 차례의 공격을 시도하였으나, 번번이 실패하였고 따따르 군인들은 많은 피해를 입었다. 모스끄바를 점령하기 위하여 또흐따므이쉬는 교활한 책략을 고안해 냈다. 그는 2명의 수즈달 공후—수즈달 공후 드미뜨리 꼰스딴찌노프의 두 아들—를 성안으로 파견하여 그들로 하여금 또흐따므이쉬 한이 드미뜨리 대공을 만나 보겠다는 생각만을 갖고 있다며 이를 보증하겠다는 말을 전했다. 이 두 사람은 성안에 대공이 없다는 것을 확인한 후—그들은 대공이 성안에 없다는 사실을 미리 알고 있었다—또흐따므이쉬에게 전하자 그는 군대를 이끌고 돌아가려는 시늉을 하였다. 이를 지켜본 모스끄바 주민들은 수즈달 공후의 말을 신뢰하게 되었고, 잠시 망설이다 성문을 열어주었다. 이때 따따르 군인들은 성안으로 진격하여 러시아인들을 살육하기 시작하였다. 그들은 남녀노소를 불문하고 성안에 있던 사람들을 살해하고 약탈과 방화를 일삼았다.[55] 주민들의 살상과 도시의 끔직한 약탈에 대한 상세한 묘사 후에 작가는 다음과 같이 토로한다. "그 이전까지 모스끄바는 위대한 도시, 놀랄 만한 도시, 많은 사람들의 도시였고, 그 도시에는 많은 사람들, 많은 귀족들 그리고 많은 풍요가 넘치고 있었다. 그런데 점령되어, 약탈되고, 불에 타면서 단 한 시간 만에 그 도시의 외형은 바뀌었다."(И бяаше дотоле преже видети была Москва град велик, град чюден, град многочловечен, в нем же множество людей , в нем же множество огосподьства, в нем же множество всякого узорочья; и паки в единомь часе изменися видение его, егда взят бысть и посечен, и пожжен.) 작가는 따따르 군인에게 대항하는 용감한 모스끄바 주민을 자세히 묘사한다. 프롤롭스끼 성문(Фроловский ворот)[56] 위에서 아담(Адам)이라는 의류 상인이 따따르의 유명한 귀족의 얼굴을 확인하고 그를 향해 활을 쏘아 그의 심장을 꿰뚫었다.[57] 따따르

55) 이때 상당히 많은 러시아의 중요한 서적들이 불타 버렸다.

56) 모스끄바 성채에 나있던 성문 중의 하나.

귀족이 활에 맞아 죽자 많은 따따르 군인들이 슬피 울었다고 작가는 기록하고 있다.

모스끄바 성안을 황폐화시킨 따따르는 도시 밖의 마을들을 초토화하기 시작하였다. 따따르의 한 부대가 마을로 향하던 중 우연히 블라지미르 안드레예비치(Владимир Андреевич: 꿀리꼬보 전투에 참여했던 드미뜨리 대공의 사촌동생)의 군대를 만나 전투가 벌어졌고 따따르 군대는 패배하였다. 이 소식을 전해 들은 또흐따므이쉬는 드미뜨리 대공이 곧 돌아올지 모른다고 판단하고 서둘러 온 길로 되돌아갔다. 가는 길에 따따르 군인들은 그들에게 도움을 주었던 랴잔 공국마저 공략하였다. 얼마 후 모스끄바로 돌아온 드미뜨리 대공은 약 2만 명의 주민의 시체를 묻어 주었는데 불에 타 죽고 강물에 빠져 죽은 사람의 숫자는 파악할 수조차 없었다. 그는 초토화된 모스끄바를 다시 재건하였다.

57) 작가의 상인들에 대한 자세한 묘사와 긍정적인 시각을 근거로 하여 일부 학자들은 익명의 작가가 아마도 상인계급이었을 것이라고 추정한다.

8. 「티무르 악사끄에 관한 이야기」

익명의 작가에 의해 쓰여진 이 작품은 14세기 말 혹은 15세기 초에 집필된 것으로 추정된다. 이 작품에 등장하는 인물인 티무르 악사끄(Тимур Аксак, 1336~1405)[58]는 1370년부터 1405년까지 사마르칸트(Самарканд)를 수도로 유럽과 아시아를 정복하고 티무르 제국을 건설한 잔인한 회교도 군주(эмир)였다. 티무르는 세 차례(1389년, 1391년, 1394~1395년)에 걸쳐 또흐따므이쉬의 따따르 군대와 전투를 벌여 그들을 격파하였고, 마침내 1395년에 따따르를 복속시키고 킵차크 한국을 통치하였다. 그리고 1395년 티무르는 러시아 땅으로 진격하여 러시아 남쪽에 있는 엘레쯔(Елец)를 점령한 후 랴잔 공국을 공격하기 위해 랴잔 국경에 2주간 머물다가 갑자기 다른 곳으로 떠나가 버렸다. 이 작품에는 티무르의 공격을 저지하기 위하여 블라지미르에 있는 성모상을 모스끄바로 옮긴 모스끄바 대공의 현명함을 찬양하는 메시지가 담겨져 있다. 동시에 하나님의 축복을 받은 모스끄바는 러시아를 이끌어 갈 위대한 공국으로 발전할 것이라는 의미 또한 내포하고 있다.

「티무르 악사끄에 관한 이야기 Повесть о Тимур Аксаке」는 또흐

58) 따메르란(Тамерлан) 혹은 찌무르렌(Тимурленг)이라고도 불려졌다.

따므이쉬의 군대와 치열한 전투를 벌여 승리한 티무르의 자서전적 이야기를 담고 있다. 작품의 내용은 크게 두 부분으로 나눌 수 있다. 첫째, 티무르의 성장과정. 둘째, 티무르의 공격에 대한 러시아인들의 대비. 작가는 구전에 근거한 이야기를 사용하여 티무르의 성장과정을 소개한다. 티무르는 왕족이나 귀족 가문이 아닌 단지 최하층 출신으로 성질이 난폭하고 무자비하고 가끔 도적질과 강도질을 일삼는 대장장이였다. 티무르의 주인은 그가 저지르는 악행을 참다못해 그를 대장간에서 쫓아 버렸다. 직업을 잃고 살길이 막막해진 티무르는 도둑질을 일삼으며 생계를 유지하였다. 어느 날 그는 양을 훔치다 주인에게 잡혀 거의 죽도록 매를 맞아 한쪽 다리가 부러졌다. 티무르는 부러진 한쪽 다리를 쇠로 묶고 절뚝거리며 다녔다. 이때부터 '쇠'를 뜻하는 '티무르'라는 이름과 '절름발이'를 의미하는 '악사끄'라는 별명이 그에게 생겨났다. 그리고 티무르는 자신처럼 절망하고 자포자기한 젊은이들을 한데 모아 공동생활하며 서서히 자신의 영토를 확장하면서 잔인한 통치자로 성장하였다.

두 번째 부분에는 티무르가 1395년 엘레쯔를 점령한 후 러시아 땅을 침공하기 위하여 랴잔으로 쳐들어온다는 소식을 전해 들은 모스끄바인들이 전투를 준비하는 장면이 묘사된다. 모스끄바 대공인 바실리 I세(Василий I, 1389~1425 : 드미뜨리 돈스꼬이 대공의 아들)는 티무르의 공격에 대비하기 위해 블라지미르의 성 소피아 성당에 있는 성모상을 모스끄바로 이동하기로 결정했다. 신앙의 힘을 빌려 침략자로부터 러시아 땅을 수호하겠다는 의지를 표명한 것이었다. 이 성모상은 역사적으로 12세기 중엽 끼예프 대공 자리를 무력으로 찬탈한 안드레이 보고륩스끼(Андрей Боголюбский, 1157~1174 : 유리 돌고루끼의 장남으로 블라지미르 공국의 공후)에 의해 끼예프에서 블라지미르로 옮겨진 러시아 땅의 수호 성상이었다. 블라지미르 사람들은 모스끄바로 옮겨 가는 성상을 바라보며 슬픔과 눈물을 흘렸고, 모스끄바 사람들은 도착한 성상을 경건하고 엄숙하게 그리고 기쁨으로 맞이하였다. 성모상이 모스끄바로 옮겨진 바로 그날 기적 같은 사건이 발생했다. 랴잔 국경에 진을 치고 공격을 준비하던 티무르가 아무런 이유 없이 갑자기 소스라쳐 놀라 공포와 불안을 느꼈고, 이 충격으로 인해 혼란에 빠졌다. 두려움이 그의 심장에 몰아쳤고, 공포가 그의 영혼으로, 불안이 그의 뼈 속 깊숙이 파고들었다. 이 두려움과 불안을 가까스로 극복한 티무르는 그의 부대를 이끌고 철수하였다.

제 4 장 15세기 문학

1. 15세기 러시아
2. 예삐파니 쁘레무드르이
3. 빠호미 로고페뜨
4. 「짜르그라드에 관한 이야기」
5. 「바빌론 이야기」
6. 「드라꿀라 사령관 이야기」
7. 「세 바다 너머로의 여행」
8. 15세기 말 이단운동의 출현과 「흰 두건에 관한 이야기」

1. 15세기 러시아

14세기 말 드미뜨리 돈스꼬이 대공이 이룩한 업적 덕분에 모스끄바는 강력한 공국으로 부상하기 시작하였고 그의 아들 바실리 I세(Василий I, 1389~1425)는 부친의 과업을 이어받아 세력을 더욱 확장하였다. 그러나 바실리 I세 사후에 모스끄바 공국은 대공계승을 놓고 분란이 일기 시작하였다. 바실리 I세의 동생 유리(Юрий, 1389~ 1434 : 갈리찌야 공후)는 부친 드미뜨리 돈스꼬이가 사망하기 이전에 '바실리 I세가 모스끄바를 통치한 다음 자신을 모스끄바 대공으로 정하였다'는 내용을 담은 유언장을 근거로 대공계승을 주장하였다. 그러나 바실리 I세의 대공후 소피야(Софья)와 부주교 포찌(фотий, 1408~1431), 그리고 귀족들은 바실리 II세(Василий II Тёмный, 1425~1462)[59]를 즉위시켰다. 이에 앙심을 품은 유리는 1433년 군대를 이끌고 모스끄바를 점령하였으나 귀족들과 주민들의 적대감으로 인해 모스끄바를 통치하는 데 어려움을 겪었다. 1434년 유리가 사망하자 그의 두 아들인 바실리 꼬소이(Василий Косой, 1434~1448)[60]와 드미뜨리 쉐먀까(Дмитрий Шемяка, 1446~1447)[61]는 바실리 II세에 대항하여 모스끄바 대공위 쟁

59) 즉위 당시 10세에 불과했던 그는 드미뜨리 쉐먀까에 의해 장님이 되어 '어둠'이라는 별명을 얻었다.

60) '꼬소이'라는 단어는 '사팔뜨기'라는 뜻이다.

탈전을 벌였다. 1436년에 바실리 II세는 사촌동생인 바실리 꼬소이를 붙잡아서 모스끄바 대공위를 넘보지 못하도록 그를 장님으로 만들어 버렸다. 이런 분란을 틈타 따따르족은 모스끄바를 기습 공격하여 바실리 II세를 포로로 붙잡아갔다. 얼마 후 상당한 몸값을 지불하고 바실리 II세는 풀려났다. 드미뜨리 쉐마까는 장님이 된 형 바실리 꼬소이에 대한 보복으로 1446년에 뜨로이쩨-세르기예프 수도원에서 기도를 드리던 바실리 II세를 납치하여 그를 장님으로 만들어 버리고 모스끄바를 통치하였다(이러한 투쟁의 배후에는 봉건제를 지지하는 귀족들과 중앙집권제를 선호하는 자들 간의 갈등이 깔려 있었다). 이후 모스끄바는 드미뜨리 쉐마까와 바실리 II세가 번갈아 가며 통치자로 바뀌는 혼란을 겪다가 모스끄바의 귀족, 성직자, 주민들로부터 지지를 얻은 바실리 II세가 결국 승리하게 되었다. 이것은 '형제계승제'에 대한 '장자계승제'의 승리였고, 장자계승제의 확립은 봉건제도를 청산하고 강력한 중앙집권제로 나아가는 발판을 마련하게 되었다. 바실리 II세에게 쫓겨나 노브고로드로 도망간 드미뜨리 쉐마까는 그곳에서 1453년에 사망하였다.[62]

바실리 II세는 15세기 중엽부터 모스끄바를 중심으로 러시아 땅을 통일하는 작업을 착수하였다. 오랜 기간 동안 독립공국 형태로 존속했던 노브고로드가 통일 작업에 가장 큰 걸림돌이었다. 13세기부터 시작된 러시아 공국 분할과정에서 노브고로드의 귀족들은 서로 대립하는 러시아 공후들을 정치적으로 활용하여 자신들의 특권과 노브고로드 영토의 독립을 유지하고 있었다. 15세기 이후 모스끄바 공국이 강력한 정치세력으로 등장하면서 노브고로드 귀족의 이러한

---

61) '불공정'이라는 뜻을 내포하고 있는 '쉐마까'라는 단어는 정의롭게 통치하지 못했다는 그의 별명이다.

62) 바실리 II세의 지시로 인해 독살되었다는 이야기가 전해지고 있다.

이반 III세의 초상화
(16세기 「러시아 연대기」에서 발췌)

전략은 무용지물로 변하였다. 1456년에 바실리 II세는 드미뜨리 쉐먀까를 지원했던 노브고로드를 공격하여 야젤비쯔끄 조약(Яжелбицкий договор)을 체결하였다. 이 조약에 따라 노브고로드는 모스끄바 대공에게 거액의 배상금을 지불하였고, 향후 모스끄바 대공에 대항하는 자들을 지원하지 못하게 되었다. 그리고 '베체'(вече : 민회)의 입법권이 폐지되었고 노브고로드의 외교권도 제한되었다. 이 조약에 불만을 품은 노브고로드 귀족들은 자신들의 권리를 보장받는 조건으로 리투아니아에 종속한다는 협정을 맺으려 하였다. 바실리 II세가 사망하고 1462년에 즉위한 이반 III세(Иван III, 1462~1505)는 러시아 통일에 걸림돌이 되는 친리투아니아 성향의 노브고로드 귀족들을 평정하고, 마침내 1478년 노브고로드를 모스끄바 공국에 합병시켰다.

한편 15세기 초부터 킵차크 한국의 따따르인들 사이에 반목과 불신이 팽배해지기 시작하면서 중엽에 이르러 따따르의 분열이 가속화되었다. 킵차크 한국에서 분리되어 나온 따따르인들은 15세기 초 볼가강 동편에서 시베리아의 이르뜨이쉬(Иртыш)강까지 이르는 영토에 '노가이 한국'(Ногайская орда, 15세기 초~16세기 후반)을 건설한 후, '까잔 한국'(Казанское ханство, 1438~1552), '끄르임 한국'(Крымское ханство, 1443~1783), 그리고 '아스뜨라한 한국'(Астраханское ханство, 15세기 중엽~1556)을 세웠다. 이로 인해 킵차크 한국의 예전과 같은 강력한 국가 이미지는 점차 퇴색해 가고 있었다. 강력한 중앙집권 군주로 부상한 이반 III세는 과거 따따르와의 소극적인 관계에서 탈피하여 보다 적극적이고 능동적인 관계를 유지하였다. 그는 까잔 한국에 대해 유화정책을 실시하였고, 끄르임 한국의 멘글리-기레이(Менгли-Гирей, 1468~1515) 한과 동맹관계를 형성하였다. 1478년에 이반 III세는 킵차크 한국에서 온 사신들 앞에서 공물을 더 이상 바치지 않겠다고 선언한 후 조약문서를 파기해 버리고 그들을 모스끄바에서 추방하였다. 이 소식을 전해 듣고 분노한 킵차크 한국의 아흐마뜨(Ахмат, ?~1481) 한은 폴란드-리투아니아의 까지미르(Казимир) 왕과 동맹을 결성하고 모스끄바를 침공하기로 결정하였다.

1480년에 킵차크 한국의 아흐마뜨 한이 군대를 이끌고 우그라(Угра: 오까강의 지류)강에서 폴란드-리투아니아 군대가 당도하기를 기다리며 이반 III세의 군대와 대치하였다. 그러나 모스끄바 공국의 동맹국인 끄르임 한국의 군대가 이미 폴란드-리투아니아로 쳐들어가 이들을 격파하였고, 이 소식을 전해 들은 아흐마뜨는 모스끄바와 향후 협상하기로 하고 우그라강에서 철군하였다. 이듬해 아흐마뜨는 노가이 한국의 따따르족에 의해 피살되었다. 이후 킵차크 한국은 몰락의 길을 걸었고, 마침내 1502년 끄르임 한국에 의해 멸망당했다. 1480년에 모스끄바 공국은 킵차크 한국에 공물을 바치던 일을 공식적으로 중단하면서 240년간에 걸친 따따르 굴레에서 벗어나게 되었다. 이반 III세는 1480년에 국호를 '루스'(Русь)에서 '러시아'(Россия)로 변경하였고, 1482년에는 대공의 명칭과 더불어 '군주'(самодержец)라는 명칭을 공식적으로 사용하기 시작하였다. 그는 러시아의 통일에 박차를 가해 1485년에 뜨베리 공국을 합병하였고, 이듬해 베레야-벨로제르스끄(Верея-Белозерск) 독립공국도 합병하였다. 그는 1500년부터 1503년까지 3년간 지속된 리투아니아와의 전쟁에서 승리하여 많은 이권을 획득하였다. 이처럼 15세기는 모스끄바 공국이 강력한 중앙집권 국가로 발전하는 데 토대를 마련해 준 중요한 시기였다.

모스끄바 공국이 정치적으로 중앙집권제 국가로 성장하는 데에는 교회의 역할 또한 컸다. 1326년에 부주교구가 모스끄바에 설치된 후 부주교들은 대공의 정책을 적극 지원하였다. 대공들은 공국의 종교적 이미지를 부각시키기 위하여 수도원·교회·성당 등의 건립을 적극적으로 지원하였고, 이로 인해 교회의 권한은 한층 강화되기 시작하였다. 15세기 초 바실리 II세의 즉위를 적극적으로 지원했던 부주교 포찌의 행동은 주민들로 하여금 대공을 따르도록 하는 데 결정적인 역할을 하였다. 모스끄바 대공을 적극 후원했던 교회는 대공의 정치적 영향력에 종속되지 않고 자율적인 권리를 누리며 성장할 수 있었다. 15세기 초부터 비잔틴 제국에 대한 터키의 공격이 강화되자, 비잔틴 제국은 콘스탄티노플을 수호하기 위하여 서유럽 국가의 원조를 기대하며 동서교회 연합을 적극 추진하였다. 1439년에 동서교회의 교황과 고위 성직자들이 이탈리아의 피렌체(Firence)의 한 사원에 모여 종교회의를 열고 '교회통합'(уния)을 결정하였다. 통합의 조건으로 콘스탄티노플은 로마 교황을 교회의 최고 수장으로 인정하고 예배시 카톨릭 교리를 채택하는 것을 수용하였다. 모스끄바 부주교로 피렌체 종교회의에 참가했던 이시도르(Исидор, ?~1462 : 그리스 출신 부주교)는 교회통합을 적극 지지하였다. 그러나 교회통합을 내심 반대했던 바실리 II세는 이시도르가 돌아오자 그를 경질한 후, 콘스탄티노플 총주교와의 관계를 단절하기로 결심하고 1442년 러시아 주교회의에서 콘스탄티노플 총주교의 승인 없이 모스끄바 대공의 추천으로 이온(Ион : 랴잔의 주교)을 부주교로 임명하였다. 1448년 마침내 러시아 정교회는 콘스탄티노플의 총주교로부터 독립을 공식적으로 선언하였다. 교회통합을 통해 서유럽 기독교 국가들로부터 도움을 받으려 했던 비잔틴은 1453년 터키의 콘스탄티노플 침공시 그들로부터 아무런 도움도 받지 못하고 멸망하고 말았다. 콘스탄티노플의 함락에 관한 이야기는 네스또르-이스깐제르(Нестор-Искандер)가 쓴 「짜르그라드에 관한 이야기 Повесть о Царьграде」에 잘 묘사되어 있다. 15세기 말에 노브고로드를 중심으로 고위 성직자들의 타락상을 고발하는 이단운동이 발생하였고, 일부 고위 성직자들은 이들을 처벌하였으나 이반 III세와 부주교 조시마(Зосима)는 그들의 주장에 동조하였다. 고위 성직자 중 한 사람인 겐나지(Геннадий, ?~1505) 대주교는 필사가 드미뜨리 게라시모프(Дмитрий Герасимов)를 시켜 "교권이 왕권보다 높다"는 주제를 담은 작품 「흰 두건에 관한 이야기 Повесть о новгородском белом клобуке」를 집필하게 만들었다.

14세기 말부터 성자전은 과거의 것과는 완전히 다른 양상을 띠기 시작하였다. 표현주의적인 화려한 수사학적 문체가 성자전에 두드러지게 나타났던 것이다. 이러한 경향은 비잔틴 제국과 남슬라브 국가의 성자전 영향을 받은 결과라고 추정된다. 14세기 말에 활동한 부주교 끼쁘리안(Киприан, 1336~1406)과 더불어 이런 경향의 문체를 사용한 작가로는 14세기 말과 15세기 전반기에 활동한 로스또프(Ростов) 출신 수도사 예삐파니 쁘레무드르이(Епифаний Премудрый, ?~1420)와 15세기 중·후반기에 활동한 세르비아 출신 수도사 빠호미 로고페뜨(Пахомий Логофет)를 꼽을 수 있다. 15세기 후반에 모스끄바 공국이 이슬람교도들에 의하여 멸망한 비잔틴 제국을 계승한다는 내용을 담은 작품들과 종교적인 색채를 띠지 않고 세속적인 내용을 담은 작품들이 집필되기 시작하였다.

이와 더불어 외국작품들이 번역되어 소개되었고, 허구적인 내용을 담은 창작문학들도 등장하기 시작하였다. 15세기 후반에 등장한 번역문학은 과거 비잔틴 제국이나 불가리아의 종교적인 내용을 담은 작품들과는 달리 세속적이고 흥미로운 내용을 담은 것들이 주류를 이루었다. 대표적인 번역작품으로 알렉산드르 대왕의 삶과 모험을 다룬 「세르비아의 알렉산드리아 Сербская Александрия」, 트로이 전쟁을 다루고 있는 「트로이 이야기들 Троянские сказания」, 솔로몬의 지혜를 다룬 「솔로몬 이야기 Сказание о Соломоне」, 상체는 인간이고 하체는 말인 그리스 신화에 나오는 켄타우르스에 관한 이야기인 「끼또브라스 이야기 Сказание о Китоврасе」, 남슬라브에서 들여온 우화집 「스쩨파니뜨와 이흐닐라뜨 Стефанит и Ихнилат」 등을 꼽을 수 있다. 허구적인 창작 가운데 대표적인 작품으로 「바빌론 이야기 Сказание о Вавилоне」와 「드라꿀라 사령관 이야기 Повесть о Дракуле воеводе」가 있다. 전자는 비잔틴 제국이 바빌론 제국으로부터 왕권을 이어받았다는 내용을 통해 비잔틴 제국으로부터 왕권계승을 주장하는 모스끄바 공국을 정치 종교적으로 부각시키는 작품이고, 후자는 문찌얀(Мунтьян : 루마니아) 지방에 잔인한 통치자로 악명을 떨친 드라꿀라의 성품을 일화를 통해 묘사함으로써 중앙집권제의 절대 군주상을 풍미하는 작품이다.

2. 예삐파니 쁘레무드르이

15세기 초에 성자전 작가로 명성을 떨친 예삐파니 쁘레무드르이(Епифаний Премудрый, ?~1420)는 14세기 중엽 로스또프(Ростов)에서 태어났다. 그는 1379년 혹은 그 이전에 로스또프의 그리고리 보고슬로프 수도원(Григорий Богослов монастырь)에 들어가 수도사가 되어 많은 서적을 접하였고, 이 수도원에서 스쩨판(Стефан, 1345~1396) 수도사를 통해 문장력을 키웠다고 추정된다. 그리고 그는 예루살렘 등지로 순례여행을 다녔고, 비잔틴 제국의 성지인 아토스산의 수도원들을 방문하여 그리스어를 습득했을 뿐만 아니라 그곳에서 비잔틴 제국과 남슬라브(불가리아와 세르비아)의 문학작품을 습득하였다. 문학뿐 아니라 성상에도 관심이 많았던 그는 스스로를 '성상화가'(изограф)라고 칭하기도 하였다. 비잔틴에서 그는 테오파네스(Theophanes)[63]를 만나 그로부터 표현주의 경향의 화법[64]을 배웠고, 이런 표현주의 경향은 그의 문학작품에도 적지 않은 영향을 끼치게 되었다. 비잔틴에서 많은 지식을 습득하고 돌아온 그는 러시아에서 당대 최고의 지식인으로 인정받았다. 사람들은 그의 박식함으로 인해 그를 '쁘레무드르

63) 14세기 말부터 15세기 초에 활동했던 비잔틴 제국의 화가.

64) 대상을 사실적으로 그리지 않고 화가의 주관적 요소를 가미하여 그리는 기법.

이'(Премудрый)[65]라고 불렀다.

그는 14세기 말부터 1420년 사망할 때까지 약 30년간을 '뜨로이쩨-세르기예프 수도원'(Троице-Сергиевый монастырь)에서 수도사로 지내면서 2편의 훌륭한 성자전을 집필하였다. 「뻬름의 스쩨판 성자전 Житие Стефана Пермского」은 1396~1398년에, 「라도네쥐의 세르기이 성자전 Житие Сергия Радонежского」은 1417~1418년에 쓰여진 것으로 추정된다.

2-1. 「뻬름의 스쩨판 성자전 Житие Стефана Пермского」

작가는 서두에 이 성자전을 쓰게 된 동기를 화려한 수사학적 문체로 진술한다. "…만일 기념하기 위하여 이를 쓰지 않는다면, 기억에서부터 사라질 것이고, 다가오는 시대에 후손들에게 쉽게 잊혀질 것이다."(...Аще ли не написана будуть памяти ради, то изыдеть ис памяти, и въ преходящая лѣта и премѣнующимъ родомъ удобь сия забвена будуть) 이어 작가는 자신을 겸손히 낮추고 대신 성자전의 주인공을 높이는 서언을 썼고 서언을 마친 다음 스쩨판(Стефан, 1345~1396)의 일대기와 그가 러시아 북동쪽에 위치한 뻬름(Перм)에서 복음을 전하게 되는 과정을 기적이나 전설적인 요소를 완전히 배제하고 사실적으로 상세히 묘사하였다. 스쩨판은 러시아 북부에 자리잡고 있는 우스쮸그(Устюг)에서 태어났다. 그의 부친은 교회의 성직자는 아니었으나 교회직분을 맡은 인물이었다. 그는 어린 시절부터 성경을 읽는 것을 배웠으며, 성경뿐 아니라 책 읽는 것을 좋아했고, 특히 글을 쓰는데 많은 관심을 갖고 성장하였다. 청소년기에 그는 로스또프에 있는

65) 매우 박식하다는 의미를 갖고 있다.

'그리고리 보고슬로프 수도원'에 들어가 수도사가 되어 그리스어와 뻬름어를 공부하였다. 뻬름 사람들에게 복음을 전하는 전도사가 되기로 작정한 스쩨판은 당시 구어만 있던 뻬름어의 문자와 문법을 고안하였다. 그리고 러시아 종교서적들을 자신이 고안한 뻬름 문자로 번역하였다.

수도원을 떠나 뻬름에 들어가서 그는 주민들에게 도덕적 모범을 보이려 애쓰며 복음을 전했다. 전도하는 과정에서 그는 뻬름 사람들로부터 많은 방해를 받았으나 일부 뻬름인에게 복음을 전한 후 세례를 주고, 그들의 도움을 얻어 교회를 건립하였다. 성격이 강직한 그는 뻬름에 있는 '우상을 숭배하는 성전'(кумирня)을 파괴하기도 하였다. 그러자 우상을 숭배하던 마을의 주술사 빤소뜨닉(Пансотникъ)[66]은 스쩨판의 행동을 못마땅하게 여기며 공공연하게 그를 비난하고 다녔다. 스뻬판은 주술사에게 누구의 주술이 뛰어난지 불과 물을 이용하여 함께 시험을 하자고 제안하였다. 마을 사람들이 모여 시험에 필요한 모닥불을 지폈다. 스쩨판은 주술사의 손을 잡고 타오르는 장작불 사이로 함께 걸어가자고 제안했다. 그러나 불에 타는 것을 두려워한 주술사는 그의 제안을 거절하였다. 이어 스쩨판은 사람들과 함께 얼어붙은 강가로 가서 얼음 바닥 위에 2개의 커다란 구멍을 뚫었다. 스쩨판은 주술사의 손을 잡고 함께 한 구멍으로 들어가서 다른 구멍으로 나오자고 또 제안하였다. 겁이 난 주술사는 이 제안마저 거부하였다. 이를 지켜본 주민들은 주술사가 사기꾼이었다는 것을 뒤늦게 깨닫고 그를 처형하려 하였다. 그러나 스쩨판은 주민들의 분노를 가라앉히고 대신 주술사를 뻬름 지방에서 영구히 추방하였다. 이 에피소드를 통해 작가는 하나님을 전적으로 의지하는 그의

66) 어떤 필사본에는 빰(Пам)이라고 표기되어 있다.

강한 신념과 인내를 묘사하고 있다.

이 사건이 있은 후에 스쩨판은 뻬름 사람들에게 쉽게 전도할 수 있었다. 얼마 후 뻬름에 주교구를 세워달라는 요청을 하기 위해 그는 부주교구로 향했다. 스쩨판이 자신들을 위한 새 주교를 동반하고 돌아올 것이라던 뻬름 사람들의 예상과는 달리 스쩨판은 혼자 돌아왔다. 그가 뻬름과 꼬미(Коми) 지방의 주교로 임명되었던 것이다. 이어 작가는 정직하고 이기심이 전혀 없는 스쩨판의 행동을 소개한다. 이 작품에서 작가는 대부분의 성자전에 묘사되는 기적과 성자의 특별한 공적 등을 전혀 기록하지 않았다. 대신 작가의 뛰어난 웅변조의 문장, 풍부한 형용어구, 수사학적으로 화려한 문체 등을 사용하여 스쩨판 주교가 하나님이 택한 경건한 인물이라고 칭송한다. 이러한 시도는 과거 러시아 성자전에서는 찾아볼 수 없는 새로운 시도였다. 당대에 가장 뛰어난 문장가였던 예삐파니는 러시아 구어와 문어를 적재적소에 사용하면서 문학적으로 뛰어난 성자전을 완성한 것이다. 그리고 작가는 스쩨판에 의한 뻬름 문자의 고안을 끼릴(Кирилл)과 메포지(Мефодий)에 의한 고대 교회슬라브 문자의 고안과 비교하면서, 혼자서 문자를 고안한 스쩨판을 후자들보다 더 높게 찬미하였다. 이는 문자를 통해 뻬름 사람들을 계몽하고자 하는 스쩨판의 열정에 대한 작가의 칭송으로 해석할 수 있다. 작품의 마지막 부분에는 스쩨판의 죽음에 대한 세 가지 애가가 실려 있다. ① 뻬름 주민들의 애가, ② 뻬름 교회의 애가, ③ 작가 예삐파니의 애가. 이 애가에서 뻬름 교회와 기독교인으로 거듭난 뻬름 주민들은 자신들의 선생이며 주인이 된 스쩨판의 죽음을 슬퍼하며 가슴 아프게 절규한다. 예삐파니는 다음과 같은 내용을 담은 애가로 스쩨판을 찬양한다.

"오 주교여, 그런데 당신에 대해 무엇을 말할 수 있겠습니까,

혹은 당신에게 무슨 이름을 부여할 수 있겠습니까,
혹은 당신을 어떻게 부를 수 있겠습니까,
그리고 어떻게 당신을 표현할 수 있겠습니까,
혹은 무엇으로 당신을 나타낼 수 있겠습니까,
혹은 당신에 대해 무엇을 알릴 수 있겠습니까?
(내 당신을) 어떻게 찬양하며, 어떻게 칭송하며,
(내 당신을) 어떻게 찬미하며, 어떻게 장식하며,
그리고 어떻게 당신에게 찬양과 찬사를 드리겠습니까?"
(Но что тя нареку, о епископе,
или что тя именую,
или чимъ тя призову,
и како тя провѣщаю,
или чимъ тя мѣню,
или что ти проглашу?
Како похвалю, како почту,
како ублажю, како разложу,
и како хвалу ти съплету?)

위에 기술된 애가에는 음악성을 갖는 언어의 리듬과 반복뿐 아니라, 유사한 뜻을 갖고 있는 여러 단어들을 사용하여 고인의 덕을 칭송하고 있다. 이러한 표현은 마치 커다란 한 점의 화폭에 형형색색의 실로 자수를 놓는 듯한 느낌을 주는데 스쩨판의 성장과정과 복음을 전하는 과정에서 보여준 군더더기 없이 논리적이고 사실적인 묘사와 대조를 이루면서 문장가로서의 예삐파니의 재능을 잘 드러내 주고 있다. 애가는 작가 자신을 낮추는 겸손과 문체의 화려함으로 고인이 된 성자를 찬양하는 표현주의의 극치를 보여주고 있으며, 작가의 지극한 겸손은 역으로 독자로 하여금 그의 문체의 뛰어남을 인정하는 효과를 낳기도 한다. 그는 이 작품을 통해 이전과는 전혀 다른 새로운 문학예술의 표현방법을 소개하였다.

2-2. 「라도네쥐의 세르기이 성자전 Житие Сергия Радонежскаго」

1417년부터 1418년 사이에 집필된 것으로 추정되는 이 작품에는 예삐파니 사후에 발생한 사건이 묘사되고 있고, 그의 문체와는 다른 문체가 섞여 있는 것을 미루어 볼 때 그의 제자들 가운데 한 사람이 일부 내용을 보충하였다고 주장하는 학자들이 있다. 어떤 학자들은 이 작품이 1420년 예삐파니 사후에 세르비아인 빠호미 로고페뜨(Пахомий Логофет, ?~1484)에 의해 보완되어 완결되었을 것이라고 추정하기도 한다. 성자전의 주인공 세르기이(Сергий, 1321~1391)는 1330년대에 '뜨로이쩨-세르기예프 수도원'을 건립한 귀족 출신의 정치적 영향력을 갖고 있던 인물이었다. 그는 1353년부터 사망할 때까지 이 수도원의 원장을 역임하였다. 도덕적인 인물로 평가되는 그는 드미뜨리 돈스꼬이 대공과 밀접한 관계를 맺고 있었으며, 대공의 차남 유리(Юрий, 1389~1434)의 '대부'(крестный отец)이기도 하였다. 1380년 꿀리꼬보 전투가 벌어졌을 때 적극적으로 대공을 후원했고, 1385년에 대공과 랴잔의 올레그(Олег : 꿀리꼬보 전투에서 마마이 편을 들었던 인물) 공후 사이의 갈등을 중재하기도 하였다. 이 성자전은 세르기이의 출생, 유년기와 청년기의 성장과정, 수도사 생활 등을 다루고 있다.

이 작품은 「뻬름의 스쩨판 성자전」과 달리 서두부터 세르기이의 출생과 성장과정에 얽힌 기적이 묘사된다. 세르기이를 임신한 모친이 교회를 방문하여 성서를 낭독할 때, 뱃속에 있는 아이가 울음을 터뜨렸으며 유아시절 세르기이가 어른처럼 금식주간에 음식을 먹지 않았다고 서술한다. 일곱 살 때부터 읽고 쓰는 것을 배우기 시작했으나 총명하지 못했고, 배운 것을 잘 깨닫지 못하는 그를 부모와 선

예삐파니 쁘레무드르이가 「라도네쥐의 세르기이 성자전」을 집필하는 장면
(16세기 필사본에서 발췌)

생은 엄하게 야단을 쳤고 친구들은 조롱하였다. 이에 세르기이는 학업을 잘 수행하기 위하여 들판에 서있는 참나무 밑에 앉아 하나님께 간절히 기도를 드렸다. 바로 이때 세르기이는 한 노인을 만나 그에게 자신의 고민거리를 이야기했고, 그 노인은 세르기이에게 성찬식에 사용하는 빵과 비슷한 것을 먹으라고 건네주었다. 이 빵을 먹

은 이후로 그는 총명한 학생이 되었다. 작가는 그의 가정이 경제적으로 곤궁에 빠진 장면을 묘사하면서, 그 원인을 따따르족의 약탈과 로스또프의 '지방장관'(наместник) 바실리 꼬츠네프(Василий Кочнев)의 횡포 때문이라고 설명하고 있다. 꼬츠네프는 로스또프 주민들을 억압하고 갈취하였다. 작가는 그가 주민을 착취하는 장면들을 아주 정확하게 묘사하였다. 착취를 당하다 못해 세르기이 부모들은 로스또프를 버리고 다른 지방으로 이주하였다. 이 작품에는 「뻬름의 스쩨판 성자전」에 사용된 화려한 수사체는 전혀 찾아볼 수 없고 대신 건조한 이야기체가 주를 이루고 있다. 이 작품에 등장하는 여러 에피소드 가운데 깊은 숲 속에서 생활하던 세르게이에게 야생동물들이 친근하게 접근했다는 이야기가 있다. 세르기이는 야생곰을 위해 나무 그루터기 위에 빵을 놓아 두곤 하였는데, 어쩌다 그가 빵을 놓는 것을 잊었을 때는 곰이 와서 빵을 줄 때까지 기다렸다고 한다. 이 작품에는 안드로니꼬프 수도원(Андрониковий монастырь)의 알렉산드르(Александр) 수도원장이 돌로 교회를 건축하였다는 일화도 들어 있다. 교회 내부를 수도원장이 직접 그린 성상과 15세기 초 유명한 성상화가인 수도사 안드레이 루블레프(Андрей Рублев, 1360년대 혹은 1370년대에 탄생~1430년경에 사망)가 그린 성상으로 장식했다는 내용도 들어 있다. 많은 학자들은 예삐파니가 사망한 후에 발생한 사건인 이 일화는 다른 인물에 의해 기록된 부분이라고 주장한다. 비록 이 작품이 예삐파니의 첫 작품과 비교해 볼 때 문체면에서 문학성이 다소 떨어지는 것은 사실이다. 그러나 이 작품은 실제 역사 속에서 거룩한 삶을 살아가는 다소 무미건조할 수 있는 성인에 대한 이야기에 기적적이고 전설적인 사건들을 가미하여 단순한 이야기체로 꾸몄다는 점이 돋보인다. 이 작품을 통해 문장가로서의 예삐파니가 아닌 이야기 서술자로서의 예삐파니의 또 다른 모습을 엿볼 수 있다.

3. 빠호미 로고페뜨

세르비아인 수도사 빠호미 로고페뜨(Пахомий Логофет, ?~1484)는 15세기 러시아 문학에서 수사학적으로 화려한 찬양조의 문체를 사용한 인물로 유명하다. 그의 이름에 따라다니는 로고페뜨(Логофет)라는 명칭은 문장에 사용된 '말'(로고스, логос)을 '우상'(페찌쉬, фетиш)시하는 사람이라는 의미를 담은 조어이다. 즉, 그는 문장에 사용되는 단어들을 수사학적으로 화려하게 꾸미는 데 천부적인 재능을 소유한 인물이었던 것이다. 비잔틴 제국에 위치한 아토스산의 수도원에서 교육을 받은 빠호미는 1430년대에 러시아로 이주하여 노브고로드에서 활동하였다고 추정된다. 그는 노브고로드의 대주교 예브피므이(Евфимый) 밑에서 문필활동을 시작하였다. 이후에 그는 모스끄바의 뜨로이쩨-세르기예프 수도원과 벨로제르스끄 수도원(Белозерский монастырь)에서 활동하였고, 다시 노브고로드로 돌아와서 1484년에 사망한 것으로 알려져 있다. 이처럼 빠호미는 노브고로드와 모스끄바의 주교, 대주교, 혹은 부주교의 지시에 의해 당시 집필된 많은 성자전에 기적적인 요소를 첨가하며 화려한 문체를 사용하여 다시 개작하곤 하였다. 예삐파니가 쓴 「라도네쥐의 세르기이 성자전」도 그가 개정하였다고 추정하기도 한다. 그의 창작품으로는 뜨로이쩨-세르기예프 수도원장 니꼰(Никон), 노브고로드의 대주교 예브피므이 그리고 벨로제르스끄 수도원의 끼릴(Кирилл) 등에 관한 성자전이 있다.

3-1. 「악마를 타고 예루살렘을 여행한 노브고로드의 요안의 이야기 Повесть о путешествии Иоанна Новгородского на бесе в Иерусалим」

요안(Ильи-Иоанн, ?~1186)은 1165년부터 노브고로드의 대주교를 역임했던 인물로 정치에 관여하면서 주민들로부터 많은 칭송을 받았던 인물이었다. 1439년에 그의 유골이 발견되면서 요안에 관련된 일련의 전설과 기적을 토대로 한 이야기들이 출현하기 시작했다. 「악마를 타고 예루살렘을 여행한 노브고로드의 요안의 이야기」, 「수즈달인들과 노브고로드인들 사이에 벌어진 전투 이야기 Сказание о битве новгородцев с суздальцами」, 「성모수태 교회에 관한 이야기 Сказание о Благовещенской церкови」, 「요안의 유골을 발견한 이야기 Сказание об обретении мощей Иоанна」, 「노브고로드 시장 쉴 이야기 Повесть о новгородском посаднике Щиле」 등의 이 이야기들은 15세기 말 빠호미에 의해 개정되었다고 알려진 「노브고로드의 요안 성자전 Житие Иоанна Новгородского」 속에 각각의 일화로 포함되어 있다. 이 이야기들 가운데 전설적인 모티브를 강하게 담고 있는 「악마를 타고 예루살렘을 여행한 노브고로드의 요안의 이야기」는 문학적으로 뛰어난 상상력을 발휘한 작품으로 평가되고 있으며, 뿌쉬낀의 산문시 「수도사 Монах」와 고골의 첫 작품집인 『지깐까 근교야화 Вечера на хуторе близ Диканки』에 수록된 「성탄절 전야 Ночь перед рождеством」에 영향을 준 작품으로도 알려지고 있다. 이 작품은 의인과 악마가 투쟁하여 의인이 승리한다는 중세 서구문학의 전형적인 줄거리를 담고 있다. 악마에 대한 민간전설의 모티브 — 악마를 물통에 가두고 자기를 섬기도록 한 것과 악마의 등에 올라타고 여행을 한 것—를 사용한 이 작품의 줄거리 전개는 상당히 흥미롭다. 비록 기적과 전설적 요소가 혼합되었지만, 수도원의 일상생활의 사실적 묘사를 통해 독자들은 당시 수도원에 외부 사람들의 출입이 비교적 자유로웠다는 것과 일부 수도사들의 삶이 문란했다는 것을 감지할 수 있다.

요안이 수도원에서 기도하고 있던 어느 날 밤에 한 '교활한 악마'(лукавый бѣсъ)가 그를 시험하기로 작정하였다. 악마는 요안이 늘 사용하던 물통 안으로 들어가서 그의 기도를 방해하려고 물을 튀기며 소란을 피우기 시작하였다. 악마의 의도를 파악한 요안은 물통 위에 성호를 표시하고 그를 가두어 버렸다. 물통에 갇힌 악마는 소리를 치면서 살려달라고 애원하였다. 악마를 풀어 주는 조건으로 요안은 자기를 데리고 하룻밤 사이에 예루살렘을 방문하고 돌아올 것을 요구하였다. 약속을 지키겠다고 다짐하고 풀려난 악마는 요안을 등에 업고 예루살렘으로 날아갔다. 요안은 예수의 돌무덤이 있는 교회에 들어가 무릎 꿇고 기도한 후 다시 악마의 등에 업혀 노브고로드로 날아왔다. 악마는 요안에게 자기가 대주교를 등에 업고 한밤중에 지옥이 아닌 성지를 여행했다는 것을 수치로 여기며 이를 비밀로 해 줄 것을 당부하였고, 요안은 약속을 지키겠다고 다짐하였다. 그러나 요안은 수도사들과 대화를 하면서 자신의 이름은 밝히지 않았으나 어떤 사람이 하룻밤 사이에 예루살렘을 방문하였다고 발설하였다. 화가 난 악마는 요안에게 복수하기로 결심하였다. 악마는 마술을 걸어 수도원 고위직 사람들이 요안의 방을 방문할 때 여자 목걸이, 옷, 혹은 신발을 발견하게 만들었다. 그리고 사람들이 대주교를 방문할 때마다 악마는 젊은 여인이 그의 방에서 나오는 장면을 연출해 내기도 하였다. 사람들이 그 여인을 뒤쫓아갔으나 여인은 악마의 환영이기 때문에 붙잡을 수가 없었다. 사람들은 요안의 부정을 질타하였고, 그의 해명을 들으려 하지 않았다. 사람들은 대주교 요안의 행실이 깨끗하지 못하다고 판단하고 그를 수도원에서 추방하고 뗏목에 태워 노브고로드 도시 밖으로 쫓아내며 다음과 같이 말했다. "그(요안)를 볼호프강에 띄운 뗏목 위에 앉히고, 우리 도시로부터 강 아래쪽으로 띄워 보내라."(«посадимъ его на плотъ на рѣцы на Волховъ, и да выпловетъ из града нашего внизъ по рецы».) "악마는 기뻐하기 시작하였다. 그러나 하나님의 은혜와 하나님께 기도하는 성자의 믿음은 이보다 더 위력이 있었다."(Діаволъ же нача радоватися, но божия благодать преможе и святаго вѣра, к богу молитва.) 요안이 탄 뗏목은 강을 따라 아래쪽으로 내려가지 않고 물살을 거슬러 위쪽으로 올라가 게오르기 수도원(Георгий монастырь) 쪽으로 향했다. 이를 지켜본 노브고로드 사람들은 요안이 죄가 없고 거룩한 성자라는 것을 깨닫게 되었다. 악마의 소행이었다는 것을 뒤늦게 깨달은 노브고로드 사람들은 눈물을 흘리면서 강둑을 따라 걸으며 요안에게 자신들을 용서하고 노브고로드로 되돌아오라고 간청하였고, 요안은 그들의 요구를 받아들였다.

4. 「짜르그라드에 관한 이야기」

이 작품은 네스또르-이스깐제르(Нестор-Искандер)[67]에 의해 15세기 후반에 집필되었을 것으로 추정된다. 일부 연대기에는 이 작품의 명칭이 「짜르그라드 점령에 관한 이야기 Повесть о взятии Царьграда」 혹은 「짜르그라드, 이 도시의 건립과 1453년 터키인에 의한 점령에 관한 이야기 Повесть о Царьграде, о создании его и взятии турками в 1453 году」라고도 표기되어 있다. 작가는 1453년 터키인들이 비잔틴 제국의 수도 콘스탄티노플을 공격하여 함락시킨 전투에 직접 참여하였던 인물로 비교적 높은 지위에 있었던 것으로 추정된다.

「짜르그라드에 관한 이야기 Повесть о Царьграде」는 크게 두 부분으로 나뉘어져 있다. ① 콘스탄티누스 대제(Constantine the Great, 306~337)의 짜르그라드(Царьград)[68] 건설에 관한 전설적인 이야기, ② 오토만 제국(터키)의 술탄(султан) 모하메드 II세(Магумет II, 1451~1481)에 의한 콘스탄티노플 함락에 관한 역사적 이야기. 이야기의 첫 부분에 작가는 310년에 콘스탄티누스 대제가 세례를 받고 기독교인이 되었다는 것과 몇 년 후 기독교를 로마 국교로 선포하여 로마가 기독교

---

67) 러시아인 태생으로 유년기에 터키에 포로로 잡혀 가 강압적으로 이슬람교도로 개종한 인물로 사료된다.

68) '로마 황제의 도시'라는 의미로 비잔틴 제국의 수도 콘스탄티노플을 지칭한다.

국가가 되었다는 이야기로 서두를 장식한다. 재위 13년(323년)에 대제는 아시아, 리비아, 유럽을 정복하여 영토를 확장하고 새로운 수도로 정할 장소를 물색하고 있었다. 어느 날 대제는 보스포르(Босфор) 강가에 도시를 건설하라고 계시하는 꿈을 꾸었다. 꿈속에서 지시한 장소로 가서 도시를 건설하던 중 갑자기 한 동굴의 틈에서 뱀이 기어 나왔다. 그리고 어디선가 독수리가 나타나 그 뱀을 낚아채서 하늘로 부상하였다. 독수리에게 잡힌 뱀은 공중에서 독수리를 물었고, 뱀과 독수리는 하늘에서 함께 땅으로 떨어졌다. 도시를 건설하던 사람들이 몰려가서 뱀을 밟아 죽이고 독수리를 살려서 날려보냈다. 콘스탄티누스 대제는 성경학자(книжник)와 현인(мудрец)들을 불러모아 이 해괴한 사건의 해석을 의뢰하였다. 그들은 대제에게 다음과 같이 이야기해 주었다. 이 도시는 '일곱 개의 언덕'(Седмохолмы)이라고 불려질 것이고 다른 모든 도시들보다 높고 유명해질 것이다. 그러나 두 바다(지중해와 흑해) 사이에 세워졌기 때문에 바다의 파도에 의해 파괴될 것이다. "그리고 독수리는 기독교의 상징이고, 뱀은 모하메드교의 상징이다."(А орелъ — знаменіе крестьянское, а змій — знаменіе бесерменское.) 독수리가 뱀을 낚아챘듯이 처음에 기독교인들이 이곳을 차지할 것이나, 뱀이 독수리를 물어 땅에 떨어뜨렸듯이 다음에는 모하메드 교도들이 이 도시를 차지할 것이다.[69] 마지막으로 사람들이 뱀을 밟아 죽이고 독수리를 살린 것은 장차 기독교인들이 모하메드 교도들을 물리치고 다시 이 도시를 정복한다는 것이다.[70] 대제는 이 도시에 집과 도로뿐 아니라 시장과 '상수도 시설'(воды сладие приводити)[71]을 설치하는 등 화려하게 건설하고 이 도시를 '새로운

---

69) 1453년 터키에 의한 콘스탄티노플의 함락을 의미한다.

70) 이 부분은 언젠가 '러시아 사람들'(русии)에 의해 회복될 것이라는 작가의 미래에 대한 예언으로 작품의 에필로그에 자세히 묘사되어 있다.

로마'(Новыи Римъ)라고 불렀다.

상대적으로 많은 분량의 두 번째 이야기에는 터키 군대에 의한 도시의 포위와 함락과정이 생생하고 자세하게 묘사되어 있다. 모하메드 II세는 1453년 대군을 이끌고 콘스탄티노플로 진격했다. 당시 비잔틴 제국의 황제인 콘스탄티누스 XI세(Constantinus XI, 1449~1453)는 터키 군대가 쳐들어온다는 소식을 듣고 군인들을 격려하며 방어를 준비하였다. 모하메드 군대는 도시를 포위하고 약 2주일 동안 엄청난 숫자의 대군을 교체해 가면서 대포를 쏘아대며 사방에서 도시를 공격하였다. 작가는 도시를 공격하는 장면을 사실적으로 묘사할 뿐 아니라 도시의 주민들의 당황해하는 심리적인 면을 함께 묘사하고 있다. "지축을 뒤흔드는 대포소리는 도시 안에 있던 아녀자들의 슬픈 울음소리를 삼켜 버렸다." 전투가 벌어지기 전에 황제가 서방의 기독교 국가들에게 도움을 요청하였지만 오직 600명의 제노바인(генуэзец)들만이 콘스탄티노플을 도우러 터키 군에 의해 봉쇄된 해상통로를 뚫고 도시로 들어왔다. 제노바 장군 드쥬스찌니안(Джустиниан)은 정확하게 포를 쏘아 터키 군의 대포를 파괴하기도 하였다. 그러나 모하메드는 공격의 고삐를 늦추지 않았고, 이에 질세라 콘스탄티누스도 군인들에게 최선을 다해 방어하라고 독려하였다. 콘스탄티노플 총주교 아타나시우스(Athanasius, 1443~1453)와 귀족들은 황제에게 도시를 포기하고 떠나도록 종용하였으나 황제는 이를 단호히 거절하였다. 그리고 터키 군인들은 도시의 벽을 따라 난 도랑에 모래주머니를 쌓기 시작하였고, 포탄공격을 받아 틈새가 벌어진 성벽에서 혈전을 벌였다. "무슨 말로 이 슬픔과 불행을 고백하거나 언급할 수 있겠는가. 양측의 시체들이 추수할 때 곡물 다발처럼 쓰러지고, 그

---

71) 러시아어로 '달콤한 물을 끌어온다'는 뜻이다.

들이 흘린 피가 성벽을 따라 난 도랑의 물에 흘러내린다. 사람들의 함성과 울부짖음이 부딪히는 칼과 창 소리와 함께 뒤섞인다. 도랑 위에 시체들이 수북이 쌓여 물을 건너는 다리로 변하였다." 전투는 하루 종일 벌어졌고 밤이 되자 터키 군인들이 퇴각하였다.

이어 작가는 하나님의 은총이 이 도시로부터 떠나간 것을 다음과 같은 기적적인 사건으로 묘사하였다. 5월 21일 밤, 어두운 하늘이 갑자기 밝게 빛나더니 불기둥이 성 소피아 성당 안에서 치솟아 오르고 성당의 둥근 천장이 하늘로 떨어져 나갔다. 총주교는 "예언대로 하나님의 은총이 도시를 떠나가고, 터키 군인들이 도시를 차지할 것입니다"라고 황제에게 설명하였다. 5월 26일 터키 군인들은 도시에 총 공세를 가했다. 드쥬스찌니안은 적군의 포탄에 맞아 큰 부상을 당했고, 황제는 적군들을 가까스로 몰아내었다. 도시를 점령하지 못한 모하메드는 군사회의를 열어 문제점을 논의하기 시작하였다.72) 바로 이때 갑자기 시커먼 어둠이 도시 전체를 뒤덮었다. 모든 주민들은 불길한 징조라며 이구동성으로 수군거렸다. 5월 29일 잔인하고 처참한 마지막 전투가 시작되었다. 비잔틴의 군사력은 시간이 지나면서 쇠퇴하기 시작하였다. 황제는 군인들과 함께 성문 중 하나인 '황금 대문'(Златы ворота)을 수비하고 있었다. 그리고 황제는 홀로 600명의 터키 군인을 무찌르고 장엄하게 전사하였다. 모하메드는 콘스탄티누스 황제의 불굴의 용맹을 높이사며 존경의 표시로 그의 이마에 입맞춤을 하고 총주교에게 시신을 전달하여 엄숙히 장례식을 치르도록 명령하였다.

작가는 예언이 이루어진 것을 다음과 같이 극적으로 표현하였다. "예언이 실현되었다. 콘스탄티누스(Constantinus the Great, 306~337)가

72) 일부 학자들은 이 묘사를 통해 작가인 네스또르-이스깐제르가 터키의 고위 장교였을 것이라고 추정한다.

이룩한 도시가 콘스탄티누스(Constantinus XI, 1449~1453)에 의해 끝났다."(И збысться реченное : Константиномъ създася и паки Константиномъ и скончася.) 비잔틴 제국의 종말을 슬퍼하며 작가는 다음과 같이 서술하고 있다. "불법자 모하메드가 왕좌에 등극했다. 그는 태양 아래 있는 모든 자들 가운데 가장 고귀한 자가 되었다…."(Беззаконныи Магуметъ сѣде на престолѣ царствия, благороднѣиша суща всѣхъ иже подъ солнцемъ...) 그리고 작가는 세 번째 예언이 러시아인에 의해 미래에 이루어질 것이라는 메시지를 기록하며 끝맺는다.

이 작품은 당시 러시아 독자들에게 상당한 반응과 관심을 불러일으켰다. 16세기에 이 작품은 「보스끄레센스끄 연대기 Воскресенская летопись」와 「니꼰 연대기 Никоновская летопись」를 비롯한 다양한 러시아 연대기에도 기록되어졌고, 이 이야기에 관한 많은 필사본이 다량으로 발견되었다. 문학적 재능이 걸출한 네스또르-이스깐제르는 역사적으로 6개월간 지속된 전투를 짧게 함축하여 묘사하면서 이야기의 역동성과 긴장감을 독자들에게 생생하게 전달하고 있다. 이 작품은 이제까지 집필된 군담과 달리 중립적인 제3자의 입장에서 전투상황을 묘사하고 있으며, 짜임새 있는 구성과 일부 허구적인 에피소드의 삽입을 통해 독자에게 흥미를 유발하는 문학작품으로 평가된다. 「짜르그라드 이야기」는 16~17세기 러시아 역사소설의 형성에 적지 않은 영향을 끼친 작품으로도 평가되고 있다.

5. 「바빌론 이야기」

15세기 말 익명의 작가에 의해 쓰여졌다고 추정되는 「바빌론 이야기 Сказание о Вавилоне」는 민간전설의 모티브로 구성되어 있고, 역사적 인물인 비잔틴 제국 레오(Leo, Львв) 황제가 주인공으로 등장하고 있다. 이 작품은 과거 정치와 경제 모든 면에서 세계 최고의 부귀와 영화를 누렸던 고대 바빌론 제국(Babylon)[73]의 왕권을 비잔틴 제국이 물려받는다는 내용을 주제로 다루고 있다. 「짜르그라드 이야기」에 나오듯이 비잔틴 제국이 오토만 터키에 의해 1453년에 멸망한 이후에 이 작품이 집필되었다는 점은 주목할 필요가 있다. 15세기 말 지구상에 더 이상 존재하지 않는 비잔틴 제국이 바빌론 제국으로부터 왕권을 이어받았다는 내용은 전자로부터 왕권을 계승받는 나라, 즉 모스끄바 공국이 결국 위대한 바빌론 제국으로부터 왕권을 이어받는다는 정치적 의미를 내포하고 있는 것이다.

이 작품은 레오 황제가 바빌론에 감추어져 있는 보물과 왕권의 징표(знамение) 등을 가져오기 위하여 '젊은 무사'(отрокъ) 2명을 바빌론으로 보내려다가 3명으로 바꾸는 이야기로 시작된다. "전에 그리스(비잔틴 제국) 황제 바실리는 기독교 출신으로 서로 다른 언어를 구

73) 기원전 2,700년에 티그리스강과 유프라테스강 사이에 건립된 제국으로 기원전 538년에 멸망하였다.

사하는 두 사람을 바빌론으로 보내려 했었다. 사람들이 황제에게 말했다. «2명의 젊은 전사로는 충분치 않습니다, 왜냐하면 길이 험하기 때문입니다. 황제여, 그리스인과 오베잔인74), 러시아 출신 슬라브인을 보냅시다».”(Прежде царь греческiй Василiй хотя послати въ Вавилонъ градъ двухъ человѣкъ розныя языкъ, христiанска роду, они же рекоша царю: «не достоитъ намъ двумъ отрокомъ, понеже путь тѣсенъ; и ты, царю, пошли изъ грекъ греченина, а изъ обежанъ обежанина, изъ рускихъ словянина».) 작가는 처음에 그리스와 그루지야 전사만을 보내려다 러시아 전사를 추가했다는 것을 기록하면서 바빌론 왕권의 징표가 비잔틴 제국으로 전달되는 과정에 러시아가 관여되었다는 것을 강조한다. 다음 문장에서 젊은 전사 3명의 이름을 기술할 때 러시아인 유리(Юрий), 그리스인 야꼬프(Ияковъ), 그리고 그루지야인 이사블(Исавль) 순으로 기록된 점 역시 러시아의 우선적인 역할을 강조하는 것으로 간주할 수 있다.

레오 황제는 3명의 전사들과 자신의 군대를 이끌고 바빌론 도시 근처에 도착하였다. 그리고 황제와 그의 군대는 그곳에 남아 기다리고 전사들만이 도시 안으로 진입하였다. 도시로 들어가는 길은 좁고 험난하였다. 길가에는 엉겅퀴와 같은 풀들이 무성하게 자라고 있었다. 이 풀은 도시 주위를 따라 약 16베르스따(1 верстъ : 1.067km) 정도 퍼져 있었고, 그 풀 속에는 각종 뱀들이 득실거리고 있었다. 그러나 하나님의 은혜로 말미암아 도시 안에 있는 보물을 지키는 거대한 용이 잠들고 있어 그들은 아무도 다치지 않고 떠난 지 3일 만에 무사히 도시에 도착하였다. 그들은 18개의 계단을 따라 올라간 후 다른 계단으로 내려오다가 러시아어, 그리스어, 그루지야어로 쓰여진 비문을 발견하였다. 그 비문에는 용을 지나 보물이 있는 곳까지 가

74) 아브하지야(Абхазия)를 일컫는 말로 그루지야를 뜻한다.

는 방법이 적혀 있었다. 이 덕분에 그들은 자신감을 얻고 담대히 행동하게 되었다. 도시 안으로 들어선 그들은 먼저 교회의 무덤가로 향했다. 바빌론 제국의 느부갓네살(Nebuchadnezzar, Навходносоръ) 황제에 의해 기원전 605년에 다니엘과 함께 포로로 잡혀 갔던 유대인 청년 하나니아(Hananiah, Ананий), 아자리아(Azariah, Азарий), 미샤엘(Mishael, Мисаил)의 무덤이었다.[75] 그들은 그곳에 묻혀 있는 3명의 유대인 전사들에게 경의를 표한 후 무덤 위에서 보석과 진주로 장식된 황금 술잔을 발견하였다. 그 술잔에는 유황(ливан)[76]과 몰약(миро)이 들어 있었다. 그들은 이 잔에 들어 있는 내용물을 마신 후 기분이 좋아졌고, 이내 깊은 잠에 빠졌다. 잠에서 깨어난 후 그들은 이 잔을 가져가려 하였다. 바로 이 순간 무덤에서 소리가 들렸다. “이 잔을 가져가지 마라, 대신 황제의 보물이 있는 곳으로, 황제의 궁전으로 가거라, 그리고 그곳에서 징표를 가져가라.”(не дерзайте сего кубка взяти, но пойдетѣ въ царскія сокровища, сія рече въ царевъ дворъ, и тамо возмите знамение.) 그들은 이 명령을 따랐다. 궁궐에 가서 느부갓네살 황제와 황후의 왕관, 왕관의 유래에 관한 그리스어로 기록된 문서(грамота), 금은 보물, 황금 잔 등을 잔뜩 가지고 나왔다. 돌아오는 길에 무덤가로 다시 가서 신비한 황금 술잔을 마시고 그들은 또다시 잠에 빠졌다가 깨어난 후 출발하였다. 오던 길에 그리스 전사 야꼬프가 계단에서 넘어져 잠들어 있던 용이 깨어났다. 용이 엄청난 소리를 내자, 당황해하며 겁에 질린 세 전사는 땅바닥에 죽은 듯이 쓰러졌다. 도시 밖에서 이들을 기다리던 레오 황제와 그의 군인들은 용이 내는 거대한 소리에 망연자실하여 쓰러졌고, 황제와 일부 군사만이 살아서 돌아올 수 있었다. 얼마 후 3명의 전사는 깨

---

75) 이들의 이름은 구약성서 다니엘서 제1장 제6절에 기록되어 있다.

76) 유대인들이 제사 때 사용하던 향료.

어나 도시를 탈출하여 황제가 피신해 있는 곳으로 향했다. 죽은 줄로만 알았던 3명의 전사가 살아서 징표와 보물들을 가지고 돌아오자 황제는 기뻐하였다. 황제는 금은 보물을 총주교에게 전달하고 자신은 징표만을 가졌다. 작가는 다음과 같이 말하고 이야기를 끝맺는다. "파견된 자들(3명의 전사)은 바실리 황제로부터 이를 전해 듣고, 그에게 경의를 표하고, 하나님과 세례명이 바실리인 경건한 레오 황제에게 찬양을 드렸다."(Посланницы же, слышавше то отъ царя Василія, и поклонишася ему и снедшеся прославиша бога и благочестиваго царя Льва, во святомъ крещеніи Василія.)

이 작품에는 모험적인 내용을 담은 설화나 영웅서사시에 등장하는 뱀, 엉겅퀴 덤불, 거대한 용, 마법의 술잔, 용감한 전사 등이 묘사되어 있다. 역사적 인물과 설화적 요소를 혼합시킨 '허구의 역사 이야기'인 이 작품을 소설로는 분류할 수 없지만, 소설의 기본이 되는 허구적 이야기를 시도한 점에서 높이 평가할 만하다. 또한 15세기 후반부터 모스끄바 공국에 일기 시작한 정치적 의도(비잔틴 제국의 계승자)를 담고 있는 작품으로도 평가할 수 있다.

6.「드라꿀라 사령관 이야기」

「드라꿀라 사령관 이야기 Повесть о Дракуле воеводе」는 15세기 러시아 문학에서 외국의 전설적인 이야기를 토대로 한 통속적이고 허구적인 이야기로 간주할 수 있다. 익명의 작가에 의해 15세기 말경에 집필된 것으로 추정되지만 19세기 역사언어학자인 보스또꼬프(Александр Х. Востоков)는 이 작품을 쓴 작가로 1482년부터 1484년까지 몰다비아와 헝가리에 파견된 러시아 대사 표도르 꾸리쯔인(Фёдор В. Курицын)[77]이라고 주장하고 있다. 주인공 드라꿀라는 역사적으로 1456년부터 1462년까지 그리고 1484년에 문찌얀(Мунтьян)[78]의 공후였던 블라드 쩨뻬쉬(Влад Цепеш)를 모델로 하였다고 추정된다. 당시 블라드 쩨뻬쉬 공후는 잔인한 통치자로 악명을 떨친 역사적 인물이었다. 인근 국가인 헝가리와 독일에는 그의 잔인성에 대한 이야기들이 아직도 전해 내려오고 있다. 작가는 작품의 제목으로 사악한 용(дракон) 혹은 악마(дьявол)를 의미하는 '드라꿀라'를 주인공 이름으로 사용하였다. 작가는 주인공인 드라꿀라 '사령관'(воевода)[79]의 가혹한 행위

77) 1500년 이전에 사망한 인물로 알려져 있다.

78) 지금의 루마니아 땅에 속한 지역으로 발라흐(Валах : 남부 루마니아) 혹은 루므인(Румын : 루마니아)이라고 부르기도 하였다.

79) 지방의 행정 및 군사 양권을 소유한 인물.

에 초점을 맞추어 이야기를 서술하고 있다. 특히 이전의 고대 러시아 문학작품과는 달리 작가의 주관적 요소가 거의 배제되어 있고, 단순히 단편적인 일화들을 나열하며 등장인물들 사이에 오가는 대화를 통해 주인공의 잔혹성과 교활함을 독자들에게 전달하고 있다. 이러한 점에서 이 작품은 물론 근대 러시아의 소설과는 다소 차이가 있으나 소설적인 특징을 일부 갖추고 있다고 볼 수 있다.

이 작품의 서두에서 작가는 주인공의 이름에 대한 설명과 성격을 간략히 소개하며 이야기를 시작한다. "문찌얀 땅에 발라흐어로는 드라꿀라, 우리말로는 악마라고 불리는 그리스 정교 신앙을 가진 사령관이 살고 있었다. 그는 단지 그의 이름처럼 사악하면서 교활한 사람이었고 그의 삶 역시 그러했다."(Бысть в Мунтьянскои земли греческыя веры христiанинъ воевода именемъ Дракула влашескимъ языкомъ, а нашимъ дiаволъ. Толико зломудръ, якоже по имени его, тако и житiе его.) 이어 작가는 일련의 일화를 통해 그의 잔인성과 교활함을 묘사한다. 무찌얀 땅을 방문한 터키 사신들은 드라꿀라에게 절을 한 후 모자를 벗지 않았다. 드라꿀라는 모자를 벗지 않는 이유를 그들에게 물었고, 사신들은 자신들의 풍습이라고 대답하였다. 이에 드라꿀라는 부하들에게 모자를 쓴 사신들의 머리 위에 쇠못을 박도록 명령하 여 그들을 잔인하게 살해하였다. 이 소식을 전해 듣고 분노한 터키 황제는 드라꿀라를 공격하였다. 드라꿀라는 터키 군에 대항하여 싸웠으나 터키의 막강한 군사력을 이겨낼 수는 없었다. 전투를 마치고 돌아온 부하들의 모습을 점검하며 드라꿀라는 가슴에 상처를 입은 자들은 용감한 병사라고 칭찬하였고, 등에 상처를 입은 자들은 "남자가 아니라 여자다"라고 책망하고 이들을 말뚝에 묶어 처형하였다. 터키 황제가 드라꿀라에게 사신을 보내 공물을 요구하였을 때, 드라꿀라는 공물을 바칠 뿐 아니라 터키 황제를 위하여 충성하겠다고 거짓맹세를 하였다. 그의 말을 액면 그대로 믿은 황제는 다른 나라와 전쟁을 치르기 위해 터키를 떠나면서 드라꿀라가 찾아오면 그를 정중히 맞이하라고 신하들에게 일렀다. 군대를 이끌고 닷새 만에 터키 땅에 도착한 드라꿀라는 돌연 터키의 도시와 마을의 주민들을 잔인하게 살육하였다. 그는 터키 땅에 살고 있는 기독교인들에게 무찌얀 땅으로 돌아오라고 권하고 터키 주민들로부터 약탈한 재물을 가지고 돌아왔다. 돌아오는 길에 그는 터키 군인들에게 다음과 같은 말을 황제에게 전하라고 이른다. "내가 행한 봉사가 그의 맘에 든다면, 나는 힘닿는 데까지 이런 봉사를 그에게 할 것이다."(«И будетъ ему угодна моя служба, и азъ еще хощу ему тако служити, какова ми есть сила».)

드라꿀라는 자신의 땅을 통치하면서 지위고하를 막론하고 강도질·도둑질 등의 죄를 범하든지, 기만하고 무례히 행동하는 자들은 가차없이 처벌하였다. 그 결과 그 땅에는 도둑이 없었다고 한다. 인적 드문 우물가에 물을 마시는 데 사용하는 황금으로 만든 잔을 놓아 두었는데 아무도 이 잔을 훔쳐 가지 않았다. 다음 일화는 드라꿀라의 심리적 내면세계를 보여주고 있다. 어느 날 드라꿀라가 가난한 사람과 병들고 늙은 사람들을 초청한다고 선포하자, 많은 거지와 병든 부랑자들이 그들을 위해 지은 큰 저택으로 모여들었다. 그들에게 푸짐한 음식을 제공한 다음 "무엇을 더 원하느냐"고 물었다. 그들은 하나님과 당신이 더 잘 알고 있다고 대답했다. 이에 드라꿀라는 "행복해지기를 원하느냐?"고 호통쳤다. 겁에 질린 사람들은 이구동성으로 "원합니다, 나리"라고 대답하였으나 드라꿀라는 이미 다른 생각을 갖고 있었다. 그는 부하들에게 저택을 봉쇄하고 불을 질러 이들을 다 태워 죽이라고 명령하였다. 드라꿀라는 부하들에게 다음과 같이 말하면서 자신의 행위에 대한 당위성을 설명한다. "첫째, 그들이 주민들을 귀찮게 해서도 안 되고, 내 땅에 거지와 부랑자들이 있어

서도 안 된다. 둘째, 나는 그들을 가난과 질병으로부터 영원히 해방시켜 주었다."

어느 날 2명의 헝가리 수도사가 드라꿀라를 찾아왔다. 그는 한 사람씩 따로 불러 관저 뜰 앞 말뚝에 묶여 처형당한 사람들을 보여주며 자신이 올바르게 행동했는가를 물었다. 첫 번째 수도사는 드라꿀라의 잔인함을 나무라고, "통치자는 자비로워야 한다. 그리고 이들은 순교자들이다"라고 대답했고, 두 번째 수도사는 죄인들을 처벌하는 것은 당연한 것이라고 말했다. 이에 첫 번째 수도사를 다시 불러 그에게 "너는 아무것도 알지 못하면서 왜 수도원을 나와서 돌아다니느냐? 내가 너를 순교자로 만들어 주겠다"라고 말하고 그를 말뚝에 묶어 처형하였다. 드라꿀라는 두 번째 수도사를 현명한 사람이라 칭찬하며 황금 50상자를 주어 돌려보냈다. 이런 일화들을 소개하면서 작가는 그의 행위에 대한 아무런 언급을 하지 않는다. 그의 병적인 잔인성은 다음 일화에서 극치를 이룬다. 만약 한 여인이 남편을 배신했다면, 드라꿀라는 그녀의 음부를 칼로 도려내고 껍질을 벗긴 후 말뚝에 매어 광장에 전시하였다. 또한 순결을 잃은 처녀와 수절치 못한 과부는 유방을 도려내고 음부의 살을 벗겨내고 철사로 음부에서 입까지 찔러 말뚝에 매어 놓아 새들에게 먹이로 제공하였다. 물질을 탐하는 드라꿀라의 두 얼굴을 보여주는 다음 일화는 그의 교활함과 이중성이 담겨 있다. 드라꿀라는 장인들을 시켜 강철로 용기를 만들게 하고 그 안에 황금을 가득 채워 강바닥에 감추었다. 그리고 이에 관한 비밀이 새나가는 것을 막기 위하여 장인들을 살해하였다. 이에 대해 작가는 "단지 그는 악마와 동일한 인물이다"(токмо тезоименитьи ему діаволъ.)라는 자신의 견해를 처음으로 피력한다.

어느 날 우고르스끄(Угорск : 헝가리)의 마쩨아쉬(Маттеашь) 왕이 군대를 이끌고 문찌얀 땅으로 쳐들어왔다. 전투중 우군의 배신자들에 의해 드라꿀라는 적군에 포로로 넘겨졌다. "드라꿀라는 두나이 강가에 있는 브이쉐그라드(Вышеград)에서 멀리 떨어진 부진(Будинъ)에서 12년간 감옥생활을 하였고, 문찌얀 땅에는 다른 사령관이 임명되었다."(И сѣде в Вышеградѣ на Дунаи выше Будина 12 лѣтъ, а на Мунтьянскои земли посади иного воеводу.) 이 문장을 근거로 하여 일부 학자들은 이 작품의 주인공으로 1456년부터 1462년까지 그리고 1484년에 문찌얀 땅을 통치했던 블라드 쩨뻬쉬 공후를 모델로 했을 것이라고 주장한다. 실제로 블라드 쩨뻬쉬는 1462년부터 12년간 구금되었다가 1484년에 다시 문찌얀 땅을 통치했던 공후였다. 문찌얀 땅을 통치하던 사령관이 사망하자, 마쪠아쉬 왕은 옥살이하던 드라꿀라에게 그리스 정교에서 카톨릭으로 개종하면 다시 문찌얀 땅을 통치하도록 허락하겠다는 제안을 하였다. 드라꿀라는 이 제의를 받아들였다. 이 순간 작가는 감정적인 어조로 자신의 두 번째 견해를 피력한다. "드라꿀라는 영원하고 끝없는 세계보다 순간적인 세계의 달콤함을 좋아했고, 정교를 배반하고, 진리를 물리치고 빛을 저버리고, 암흑을 택하였다. 아, 감옥의 일시적인 부담을 참아내지 못하고 영원한 고통을 준비하는구나, 그리고 우리 정교신앙을 저버리고, 카톨릭의 유혹을 택하였다."(Дракула же возлюби паче временнаго свѣта сладость, нежели вѣчнаго и бесконечнаго, и отпаде православія, и отступи от истинны, и остави свѣтъ, и пріа тму, увы не возможе темничныя временныя тяготы понести, и уготовася на бесконечное мученіе, и остави православную нашу вѣру, и пріатъ латыньскую прелесть.) 다시 문찌얀 땅을 통치하게 된 드라꿀라는 터키와 전투를 벌이게 되었다. 그의 군대는 터키 군을 무찌르고 도주하는 패잔병들을 추적하며 살육을 감행하였다. 기쁨에 들떠 터키 군인들을 추적하던 드라꿀라는 자신의 군대로부터 이탈하였고, 홀로 있던 그를 터키 군인으로 오인한 그의 부하들이 창으로 찔러 죽였다.

작가는 이외에도 다양한 일화들을 통해 주인공의 수수께끼와도 같은 잔인 무도한 성격과 때에 따라 현명하기도 하고 한편으로는 간교한 그의 성품을 묘사하였다. 통치자의 사악함과 동시에 자신을 방어하기 위한 교묘한 부정적인 의미의 지혜가 묘사되어 있는 것이다. 드라꿀라는 하나님뿐 아니라 어떠한 사람들에게도 의존하지 않고 오직 자신의 힘과 지혜를 가지고 제멋대로 판단하고 행동하는 전제폭군의 형상이라고도 볼 수 있다. 전체 내용 가운데 단 두 군데만을 제외하고 작가는 드라꿀라의 행위를 결코 비난하거나 찬양하지 않았다. 그는 은유의 성격을 띤 수수께끼 같은 일화들의 해석을 독자의 몫으로 남겨 두고 있다.

7. 「세 바다 너머로의 여행」

15세기 말 뜨베리의 상인 아파나시 니끼찐(Афанасий Никитин, ?~1472)에 의해 쓰여진 여행기 「세 바다 너머로의 여행 Хожение за три моря」은 고대 러시아 문학에서 독특한 작품으로 평가된다. 러시아 상인들은 15세기 중엽부터 외국과 교역활동을 활발히 하였다고 알려지고 있다. 이 작품의 주인공 니끼찐은 상거래를 목적으로 1466년 뜨베리에서 볼가강을 따라 카스피해, 페르시아, 인도양을 거쳐 1469년 인도에 도착하였다. 그는 여행중에 겪은 어려움과 인도에 도착하여 약 3년간 생활하면서 처음으로 경험한 인도의 문화와 전통의식 등을 간결하면서도 상세히 기록하였다. 니끼찐은 인도양과 흑해를 거쳐 드네쁘르강을 따라

15세기 말~16세기 초의 전형적인 러시아 상인

고향으로 귀환하던 중 병에 걸려 1472년 가을 스몰렌스끄에서 사망하였다. 당시 러시아인들에게 새로운 흥미거리를 제공한 이 여행기는 15세기와 16세기 러시아 연대기에 기록되어 있는데, 상당한 인기를 누렸던 작품으로 추정된다. 여행기를 기록할 때 작가는 교회슬라브어가 아닌 일상구어체 언어와 상인들의 교역용어를 주로 사용하였고, 자신이 여행중에 습득한 외국어들 — 인도어, 페르시아어, 아랍어, 터키어 — 을 러시아어와 함께 혼용하여 쓰고 있다.

이 여행기는 '죄인 니끼찐'(грѣшнии Афонасьи Никитин)[80]이 예수에게 기도하며 세 바다 — '첫 번째 제르벤스끄해'(прьвое море Дербеньское : 카스피해를 지칭), '두 번째 인도해'(второе море Индѣское : 인도양을 지칭), '세 번째 흑해'(третье море Черное) — 를 건너는 여행을 하였다는 말로 시작된다. 그는 1466년 뜨베리에서 출발하여 볼가강을 따라 하류 쪽으로 내려가면서 먼저 성 삼위일체 수도원에 들러 수도원장 마까리의 축복을 받고 여행을 시작하였다. 니끼찐과 상인 일행은 니즈니 노브고로드에서 까잔을 거쳐 볼가강 하류에 있는 도시 아스뜨라한에 이르렀는데, 여기서 따따르인들의 습격을 받아 1명이 살해되고, 배에 실은 물건은 약탈당하고, 일부 상인들은 인질로 붙잡혀 갔다. 다행히 목숨을 건진 니끼찐과 다른 상인들은 2척의 배에 나누어 타고 카스피해를 항해하였다. 그러나 배 1척은 폭풍을 이기지 못하고 부서져 해안으로 밀려났고, 니끼찐이 탄 배는 가까스로 제르벤트(Дербент) 항구에 도착하였다. 이곳에서 그들은 러시아 대사를 만나 러시아로 돌아갈 수 있도록 도움을 요청하였으나, 그는 사람들이 많다는 이유를 대며 거절하였다. 상인들은 눈물을 흘렸고 각자 나름대로 뿔뿔이 흩어졌다. 그러나 니끼찐은 인도를 가기 위한 여행을 계속

80) 일반적으로 고대 러시아 문학에서 자주 등장하는 이름 앞에 붙이는 '죄인'이라는 단어는 기독교인이라는 것을 의미한다.

하였다. 그는 '불꽃이 꺼지지 않고 타오르는'(где огонь горит неугасимый) 도시 바꾸(Баку : 천연가스와 석유가 매장된 도시)를 들른 후 카스피해를 건너 남단의 항구인 챠뽀꾸르(Чапокур : 현재 이란의 북부도시)에 도착하여 6개월간 머물렀다. 니끼찐은 차뽀꾸르에서 육지를 따라 남쪽으로 이동하면서 페르시아의 도시들을 거친 후 페르시아만 바로 앞에 있는 오르무즈(Ормуз) 섬에 1469년 3월 도착했다. 비록 그는 페르시아 땅에서 2년 이상을 지냈으나 어느 도시에서 몇 달을 머물렀다는 기록 외에 이에 관한 묘사는 전혀 하지 않았다. 이 같은 점에 미루어 볼 때 당시 러시아 상인들에게 페르시아 땅은 전혀 낯선 땅이 아니었다는 것을 감지할 수 있다.

니끼찐은 오르무즈 섬에서 인도양을 거쳐 깜베이(Камбей) 항구에 도착하였다. 작가는 이 도시가 옷감을 착색하는 염료로 유명한 곳이라고 기록한다. 그리고 니끼찐은 뱃길로 6주 만에 남쪽 항구도시 차울(Чаул)에 도착하여 인도 사람들의 모습을 상세히 묘사하였다. "여기는 인도다. 모든 사람들이 맨발로 다닌다. 그리고 (여자들은) 머리에 아무것도 쓰지 않았고, 가슴을 드러내고, 머리카락은 하나로 땋아 늘였다. 그리고 모두들 임신한 채 걸어다닌다. 아이들이 매년 태어난다. 그래서 그들은 아이들이 많다. 남자들과 여자들 모두 피부가 검다."(И туть есть Индѣйская страна, и люди ходять нагы всѣ, а голова не покрыта, а груди голы, а волосы в одну косу плетены, а всѣ ходять блюхаты, дѣти родять на всякый годь, а детей у нихь много, а мужы и жены всѣ черны.) 이어 작가는 인도 상류계급들이 몸에 걸치고 다니는 차도르를 자세히 묘사한다. "그리고 그들의 왕은 머리와 엉덩이에 천을, 귀족들은 어깨와 엉덩이에 천을 (두르고) 다닌다. 왕비는 어깨와 엉덩이에 천을 두르고 다닌다. 왕과 귀족들의 하인들은 엉덩이에 천을 두르고, 방패와 칼을 손에 들고 있다."(А князь ихъ — фота на головѣ, а другаа на бедрахъ; а бояре у них ходятъ — фота на плещѣ, а другыя на бедрахъ; а княгыни ходятъ — фота на плечемъ обогнута, а другаа на бедрахъ; слугы княжія и боярьскыя — фота на бедрахъ обогнута, да щитъ да мечь в рукахъ.) 러시아 여인들 혹은 이슬람 여인들이 머리를 천으로 덮고 다니는 풍습과는 대조적으로 인도 여인들이 머리와 젖가슴을 드러내고 다니는 모습을 신기해하며 니끼찐은 이를 다시 한번 더 묘사한다. "그리고 일반 여인들은 머리에 아무것도 쓰지 않았고, 가슴을 드러내고 다닌다. 소년들과 소녀들은 음부도 가리지 않고 일곱 살까지 벗고 다닌다."(а жонки ходятъ голова не покрыта, а груди голы; а паропкы да дѣвочкы ходятъ нагы до 7 лѣтъ, а соромъ не покрытъ.) 이 작품에는 교회슬라브어가 거의 눈에 띄지 않고 일상생활에서 사용되는 간결한 구어체 문장이 주류를 이루고 있는 것을 발견할 수 있다.

차울에서 니끼찐은 인도 내륙지방으로 여행을 하여 '빨리'와 '우므르'를 거쳐 준나르(Жуннар)[81]에 도착하여 두 달간 머물렀다. 작가는 이곳에서 넉 달 내내 비가 한없이 오는 몬순 날씨와 이모작에 관한 내용을 기록하고 인도의 음식을 소개한다. 외국 상인들이 묵는 여인숙에서 숙박비를 두 배로 내면 인도 여인과 잠자리도 할 수 있고, 인도 여인들이 외국 상인들을 좋아한다고 기록하고 있다. 준나르에서 회교도(хоросанец)들은 니끼찐이 가지고 간 종마를 빼앗고, 만일 그가 회교도로 개종하면 종마를 돌려주고 금화 천 개를 덤으로 주겠다고 제안하였으나 니끼찐은 이를 거절하였다. 준나르 통치자에게 간청하여 종마를 돌려받은 후 니끼찐은 이를 하나님이 자기에게 행한 기적이라고 표현하며, 장차 인도를 여행할 사람들은 "자신의 신앙을 러시아에 남겨 두고"(и ты остави вѣру свою на Руси) 여행을 떠나라고 조언한다. 니끼찐은 준나르에서는 별로 살 만한 물건이 없다

81) 봄베이의 동쪽에 위치한 고대 인도 도시로 당시 회교도들이 거주하고 있었다.

고 언급하고 동쪽 내륙으로 좀더 들어가 한 달 만에 비다르(Бидар)[82]에 도착하였다. 니끼찐은 이곳 시장에서 교역되는 물건들 — 말, 비단, 흑인노예 — 을 나열하면서 이곳에도 러시아 땅에서 쓸 만한 물건은 거의 없다고 기술하고, 여인들의 음탕함과 사악함을 기록하며 이곳에는 하나님이 독살되었다고 말한 후, 인도 군인들에 대한 묘사를 상세히 하였다. 대부분 군인들은 말을 타지 않고 방패와 창을 들고 맨발로 걸어다니고, 갑옷을 입힌 코끼리의 등에 작은 망루를 얹어 그곳에 총과 활을 가진 12명의 군인들이 앉도록 만들었다.

그는 비다르에서 열흘 동안 장이 열리는 알랸드(Алянд)로 가서 인도 사람들에게 전해 들은 '구꾹 새'(птица гукукъ)와 원숭이에 관한 흥미로운 전설과 인도 민담을 소개한다. 밤중에 '구꾹'하고 울면서 날아다니다가 어느 집에 앉으면 그 집안의 사람들이 죽고, 사람들이 이 새를 죽이려 들면 새는 입에서 사람들을 향해 불을 뿜어낸다는 것이다. 숲 속에 무리를 지어 자신들의 왕을 받들고 살고 있는 원숭이들이 사람들로부터 멸시를 당하면 인가를 공격하여 가옥을 파괴하고 사람들을 살해한다. 원숭이들은 자기들끼리 사용하는 언어를 갖고 있으며, 태어난 후 부모를 닮지 않은 새끼들은 길거리에다 갖다버린다. 사람들은 이 버려진 원숭이를 데려다가 온갖 재주를 가르친다고 니끼찐은 기록하였다.

알랸드에서 비다르로 다시 돌아온 니끼찐은 '울루바이라마'(Улубай-рама)라는 회교 축제기간에 비다르 술탄(султан) 모하메드 III세의 화려한 시가행렬을 상세히 묘사하였다. "술탄은 모친과 부인을 대동하고 축하행렬에 나서는데, 그들 뒤에는 말을 탄 사람들 1만 명, 보병 5만 명, 황금으로 장식한 200마리의 코끼리, 그들 앞에는 100명의 나

82) 당시 인도 회교도들이 많이 살고 있는 바흐마니스끄(Бахманий ск) 지방의 수도.

팔수, 100명의 무희, 황금으로 된 마구로 장식한 300마리의 말, 그들 뒤에는 100마리의 원숭이…."(Солтанъ же выѣщаетъ на потѣху съ матерью да с женою, ино съ нимъ человѣковъ на конехъ 10 тысящь, а пѣшихъ 50 тысящь, а слоновъ водятъ 200 наряженыхъ в доспѣсѣхъ золоченыхъ, да предъ нимъ 100 человекъ трубников, да плясцевъ 100 человѣкъ, да коней простыхъ 300 въ снастехъ золотыхъ, да обезьянъ за нимъ 100....) 그리고 황금으로 장식된 술탄 궁중의 화려함을 묘사한다. 비다르에서 넉 달을 지내고 니끼찐은 인도 사람들의 성지인 빠르바뜨(Парват)로 떠났다.

빠르바뜨에 있는 인도 최고의 '불타사원'(храм Будды)인 부뜨하나(Бутхана)에 한 달 만에 도착한 그는 이 사원 안에 설치되어 있는 12개의 돌 조각상들 — 보통인간, 코끼리 코를 가진 인간, 원숭이를 닮은 인간, 야수의 형상을 한 인간 등 — 에는 하나같이 꼬리가 있다는 것을 강조하고 있다. 처음으로 불타사원을 방문한 니끼찐은 신기해하며 다양한 부처의 형상을 자세히 묘사하고 있다. "부뜨하나에 있는 돌로 조각된 위대한 부처들 역시 뒤쪽에는 꼬리가 나 있다. 오른손은 콘스탄티노플의 우스티아누스(Устьянъ) 황제처럼 위로 높이 뻗쳐 들고 있고, 왼손에는 창을 들고 있다. 엉덩이만 천조각으로 가렸고, 아무것도 걸치지 않았다. 원숭이같이 생긴 부처도 있고, 아무것도 입지 않고 벌거벗은 부처도 있다. 그리고 부처의 여인들도 치부를 보이며 벌거벗은 채 아이들과 함께 조각되어 있다."(Въ бутханѣ же Бутъ вырѣзанъ ис камени, велми великъ, да хвостъ у него черезъ него, да руку правую подняль высоко да простеръ, акы Устьянъ царь царяградскы, а въ лѣвой руцѣ у него копіе, а на немъ нѣтъ ничево, а гузно у него обязано ширинкою, а видѣнье обезьянино: а иньыя Буты нагы, нѣтъ ничего, котъ ачюкъ, а жонкы Бутовы нагы вырѣзаны и с соромомъ, а з дѣтми.) 작가는 이어 인도 사람들의 풍습을 소개하였다. "그들은 고기류를 일체 먹지 않는다. 이교도인들뿐 아니라 여자들과도 함께 식사하지 않는다. 음식을 먹을 때 숟가락과 나이프를 사용하지 않고 오른손으로만 집어먹는다. 식사하기 전에는 손발을 씻고 입안을 물로 헹군다. 러시아인들처럼 동쪽을 향해 기도하고, 사람이 죽으면 불에 태워 재를 강이나 바다에 뿌린다. 인도 사람들은 수소를 아버지, 암소를 어머니라고 부르며 숭배한다. 소의 분뇨를 말려 땔감으로 사용하고 그 재를 얼굴과 온몸에 바른다."

니끼찐은 자신이 인도에서 오랫동안 생활하면서 자신의 러시아 정교회 신앙이 사라져 가는 것을 한탄하였다. "나의 믿음은 죽었고, 나는 회교도가 되었다고 걱정했다." "나 하나님의 종 아파나시는 기독교 신앙 때문에 괴로워하였다." 그는 여행중 따따르인들에게 성경책을 약탈당했기 때문에 정교회 축일을 지키지 못했다고 변명하고 있다. 회교도 통치자 멜리끄(Мелик)가 니끼찐에게 개종을 강요했을 때, 자신이 정교회 의식을 지키고 있지 않으나 정교회 신앙은 버리지 않았다고 멜리끄에게 대답하였다. 비록 성직자가 아니고 평범한 상인이지만 정교회 신앙에 집착하는 모습을 엿볼 수 있다. 니끼진은 자신이 외국의 여러 지방—이집트, 아라비아, 바그다드, 다마스커스 등—을 여행해 보았지만 이처럼 더운 지방은 처음이라고 기술한다. 그리고 자신이 여행했던 여러 지방의 땅은 풍부한 음식과 물건을 갖고 있었다고 기록한 후, 하나님께 조국 러시아를 보호해 달라고 탄원하였다. "러시아 공후들이 서로가 서로를 형제같이 대하지 않는다"[83]고 비난하고, 러시아 땅의 안정을 간구하면서 러시아 땅에는 정의가 없다는 것을 지적하고 있다. 어떤 학자는 니기찐이 쓴 이

83) 이 문장은 러시아어가 아닌 터키어로 기록하였다.

문장 때문에 만일 그가 살아서 뜨베리로 돌아왔다면 중벌을 받았을 것이라고 주장하였다. 니끼찐은 비다르에서 인근 도시들을 방문하고 인도 서편의 항구도시 다브호르(Дабхор)에 도착하였다. 그는 1469년부터 1472년까지 약 3년간을 인도에서 생활했던 것이다. 그는 배를 타고 이디오피아를 잠깐 방문하고 페르시아만의 아르무즈에 다시 도착하였다. 카스피해로 가려 하였으나 터키인들 사이에 전쟁이 벌어졌기 때문에 방향을 서쪽으로 틀었다. 흑해 남단 항구도시 뜨라네준뜨(Транезунд)에 도착하여 배를 타고 끄르임 반도에 위치한 까파(Кафа)에 도착하였다. 그는 하나님의 은혜로 세 바다를 여행할 수 있었다고 언급하고 마지막으로 기도문을 기입하고 작품을 맺는다. 아이러니컬하게도 이 기도문의 도입부인 '관대하고 자비로우신 주님,'을 뺀 나머지는 회교도 기도문으로 단순히 알라신을 기독교의 하나님으로 바꾸었다.

이 작품은 형식적인 면에서 과거 성지순례 작품처럼 출발과 귀환 전에 드리는 종교적인 의식이 묘사되었다. 그러나 본문에서 종교적 내용은 거의 찾아볼 수 없고 여행지에서 보고 느낀 것들을 '세밀하고 솔직하게' 기록한 흔적들이 역력하다. 그는 특히 벌거벗다시피한 인도 여인들의 모습을 과감하게 묘사하고 있고, 외국 여행자들이 인도 여인들과 자주 동침한다는 내용도 서슴지 않고 기록하였다. 15세기 문학작품 가운데 세속적 성향이 가장 강한 작품으로 평가된다.

8. 15세기 말 이단운동의 출현과 「흰 두건에 관한 이야기」

1478년 노브고로드가 모스끄바에 합병되면서 교회의 교리와 권위에 도전하는 이단운동이 노브고로드 교회와 수도원에서 폭넓게 확산되었다. '유대주의자'(жидовствующие)[84]라고 불리는 '이단'(ересь)들은 다음과 같은 것들을 주장하였다. 첫째, 삼위일체인 성부·성자·성령 가운데 성자인 예수의 신성을 부인하고 모세와 같은 선지자로 취급한다. 둘째, 인간들이 만든 성상에는 신성한 요소가 없기 때문에 이를 숭배할 이유가 없다. 셋째, 인간과 하나님 사이에 중재역할을 하는 성직자가 필요 없다. 세 번째 주장은 14세기부터 일기 시작한 러시아 정교회의 분파주의자(стригольник)들의 주장과도 일맥 상통한다고 볼 수 있다. 즉, 고위 성직자들의 타락상을 체험한 유대주의자들은 그들의 도덕성과 배금주의를 비난하며 그들의 존재 필요성 자체를 부정한 것이었다. 1479년 볼로꼴람스끄(Волоколамск)에 설립한 요시포-볼로꼴람스끄 수도원(Иосифо-Волоколамский монастырь)의 수도원장 요십(Иосиф, 1439~1515)[85]과 노브고로드 대주교 겐나지(Геннадий, ?~1505)는 유대주의자들의 이런 주장을 강력하게 반박하고 이들을 처

---

84) 이 명칭은 이단운동을 탄압했던 고위 성직자들에 의해 명명된 이름이다.

85) 그의 속세명은 이반 싸닌(Иван Санин)이다.

벌하는 데 앞장섰다.

노브고로드의 이단운동은 15세기 말 모스끄바까지 확산되었지만 모스끄바 이단운동은 노브고로드와 달리 예수의 신성을 인정하였다. 이반 III세는 고위 성직자들이 부를 향유하며 정치적 영향력을 행사하는 것을 공개적으로 비난하고 나선 노브고로드와 모스끄바의 이단운동을 내심 환영하며 그들을 후원하였다. 1490년 부주교로 임명된 조시마(Зосима, 1490~1494) 역시 이들의 견해를 지지하였다. 이에 요십은 조시마를 '사악한 늑대'(демонический волк)라고 비난하였다. 조시마는 봉건제를 고수하려는 고위 성직자들과 귀족의 권리를 제한하고자 노력하였고, 중앙집권제를 향한 이반 III세의 권한을 강화시키려 하였다. 1492년에 쓴 「부활절 연표 Изложение пасхалии」에서 조시마는 모스끄바를 '새로운 콘스탄티노플', 이반 III세를 '새로운 콘스탄티누스 대제'라고 칭하면서 제2로마인 콘스탄티노플에서 모스끄바로 교권이 이양되었다는 내용을 소개하였다. 이를 기초로 하여 16세기 초에 쁘스꼬프의 옐레아자로프 수도원(Елеазаровский монастырь)의 수도사 필로페이(Филофей, ?~1540)가 '모스끄바-제3로마'(Москва-третий Рим)설을 주창하였다.

15세기 말 봉건주의의 전통을 고수하려는 다수의 귀족과 고위 성직자들은 중앙집권제를 선호하는 모스끄바 대공의 권력보다 우위에 있었다. 노브고로드 대주교 겐나지와 수도원장 요십은 이단운동을 탄압하기 시작하였다. 전자는 1490년에 특별 종교회의를 개최하고 고위 성직자의 권위에 도전하는 이단운동에 참여한 자들을 교회와 수도원에서 추방하였다. 그들은 1494년 이단운동에 동조한 조시마를 부주교직에서 쫓아내고 이반 III세에게 이단운동에 대한 강력한 조치를 취할 것을 촉구하였다. 겐나지와 요십의 추종자들은 "교권이 왕권보다 높다"는 것을 강력히 주장하였다. 15세기 말 등장한 「흰 두건에 관한 이야기」에는 이러한 주장이 담겨 있다.

이 작품을 쓴 작가는 노브고로드 대주교 겐나지 밑에서 활동했던 필사가 드미뜨리 게라시모프(Дмитрий Герасимов)로 알려져 있다. 그는 겐나지의 명령을 받고 로마를 방문하여 흰 두건에 관한 그리스 이야기를 옮겨 쓴 로마 필사본을 어렵게 구입하여 돌아왔다. 그는 이 필사본과 구전을 기초로 하여 "교권이 왕권보다 높다"는 주제를 담은 작품을 집필하였다. 이 작품에는 역사적 실제 인물들의 이름86)이 인용되고 있다.

「흰 두건에 관한 이야기 Повесть о новгородском белом клобуке」의 내용은 크게 세 부분으로 나눌 수 있다. ① 흰 두건이 처음 생겨난 이야기, ② 흰 두건이 로마에서 콘스탄티노플로 옮겨진 이야기, ③ 흰 두건이 콘스탄티노플에서 노브고로드로 옮겨진 이야기. 이 작품은 로마 황제 콘스탄티누스 대제가 병에 걸린 이야기로 시작된다. 몹쓸 병을 앓고 있던 대제는 꿈속에 베드로와 바울이 나타나 실베스터를 만나서 '구원의 성수반'(купель спасения)에 들어 있는 성수로 목욕하면 병이 치료될 것이라고 알려 주었다. 성수로 목욕하고 깨끗이 치료된 대제는 실베스터에게 세례를 받은 후 기독교를 로마 국교로 선포하고 그를 교황(папа)으로 임명하였다. 대제는 감사의 뜻으로 실베스터에게 '황제의 왕관'(царьский вѣнец)을 하사하려 했으나 교황은 이를 거절하였다. 이에 대제는 "영적 권리가 세속 권리보다 우선한다"는 의미를 담은 '흰 두건'(белый клобук)을 실베스터 머리에 씌

86) 콘스탄티누스 대제(Constantinus the Great, 306~337), 초대 로마 교황 실베스터(Silverster, 314~335), 로마 교황 포르모수스(Formosus, 891~896), 비잔틴 황제 요한 칸타쿠젠(Johan VI Cantacuzene, 1347~1354), 비잔틴 총주교 필로페우tm(Philopheus, 1353~1355, 1364~1374 : 두 차례에 걸쳐 총주교 역임), 노브고로드 대주교 바실리(Василий , 1330~1342) 등.

워 주었다. 콘스탄티누스 대제는 실베스터 교황에게 로마 통치권을 물려주고 자신은 비잔틴으로 가서 콘스탄티노플 도시를 건설하였다. 실베스터 교황이 사망한 후 로마 교황들은 흰 두건을 경배하며 잘 보존하였다. 9세기에 포르모수스(Formosus, 891~896) 교황이 즉위하면서 동서로마교회는 분열하기 시작하였다.[87] 이때부터 로마 교황들은 흰 두건을 숭배하지 않고 파괴하려 하였다.

필로페우스가 비잔틴 제국의 총주교를 역임하고 있을 때, 그의 꿈속에 천사가 나타나서 타락한 로마 교황이 필로페우스에게 흰 두건을 전달할 것이니, "이 흰 두건을 러시아 땅의 대(大)노브고로드로 보내라, 그러면 그곳에서 바실리 대주교의 머리에 씌워질 것이다." (Посли сего святого клобука в Рускую землю в великиi Новъградъ; i да будетъ тамо носимъ на главѣ Василия архиепископа.)라고 말했다. 다음 날 로마 교황의 사신이 도착하였고, 필로페우스는 그들로부터 흰 두건을 전달받고 비잔틴 황제 요한에게 모든 내용을 알려 주었다. 눈병과 두통을 앓고 있던 필로페우스는 흰 두건을 눈과 머리에 갖다 대자 기적처럼 깨끗이 나았다. 타락한 로마 교황은 뒤늦게 후회하며 흰 두건을 다시 돌려달라고 간청하였으나 필로페우스는 이를 거절하였고, 천사의 명령을 무시한 채 자신이 흰 두건을 쓰고 다닐 생각을 하였다. 어느 날 필로페우스의 꿈속에 고인이 된 콘스탄티누스 대제와 실베스터 교황이 나타났다. 후자는 총주교에게 비잔틴 제국이 이슬람교도들에게 멸망당할 것을 예언하면서 '러시아 땅에 존재하는 제3의 로마에'(на третиемъ же Риме, еже есть на Руской земли) 하나님의 은총이 내릴 것이라고 말했다. 흰 두건은 그리스도의 명령에 따라 노브고로드의 대주교에게 전달될 것이고, 흰 두건은 '영적인

87) 동·서로마교회는 1054년에 완전히 분열되었다.

왕관'이기에 황제의 왕관보다 더 명예스럽다고 이야기하며 다음과 같이 말했다. "그리고 주님은 러시아 황제를 모든 민족들 위에 세울 것이며, 이민족의 많은 황제들이 그의 권력 밑에 있을 것이다."(і царя руского возвеличитъ господь надъ многими языки, і подо властию ихъ мнози цареі будутъ от иноязычныхъ.) "그리고 이 나라는 빛나는 러시아라고 불려질 것이다."(і страна наречется свѣтлая Росия.) 작가는 이 부분에서 러시아 선민사상을 강조하고 있다.

꿈에서 깨어난 실베스터 총주교는 흰 두건에 대한 애착이 더욱 강하게 일어났으나, 주님의 뜻을 받들어 흰 두건을 선물과 함께 포장하여 성궤(ковчежецъ)에 담아 예우메니(Еумѣний) 주교에게 전달하여 슬프고도 기쁜 마음으로 노브고로드로 보냈다. 노브고로드 대주교 바실리의 꿈속에 천사가 나타나 흰 두건에 관한 이야기를 전하고 콘스탄티노플에서 사신이 흰 두건을 성궤에 담아 가져올 것이라고 알려 주었다. 그리고 흰 두건은 '빛나는 3일의 부활'(свѣтлое тридневное воскресение)[88]을 상징한다고 일러주었다. 다음날 아침 바실리는 예우메니 주교를 만나 성궤를 받고 성 소피아 성당으로 향했다. 기도를 드린 후 성궤를 열자 향기와 기적의 빛이 성당 안으로 퍼졌다. 바실리가 흰 두건에 입맞추는 순간 주님의 성상에서 "성스럽고 성스럽도다!"(Святая святымъ!)라는 목소리가 들렸고, 이어 3번에 걸쳐 그리스어로 "주님은 영원하리라!"(Іспола іти деспота!)라는 소리가 울려 퍼졌다. 바실리 대주교는 노브고로드의 성직자들과 7일 동안 축제를 거행했고, 비잔틴 황제와 총주교에게 선물을 전달하였다.

88) 예수가 사망하고 3일 후 부활했다는 것을 의미한다.

제 5 장 16세기 문학

1. 16세기 러시아
2. 「뾰뜨르와 페브로니야에 관한 이야기」
3. 이반 싸닌과 니꼴라이 마이꼬프
4. 다니일
5. 막심 그레끄
6. 마까리
7. 「황제의 계보」
8. 「도모스뜨로이」
9. 「까잔 왕국에 관한 역사」
10. 안드레이 꾸릅스끼
11. 이반 뻬레스베또프
12. 이반 IV세

1. 16세기 러시아

바실리 III세(Василий III, 1505~1533)는 부친 이반 III세가 추진했던 러시아 영토 확장사업과 절대군주제를 확립하기 위한 봉건제도 타파정책을 계속 시행하였다. 1510년 쁘스꼬프(Псков)[89]를 점령한 후 '베체'(вече : 민회)를 해체하고 대신 '지방장관'(наместник)[90] 제도를 채택하여 광범위하게 실시하였다. 폴란드와 리투아니아, 그리고 러시아 사이에 영토 분쟁지역이던 모스끄바 서남쪽에 위치한 스몰렌스끄와 체르니고프-세베르스끄(Чернигов-Северск)를 1514년에 합병하고, 1517년에는 모스끄바 동남쪽에 위치한 랴잔을 완전히 복속시켰다. 15세기 말 이반 III세 시절에 동맹국이었던 '끄르임 한국'(Крымское ханство : 1443~1783)이 적대관계로 변모함에 따라 바실리 III세는 끄르임 한국의 기습공격을 막기 위해 군대를 파견하여 남쪽 국경을 방어하였다. 러시아의 영토가 확장됨에 따라 리투아니아의 일부 고위층 공후들과 귀족들이 러시아로 이주하였다.[91] 바실리 III세는 절

89) 리보니아(Ливония : 라뜨비아와 에스또니아 지방의 옛 지명)와 국경을 접한 러시아 북서쪽에 위치한 도시.

90) 정치적으로 중앙정부에 복종하는 지방귀족 중 선발되어 행정, 군사 양권을 부여받고 주민들로부터 세금을 거둬들여 지방을 통치했던 인물.

91) 훗날 이반 IV세의 생모가 될 글린스끼 가문의 공후들이 이때 러시아로 이주

대군주제를 도모하였으나 봉건제도 타파를 완성하지는 못하였다. 당시 크고 작은 도시와 공국들의 영향력 있는 공후들과 귀족들은 모스끄바 대공과 함께 '귀족회의'(боярская дума)의 구성원으로 국정에 직간접으로 관여하였고, 그들과 대공간의 갈등이 16세기 말까지 지속되었다. 공후들과 귀족들이 소유한 세습영지가 확장됨에 따라 농사를 지을 농민을 확보하는 문제가 대두되었고, 일부 농민들은 지주로부터 금전을 받고 자신들의 이주권리를 팔고 토지경작에 영구 종속되는 '예속농민'(кабальный крестьянин)으로 전락하는 현상이 발생하였다.

부인 솔로모니야(Соломония)가 아들을 낳지 못한 것을 못마땅하게 여긴 바실리 III세는 다니일(Даниил) 부주교의 허락을 얻어 부인과 이혼한 후 그녀를 수도원으로 추방하고 리투아니아에서 이주한 엘레나 글린스까야(Елена Глинская)와 재혼하였다. 1533년 바실리 III세가 사망한 직후 당시 세 살이던 이반 IV세(Иван IV Грозный , 1533~1584)가 즉위하고, 그의 모친 엘레나가 글린스끼 가문의 공후들과 섭정을 실시하였다. 1538년 공후들과 귀족들 간의 권력투쟁의 와중에 엘레나가 사망하고, 슈이스끼(Шуйский : 수즈달 공국 출신 공후)와 벨스끼(Бельский : 바실리 III세의 조카) 가문의 공후들이 번갈아 가며 국정을 다스리는 불행한 사태가 발생하였다. 1538년부터 1546년까지 약 8년에 걸친 정치적 혼란기로 인해 대공의 중앙집권력은 약화되었고, 공후들과 귀족들의 만행과 횡포로 인해 민생은 도탄에 빠지게 되었으며 일부 도시에서는 주민들이 시위와 봉기가 발생하곤 하였다. 그런 와중에 1546년 글린스끼 가문의 공후들이 이반 IV세의 외할머니인 안나 글린스까야(Анна Глинская)를 앞세우고 재집권하여 나라를 통치

하였다.

하였다. 1542년에 슈이스끼 가문의 공후들에 의해 부주교직을 맡게 된 마까리(Макарий, 1482~1563)는 1547년 1월 이반 IV세에게 러시아 최초의 공식적인 '황제'(царь) 칭호를 부여하고, 황제의 권력은 하나님으로부터 부여된 것임을 선포하였으며 이와 동시에 교권의 절대성도 강조하였다. 동년 2월에 귀족 로만 자하린(Роман Юрьевич Захарьин)의 딸 아나스따시야(Анастасия)와 결혼식을 올리고 독자적으로 나라를 통치하기 시작한 이반 IV세는 마까리로부터 많은 영향을 받고 성장하면서 아내의 친척과 일부 측근을 제외한 대부분의 공후와 귀족들을 불신하였다.

이반 IV세는 1549년 2월 '이즈브란나야 라다'(Избранная Рада)[92]를 창설하고 부주교 마까리, 귀족 아다쉐프(Андрей Фёдорович Адашев, ?~1561), 사제 실베스뜨르 (Сильвестр, ?~1566), 공후 꾸릅스끼(**Андрей Михайлович Курбский**, 1528~1583) 등과 함께 국사를 논의하며 개혁정책을 실시하였다. 황제는 '이즈브란나야 라다'에 귀족, 고위 성직자, 궁중귀족 등을 엄선하여 참여시킨 후 공후와 귀족들의 권력남용을 비난하면서 절대군주제도를 강화하자고 호소하였다.[93] 이후 이반 IV세는 국가의 모든 중대한 문제들을 결정하기 위해 '이즈브란나야 라다'를 소집하였고, 얼마 후에는 귀족·성직자·궁중귀족 외에 상인과 수공업자의 대표들도 참여시켰다. 이반 IV세는 도시와 지방을 관리하는 지방장관들이 주민들로부터 과중한 세금을 걷어들여 치부하는 데 사용했던 '꼬르믈레니예'(кормление) 제도를 전면 폐지하고, 대신 중앙정부에서 급료를 받고 파견한 '사령관'(воевода)으로 대치하여 그들로 하여금 시장 혹은 지사의 역할을 감당하도록 하였다. 이 제

92) 러시아어로 '선출의회'라는 의미를 갖고 있는 국가 최고정책을 결정하는 기관.

93) '이즈브란나야 라다'는 훗날 '국민회의'(Земский собор)의 토대가 되어 16세기 중반부터 각 도시와 지방에 국민회의가 설치되는 계기를 마련하게 된다.

도로 말미암아 귀족들의 권한이 한층 제한되었고 중앙집권제가 강화되는 계기가 마련되었다. 1550년 이반 IV세는 조부 이반 III세 때 제정된 법률집 '수제브닉'(судебник)을 수정・보완하여, 예속농민들의 지주에 대한 종속과 뇌물공여에 대한 처벌을 강화하고 중앙정부에서 파견한 사령관과 황제의 권한을 대폭 강화하였다. 그는 1551년 '100조항 대집회'(Стоглавый собор)를 소집하여 수도원과 교회의 악행을 근절하고 신앙생활의 개혁을 담은 규범집 『100조항 결의집 Стоглав』을 편찬하도록 명령하였다. 1550년대 초 이반 IV세는 귀족들의 권한을 제한하기 위하여 중앙정부로부터 급여를 받고 궁중업무를 수행하는 젊은 관리들을 발탁하였는데, 이들을 '드보랴닌'(дворянин)[94]이라 불렀다. 이반 IV세는 새로운 토지제도를 마련하여 토지를 세습귀족들이 영향력을 행사하는 '젬쉬나'(земщина)와 황제의 영향력 밑에 있는 '오쁘리츠니나'(опричнина)로 분리하였다. 그리고 오쁘리츠니나에 있는 귀족들을 축출하고 이 땅을 궁중귀족들에게 봉토로 분배하는데 사용하였다. 이처럼 16세기 중엽부터 중앙집권제가 강화되면서 예전의 황제와 귀족들 사이의 '봉신(奉臣)관계'(вассальные отношения)는 '공민(公民)관계'(подданные отношения)로 서서히 대치되었다.

1550년대 말부터 집권초 개혁에 참여했던 오래된 고문들을 의심하기 시작하던 이반 IV세는 1560년 황후 아나스따시야가 사망하자 '이즈브란나야 라다'를 해산하고 귀족 아다쉐프와 사제 실베스뜨르

---

94) 궁중을 관리하는 집사를 의미하는 '드보레쯔끼'(дворецкий)에서 유래한 단어로 궁중귀족을 일컫는다. 일부 학자들은 16세기 중엽부터 드보랴닌이란 새로운 귀족계층이 출현하자 보야린(боярин)을 '대귀족', 드보랴닌을 '소귀족'으로 번역하기도 한다. 그러나 필자는 보야린은 '귀족', 드보랴닌은 '궁중귀족'으로 일관되게 번역하였다. 후자는 신분에 의해 '세습영지'(вотчина)를 수여받은 귀족과 달리, 능력에 따라 황제로부터 '봉토'(поместье)와 직무를 부여받고 그에게 봉사하는 신흥귀족이다.

를 숙청하였다. 전자는 발틱 연안의 유리예프(Юрьев)로, 후자는 솔로베쯔끼(Солобецкий) 수도원으로 유배되었다. 이반 IV세는 1561년에 러시아의 북서쪽에 위치한 리보니야와의 전투에서 패배한 꾸릅스끼를 질타하고 그를 발틱 연안에 러시아 군사령관으로 근무하도록 명령하였고, 황제로부터 숙청당할 것을 염려한 꾸릅스끼는 1563년 리투아니아로 망명하였다. 1565년에 이반 IV세는 귀족의 권한을 견제하고 절대군주제를 강화하기 위해 오쁘리츠니나를 관리하던 궁중귀족들인 '오쁘리츠니끼'(опричники)를 친위대원 역할을 하는 조직으로 바꾸어 막강한 권력을 휘두르게 되었다.[95] 절대군주제를 확립하기 위하여 측근과 귀족들을 엄격하고 가혹하게 처단하며 자신의 친위대원들인 오쁘리츠니끼와 함께 방탕한 생활을 하던 이반 IV세는 '뇌(雷)제'(Грозный)[96]라는 별명을 얻게 되었다. 귀족에 대한 황제의 권력강화는 농민에 대한 새로운 압박을 병행하게 되었고, 그로 인해 16세기 말에 '농민'(крестьянин)이 '농노'(крепостный крестьянин)로 신분이 바뀌는 불행한 사태로까지 발전하게 된다.

1552년에 까잔 한국, 1556년에 아스뜨라한 한국이 합병되고, 볼가강 유역의 소수민족들이 유입되면서 러시아는 다민족 국가로 성장하게 되었다. 발틱해를 지배하기 위해 1558년 리보니야와 전쟁을 일으켰으나 러시아의 세력확장을 우려한 독일, 폴란드, 스웨덴, 덴마크, 리투아니아, 헝가리 등 유럽 국가들이 리보니야를 적극적으로 돕는 결과를 초래하였다. 약 25년간 지속된 리보니야와의 전쟁에서

95) 오쁘리츠니끼는 최고 6천 명까지 이르렀는데 황제를 보좌하는 역할 외에 자신들의 권력을 남용하기도 하였다.

96) 뇌제라는 단어가 서방에 번역될 때 '폭군'이라는 부정적인 의미로 오역되었다. 뇌제를 뜻하는 '그로즈느이'라는 단어는 위대한 · 장엄한 · 훌륭한 · 경건한 · 준엄한 의미의 경외(敬畏)심을 불러일으키는 등의 의미로 해석되어야 한다.

16세기 러시아 농민의 모습
(하나님으로부터 물려받은 외관은 바꾸지 못한다는 러시아 정교회 신앙 때문에 모든 남성들은 수염을 반드시 길러야 했다.)

패배한 러시아는 발틱해를 획득하는 데 실패하였다. 이반 IV세는 통치 말년 우랄산맥을 넘어 서시베리아 정복을 추진하여 노가이 한국을 멸망시키고 영토를 동쪽으로 크게 확장하였다. 절대군주제를 확립한 이반 IV세는 1572년에 '젬쉬나'와 '오쁘리츠니나' 토지제도를 폐지하고 국토를 하나로 묶어 황제의 영향력하에 두면서 강력한 중앙집권화를 이룩하게 되었다. 1582년에 장남 이반(Иван, 1554~1582)과 언쟁을 벌이다 폭력을 휘둘러 아들을 살해한 이반 뇌제는 1584년 53세의 나이로 모스끄바에서 사망하였다. 이반 IV세 사후 즉위한 표도르(Фёдор, 1584~1598)는 병약하고 무기력하여 그의 처남 보리스 고두노프(Борис Годунов)가 대신 통치하였다. 표도르의 이복동생 드미뜨리(Дмитрий)는

아홉 살 때인 1591년에 의문사했고, 그의 모친 마리나는 수도원으로 유폐되었다.[97] 1598년 표도르가 사망함으로써 류릭 왕조는 막을 내리게 된다.

◀
왕권의 상징인 쌍독수리로 장식된 홀장(笏杖)과 십자가가 달린 보주(寶珠)를 각각 들고 있는 보리스 고두노프

▶
1591년 우글리치에서 2명의 자객에 의해 어린 황태자 드미뜨리가 살해되는 장면 (17세기 작품)

97) 당시 어린 드미뜨리는 고두노프의 지시에 의해 살해되었다는 소문이 무성했다.

16세기 러시아의 전반적인 문학작품들은 봉건제도를 타파하고 절대군주제를 이룩하려는 황제의 정책과 절대적인 교권을 확립하려는 성직자들의 탐욕과 깊은 연관을 맺고 있다. 15세기 말부터 발생하기 시작한 교회의 이념분쟁이 확산되면서 16세기 초에 닐(Нил, 1433~1508) 추종자인 '무욕주의자'(нестяжатели)들을 물리치고 교권을 잡은 요십(Иосиф, 1439~1515) 추종자인 '소욕주의자'(любостяжатели)들은 대공과 연대하여 강력한 절대군주제를 옹호함과 동시에 자신들의 권익을 추구하였다. 16세기의 대부분 문학작품들이 이런 과정에서 생산되었기 때문에 정치적 혹은 종교적으로 강한 색채를 띠고 있다. 16세기 초 스삐리돈-싸바(Спиридон-Савва)가 쓴 「모노마흐 왕관에 관한 편지 Послание о Мономаховом венце」에 묘사된 전설은 당시 절대군주제를 지향했던 러시아 대공에게 중요한 이념적 메시지를 제공하고 있다. 이 전설에 의하면 끼예프 러시아 대공의 선조는 로마황제 아우구스투스(Augustus, 27 B.C.~14 A.D.)라는 것이고, 블라지미르 모노마흐(Владимир Мономах) 대공은 비잔틴 황제로부터 왕권을 계승받았다는 것이다. 즉, 러시아 공국의 대공들은 절대군주로서 전제정치를 택할 수밖에 없다는 당위성을 제공해 주고 있는 것이다.

16세기 초 쁘스꼬프의 엘레아자로프 수도원(Елеазаровский монастырь)의 수도사인 필로페이(Филофей , ?~1540)는 일련의 편지를 써서 다음과 같은 사람들에게 발송하였다. 서기(дьяк) 미슈르 무네힌(Мисюр Мунехин), 바실리 이바노비치(Василий Иванович, 바실리 III세로 추정), 이반 바실리예비치(Иван Васильевич, 이반 III세 혹은 이반 IV세로 추정). 요십 추종자인 '소욕주의자' 필로페이의 정확한 출생과 사망 연도는 알려지지 않고 있으나, 이반 IV세가 즉위한 이후인 1540년대에 사망한 것으로 추정된다. 이 편지들 속에 드러난 그의 주요 사상이 바로 '모스끄바 제3로마'(Москва-третий Рим)설이다. '제1로마'(первый Рим, 로마를 지칭)와 '제2로마'(второй Рим, 콘스탄티노플을 지칭)가 자신들의 죄로 인해 이단화되어 더 이상 기독교 세계의 중심지 역할을 감당할 수 없게 되었고, 이제 '제3로마'인 모스끄바가 세계 기독교의 중심이 된다는 것이다. 그리고 제4 혹은 제5의 로마는 지구상에 존재하지 않을 것이고 제3로마가 마지막이라는 것이다. '모스끄바 제3로마'설은 절대적인 교권을 확보하기 위한 이념으로 사용된 것이라고 볼 수 있다.

요십과 닐의 기독교 사상에 대한 대립관계는 봉건제도를 타파하고 공후와 귀족의 권한을 약화시키고 절대군주제를 추구하였던 모스끄바 대공이 16세기 초 요십의 손을 들어줌으로써 일단락되었다. 요십을 포함한 그의 추종자들과, 황제와 그에게 충성하는 궁중귀족들이 집필한 작품으로 요십의 「계몽자 Просветитель」, 부주교 다니일(Даниил)의 설교문과 서간문, 부주교 마까리(Макарий)가 편찬한 『대(大) 미네이-체찌이 Великие Минеи-Четьи』 선집과 『100조항 결의집 Стоглав』, 부주교 아파나시(Афанасий)의 「황제의 계보 Степенная книга」, 사제 실베스뜨르(Сильвестр)가 집필한 「도모스뜨로이 Домострой」, 까잔 한국의 포로로 잡혀 갔다가 황제에 의해 구출되어 궁중귀족이 된 익명의 작가가 쓴 「까잔 왕국에 관한 역사 История о Казанском царстве」, 궁중귀족인 이반 뻬레스베또프(Иван Семёнович Пересветов)가 쓴 「콘스탄티누스 황제 이야기 Сказание о царе Константине」와 「술탄 모하메드 이야기 Сказание о Магмете-салтане」, 이반 IV세가 쓴 「황제이자 전(全) 러시아의 대공인 이반 바실리예비치가 볼메르 도시에서 안드레이 꾸릅스끼 공후가 보낸 편지를 반박하며 그에게 보내는 편지 Послание царя и великого князя Иоана Васильевича всея Росии ко князю Андрею Курбскому, против его, князя Андреева, письма, что он писал из града Волмера」 등을 꼽을 수 있다. 이 작품들은

'황제의 절대군주제 추구'와 '교회의 절대권한 수호'라는 두 가지 주제 중 하나 혹은 모두를 다루고 있는 것이 특징이다.

이에 반해 닐과 그의 추종자들이 집필한 작품으로는 다음과 같은 것을 들 수 있다. 닐의 「규약 Устав」과 「수도원 암자의 거주에 관한 전통 Предание о жителстве скитском」, 막심 그레끄의 「완벽한 수도사 생활에 관한 놀랍고 기념할 만한 이야기 Повесть страшна и достопамятна о совершенном иноческом жителстве」, 「이성과 영혼의 담화 Беседа Ума с Душой 」, 「소욕주의자와 무욕주의자의 논쟁 Стязание Любостяжателя с Нестяжательем」, 「연민의 정을 품고, 마지막 성자전의 권력과 황제에 의한 무질서와 무례함을 장황하게 서술한 수도사 막심 그레끄의 이야기 Инокъ Максима Грека слово, пространне излагающе, с жалостью, нестроения и безчиния царей и властей последнего жития」, 꾸릅스끼 공후의 「모스끄바 대공에 관한 역사 История о великом князе Московском」와 이반 IV세에게 보낸 「안드레이 꾸릅스끼 공후의 첫 번째 편지 Эпистолиа первая князя Андрея Курбского」 등을 꼽을 수 있다. 이 작품들은 정치세력과 연대하여 신앙적 본분을 망각한 요십 추종자의 행동을 질책하는 내용, 혹은 절대군주제에 반대하는 공후와 귀족의 입장 등을 담고 있다.

2. 「뾰뜨르와 페브로니야에 관한 이야기」

「뾰뜨르와 페브로니야에 관한 이야기 Повесть о Пётре и Февронии」의 주인공인 뾰뜨르(Пётр)와 페브로니야(Феврония)는 역사상에 실존했던 인물로 13세기 초 무롬(Муром) 공국의 공후와 공후비였다. 그들의 수도사명은 다비드(Давид)와 예브프로시니야(Евфросиния)였고, 두 사람 모두 1228년에 사망하였다. 그러나 주인공의 이름 외에 이 작품의 줄거리와 내용은 역사적 사실이 아닌 구전민화를 바탕으로 꾸며져 있다. 15세기 말에 익명의 작가에 의해 민중 사이에 구전되어 내려온 「나는 뱀에 관한 민화 Сказка о летающем змее」와 「현명한 처녀에 관한 민화 Сказка о мудрой деве」를 혼합하여 이 이야기가 쓰여졌다고 추정된다. 모스끄바 궁중사원의 사제장을 역임했던 쁘스꼬프 출신 수도사 예브몰라이-예라즘(Евмолай -Еразм)은 15세기 말 대중들 사이에 널리 유포된 이 이야기를 1547년에 개작하였다. 그는 줄거리 전개방식을 일부 수정하여 짜임새 있는 구성을 갖춘 성자전 장르의 작품으로 승화시켰다. 이 작품은 '도시의 공후와 시골 처녀의 신분을 초월한 결혼'과 '부부 일심동체의 숭고한 사랑'이 주제로 다루어지고 있다.

이 작품은 무롬의 공후 빠벨(Павел)의 부인에게 남편의 모습으로 가장하고 접근하여 성추행을 저지르는 '나는 뱀'(летящий змей)의 이야기로 시작된다. 뱀에게 수차례 추행을 당하던 그녀가 이 사실을 남편에게 고하자, 빠벨은 아내에게 뱀을 유혹하여 그를 죽일 수 있는 방법을 찾아보라고 일렀다. 어느 날 뱀이 다시 찾아왔을 때 그녀는 뱀에게 다음과 같이 질문하였다. "당신이 많은 것을 알고 있다는 것을 저는 알아요. 그런데 당신은 자신의 종말도 알고 있나요? 그리고 무엇으로 인해 당신은 죽게 되나요?"(Вижу, яко много вѣси, и вѣси ли свою кончину? и отъ чего ти будетъ смерть?) 뱀은 아무런 의심 없이 "뾰뜨르의 어깨와 아그리꼬프 칼에 의해 죽게 된다"(Смерть моя отъ Петрова плеча, отъ Агрикова меча.)는 비밀을 그녀에게 말해 주었다. 아내로부터 뱀의 죽음에 관한 비밀을 전해 들은 빠벨은 동생 뾰뜨르에게 자초지종을 털어놓았다. 어느 날 뾰뜨르가 성 십자가 교회에 기도를 드리러 가던 도중, 한 소년이 그에게 접근하여 아그리꼬프 칼을 보여주겠다고 말했다. 뾰뜨르를 데리고 교회에 들어선 소년은 그에게 제단 벽의 벽돌 틈새에 놓여 있는 칼을 보여주었다. 뾰뜨르는 어느 날 형수의 방에서 형의 모습을 하고 그녀와 동침하고 있는 뱀을 아그리꼬프 칼로 내리쳐 죽였다. 그러나 뱀의 몸에서 튄 피가 뾰뜨르의 몸에 온통 뒤덮였고 이 피로 말미암아 뽀뜨르의 피부에는 상처와 종기가 생겨났다. 뾰뜨르는 무롬의 의사들을 불러 치료하려 했으나 아무도 이를 고치지 못했다.

랴잔 땅에 유명한 의사들이 많다는 소문을 듣고 그곳으로 달려간 뾰뜨르는 측근들을 시켜 수소문하였다. 한 젊은 측근이 라스꼬프(Ласков) 마을에서 페브로니야라는 처녀의 집을 방문하였다. 그가 들어섰을 때 베틀 앞에 앉아 아마포를 짜고 있던 그녀는 다음과 같이 말했다. "집에 귀가 없고, 집에 눈이 없으니 아름답지가 않구나."(Не лѣпо есть бьıти дому безъ ушеи, а храму безо очеи.) "나으리, 나의 아버지는 집에 있습니다. 그러나 그는 나의 어머니와 함께 그들을 위해 울어 주러 갔습니다."(Господинъ дому отецъ ми есть, но идоша съ материю моею вкупѣ въ заимы плакати.) "나에게는 오빠도 있습니다. 그러나 그는 두 다리 사이로 저승 사람들을 보러 갔습니다."(Есть бо у меня и братъ, но поиде чрезъ ноги въ нави зрѣти.) 그녀는 자신이 한 말의 의미를 알아채지 못한 청년에게 다음과 같이 해석해 주었다. "귀와 눈은 '개'와 '어린아이'를 상징하는 것인데, 만일 이들이 집에 있다면 손님이 방문했을 때 미리 알려 주어 그를 맞이할 수 있다"는 의미, "훗날 그녀의 부모가 상을 당했을 때 다른 사람들이 찾아와서 울어 줄 수 있도록 하기 위해, 지금 그녀의 부모는 상가(喪家)에 가 있다"는 의미, 그리고 "죽음을 무릅쓰고 오빠가 꿀을 따기 위해 나무에 올라가 있다"는 의미라고 각각 설명하였다. 그녀의 지혜에 매료된 청년이 그녀에게 뾰뜨르 공후가 병에 걸린 사연을 설명하자, 그녀는 "당신의 공후를 이리로 데려오십시오. 그리고 만일 그가 선한 마음을 가지고 있고 내 말을 겸손히 따른다면 완치될 것이요"(Да привезите князя своего сѣмо. И аще будетъ мягкосердный и смиренъ во отвѣтѣ, да будетъ уврачеванъ.)라고 제안하였다.

얼마 후 뾰뜨르 공후는 수행원들과 함께 그녀의 집에 당도하였다. 페브로니야가 뾰뜨르를 치료하기 전에 자신과 결혼할 것을 먼저 요구하자 그는 거짓으로 이를 수락하였다. 그녀는 시종들에게 공후가 목욕을 하고 자기가 만든 약을 한군데만 빼고 나머지 상처와 종기에 바르면 깨끗이 나을 것이라고 말했다. 그녀의 반응을 보기 위해 공후는 아마 한 단을 그녀에게 주고 목욕하는 동안 셔츠, 바지, 손수건을 짜달라고 부탁하였다. 이에 페브로니야는 나무 한 토막을 뾰뜨르에게 건네며 천을 만들기 위한 베틀과 기구들을 만들어 달라는 기지를 발휘하였다. 그녀는 비록 농민 출신이지만 공후보다 뛰어난 지혜를 갖춘 여인이었다. 다음날 한군데만 빼고 상처가 치유된 공후

뾰뜨르 공후를 치료하는 페브로니야(17세기 필사본에서 발췌)

는 그녀와의 혼인 약속을 지키지 않고 대신 선물을 주고 무롬으로 떠났다. 얼마 후 약을 바르지 않은 상처부위로 인해 종기가 온몸에 퍼지자, 공후는 그녀를 다시 찾아가서 진실로 결혼하겠다는 굳은 맹세를 한 후 치료받아 완치되었고, 약속대로 결혼식을 올렸다.

빠벨이 사망한 후 뾰뜨르가 무롬 땅을 통치하는 군주가 되었다. 페브로니야가 농민 출신이라는 점을 못마땅하게 여겼던 귀족들은 뾰뜨르를 찾아가 그녀가 자신들의 아내 위에 군림하는 것을 원치 않는다며 그녀를 쫓아내고 새 부인을 맞이할 것을 권하였다. 뾰뜨르는 귀족들에게 페브로니야를 찾아가 직접 요구하라고 일렀다. 귀족들로부터 공후비에서 물러나라는 요구를 들은 페브로니야는 그들에게 "내가 당신들에게 요구하는 사람을 내게 주시오."(Даите ми, егоже азъ попрошу у васъ.) 만일 그리하면 떠나겠다고 대답했다. 그들이 이를 수락하자, 그녀는 "나는 아무것도 원하지 않습니다, 단지 내 주인, 뾰뜨르 공후만을"(Ничтоже ино прошу, токмо супруга моего, князя Петра.)이라고 말했다. 이를 듣고 난감해진 귀족들은 뾰뜨르가 원한다면 그녀의 요구를 들어주겠다고 약속하였다. 귀족들로부터 이 말을 전해 들은 뾰뜨르는 통치권을 버리고 부인을 택하였고, 그녀와 함께 귀족들이 마련해 준 배를 타고 조국을 떠난다. 이 부분은 두 사람의 진실한 사랑을 확인하는 이 작품의 백미로 꼽을 수 있다. 동시에 당시 권력을 탐하는 귀족들의 실상을 간접적으로 묘사하는 부분이기도 하다.

작가는 귀족들의 탐욕에 슬기롭게 대처하는 페브로니야의 지혜를 다음과 같이 묘사한다. 자신의 부인과 함께 배에 동승한 한 귀족이 음욕을 품고 페브로니야를 바라보자, 그에게 양쪽 강물을 떠마셔 보고 물맛이 어떠한지 물어 보았다. 물맛이 같다고 대답하자 여인의 본성도 매한가지라고 이르며 그를 꾸짖었다. 작가는 페브로니야를 성자로 승화시키기 위해 그녀가 기적을 행하는 장면을 묘사하였다. 날이 저물자 배를 물가에 대고 요리사는 저녁을 준비하였다. 식사를 마친 후 페브로니야는 땔감으로 잘라 놓았던 나뭇조각들을 축복하면서 "이 나뭇조각들은 아침이 되면 가지와 잎이 달린 큰 나무가 될 것이다!"(Да будутъ сия дрѣвца на утрия велика дрѣвия, имуще вѣтвия и листия!)라고 예언하였고, 다음날 아침 그 예언이 이루어졌다. 아침에 사람들이 다시 배에 오르려 할 때, 무롬에서 달려온 귀족들이 공후

부부에게 그들이 떠난 후 귀족들 사이에 분열과 권력다툼이 발생했다고 전하고, 공국을 다시 통치해 달라고 부탁하였다. 그들의 간청을 받아들인 뾰뜨르와 페브로니야는 무롬으로 되돌아와 주민들을 자식같이 다루며 공국을 잘 통치하였다. 작가는 역사적으로 이 두 사람이 같은 해에 사망한 것을 염두에 두고 공후 부부의 죽음을 다음과 같이 승화시켜 묘사하였다. 한날 한시에 죽을 수 있도록 하나님께 기도하던 부부는 미리 석관을 만들어 자신들을 함께 묻어 줄 것을 사람들에게 지시하였다. 얼마 후 수도원에 들어가 수도사가 된 후 부부는 같은 날 사망하였다. 그러나 사람들은 그들의 신분이 수도사이기에 한 관에 함께 누일 수 없다며 다시 2개의 관을 만들어 시신을 따로 안치하였다. 그러나 다음날 2개의 관에 각각 안치되어 있던 시신이 사라지고 그들이 예전에 만들었던 석관에 나란히 누워 있는 사건이 발생하였다. 몇 차례에 걸쳐 시신을 분리시켜 보았으나 모두 허사였다. 결국 유언대로 석관에 두 사람을 함께 안치하여 매장하였다. 이처럼 작가는 이야기의 마무리 부분에서 남녀 수도사를 함께 안장할 수 없다는 금기를 깨는 두 사람의 '완전한 사랑'을 기적을 통해 극적으로 묘사하고 있다.

독자는 이 작품의 주인공이 뾰뜨르가 아닌 페브로니야라는 것을 쉽게 감지할 수 있다. 그녀의 지혜는 공후의 그것과 비교할 수 없으며, 그녀의 일편단심 사랑은 자못 숭고하기까지 하다. 농민의 딸이라는 신분을 극복하고 공후와 결혼을 할 수 있었던 것은 그녀의 지혜 덕택이었고, 또한 공후가 무롬을 통치할 때 겪은 어려움을 극복할 수 있었던 것도 그녀의 지혜 덕이었다. 지아비만을 따르는 그녀의 일편단심은 하늘을 감복시켜 저승에서도 사랑이 지속되게 만들었다. 이 이야기는 지혜롭고 강인한 열녀상을 주제로 한 러시아 최초의 작품으로 간주된다.

3. 이반 싸닌과 니꼴라이 마이꼬프

수도원장 요십 볼로쯔끼(Иосиф Волоцкий)로 더 잘 알려진 이반 싸닌(Иван Санин, 1439~1515)은 1439년 볼로꼴람스끄(Волоколамск) 공국의 야즈비쉬(Язвищ)에서 부유한 세습귀족의 자제로 출생하였다. 그는 보롭스끄 수도원(Боровсккий монастырь)에서 20년간 수도사 생활을 한 후, 1479년 볼로꼴람스끄에 자신의 이름을 딴 요시포-볼로꼴람스끄 수도원(Иосифо-Волоколамский монастырь)을 건립하고 수도원장이 되었다. '전투교회파'(воинствующий церковник)[98]의 우두머리였던 그는 볼로꼴람스끄 공후들뿐 아니라 이반 III세(Иван

이반 싸닌(요십 볼로쯔끼)

98) "교회의 재산은 하나님의 재산이다." 그리고 "교회의 권위는 국가의 것보다 높다"는 주장을 하는 보수적인 정교회주의자들.

III, 1462~1505)의 형제들과도 정치적 유대관계를 맺고 있었다. 15세기 중엽에 방대한 토지를 소유한 수도원과 교회는 이를 바탕으로 세력을 확장하였고, 15세기 말과 16세기 초 교회는 모스끄바 대공뿐 아니라 세습영지를 소유했던 귀족들과 대립관계를 형성하고 있었다. 15세기 말부터 노브고로드와 모스끄바에서 교회의 부패상을 고발하는 이단들이 발생했을 때, 요십은 그들을 강력히 비난하며 처단하였다. 이반 III세는 당시 막강한 수도원과 교회의 권한을 제한하려는 의도에서 이단운동을 암암리에 지원하였고, 이에 요십은 이반 III세를

▶ 16세기 초 이단들을 붙잡아서 형벌로 혀를 칼로 잘라내는 장면

기독교 신앙을 모독하는 인물이라며 공개적으로 비난하기도 하였다. 이단운동에 반대하는 내용을 담은 요십의 작품 「계몽자 Просветитель」에는 그의 종교사상이 담겨 있다.

니꼴라이 마이꼬프(**Николай Майков**, 1433~1508)가 본명인 닐(Нил)은 모스끄바 태생으로 15세기 중엽 끼릴로-벨로제르스끄 수도원(Кирилло-Белозерский монастырь)의 수도사로 생활하다가 수도원을 떠나 고행을 하였고, 콘스탄티노플과 아토스산에서 수도생활을 하였다. 1480년대에 다시 러시아로 돌아온 그는 끼릴로-벨로제르스끄 수도원 근처에 있는 소라(Сора) 강가에 은둔지(обитель)를 정하고 자신과 뜻을 같이 하는 수도사들과 함께 금욕생활을 하였다. 소라 강가 은둔지에서 생활하였다 하여 그를 일명 '소르스끼'(Сорский)라고도 불렀다. 그는 1503년 종교회의에서 모스끄바 대공의 절대군주 입장을 옹호하고, 귀족들의 권한을 존중하면서 교회의 토지소유를 주장하는 요십을 강력히 비난하였다. 그는 수도사의 본분은 고행과 금욕이며 교회는 물질추구와 정치권과의 결탁으로부터 벗어나야 한다고 주장하였다. 닐은 요십과 마찬가지로 노브고로드와 모스끄바에서 발생한 비성서적인 이단운동을 비난하였으나, 그들이 주장하는 타락한 수도원과 수도사들에 관한 의견에는 내심 공감하고 있었다. 1503년 종교회의 이후 닐을 추종하는 자들을 '무욕주의자'(нестяжатели) 혹은 '볼가강 너머의 장로들'(заволжские старицы)이라 불렀고, 요십을 추종하는 자들을 '소욕주의자'(любостяжатели)라고 불렀다. 닐은 부패한 수도원 생활의 개혁에 관한 내용을 담은 작품 「규약 Устав」과 「수도원 암자의 거주에 관한 전통 Предание о жителстве скитском」을 집필하였다. 전자에는 욕심과 욕정에 대항하여 투쟁하는 수도사의 양심적인 행위에 대한 닐의 가르침이 담겨 있고, 후자에는 수도사들이 은둔생활을 하고, 교인들이 제공하는 자선을 감사히 받아들이고, 물욕을 버리고, 노동을 몸소 실천해야 한다는 그의 주장이 들어 있다. 닐은 요십과 달리 교회는 정치참여를 거부해야 하고 오직 도덕적, 영적인 면만을 강조해야 한다고 주장하였다. 1508년 닐이 사망한 후 바시안 빠뜨리께예프(Бассиан Патрикеев, ?~1545 : 바실리 이바노비치 빠뜨리께예프 공후의 수도사명)가 무욕주의자들을 이끌었다.

요십과 닐이 이처럼 대립하던 가운데 이반 III세는 비록 타락하였으나 교회의 실권을 가진 요십의 손을 들어 주었으며, 1504년에는 이단운동에 참여한 성직자들을 처단하였다. 이러한 배경에는 모스끄바 대공이 봉건제를 선호하는 귀족들의 권한을 제한하기 위하여 정치적으로 교회와 연합을 추구한 결과였고, 교회 역시 자신들의 권력을 유지하기 위하여 대공과 정치적 결탁을 하였던 것이다. 대공이 자신들의 요구를 수용한 대가로 수도원과 교회는 더 이상의 토지를 확장하지 않겠다는 약속을 하였다. 이후 과거 대공의 권력을 비난했던 요십은 어느새 대공의 열렬한 지지자로 변신하여 "대공은 모든 인간과 동일한 피조물이지만, 권력에 있어 그는 하느님과 같은 존재다"라는 선언을 하며 절대군주제를 지지하고 나섰다. 동시에 그는 "교회의 사유재산은 하나님의 재산이다"라는 주장을 고수하였다. 이반 III세가 사망하고 바실리 III세(Василий III, 1505~1533)가 즉위한 후 요십은 1507년에 자신이 소유하고 있던 요시포-볼로꼴람스끄 수도원을 대공에게 헌납하고 정치적 권력에 편승하였다. 결국 16세기 초에 절정을 이뤘던 닐 추종자들과 요십 추종자들의 다툼은 요십측의 승리로 막을 내리게 되었다. 그러나 양측의 다툼은 16세기 문학의 특징인 '논쟁문학'을 탄생시키는 결과를 초래하였다.

요십의 대표적 추종자로는 1522년부터 1539년까지 부주교를 역임한 다니일(Даниил, 1492~1547), 닐 추종자들 가운데 대표적인 인물로는 막심 그레끄(Максим Грек, 1475~1556)를 꼽을 수 있다.

4. 다니일

다니일(Даниил, 1492~1547)은 1492년 랴잔에서 출생하였다. 요시포-볼로꼴람스끄 수도원의 수도사가 된 그는 요십의 후계자로 1515년 요십이 사망하자 수도원장이 되었다. 당시 설교가로 명성을 떨친 다니일은 요십의 '전투교회파' 계승자로 활동하면서 모스끄바 대공과의 정치적 유대관계를 돈독히 하면서 요십의 종교적 사상을 고수한 인물이었다. 바실리 III세(Василий III, 1505~1533)는 모스끄바 부주교 바를람(Варлаам)[99]이 대공의 정책에 잘 순응하지 않는다는 이유를 들어 1521년에 부주교직을 박탈하고 이듬해 다니일을 부주교로 임명하였다. 바를람과 달리 다니일은 기독교 교리나 도덕적 지침보다 교회의 권위를 수호하기 위하여 대공의 정책에 편승하는 인물이었다. 바실리 III세가 아들을 낳지 못한 첫 부인을 수도원으로 내쫓고 엘레나(Елена : 이반 IV세의 모친)와 재혼하려 했을 때, 기독교 교리와 윤리에 반하는 사항이라며 대부분 성직자들이 이를 반대하였는데 부주교 다니일은 이를 허락하였다. 그는 1525년부터 1531년까지 수차례 종교회의를 개최하여 요십 추종자들의 주장에 반대하는 무욕주의자인 막심 그레끄와 바시안 빠뜨리께예프를 죄인으로 몰아세워

99) 무욕주의자들의 주장에 동조했던 인물.

유폐 혹은 구금시키는 일을 자행하기도 하였다. 그러나 그는 이반 IV세 통치 시절인 1539년에 그에게 불만을 품었던 귀족들에 의해 부주교직을 박탈당하고 요시포-볼로꼴람스끄 수도원에 유폐당해 평범한 수도사 생활을 하다가 1547년에 사망하였다.

다니일은 기독교 교리, 예배의식, 그리고 일상적인 삶을 다룬 16편의 설교문, 14편의 서간문, 그리고 30편의 다양한 편지글을 남겼다. 그의 작품에는 경건한 내용을 담은 전통적인 화려한 수사체의 글이 거의 없고, 대신 교회슬라브어와 구어를 자유롭게 혼용하며 '세속적이고 생동적인 표현'이 주류를 이루고 있다. 그 결과 그의 설교는 형식적이고 진부한 내용을 담은 글이 아니라 생동감 넘치는 것이 대부분이었고, 그의 문체는 가히 혁신적이고 파격적이었다. 그의 설교문에는 비도덕적인 세태를 조롱하는 장면이 자주 등장한다. 16편의 설교문 가운데 12번째 글에서 길거리의 여인들의 시선을 끌며 그들을 유혹하는 바람둥이의 모습이 조롱조로 묘사되어 있다. "…옷을 갈아입고, 걸음걸이에 멋을 내며, 대단히 작고 진한 진홍색 신발을 신고, 그 결과 신발이 (발을) 조이기 때문에 너의 발은 상당한 참을성을 요구한다. 이런 식으로 멋을 내고, 이런 식으로 뽐내고 질주하며, 이런 식으로 소란스레 뛴다. 마치 종마처럼…."(...ризы изменяеши, хожение уставляеши, сапогы велми червлены и малы зело, якоже и ногам твоим велику нужу терпети от тесноты сыгнетения их, сице блистаеши, сице скачеши, сице рыгаеши и рзаеши, уподобляяся жребцу....) 다니일은 당시 일부 남자들이 멋을 내기 위하여 얼굴에 난 털을 제거하는 작태를 비아냥거리며 신랄하게 묘사하였던 것이다. "너의 털을 정확히 면도하지 못하고 늘어진 살을 함께 제거한다. 게다가 (털을) 뿌리째 쥐어 뜯어 뽑아 버리고, 뜯어버린 것을 부끄럽게 여기지 않는다. (이처럼) 여인들을 선망하며 자신의 남자 얼굴을 여자 얼굴로 바꿔 버린다."

(Власы же твоа не точию бритвою и с плотию отъемлеши, но и щипцем ис корене исторзати и ищипати не стъдишися, женам позавидев, мужеское свое лице на женское претворяеши.) 그가 사용한 문체와 조롱조의 대담한 표현은 훗날 이반 IV세와 사제장 아바꿈(Аввакум)에게 적지 않은 영향을 끼치게 된다.

5. 막심 그레끄

미카엘 트리볼리스(Michael Trivolis, Михаил Триволис)가 본명인 '막심 그레끄'(Максим Грек, 1475~1556)[100]는 그리스의 아르타(Arta)에서 그리스 귀족의 자제로 1475년에 출생한 것으로 추정된다.[101] 그는 1480년경에 이탈리아의 코르프(Corfu)로 이주하여 교육을 받았고, 1492년에 피렌체에서 생활하던 중 '도미닉 교단'(Dominican)[102] 소속 수도사 사보나롤라(Girolama Savonarola, 1452~1498)로부터 많은 영향을 받았다. 그는 15세기 말 파두아, 밀라노, 베네치아 등지를 떠돌며 이탈리아

막심 그레끄(17세기 필사본에서 발췌)

100) 그리스인 막심이라는 뜻.

101) 일부 학자들은 그가 1470년 혹은 1480년에 태어났다고 주장하기도 한다.

102) 스페인 출신 성 도밍고(Domingo de Guzman, 1170~1221)에 의해 1215년 로만 카톨릭에서 분리된 교단으로 고행과 금욕을 중시하는 탁발 수도사들로 구성되어 있다.

에서 태동한 르네상스 교육을 받았고, 1496~1498년 베네치아에 머물면서 이탈리아의 저명한 출판업자인 알도 마누치(Aldo Manucci)가 이끄는 서클에 가입하여 활동하기도 하였다. 1502년 피렌체로 돌아가 도미닉 교단에 들어가 사보나롤라가 기거했던 싼 마르코(San Marko) 수도원에서 수도사 생활을 하였다. 그는 1506년 콘스탄티노플로 돌아와 아토스산에 위치한 바토페드(Vatoped, Ватопед) 수도원에 들어가 막시모스(Maximos)란 수도사명을 받고 그리스 정교 수도사 생활을 시작하였다.

1515년 바실리 III세는 그리스어로 된 성서와 이에 관련된 문헌 등을 러시아어로 번역하기 위해 사바스(Sabas) 수도사를 초청하는 편지를 바토페드 수도원에 보냈다. 고령이기에 대공의 요구를 받아들일 수 없었던 사바스는 대신 40대의 박식한 수도사 막심을 모스끄바에 파견하기로 결정하였다. 그리스 교회(구 비잔틴 교회)가 모스끄바 대공의 요구를 적극적으로 수용하고 막심을 파견한 이유로 다음 두 가지를 추정할 수 있다. 첫째, '교회통합'(уния) 때 불만을 품었던 모스끄바 교회가 1448년 콘스탄티노플 교회로부터 독립을 선언한 이후 콘스탄티노플 총주교와 소원했던 관계를 회복할 것이라는 기대감. 둘째, 모스끄바 공국이 1453년 이후 오토만 터키의 지배를 받고 있던 그리스 사람들을 언젠가는 해방시켜 줄 것이라는 기대감. 1518년 모스끄바에 도착한 막심은 바실리 III세로부터 환대를 받고 그리스어로 쓰여진 주석시편을 번역하기 시작하였다. 당시 그는 러시아어를 전혀 모르는 상태였기에 그리스어를 라틴어로 번역하였고, 이를 라틴어에 능통한 러시아 수도사 게라시모프(Дмитрий Герасимов)와 몇몇 수도사들이 러시아어로 재번역하였다. 1년 반 걸려 러시아어판 주석시편을 완성하고 그는 닐의 후계자인 바시안 빠뜨리끼예프를 포함한 무욕주의자들과 가깝게 지냈다. 막심은 그들의 주장에 동조하고 러시아 종교 및 사회문제에 개입하기 시작하면서 요십 추종자들과 잦은 마찰을 빚게 되었다. 바실리 III세와 바를람 부주교는 막심의 주석시편 번역을 높이 평가하고, 사도행전 주석과 예배에 관련된 많은 서적들의 번역을 다시 의뢰하였다. 그러나 다니일의 행위를 못마땅하게 여기며 그를 비판하던 막심은 부주교 다니일에 의해 1525년 종교회의에 회부되어 재판을 받게 되었다. 막심은 음모성 판결을 받고 요시포-볼로꼴람스끄 수도원에 유폐되었다.103) 유폐생활 중에도 집필활동을 계속하였던 막심은 1531년 종교회의에서 바시안 빠뜨리끼예프104)와 함께 다시 재판을 받고 뜨베리에 위치한 오뜨로치(Отрочь) 수도원에 강제 구금되었다. 1551년에 모스끄바 근교에 위치한 뜨로이쩨-세르기예프 수도원(Троице-Сергиевый монастырь)의 수도원장 아르쩨미(Артемий : 닐 추종자 중 한 사람)의 도움으로 막심은 뜨로이쩨-세르기예프 수도원으로 옮겨져 자유롭게 집필활동을 하다가 1556년 사망하였다. 사망하고 얼마 후 그는 성자로 추존되었으나, 다른 러시아 성자들과 달리 러시아 교회는 아이러니컬하게도 고르바쵸프 집권 시절인 1988년에야 그를 공식적인 성자로 등록하였다.

16세기 러시아에서 가장 박식한 인물이었던 막심 그레끄는 100여 편의 번역과 250편에 달하는 설교, 훈계, 신학, 도덕, 점성술, 수사학, 언어학, 문법 등을 다룬 방대한 작품들을 집필하였다. 그는 다니일 부주교와 대조적으로 상당히 논리적인 대화체의 문장과 웅변조의 문체를 사용하여 무욕주의자들의 주장, 타락한 성직자들의 고발, 당시 점성술의 영향으로 신비주의로 빠지는 기독교 이단화 현상에 대

103) 그가 번역한 성서에 이단적 요소 내포, 이단운동에 가담한 혐의, 콘스탄티노플 총주교가 모스끄바 교회의 독립을 인정하지 않는다는 주장에 동조한 반역 혐의 등.

104) 요시포-볼로꼴람스끄 수도원에 유폐되어 1545년에 사망하였다.

한 경계와 질타, 그리고 기독교 공의를 기초로 한 대공의 통치관 등에 관한 다양한 글을 썼다. 일부 학자들은 막심이 집필한 작품 중 일부에 대해 창작품이 아닐 것이라는 의심을 품기도 하고, 그가 러시아어에 능통하지 못했다는 점을 지적하며 일부 작품은 누군가에 의해 러시아어로 번역된 것이라고 주장하기도 한다. 그가 쓴 작품 가운데 「완벽한 수도사 생활에 관한 놀랍고 기념할 만한 이야기」에는 당시 수도사들의 도덕적 타락상—음주, 탐욕, 게으름, 뇌물수수, 성직매매 등—을 피렌체의 수도사 사보나롤라와 그를 추종하는 도미닉 수도사들의 금욕생활과 대조하면서 훈계조로 질타하고 있다. 「이성과 영혼의 담화」에서 그는 알레고리를 사용하여 무욕주의자들의 주장을 대변하고 있다. 그는 인간의 '이성'(Ум)을 수도원 생활의 숭고한 도덕적 가치로, '영혼'(Душа)[105]을 악의 화신으로 간주하였다. 그는 영혼을 바탕으로 한 소욕주의자들의 부정하고 타락한 삶은 탐욕으로 인해 필연적으로 멸망한다고 주장하고 있다. 「참회에 대한 이야기 Слово о покаянии」에서 그는 수도원 소유지에서 노역하는 가련한 농민들에게 동정과 연민의 정을 느끼며 글을 썼다. 이 작품은 농토 사용료를 수도원에 납부하지 못해 수도원 소유지에서 쫓겨나는 농민의 슬픈 운명과 수도원 소유지를 자의로 떠나려는 농민을 강압적으로 억류하려는 수도원의 만행 등을 묘사하고 있다. 「무욕주의자와 소욕주의자의 논쟁 Стязание Любостяжателя с Нестяжательем」에서 무욕주의자들의 주장을 옹호하면서 소욕주의자들이 저지르는 비도덕적 만행들은 러시아 땅에 해로운 영향을 끼친다고 지적하고 있다.

뜨베리의 오뜨로치 수도원에 구금중이던 1534년부터 1539년 사이에 집필된 것으로 추정되는 「연민의 정을 품고, 마지막 성자전의 권

105) '인간' 혹은 '농노'라는 의미도 갖고 있다.

력과 황제에 의한 무질서와 무례함을 장황하게 서술한 수도사 막심 그레끄의 이야기 Инока Максима Грека слово, пространне излагающе, с жалостию, нестроения и безчиния царей и властей последняго жития」는 정치 색채를 띤 알레고리적 풍자작품이다. 제목에서 사용된 '마지막 성자전의 권력'은 종말에 가까운 '타락한 교권'을 의미하며 이 작품의 주인공 '과부'(вдова)는 '타락한 러시아 국가'를 상징하고 있다. 검은 상복을 입은 한 과부가 광야에서 길을 잃고 슬피 울고 있었다. "…광포한 야생동물들—사자, 곰, 늑대, 여우—이 그녀를 둘러쌌다."(...окрест беша звери, львы и медведи, и волцы и лиси.) 과부는 우연히 길을 지나가던 한 '순례하는 나그네'(странный путник)와 잠시 대화를 나누고, 그에게 자신이 누구이고, 이름이 무엇이고, 무엇 때문에 광야의 길에 앉아 있는지, 그리고 무슨 연유로 땅에 엎드려 울고 있는지 설명하였다. "내 이름은 하나가 아니고, 다양합니다. 처음에 사람들은 나를 '권력', '통치권', 그리고 '신(神)권'이라 불렀습니다. 본래의 내 이름은, 앞서 언급한 것들을 다 포용하는, '바실리야'입니다."(Имя же мне не едино, но различно : и начальство бо наричуся, и власть, и владычество, и господьство, суще же мне имя, аки обдержательне предреченных, Василия имя есть мне.) 작가는 그녀의 이름이 그리스어로 왕국(царство)을 의미하는 '바실리야'라고 설명하면서, '과부'가 '러시아 국가'를 상징하고 있다는 것을 독자에게 전달하고 있다. 동시에 '바실리야'라는 이름은 1533년에 사망한 바실리 III세가 통치하던 모스끄바 공국의 상징적 의미로도 해석할 수 있다. 과부는 권력을 탐하고, 사치하고, 국민들에게 고통을 주는 통치자들이 만든 악법에 의해 박해받고 슬피 통곡하고 있다고 토로하였다. 그녀는 나그네에게 삭막한 광야와 야생동물들은 경건한 통치자들이 부재한 성서에 나오는 마지막 심판 때의 종말을 의미한다고 설명하였다. 이처럼 작가는 과부를 통해 부패한 권력을 상징적으로 강력히 비난하고 있는 것이다. 이 부분은 바실리 III세가 사망하고 어린 이반 IV세가 즉위한 후에 발생한 공후들간의 권력투쟁 과정에서 공후, 귀족, 교회가 부와 권력을 확장하는 데 혈안이 되었고, 이로 인해 민생이 도탄에 빠진 상황을 묘사한 것이다.

과부에 대한 이야기가 끝나고 작가는 자신의 사상을 다음과 같이 서술하였다. 교회의 권한과 군주의 통치권은 하나님으로부터 물려받은 신성한 것이기에 교회는 스스로 영적인 계몽에만 전력해야 하고, 군주는 나라를 지키고 평화로운 사회를 건설하는 의무가 있다. 군주는 귀족들과 군인들을 믿고 충성·봉사하는 그들에게 응분의 보상을 지급하여 나라의 평화를 유지해야 한다. 그리고 마지막 부분에서 작가는 성서의 인물들을 예로 들고[106], 어떻게 과부를 광야에 내다버릴 수 있느냐고 단호히 외치며, 부정과 불의를 저지르는 모든 통치자들을 엄벌하겠다고 경고한다. "…우리 주 예수 그리스도여, 그에게 영광과 존귀와 경배가 영원토록 있기를. 아멘."(...о Христосе Иисусе, господе нашем, емуже слава, честь и поклонение в безконечныя веки. Аминь) 이라는 성서 구절로 작품을 마무리짓는다.

막심은 부주교 다니일과 달리 일상구어체를 거의 사용하지 않고 수사학과 문법의 규칙을 준수하며 논리적인 문장을 사용하였다. 그가 사용한 문장은 상당히 길고 문법적으로 복잡한 구조를 갖추고 있는 것이 특징이다. 일부 학자들은 그가 외국인이기 때문에 그런 문장을 썼다고 주장하기도 한다. 풍부한 학식을 바탕으로 자신의 주장을 논리적으로 전개한 막심의 문체와 문장력은 훗날 안드레이 꾸릅스끼 공후의 서간문에 많은 영향을 끼치게 된다.

---

106) 제사장 사무엘, 사울 왕, 다윗 왕, 선지자 엘리야, 선지자 엘리사.

6. 마까리

빠프누뜨이-볼롭스끄 수도원(Пафнутьий -Боловский монастырь) 출신인 마까리(Макарий, 1482~1563)는 요시포-볼로꼴람스끄 수도원의 수도원장 요십의 절대적인 추종자 중 한 사람이었다. 1526년에 노브고로드의 대주교로 임명된 마까리는 반(反)봉건제도(антифеодализм)의 선봉에 서서 대공의 정치적 권력강화를 강력히 주장하는 개혁적인 인물이었다. 이와 동시에 교회의 절대적인 권위를 수호하며 지상의 악과 투쟁하는 강력한 전투교회(воинствующая церковь)를 추구하였다. 그는 1529년에 『대(大) 미네이-체찌이』 선집 편찬 작업에 착수하여 1541년에 제1차 개정본을 완성하였다. '미네이-체찌이'는 교회력에 맞추어 월별로 성자의 생애를 기록한 성자전으로 성자의 축일에 맞추어 예배시 낭송되었다. 귀족의 권한을 제한하며 중앙집권제를 추구하던 절대군주를 적극적으로 옹호했던 마까리는 1542년에 당시 러시아를 통치하던 슈이스끼(Шуйский) 가문의 공후들에 의해 러시아 교회의 최고 수장인 부주교직에 임명된 인물이었다.

마까리는 1547년 1월 당시 17세인 이반 IV세에게 황제(царь) 칭호를 공식적으로 수여하여 황제의 절대권을 선포하였다. 이때부터 러시아에서 대공(великий князь)이라는 명칭이 자취를 감추고 대신 황제라는 의미를 가진 '짜르'가 등장하였다. 짜르는 로마 황제 시저

(Julius Caesar, 100~44 B.C.)를 러시아어로 음역한 단어인 '쩨자르'(цезарь: 로마 황제)에서 가운데 모음 '예'(е)와 자음 '제'(з)를 빼고 간략하게 만든 조어이다. 공후와 귀족들의 권력을 제한하며 절대군주의 강력한 통치를 지지했던 마까리는 젊은 이반 IV세에게 많은 영향을 끼친 인물이었다.

마까리는 16세기 이전에 기재되지 않았던 성자들을 선정하는 정경화(канонизация) 작업을 추진하기 위해 1547년과 1549년 두 차례에 걸쳐 교회 회의를 개최하였다. 이 회의에서 약 40명의 성자들이 추가되었는데 그 중에는 마까리가 존경했던 요시포-볼로꼴람스끄 수도원장 요십도 포함되었다. 이처럼 성자를 선정하는 과정에는 종교적 요소뿐 아니라 정치적 요소가 크게 작용하였던 것이다.

1549년 교회 회의 이후 마까리는 과거에 쓰여진 성자전 중 60여 편을 다시 개편하도록 명령하였다. 마침내 1552년에 추가 및 수정된 성자전을 포함한 『대 미네이-체찌이』 선집 제2차 수정본이 완성되어 모스끄바의 우스뻰스끼 사원(Успенский собор)에 보관되었다. 이 선집은 12권으로 약 27,000쪽의 방대한 분량으로 구성되어 있다. 마까리는 성자들의 삶을 다룬 글 외에 당시 러시아에 유포되어 독자들에게 읽혀졌던 서적들을 이 선집에 포함시켰다. 그 결과 이 선집에는 교회력에 의해 나열된 러시아 성자전뿐 아니라 번역된 외국의 성자전, 수도원장 다니일의 「순례기」, 요세푸스의 「유대 전쟁의 역사」, 「바빌론 이야기」, 「바를라암과 요아사프」, 요시포-볼로꼴람스끼 수도원장 요십이 쓴 15세기 말 이단운동에 반대하는 내용을 담은 「계몽자」, 그리고 일부 성직자들이 쓴 설교와 교훈서 등이 포함되었다. 연대기를 제외한 고대 러시아의 문학작품을 총망라한 이 선집은 당시 교회가 추구했던 종교관과 중앙집권제를 향한 황제의 정치적 성향이 서로 맞물려 탄생한 결과물이었다.

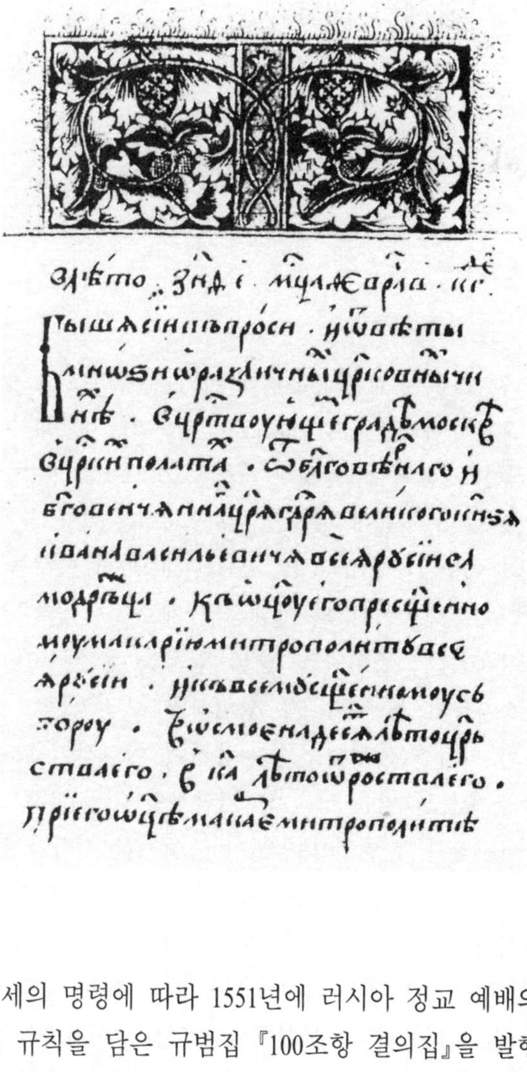

『100조항 결의집』
필사본의 첫 page

마까리는 이반 IV세의 명령에 따라 1551년에 러시아 정교 예배의식에 관한 기본적인 규칙을 담은 규범집 『100조항 결의집』을 발행하였다. 교회와 수도원의 생활규범과 토지소유에 관한 통일된 지침을 제시하고 있는 이 선집 역시 황제의 중앙집권제를 옹호하는 의도를 갖고 집필된 것이다.

7. 「황제의 계보」

마까리 부주교는 1563년에 그의 충복인 주교 안드레이(Андрей : 그는 훗날 마까리를 이어 부주교로 임명되면서 아파나시(Афанасий)로 이름을 바꾼다)로 하여금 「황제의 계보 Степенная книга」를 집필토록 명령하였다. 이 작품은 세례를 받은 최초의 여공 올가(Ольга, 945~957)로부터 이반 IV세(Иван IV, 1533~1584)까지 이르는 끼예프와 모스끄바의 주요 대공 17명의 체계적인 계보를 간략한 성자전 양식을 이용하여 기록한 것이다. 그들의 업적을 찬미하며 대공과 관련된 주요 성직자들의 생애도 일부 삽입하였다. 작가는 선별한 대공들을 수사체의 화려한 미사여구를 사용하여 이상적이고 현명한 통치자, 하나님의 축복을 받은 상속자, '기름부음을 받은'[107] 거룩한 군주 등으로 묘사하였다. 선별된 대공들이 끼예프 러시아를 건국한 류릭으로부터 각각 몇 대 손(孫)이라는 것을 기록함으로써 끼예프 러시아에 이어 러시아 주권을 물려받은 모스끄바 공국의 정통성이 강조되고 있다. 「황제의 계보」에서 야로슬라프 현공, 이반 깔리따 그리고 이반 IV세는 각각 다음과 같이 기록되어 있다. "야로슬라프 대공은 고귀한 혈통을 가진 시들지 않는 선한 열매가지이고, 황제 혈통을 가진 러시

107) 성서에 등장하는 유대 왕의 즉위식 때 하나님의 대리자인 제사장으로부터 머리에 기름부음을 받는 예식.

아 군주들의 과실을 맺는 씨앗이다…."(Благороднаго корени доброплодная и неувядаемая ветвь, царскаго изращения плодоносное семя руских самодежателей, сий великий князь Ярослав бысть....) "고귀한 하나님에 의해 선택된 후계자, 그리고 경건한 나라의 축복받은 상속자, 하나님이 사랑하는 러시아 제국의 대공 깔리따라고 불리는 이반 다닐로 비치는 축복받은 알렉산드르(Александр Невский, 1252~1263)의 손자이며, 사도에 준하는 블라지미르 I세(Владимир I Святой, 980~1015)의 10대 손이며, 류릭(Рюрик, 862~879)의 13대 손이다…."(Сей благородный, богом избранный приемник и благословенный наследник благочестивыя державы боголюбиваго царствия Русьскыя земля великий князь Иван Данилович, рекомый Калита, внук блаженнаго Александра—десятый степень от святаго равноапостольнаго Владимира перваго, от Рюрика же третий надесять....) "…거룩한 기름부음을 받은 황제이자 대공, 가장 달콤한 이름 이반, 모든 러시아의 주인이자 전제군주, 많은 이민족과 왕국의 정복자, 그는 성 블라지미르 I세의 17대 손이고, 류릭의 20대 손이다."(...сий святопомазанный царь и великий князь, сладчай шее имя Иван, государь и самодержец всея Русии и иным многим языком и царствием одолетель, иже бысть от святаго перваго Владимира седьмый надесять степень, от Рюрика же двадесятый.) 대공들 가운데 특히 이반 IV세에 대한 계보는 타대공에 비해 상대적으로 많은 분량이 할애되었다. 이 작품은 단순히 위대한 대공들의 업적을 묘사하기보다 교회와 군주가 연합하여 봉건제를 타파하고 절대군주를 중심으로 하여 중앙집권제로 나가려는 이반 IV세의 정치적 야심을 기저에 깔고 있는 작품이다.

8. 「도모스뜨로이」

16세기 초 모스끄바에 등장하기 시작한 「도모스뜨로이 *Домострой*」[108]는 일반 러시아 사람들을 대상으로 가족관계, 그리고 가정과 사회생활에 관한 지침서였다.[109] 16세기 중엽 이전에 집필된 개정판에는 결혼한 부인을 유혹하는 여자 뚜쟁이에 관한 이야기 등 당시 모스끄바의 일상생활을 적나라하게 묘사하는 내용들도 일부 포함되어 있었다. 16세기 중엽 이반 IV세와 절친한 사이였던 블라고베쉔스끄 사원(Благовещенский собор)[110]의 사제 실베스뜨르(Сильвестр, ?~1566)는 상기 개정판의 내용 중 일부를 삭제하고 다듬어 두 번째 개정판을 집필하여 완성하였다.[111] 실베스뜨르의 개정판 「도모스뜨로이」는 63장에 자신의 아들 안핌(Анфим)에게 보내는 편지를 추가하여 총 64장으로 구성되어 있다. 러시아인들의 종교와 정치에 대한 행실과 규범, 상류가정에서 아내・자녀와 하인들을 교육하는 원칙, 여인들과

---

108) 이 단어는 '집' 혹은 '가정'이라는 의미를 가진 '돔'(дом)과 '구조' 혹은 '제도'라는 의미의 '스뜨로이'(строй)를 합성한 조어이다.

109) 작가는 알려지지 않고 다만 노브고로드의 한 수도원에서 집필되었다는 것만이 전해 내려온다.

110) 모스끄바의 끄레믈린 내에 위치한 사원.

111) 일부 학자들은 이반 IV세의 지시에 의해 두 번째 개정판이 집필되었다고 주장한다.

하인들이 가정살림을 꾸려 나가는 방법 등을 다루고 있는 이 작품은 12세기 초 블라지미르 모노마흐가 쓴 「교훈서」처럼 순수 훈계문학 장르에 포함시킬 수 있으나, 정치적 색채를 다소 띤 작품으로 평가되기도 한다.

실베스뜨르는 이 작품의 서두에 "도모스뜨로이라고 불리는 이 책은 유용한 것들을 담고 있다. 모든 기독교인들인 남편, 아내, 자녀, 남녀 노비를 위한 훈계와 징벌"(Книга, глаголемая домострой, имеет в себе вещи зело полесны. Поучение и наказание всякому християнину, мужу, и жене, и чадом, и рабом, и рабыням.)이라는 제목을 부쳤다. 그리고 각 장마다 내용을 요약하는 소제목을 달아 놓았다. 제1장 '아버지가 아들에게 주는 징벌'(Наказание от отца к сыну)은 다음 문장으로 시작된다. "죄인인 나는 모든 그리스도의 율법과 깨끗한 양심과 정의에 따라, 하나님의 의지에 의해 창조되고 그의 계율을 준수하는 믿음을 갖고 내 아들, 그의 아내, 그들의 자녀들과 하인들을 축복하고, 훈계하고, 징벌하고, 계몽하고자 한다."(Благословляю аз грешный, имя рек, и поучаю, и наказую, и вразумляю сына своего, имя рек, и его жену, и их чад и домочадцов быти во всяком християнском законе и во всякой чистой совести и правде, с верою творяще волю божию и храняще заповеди его.) 가장이 우선 하나님을 경외하며 자신을 단련시킨 다음에 아내를 가르칠 것과 자녀들과 하인들에게 필요치 않은 징벌을 가하지 말고, 노예처럼 부리지 말고 잘 다스려 질서를 유지할 것을 언급한다. 작가는 가장에게 절대적 권리를 부여하고 가내 질서를 강조함으로써 가정의 질서를 사회와 국가의 질서로 연계하려는 의도를 보여주고 있다. 황제와 공후들을 존경하며 모든 면에서 그들에게 순종하며 복종해야 된다는 내용을 담고 있는 제7장에는 "황제를 두려워하고 믿음으로 그에게 봉사하며, 항상 그를 위해 기도하고, 그 앞에서 결코 거짓을 말하지 말아야 한다"(Царя бойся и служи ему верою и всегда о нем бога моли и ложно отнюд не глаголи пред ним.)라고 서술하였다. 작가는 "황제에 대항한 자는 하나님에게 대항한 자와 같다"는 말도 서슴지 않고 있다. 이 부분에서 작가는 황제의 절대적 권리를 신앙에 빗대어 언급하며 강력한 중앙집권제를 시사하고 있는 것이다. '어떻게 농가의 질서를 깨끗하고 훌륭히 지키느냐'(Как избная парядня устроити хорошо и чисто)라는 소제목의 제38장에서 가사에 사용되는 기구들에 게조차 질서를 요구하고 있다. 식탁과 접시, 컵과 칼, 모든 용기와 국자, 술잔들을 아침부터 끓인 물로 씻고, 닦아내고, 바짝 말려야 한다. 그리고 점심식사와 저녁식사 후에도 똑같이 해야 한다. 이 작품에는 가정생활에 유용한 지침인 '곳간과 얼음창고에 음식물을 보관하는 법'과 사회생활에 필요한 '수도원, 병원, 감옥, 초상집을 방문하는 예의범절'과 '딸의 결혼을 위한 지참금을 미리 준비하는 방법' 등이 담겨 있다. 이를 통해 16세기 러시아인들의 생활상을 엿볼 수 있다. 이 작품은 사제인 작가가 쓴 글임에도 불구하고 교회슬라브어가 거의 눈에 띄지 않는다. 일상생활에서 흔히 사용되는 구어가 주류를 이루고 있는 점으로 미루어 다수의 일반인을 대상으로 한 작품이었다는 것을 감지할 수 있다.

9. 「까잔 왕국에 관한 역사」

「까잔 왕국에 관한 역사 История о Казанском царстве」는 1552년 '까잔 한국'(Казанское ханство : 1438~1552)이 이반 IV세에 의해 멸망당한 후 1560년대에 익명의 작가에 의해 집필되었다. 작품의 텍스트를 근거로 할 때 작가는 러시아인으로 1532년 까잔에 잡혀 가서 20년 동안 포로생활을 한 인물로 추정된다. 1552년에 발생한 전투장면을 자세히 서술한 작가는 문학적 재능을 갖춘 인물로 까잔의 전설과 구전문학 요소를 가미하여 역사적 사건을 흥미롭게 묘사하였다. 그는 비유, 과장, 형용어구 그리고 풍부한 서정적 이미지를 이용하여 등장인물의 내면세계를 시적으로 표현하였다. 까잔에 대한 러시아의 승리는 지난 240년간 따따르의 굴레 속에서 겪은 고통에 대한 보복일 뿐 아니라, 중앙집권제로 치닫는 모스끄바 공국의 위대함을 의미하고 있다. 이 승리와 더불어 1556년에 아스뜨라한 한국(Астраханское ханство)을 멸망시킴으로써 황제의 권한은 막강해졌고, 상대적으로 귀족과 공후들의 권위는 추락하였다. 까잔을 멸망시킨 다음, 황제는 당시 러시아 최고의 건축자인 바르마(Барма)와 뽀스뜨닉(Постник)을 시켜 통일된 위대한 러시아를 상징하는 바실리 성당을 모스끄바에 건립하였다. 이 작품은 14세기와 15세기 작품인 「마마이와의 전투 이야기」와 네스또르-이스깐제르의 「짜르그라드에 관한 이야기」를 일부 모방하였다고 알려지고 있다. 현재 이 작품의 필사본이 230여 개나 발견된 것으로 미루어 볼 때 당시 상당한 대중적 인기를 얻은 작품이었음을 알 수 있다. 작품은 1172년에 까잔이 설립되었다는 전설에서 시작하여 1552년 까잔 한국이 멸망할 때까지의 이야기를 다루고 있다. 작품의 제목과는 달리 내용의 상당 부분이 주인공인 이반 IV세에 관한 이야기로 구성되어 있고, 그의 위대한 공적을 기리고 찬양하는 데 초점이 맞추어져 있다.

작가는 '아름답고 새로운 이야기'라는 문구를 사용하여 작품의 서두를 열어 간다. "예수의 이름을 따르는 사람들(러시아인을 지칭)에 관한 아름답고 새로운 이야기를 우리가 듣는다는 것은 가치가 있다, 우리 시대에 우리 땅에 유명한 사건이 발생했기 때문에!"(Красныя убо и новыя повѣсти достоино намъ послушати, о христоименитии людие, яже содѣяшася преславная дѣла въ нашеи земли во дни наша!) 이야기의 첫 문장은 이전 고대 러시아 문학작품에서는 찾아볼 수 없는 독특한 표현으로 독자들에게 시적인 감흥을 불러일으키고 있다. 그리고 작가는 자신의 신상을 비교적 자세히 기술하고 있다. "까잔 사람들에 의해 포로로 잡혀 가 그곳에서 20년간 살았고, 모스끄바 황제(이반 IV세를 지칭)의 이름으로 까잔에서 해방되었다."(И бывъ тамо 20 лѣтъ, по взятии же казанскомъ, изыдохъ исъ Казани, на царево московского.) "황제는 나에게 세례를 베풀었다. 그리고 나는 기독교 신앙을 받아들이고, 조그만 땅을 하사받고, 믿음으로 그를 봉사하기 시작하였다." (Царь же мя крести и вѣрѣ Христовѣ причте и мало земли ми удѣломъ дасть, и начахъ служити ему вѣрно.) 이 부분에서 작가는 이반 IV세에 의해 궁중귀족으로 임명된 인물임을 알 수 있다.

이어 작가는 각각의 소제목하에 십여 개의 단락으로 나누어 각기 다른 에피소드를 기록하였다. 각 단락 내용의 상호 연관관계가 껄끄럽고, 까잔에서 모스끄바로의 공간이동이 너무 자주 발생하여 줄거리 전개가 전반적으로 매끄럽지 못하다는 느낌을 받는다. '까잔 왕국의 첫 시작에 관한 이야기'에서 작가는 까잔 도시 건설에 관한 전설을 소개하고 있다. 6608년[112]에 까마(Кама) 강가에 브랴호프라는 오래된 도시가 있었는데, 그곳에 불가리아인 사닌(Санинъ)[113]이 정착하여 불가리아 공국을 건설하였다.[114] 작가는 「바빌론 이야기」처럼 뱀과 머리가 둘인 용에 관한 전설을 덧붙이며 불가리아 도시들의 건설을 소개하고, "이 불가리아 도시들은 까잔의 황제에게 속한다"(И болгарския грады обладаются царемъ казанскимъ.)고 언급한다.

작가는 '바실리 대공의 죽음에 관한 이야기'(О смерти великого князя Василия)와 '대공이자 황제인 이반 바실리예비치(이반 IV세를 지칭)에 관한 이야기'(О цари и великомъ князъ Иванъ Васильевичъ)를 서술한 후, 아들과 함께 까잔에서 추방당한 까잔 황후 숨베까(Сумбека)에 관한 슬픈 이야기를 소개한다. 황후가 황제의 친척인 꼬샤(Кошак)과의 금지된 사랑에 빠진 이야기와 사랑에 눈이 멀어 자신의 아들을 살해하려 했던 이야기, 그리고 그녀가 두 번째로 결혼한 남편 쉬갈레이(Шигалей)를 여러 차례 독살하려 했던 이야기를 소개한다. 그러나 작가는 그녀를 부정한 여인으로 간주하지 않고, 현명하고 태양처럼 아름다운 여인으로 묘사하고 있다. 그녀가 황후 직위에서 물러날 때, 궁정의 모든 귀족들과 그들의 아내들이 슬퍼하였다. 그녀는 첫 남편인 사쁘끼레이(Сапкирей)를 회상하고, 스비야쉬끄(Свияжск)에서 모스끄

112) 이는 러시아의 창세기력으로 어떤 텍스트에는 6680년 혹은 6685년이라고 표기되어 있다. 각각 1100년, 1172년, 1177년을 의미한다.

113) 역사적 실제 인물로 추정된다.

114) 두나이 강가에 자리잡고 있는 오늘날의 불가리아 국가와 달리 까마(Кама)강 너머 볼가강 중류를 중심으로 하여 동쪽으로 노가이 한국에 이르는 지역에 건설된 국가.

바 국경으로 떠나면서 까잔의 멸망을 예견이라도 하듯 슬픈 애가를 불렀다. "까잔의 황후는 모스끄바로 떠나면서 볼가(까잔 왕국을 의미)를 위해 가슴 아프게 울면서, 눈을 들어 까잔을 바라보며, 다음과 같이 노래했다."

> "네게 슬픔이 있구나, 네게 슬픔이 있구나, 피로 물든 도시여,
> 네게 슬픔이 있구나, 쓰러진 도시여!
> 무엇 때문에 아직도 거만하게 뽐내고 있느냐?
> 이미 왕관이 너의 머리로부터 떨어졌구나,
> 마치 홀로된 초췌한 과부처럼,
> 너는 이제 노예이고, 더 이상 주인이 아니다.
> 그리고 네 황제의 영광은 지나갔고 끝이 났구나.
> 너는 아무 도움도 받지 못하고 추락해 버렸구나,
> 마치 머리가 떨어져 나간 짐승처럼.
> …
> 그때 네가 누리던 너의 위대한 황제의 향연은
> 지금 어디 있느냐?
> 너의 아름답고 위대한
> 창기병과 공후와 귀족들은 어디 있느냐?
> 그리고 젊은 여인들과 아름다운 처녀들의
> 환호와 노래와 춤은 어디 있느냐?
> 너의 모든 것은 사라지고 소멸해 버렸구나."
> (Горе тебѣ, горе тебѣ, граде кровавъ,
> горе тебѣ, граде уныльı!
> Что еще гордостию возносишися?
> Уже бо паде вѣнецъ съ главы твоея,
> яко жена худая вдовая осиротѣвъ.
> Рабъ еси, а не господинъ.

И преиде царская слава твоя и скончася,
ты же изнемогше падеся
аки звѣрь, не инущи главы.
...
Гдѣ нынѣ бывшая въ тебѣ иногда
царския пирове и величествия твоя?
И гдѣ уланове и князи и мурзы
твоего красования и величания?
И гдѣ младыхъ женъ и красныхъ дѣвицъ
ликове и пѣсни и плясания?
Вся ты ныне исчезоша и погибоша!)

작가는 러시아 군이 까잔을 공격하는 장면을 묘사할 때, 전형적인 러시아 군담과는 달리 적군인 까잔 군인들의 용맹도 함께 묘사하였다. "1명의 까잔인이 100명의 러시아인과, 그리고 200쌍과 싸웠다" 그리고 이슬람교 사원의 약탈, 러시아 전사들이 저지른 살인과 잔혹한 행위를 묘사함으로써 네스또르-이스깐제르처럼 중립적 위치에서 이야기를 서술하려는 작가의 의도를 보여주기도 한다. 러시아인들이 적진으로 진격하는 용감한 모습은 「이고리 원정기」처럼 비유와 과장을 사용해 마치 한 편의 그림을 연상시키듯 화려하게 묘사되었다. "러시아 군대는 마치 폐허 위를 나르는 굶주린 독수리와 매같이 빠르게 날아들었다. 산을 따라, 그리고 도시의 넓은 거리를 따라 뛰는 사슴처럼 도약했다. 광야의 야수같이 이리저리 질주했다. 까잔 사람들을 추적하며 사냥감을 당혹시키는 사자처럼 으르렁댔다." 격렬한 전투장면의 묘사는 「짜르그라드에 관한 이야기」의 전투장면처럼 음향효과를 극대화시키고 있다. 대포와 총소리, 칼과 창이 부딪치는 금속음, 여인과 아이들의 울부짖는 통곡소리, 말발굽 소리와 말울음

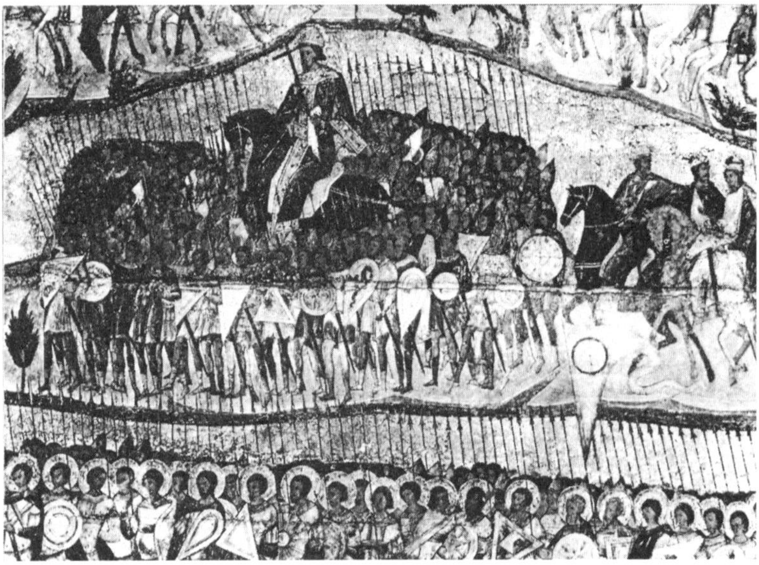

까잔을 정복하고 개선하는 이반 IV세(16세기 성상화)

소리. 이 소리들은 멀리 러시아 국경까지 울려 퍼졌다. 치열한 격전지에는 화약연기가 피어올라 도시를 뒤덮었다. 밤하늘은 대포와 총에서 나오는 불빛으로 대낮같이 밝고, 한여름의 대낮은 검은 화약연기로 뒤덮여 마치 가을 밤하늘같이 어두워졌다.

마지막 부분에는 승전보를 가지고 개선하는 이반 IV세의 위풍당당한 모습을 보려고 환호하는 러시아 남자들의 모습과 감히 밖에 나가지 못하고 집안에서 창과 문틈 사이로 이 광경을 바라보는 러시아 여인들의 모습이 대조적으로 묘사되어 있다. "황제의 모든 명예를 위해 그는 마치 빛나는 부활절처럼 온몸을 치장하여 덮었다. 갑옷과 은으로 만든 옷을 입고, 머리에는 진주와 화려한 보석으로 장식한 황금 관을 쓰고, 어깨에는 황제의 자주색 망토를 걸쳤다." 황제의 개선을 축하하러 여러 나라[115]에서 온 대사들과 영국 상인들이 그를 보며 다음과 같이 말했다. "우리는 우리 왕국이나 외국에서 이런 왕국(러시아를 지칭)을 보지 못했다. 그리고 황제나 왕들 가운데 이렇게 아름다움과 권력과 위대한 영광을 가진 황제는 결코 보지 못했다!"(Нѣсть мы видали ни въ коихъ же царствахъ, ни въ своихъ, ни въ чюжихъ, ни на коемь же царѣ, ни на королѣ таковыя красоты и силы и славы великия!) 모스끄바 사람들은 개선하는 황제를 보기 위하여 교회 탑, 성벽과 궁궐의 지붕 위로 올라갔다. 그들은 가능한 모든 방법을 동원하였다. 그러나 공후와 귀족의 부인들과 처녀들은 집 밖으로 나가는 것이 허락되지 않아, '새장에 갇힌 새처럼'(яко птицы брегоми въ клѣтцахъ) 창틀과 문지방에 기대어 조그만 틈새를 통해 바라보았다. 마지막 장면의 묘사를 통해 16세기 중엽에 정치·외교적으로 발전하는 러시아의 모습과 당시 남성들과 차별되었던 상류사회 러시아 여인들의 풍습을 엿볼 수 있다.

---

115) 노가이 한국, 폴란드, 스웨덴, 덴마크, 볼로스끄(루마니아를 지칭함) 등.

10. 안드레이 꾸릅스끼

야로슬라블(Ярославль) 공후의 가문에서 출생한 안드레이 꾸릅스끼(Андрей Михайлович Курбский, 1528~1583) 공후는 어린 시절 문법, 수사학, 점성술, 철학 등 훌륭한 교육을 받은 박식한 인물이었다. 그의 백부는 마까리 부주교가 완성한 『대(大) 미네이-체찌이』 편집자 중 한 사람이었다. 이반 IV세와는 어린 시절부터 가깝게 지냈고, 부주교 마까리(Макарий), 그리고 황제의 총신인 아다쉐프(Андрей Фёдорович Адашев)와도 절친한 사이였던 꾸릅스끼의 종교 및 정치관에 가장 큰 영향을 끼친 사람은 다름 아닌 막심 그레끄(Максим Грек, 1475~1556)였다. 막심 그레끄로부터 수사학과 문법을 배운 꾸릅스끼는 그를 '사모하는 스승'(возлюбленный учитель)이라고까지 불렀다. 꾸릅스끼는 아리스토텔레스 철학에 몰두하여 귀족정치에 깊은 관심을 갖게 되었고, 라틴어로 된 종교서적들을 러시아어로 번역하기도 하였다. 1540년대 말부터 이반 IV세를 보좌하며 국정에 참여하게 된 그는 1549년 2월 마까리, 아다쉐프, 사제 실베스뜨르(Сильвестр) 등과 함께 이반 IV세가 창설한 '이즈브란나야 라다'에 참여하였다. 그는 '이즈브란나야 라다'에서 군사업무를 담당하였고, 1552년 까잔 한국 정복 때 총사령관으로 이반 IV세와 함께 참전하여 혁혁한 공을 세우기도 하였다.

그러나 이반 Ⅳ세는 1561년 리보니야와의 전투에서 패배한 꾸릅스끼를 질타하고 그를 발틱 연안에 러시아 군사령관으로 근무하도록 명령하였다. 황제로부터 총애를 잃었다고 판단한 꾸릅스끼는 얼마 후 발틱 연안의 유리예프에서 리보니야와 폴란드 군대를 무찌르고 유리예프의 사령관으로 그 지방을 통치하며 생활하였다. 아다쉐프와 실베스뜨르처럼 숙청당할 것을 염려한 꾸릅스끼는 마침내 1563년 4월 30일 리투아니아(Литва)[116]로 도주하여 망명을 신청하였다. 당시 리투아니아의 국왕인 아브구스뜨 쥐기만뜨(Август Жигимант)는 그에게 리투아니아의 볼르인(Вольнь) 지방에 영지를 하사하고 그를 자신의 부관으로 삼았다. 이듬해 꾸릅스끼는 리투아니아 군대를 이끌고 이반 Ⅳ세의 러시아 군대와 맞서 전투를 치르기도 하였다. 꾸릅스끼는 1564년부터 십여 년에 걸쳐 이반 Ⅳ세의 전제정치와 폭정을 비난하는 내용을 담은 5통의 편지(1564년, 1566년, 1577년, 1578년, 1579년)를 써서 그에게 전달하였고, 분노한 이반 Ⅳ세는 이에 대한 답신으로 2통의 편지(1564년, 1577년)를 써서 보냈다. 이 편지들을 「안드레이 꾸릅스끼 공후와 이반 Ⅳ세의 왕복 서한 Переписка князя Андрея Курбского с Иваном Грозным」이라고 부른다.

1573년에 꾸릅스끼는 황제의 절대군주제를 반대하며 귀족정치를 선호하는 그의 정치사상을 담고 있는 소논문(памфлет) 「모스끄바 대공 역사 История о великом князе Московском」를 집필하였다. 이 소논문은 당시 폴란드에 국왕이 없던 시절인 1573년에 이반 Ⅳ세가 폴란드를 점령하는 것을 막으려고 그의 부정적인 편력을 폭로하는 정치적인 의도를 갖고 집필한 작품이다. 작가는 이반 Ⅳ세의 부친

116) 당시 강국이었던 리투아니아는 북쪽의 리보니야에게 영향력을 발휘하고 있었고, 남쪽의 폴란드를 통치하고 있었다. 그래서 당시 리투아니아를 '리투아니아-폴란드'라고도 불렀다.

바실리 III세가 본부인을 수도원으로 쫓아내고 엘레나(Елена)와 불법으로 결혼한 이야기, 바시안 빠뜨리께예프(Вассиан Патрикеев, ?~1545)를 투옥시킨 이야기, 부친의 불법과 방탕함에 의해 탄생한 이반 IV세가 어린 시절 애완동물에게 가한 잔혹한 행위들을 기술하면서 부친에 의해 저질러진 죄가 자식을 통해 또 다른 죄를 잉태하게 되었다고 지적하고 있다. 이어 작가는 3세와 7세 때 부친과 모친이 각각 사망하고 정서적으로 불안한 가운데 사악한 열정과 고집 속에서 성장하며 아주 잔인한 모든 종류의 피를 맛보았던 어린 이반 IV세에게 신앙심과 군사적 용맹성을 가르쳤던 두 인물——사제 실베스뜨르와 귀족 아다쉐프——에 대한 이야기를 서술한다. 이 두 사람은 이반 IV세를 설득하여 환락을 추구하는 아첨꾼들을 멀리하도록 권고하였고, 황제로 하여금 '이즈브란나야 라다'를 창설하여 국정을 올바르게 이끌어나가도록 충언한 인물이라고 밝히고 있다. 황제가 거둔 크고 작은 군사적 성공들은 '이즈브란나야 라다' 덕택에 얻은 결실이라고 주장하며, 당시 모스끄바 러시아가 이룩한 발전과 성취가 이반 IV세의 독단적인 행위에 의한 것이 아니라 "일종의 귀족정치 형태인 측근들의 지략으로 인해 얻어진 것이다"라는 주장을 하고 있다. 이 부분에서 황제에 의한 1인 전제정치를 반대하는 작가의 정치사상을 엿볼 수 있다. 1553년 중병을 앓고 난 후 황제의 행동은 이전과 달리 급변하였고, 황제에게 "전제군주가 되고 싶으면 자신보다 더 현명한 고문관들을 가까이하지 마라"고 조언했던 요십 추종자인 바시안 또뽀르꼬프(Вассиан Топорков)[117]의 영향을 받기 시작하였다고 작가는 지적한다. 방탕한 요십 추종자의 간언에 빠진 이반 IV세는 신실한 신하들을 박해하였고 마침내 아다쉐프와 실베스뜨르를 숙청

117) 출생과 사망 연도가 알려지지 않은 주교로 1542년에 뻬스노쉬스끄(Песношский монастырь) 수도원장을 역임하였다.

하였다는 것이다. 황제는 끄르임 한국을 먼저 공격하고 리보니야는 평화정책으로 흡수하라는 귀족들의 조언을 무시한 채 리보니야를 먼저 공격하다가 패배했다고 기술하며, 1561년 리보니야와의 전투에서 패배한 것에 대한 자신의 변명을 하고 있다. 꾸릅스끼는 이 작품을 집필하고 10년이 지난 후 망명지 리투아니아에서 사망하였다.

10-1. 「안드레이 꾸릅스끼 공후의 첫 번째 편지 Эпистолиа первая князя Андрея Курбского」

황제에 의해 행해진 전제정치와 공후 및 귀족에 대한 박해를 강렬히 비난하는 내용을 담고 있는 꾸릅스끼의 첫 번째 편지는 그의 최고 걸작으로 평가된다. 문학성이 뛰어난 서간문으로 2~3쪽의 비교적 짧은 분량인 이 작품에는 귀족정치를 선호하는 작가의 정치사상과 이반 IV세를 무자비한 절대폭군으로 폄하하는 내용이 들어 있다. 막심 그레끄의 영향을 받은 그의 문체는 상당히 논리 정연하고 수사학적이다. 일부 과장된 수사와 비교적 길고 복잡한 구문이지만 자신의 주장을 논리적으로 잘 전개해 나간다. 꾸릅스끼는 편지의 서두에서 황제에 대한 과거와 현재의 평가를 분명하게 구분하며 더 이상 이상적인 군주가 아니라는 것을 암시하고, 그의 병든 양심을 지적하며 박해를 받고 고통중에 있는 자신의 처지를 하소연한다. "하나님으로부터 축복을 받은, 더욱이 그리스 정교에서 가장 명석했었던, (그러나) 지금은 우리의 죄로 인해 반대편에 선 황제에게. 만약 당신이 이해할 수 있다면, 하나님을 믿지 않는 사람들에게서조차 발견할 수 없는, 문둥병 환자에게나 있는 양심으로 이해하십시오. 그리고 모든 문제에 관해서 이것 이상으로 내 혀가 더 이상 말한다면 이를 묵과하지 않겠습니다. 그러나 당신의 권력으로 인해 가장 고통

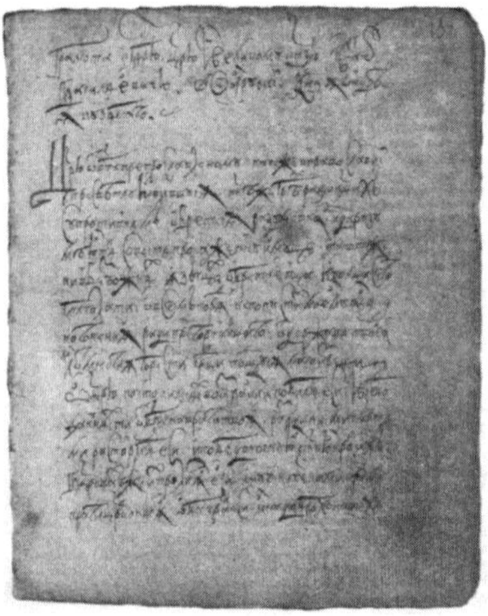

◀
이반 Ⅳ세에게 보낸
안드레이 꾸릅스끼 공후의
첫 번째 편지

스런 박해를 받았기 때문에, 내 가슴에 담긴 많은 슬픔으로 인해 당신에게 조금이나마 서둘러 말씀드리게 되었습니다."(Царю, от бога препрославленному, паче же во православии пресветлому явившуся, ныне же, грех ради наших, сопротив сим обретшемуся. Разумеваяй да разумеет совесть прокаженну имущий, якова же ни во безбожных языцех обретаетца. И больше сего о сем всех по ряду глаголати не попустих моему языку; гонения же ради прегорчайшаго от державы твоея, от многия горести сердца потщуся мало изрещи ти.) 그리고 작가는 비통한 심정으로, 그러나 이성을 잃지 않고, 수사학과 문법을 준수하며 황제를 강력히 질타하는 조롱조의 글을 써 내려간다. "무엇 때문에, 황제여, 이스라엘의 강한 자들을 죽이고, 다양한 형태의 죽음으로 하나님으로부터 당신에게 주어진 사령관들을 배신했습니까? 그리고 왜 당신은 하나님의 교회에서, 위풍당당한 승리의 제전에서 승리를 얻은 성스런 그들의 피를 쏟아 붓고, 그들 순교자의 피로 교회의 문지방을 진홍빛으로 물들였습니까? 그리고 왜 당신은 당신에게 친절을 베푸는 사람들과 당신을 위해 몸바치기로 결정한 영혼들에 대해 전대미문의 고통과 박해와 죽음을 가하고, 정교를 신봉하는 자들을 반역자, 마술사, 그리고 다른 책망을 받아야 할 자들이라며 근거도 없이 비난하고, 열심히 노력하여 빛을 어둠으로 바꿔 버리고, 달콤한 맛을 쓴맛이라고 지칭하도록 한 것은 무슨 연유입니까?"(Про что, царю, сильных во Израули побил еси и воевод, от бога данных ти, различным смертем предал еси? и победоносную, святую кровь их во церквах божиих, во владыческих торжествах, пролиял еси и мученическими их кровьми праги церковные обагрил еси? и на доброхотных твоих и душу за тя полагающих неслыханныя мучения, и гонения, и смерти умыслил еси, изменами и чародействы и иными неподобными оболгающи православных и тщася со усердием свет во тьму прелагати и сладкое горько прозывати?) 이어 작가는 부국강병에 기여했던 귀족들을 유배지로 보내 고통과 좌절 속에 죽어 가도록 만든 이반 IV세를 논리적인 웅변조의 문장으로 강렬히 비난한다. 작가는 그들의 신분을 다시 회복시키는 것이 불가능하다는 것을 전제하고, 황제에게 탄원하거나 적개심을 갖고 분노하지 않으며, 다만 그가 저지른 죄악을 지적하고 있다. "감동시키는 말로 간청하지 않으며, 많은 눈물로 흐느끼며 당신에게 간원하지도 않으며, 대주교의 관등을 통해 당신으로부터 어떤 자비도 청원하지 않습니다. 그리고 당신은 나에게 선을 악으로, 나의 사랑을 화해할 수 없는 증오로 보답하였습니다."(Не испросих умиленными глаголы, не умолих тя многослезным рыданием, ни исходатайствовах от тебя никоея же милости архиерейскими чинми. И воздал еси мне злые за благие и за возлюбление мое—непримирительную ненависть.) 꾸릅스끼는 사령관으로 이반 IV세를 위해 전투를 승리로 이끌며 이룩했던 공적을 나열한 후, 다 부질없는 짓이었다고 토로한다. 하나님은 자신의 행위를 잘 알고 있으며 훗날 보상하실 것이라는 기대와 함께 황제에 대하여 눈물로 하나님께 '보복의 기도'를 드린다고 언급하고 있다. 그리고 억울하게 처형당해 천국에 올라가 있는 희생자들도 작가처럼 동일한 기도를 드린다고 말하고 황제는 사후 저승에서 하나님의 심판을 받게 될 것이라는 강한 분노를 문학적으로 승화시켜 표현하고 있다. "그리고 눈물로 흠뻑 젖은 이 편지를 내 관에 나와 함께 묻어달라고 명령할 것입니다. 장차 다가올 나의 하나님 예수 그리스도의 심판대에 당신과 함께 설 것입니다. 아멘."(И о сем, даже до сих, писание сие, слезами измоченное, во гроб со собою повелю вложити, грядуще с тобою на суд бога моего, Иисуса Христа. Аминь.) 작품의 끝부분에 작가는 리투아니아 국왕 아브구스뜨 쥐기만뜨(Август Жигимант)의 도시 볼메르(Волмер)에서 이 편지를 썼다는 것을 밝히고, '서자의 아들'[118]은 천국에 들어올 수 없다는 내용을 담은 구약의 신명기 제23장 제3절을 인용하며 글을 맺는다. "모압과 암몬 사람들[119], 그리고 서자는 10대에 이르기까지 하나님의 교회에 들어오지 못할 것이다."(Моавитин и аммоннитин и выблядок до десяти родов в церковь божию да не входит.) 이 편지는 1564년에 꾸릅스끼의 심복 바실리 쉬바노프(Василий Шибанов)에 의해 황제에게 직접 전달되었다. 분노한 황제는 쉬바노프의 발을 홀장(笏杖, жезл)으로 찌른 채 그 지팡이에 몸을 기대고 편지를 읽었고, 쉬바노프는 고통을 참고 견디며 끝까지 신음소리를 내지 않았다고 전해진다. 이후 쉬바노프는 지하감옥에 감금되어 모진 고문을 당하고 처형되었다. 19세기 시인 알렉세이 똘스또이(Алексей К. Толстой)는 쉬바노프의 숭고한 정신을 주제로 한 발라드 「바실리 쉬바노프 Василий Шибанов」를 1840년에 발표하였다.

118) 바실리 III세의 둘째 부인 엘레나에게서 난 이반 IV세를 서자로 격하시키고 있다.

119) 모압과 암몬인의 조상인 이스마엘은 아브라암의 첩 하갈에게서 난 서자이다.

11. 이반 뻬레스베또프

출생과 사망 연도가 정확히 알려지지 않은 이반 뻬레스베또프(Иван Семенович Пересветов)는 리투아니아, 폴란드, 헝가리와 몰다비아 등지에서 직업군인(воинник)으로 봉사하다가 1538년 말 혹은 1539년 초에 러시아로 들어왔다고 추정된다. 서구의 전제군주제하에서 직업군인으로 일하며 많은 경험을 쌓은 그는 1538년부터 공후들 사이에서 벌어진 정쟁의 소용돌이를 경험하고, 1547년 이반 IV세가 황제로 즉위한 후 알레고리적 요소를 담은 2편의 탄원서—「소(小) 탄원서 Малая челобитная」, 「대(大) 탄원서 Большая челобитная」—를 1549년에 제출하고 이반 IV세에게 귀족의 횡포를 잠식시키고 황제의 절대권한을 유지할 것을 간청하였다. 후자는 비록 탄원서의 형식을 갖추고 있으나, 정치평론 성격을 띤 작품으로 군사 및 정치 개혁에 대한 내용이 담겨져 있다. 황제에게만 충성하는 '정규군'(регулярный вой ск)의 창설과 부패한 '지방장관'(наместник) 제도의 폐지, 그리고 지주에게 종속된 일부 주민들은 자유가 없기 때문에 국가를 위해 몸바쳐 희생할 수 없다는 점을 지적하며 '종속관계'(кабальная зависимость) 제도의 폐지, 그리고 까잔 한국의 정복 등을 주장하였다. 훗날 이반 IV세는 뻬레스베또프의 건의를 상당 부분 수용하였다. 궁중귀족(дворянин)으로 임명되어 봉사하던 뻬레스베또프는 절대군주제를 적극 지지하는 내용을 담은 2편의 작품 「콘스탄티누스 황제 이야기 Сказание о царе Константине」와 「술탄 모하메드 이야기 Сказание о Магмете салтане」를 집필하여 1549년에 황제에게 전달하였다.

알레고리적 성격을 띤 두 주인공 콘스탄티누스 XI세(Constantinus XI, 1449~1453)와 모하메드 II세(Магмет II, 1451~1481)는 작품 내에서 대조적인 인물로 묘사되고 있다. 첫 번째 이야기에서 세 살 때 황제로 즉위한 콘스탄티누스는 귀족들에 의해 권력을 도용당하는 인물로 묘사되었다. 황제가 성인이 될 때까지 귀족들은 권력을 휘둘러 자신들의 사리사욕을 채우며 나라의 기강을 뒤흔들어 놓았고, 그 결과 비잔틴 제국은 1453년 오토만 제국에 의해 멸망당했다고 작가는 주장하고 있다. 이처럼 콘스탄티노플이 함락당한 근본 이유는 황제의 실정이 아니라 부정 부패한 귀족들의 타락상 때문이라는 것이다. 현명한 황제 주변에 있는 사악한 귀족들은 서로가 서로에게 질시와 반목을 일삼았고, 교활한 방법으로 황제를 농간하여 황제의 군대를 자신들에게 굴복시켰다는 것이다. 작가는 이반 IV세를 비잔틴 제국의 마지막 황제인 콘스탄티누스 XI세와 비유하여 묘사하고 귀족의 횡포를 황제가 강력히 저지하지 못하면 러시아가 언젠가 멸망당할 수 있다는 경고를 하고 있다. 사리사욕을 추구하고 오만 방자한 귀족들을 증오하는 뻬레스베또프는 엄격하고 강력한 군주의 출현을 내심 기대하고 있었던 것이다. 두 번째 이야기에서 작가는 비잔틴 제국을 정복한 모하메드 술탄을 현명하고 준엄한 통치자로 미화시켜 묘사하고 있다. 모하메드가 승리를 거둘 수 있었던 원동력은 그리스 서적을 통해 익힌 지혜와 그에게 충성·봉사하는 젊은 궁중귀족들의 군사력이라는 점을 강조하고 있다. 만일 통치자가 나약하여 국민들로부터 공포를 느낄 정도의 준엄함이 부재하면, 국민은 도탄에 빠지게 되고 국가는 큰 불행을 당할 수밖에 없다는 것이다. "황제에게 엄격함이 없다면, 마치 황제 밑에서 굴레 벗은 말과 같이 엄격함이 부재한 나라가 된다."(А немочно царю безъ грозы быти: как конь под царем безъ узды, тако и царство безъ грозы) 그러나 지혜롭고 강력한 군주인 마호메드에게는 4만 명의 친위대원이 존재했고, 이들은 혈육의 정에 흔들리지 않고 오로지 군주의 명령에 따라 자랑스럽게 자신의 목숨을 바치는 충직한 군인이었다. 그리고 마호메드는 신분이나 계급에 의존하지 않고 각 친위대원의 공로에 따라 그들에게 적절한 보상을 하였다는 것이다. 작가는 황제에게 세습토지를 소유하고 있는 공후와 귀족들을 멀리하고 궁중귀족에게 전적으로 업무를 맡겨 그들이 행한 공적에 따라 보상함으로써 강력한 절대군주제를 완성하라는 알레고리적 표현을 하고 있는 것이다. 끝으로 모하메드가 정의를 통치의 근본으로 삼았다는 것을 강조하면서, "정의가 신앙보다 더 높다"(Правда выше веры)는 것을 강력히 주장하고 있다.

12. 이반 IV세

이반 IV세(Иван IV Грозный, 1533~1584)는 1530년 8월 25일 모스끄바에서 바실리 III세의 장남으로 태어났다. 그가 세 살 되던 해인 1533년에 모스끄바 대공으로 즉위했지만, 리투아니아 출신인 그의 모친 엘레나 글린스까야(Елена Глинская)가 글린스끼 가문과 함께 실질적으로 국가를 통치하기 시작하였다. 몇 년 후 글린스끼 가문에 대항하여 벨스끼(Бельский)와 슈이스끼(Шуйский) 가문이 권력쟁탈전에 참여하였고, 이 와중에 엘레나가 1538년 사망하였다(일부 학자들은 그녀가 슈이스끼 가문에 의해 독살되었다고 주장한다). 공후와 귀족들 사이에 벌어진 정쟁으로 인한 모친의 사망은 당시 7세인 어린 이반 IV세에게 적지 않은 영향을 끼쳤고, 그가 훗날 공후와 귀족에 대항할 수 있는 궁중귀족을 키워 보복을 시도하게 된다. 엘레나 사

이반 IV세(16세기 작품)

후 중앙집권제를 반대하는 슈이스끼 가문의 공후들이 권력을 장악했으나, 얼마 후 벨스끼 가문의 공후들에게 밀려났고, 1543년에는 보론쪼프(Воронцов) 가문의 귀족들이 권력을 잡았다가, 그후 다시 슈이스끼 가문이 권력을 잡게 되었다. 그러나 1546년 글린스끼 가문의 공후들이 이반 IV세의 외할머니인 안나 글린스까야(Анна Глинская)를 앞세우고 집권하여 다시 나라를 통치하였다.

1538년부터 1546년까지 약 8년에 걸친 정치적 혼란기로 인해 중앙집권력은 약화되었고, 공후들과 귀족들의 만행과 횡포로 인해 도탄에 빠진 국민들은 공개적으로 시위와 폭동을 일으키곤 하였다. 1547년 1월 16일 17세의 젊은 이반 IV세는 마까리 부주교로부터 러시아 최초의 공식적인 황제 칭호를 부여받은 후, 다음 달에 모스끄바의 귀족 로만 자하린(Роман Юриевич Захарьин)의 딸 아나스따시야(Анастасия)와 결혼하고 독자적으로 나라를 다스리기 시작하였다. 1547년 6월 원인 모를 화재가 발생해 모스끄바는 불타 버렸고, 이반 IV세는 인근 마을로 피신하는 사건이 발생하였다. 글린스끼 가문의 누군가가 화재를 일으켰다는 소문이 나돌았고 이에 분노한 주민들은 봉기를 일으켜 유리 글린스끼(Юрий Глинский)를 잔인하게 살해하고 그의 일가 친척들의 집을 방화하고 약탈하였다. 가까스로 봉기를 진압한 이반 IV세에게 이 사건은 강한 인상을 남겼고, 이후 그는 아내의 친척과 일부 측근을 제외한 대부분의 공후와 귀족들을 불신하였다.

1540년대 말에 오뽀츠까(Опочка), 쁘스꼬프(Псков), 우스쮸끄(Устюг)에서 귀족의 횡포에 반기를 들고 발생한 시위와 봉기는 이반 IV세에게 기존 러시아 제도의 개혁과 중앙집권제 강화의 필요성과 당위성을 제공해 주었다. 그는 공후와 귀족들을 불신임하고, 대신 자신의 명령에 복종하며 궁중업무를 수행하는 젊은 관리인 궁중귀족을 발탁하여 국가를 통치하였다. 이반 IV세로부터 봉토를 하사받은 궁중귀족들은 공후와 귀족들의 권력에 대항하며 황제의 중앙집권제 강화에 헌신하였다.

1558년에 발발한 리보니야와의 전쟁은 25년간 지속되었다. 1561년 리보니야와의 전투에서 패배한 꾸릅스끼 공후는 1563년 4월 30일 리투아니아로 망명한 후 이반 IV세에게 편지를 써서 그의 폭정을 비난하였다. 꾸릅스끼는 1579년까지 총 5통의 편지를 썼고, 이에 대한 답신으로 이반 IV세는 1564년과 1577년에 각각 1통의 편지를 썼다. 이 편지에서 황제가 사용한 문체는 상당히 과격하고 격앙된 어조를 띠고 있고, 가끔 문법과 논리에 어긋나며 구어체와 욕설이 자주 눈에 띤다. 이런 경향은 그가 쓴 외교문서에서도 쉽게 찾아볼 수 있다. 이처럼 요십 추종자의 영향을 받은 이반 IV세의 문체와 문장술은 문법을 준수하며 논리적으로 전개하는 꾸릅스끼의 문체와 극명한 대조를 이루고 있다. 이반 IV세가 1573년에 쓴 「끼릴로-벨로제르스끄 수도원에 보내는 편지 Послание в Кирилло-Белозерский монастырь」는 귀족 출신인 끼릴로-벨로제르스끄 수도원의 수도원장 쉐레메찌예프(Шереметьев)와 친위대 출신인 소바낀(Собакин) 사이에 벌어진 갈등에 대해 이반 IV세가 수도원장에게 쓴 편지인데, 쉐레메찌예프를 꾸짖고 소바낀을 치켜세우는 내용이 담겨져 있다. 황제는 수도원이 귀족들에게 아첨하는 태도를 취하는 것을 지적하고 수도원장에 대해 강한 질책과 경고를 하고 있다. 이 외에도 이반 IV세는 외교적 내용을 담고 있는 「영국 여왕 엘리자베스에게 보내는 편지들 Послания к английской королеве Елизавете」(1570), 「스웨덴 왕 요한 III세에게 보내는 편지들 Послания шведскому королю Юхану III」(1572, 1573), 「폴란드 왕 스쩨판 바또리에게 보내는 편지 Послание польскому королю Стефану Баторию」(1581) 등을 썼다.

초기 집권시 개혁의 열정과 뛰어난 통치력을 발휘했으나 1550년대 말부터 폭정을 일삼았던 이반 IV세는 24년간 지속된 리보니야와의 전쟁(1558~1583)에서 패하고, 1584년 3월 18일 모스끄바에서 사망하였다.

12-1. 「황제이자 전(全) 러시아의 대공인 이반 바실리예비치가 볼메르 도시에서 안드레이 꾸릅스끼 공후가 보낸 편지를 반박하며 그에게 보내는 편지 Послание царя и великого князя Иоана Васильевича всея Росии ко князю Андрею Курбскому, против его, князя Андреева, письма, что он писал из града Волмера」

이반 IV세는 리투아니아의 볼메르를 점령하고 1564년 7월에 그곳에서 꾸릅스끼의 첫 번째 편지에 반박하는 내용을 담은 답장을 썼다. 이반 IV세는 귀족들이 감히 넘볼 수 없는 하늘로부터 부여받은 황제의 절대통치권을 강조하고 꾸릅스끼의 과오를 낱낱이 지적하고 있다. 편지의 본론 부분에서 황제는 격앙된 어조로 원색적인 욕설과 거친 표현을 일삼고 있다. 상당히 긴 분량의 이 편지에 담긴 메시지는 변절자 꾸릅스끼 공후뿐 아니라 황제의 절대권한에 도전하는 모든 귀족들에게 경고의 메시지를 보내는 것으로 확대해석할 수 있다. 이반 IV세는 편지의 서두에서 기독교 교리인 삼위일체를 인정하고 예수로 말미암아 하나님의 말씀과 은혜의 십자가가 황제에게 주어졌다는 것을 공고히 한 후, 위대한 조상으로부터 물려받은 왕위를 바탕으로 전제정치를 실시하는 것은 당연하다는 주장을 펼친다. "… 전제정치는 하나님의 뜻에 의해 성스런 세례를 통해 모든 러시아 땅을 개화시킨 블라지미르 대공으로부터, 그리고 그리스 사람들로부터 가장 훌륭한 명예를 부여받은 블라지미르 모노마흐 대공으로부

◀
안드레이 꾸릅스끼 공후에게 답장으로 보낸 이반 IV세의 첫 번째 편지

터, 그리고 하나님을 불신하는 독일인들에 대항해 승리를 얻은 용감한 알렉산드르 넵스끼 대공으로부터, 그리고 하나님을 불신하는 하갈족120)에 대항해 돈강 너머 전투에서 커다란 승리를 얻은 찬양받을 가치가 있는 드미뜨리 대공으로부터 시작되었다. 그리고 (전제정치는) 부정에 대한 보복자인 우리의 조상, 침체된 조상의 나라에 영토를 획득한 자인 이반 대제(이반 뇌제의 조부인 이반 III세를 지칭)에게, 그리고 축복받은 기억 속에 있는 우리 부친 바실리 대공에게, 그리고 러시아 왕국의 권력을 소유한 겸손한 우리(이반 IV세를 지칭)에게 물려졌다."(...самодержавство божиим изволением почин от великого князя Владимера, просветившаго всю Рускую землю святым крещением, и великого царя Владимера Манамаха, иже от грек **высокодостойнейшую** честь

120) 따따르족을 상징적으로 지칭하는 단어.

восприемшу, и храброго великого государя Александра Невского, иже над безбожными немцы победу показавшаго, и хвалам достой ного великого государя Дмитрея, иже за Доном над безбожными агаряны велику победу показанвшаго, даже и до мстителя неправдам, деда нашего, великого государя Иванна, и в закосненных прародительствиях земля обретателя, блаженные памяти отца нашего, великого государя Василия, даже доиде и до нас, смиренных, скипетродержания Руского царствия.) 이처럼 자신은 하나님의 뜻과 축복에 의해 절대군주 권한을 얻었고, 이 절대권은 조상과 부모로부터 합법적으로 물려받은 것을 강조하며, 결코 왕위를 찬탈한 황제가 아니라는 것을 밝히고 있다. 이 부분은 꾸릅스끼가 이반 IV세에게 불법적으로 권력을 휘둘렀다고 주장한 것에 대한 황제의 논박인 것이다. 동시에 황제가 불신앙의 소유자라는 꾸릅스끼의 주장에 대해 자신은 그리스 정교의 교리를 준수하는 겸손하고 진실한 기독교 절대군주라고 반박한다. 이어 황제는 러시아를 배반한 꾸릅스끼 공후가 최후의 심판날에 죽음을 면치 못할 것이라고 경고한다. "무슨 까닭으로, 오 공후여, 만일 네가 경건함을 갖고 있다고 생각한다면, 하나밖에 없는 너의 영혼을 상실하였느냐?[121] 무시무시한 심판의 날, 네 영혼에게 대신 무엇이 주어지겠느냐? 만일 네가 모든 세계를 얻는다 해도, 마침내 죽음이 네게 이를 것이다…."(Почто, о княже, аще мнишися благочестие имети, единородную свою душу отвергл еси? Что даси измену на ней в день страшнаго суда? Аще и весь мир приобрящеши, последи смерть всяко восхитит тя....) 이어 황제는 자신에게 편지를 전달한 꾸릅스끼의 심복 바실리 쉬바노프의 충성심을 높이 평가하면서, 꾸릅스끼도 쉬바노프처럼 주인인 황제에게 복종하도록 태어난 인물

121) 러시아를 배반하고 리투아니아로 망명한 것을 질타하는 의미를 내포한 문장이다.

이라고 언급하고, 주인인 황제는 자신의 종들에게 자비를 베풀 수도 있고 처형할 수도 있는 절대권한을 가진 자라고 주장하고 있다. 순교자의 피로 교회의 문지방을 진홍빛으로 물들였다는 공후의 주장을 전면 부인하고, 귀족들과 공후들에게 고문을 가하고 이들을 박해했다는 공후의 주장에 대해 그런 만행을 저지른 적이 없다고 일축하면서, 대신 나라를 반역한 '개 같은'(собацкий) 자들은 처형해 마땅하다고 강조한다. 감정이 폭발한 황제는 입에 담지 못할 욕설을 퍼부으며 꾸릅스끼를 질타하고 있다. "개새끼야, 그렇게 사악한 행동을 해놓고 고통스러워하며 도대체 무엇을 쓰고 있는 것이냐? 똥보다도 더 냄새나는 너의 충고를 무엇과 비교할 수 있겠느냐?"(Что же, собака, и пишешь и болезнуеши, совершив такую злобу? К чесому убо совет твои подобен будет, паче кала смердяй?)

이반 IV세는 어머니가 사망하고 고아가 된 후에 겪었던 수모와 고통을 낱낱이 기술하며, 당시 집권했던 귀족들의 사리사욕을 위한 폭정을 상세히 고발하였다. 사악한 귀족들이 모스끄바에 불을 지른 후, 안나 글린스까야 대공후가 마술을 부려 도시에 불을 질렀다는 소문을 퍼뜨려서 주민들을 선동하여 아무 죄 없는 유리 글린스끼 공후를 죄인으로 몰아세워 성모승천 교회(церковь Успения)에서 살해했다고 주장하고 있다. 교회 내부는 유리 글린스끼가 흘린 피로 물들었고, 주민들은 그의 시신을 도로로 끌고 가 많은 사람들 앞에 전시하였고, 광분한 주민들의 만행에 두려움을 느낀 어린 이반 IV세는 보로비요프 마을로 피신하였다. 이반 IV세는 그 당시 꾸릅스끼 공후가 글린스끼 가문의 공후들을 배신하고 다른 귀족 편에 섰던 일화를 소개하며 그의 간교한 성품을 질타한다. "그 당시 우리는 보로비요프 마을에 (피신하여) 살고 있었다. 바로 그 반역자들은 이 일로 우리들을 살해하기 위해 주민들을 선동하였고, 너(꾸릅스끼를 지칭),

개새끼는, 마치 우리가 유리 글린스끼 공후의 모친인 안나 공후비와 그의 형 미하일 공후를 은닉하고 있다는 거짓말을 그들에게 하였다."(Нам же тогда живущим в своем селе Воробьеве, да те же наши изменники возмутили народ, яко бы и нас убити, за то, яко же ты, собака, лжеши, что будто мы князь Юрьеву матерь Глинского, княгиню Анну и брата его, князя Михаила, у себя хороним от них.) 편지의 마지막 부분에서 1564년 볼메르를 점령한 이반 IV세는 이 도시가 리투아니아 왕 아브구스뜨 쥐기만뜨에게 속한다고 말한 꾸릅스끼에게 욕설을 퍼부으며 글을 마무리짓는다. "이렇게 함으로써 너는 자신의 사악한 개 같은 반역행위를 끝까지 지키는구나."(Се убо свою злобесную собацкую измену до конца совершаешь.)

이반 뇌제가 사용한 문체는 꾸릅스끼의 것과는 상당히 대조적이다. 그는 문법의 틀에 맞추어 수사적인 표현을 하는 꾸릅스끼와 달리 자신의 감정을 절제하지 않고 이를 자유롭게 분출하고 있다. 꾸릅스끼의 문체가 막심 그레끄의 영향을 받은 것과는 대조적으로, 이반 IV세의 문체는 요십의 추종자였던 다니일의 영향을 강하게 받은 느낌을 주고 있다. 편지의 앞부분에서 교회슬라브어를 혼용한 화려한 수사학적인 문체를 일부 사용하기도 하였으나, 꾸릅스끼를 비난하는 본론에서 그는 감정을 억제하지 못하고 욕설과 조롱 등을 거침없이 사용하면서 흥분한 어조로 글을 써 내려가고 있다. 이 편지는 마치 다니일이 사용한 자유분방하고 직설적인 문체를 읽는 듯한 느낌마저 주고 있다. 두 사람의 첫 편지 이후에 주고받는 왕복 서한에는 상대방에 대한 정치적 비난뿐 아니라, 문장체와 문장론에 대한 비난과 조롱도 표현되어 있다.

제 6 장 17세기 문학

1. 17세기 러시아

소위 '혼돈의 시기'(смутное время)라고 불리는 1598년부터 1613년까지의 기간 중에 러시아는 정치·경제·사회적으로 커다란 혼란을 겪게 된다. 1598년 '국민회의'(земский собор)에서 황제로 선출된 보리스 고두노프(Борис Годунов, 1584~1598 : 섭정, 1598~1605 : 재위)는 귀족의 권한을 제한하고 국민에게 선정을 베푸는 등 섭정 시절에 국정을 비교적 잘 수행하였다. 1598년 고두노프가 콘스탄티노플 총주교로부터 모스끄바에 총주교 설립 허가를 얻어냄으로써 러시아는 그리스 정교회와 동등한 관계로 발전하였고, 그해 이옵(Иов)을 최초의 모스끄바 총주교(патриарх)로 임명하기도 하였다. 그러나 1601년부터 3년간에 걸쳐 러시아에 흉년과 기근이 들고 전염병이 창궐하자 민심은 고두노프로부터 등을 돌리게 되었다. 게다가 16세기 오쁘리츠니나(опричнина)[122] 시절에 누리던 특권을 되찾으려는 귀족들과 고두노프 사이에 잦은 마찰이 발생하기 시작하였다. 1603년부터는 1591년에 의문사한 것으로 알려진 이반 IV세의 아들 드미뜨리(Дмитрий)가 폴란드에 생존해 있다는 소문이 퍼지기 시작하였고, 마침내 1604년 10월 '가짜 드미뜨리 I세'(Лжедмитрий , 1605~1606)[123])가 폴란드 기병대를

122) 오쁘리츠니나 제도는 1572년 이반 IV세에 의해 폐지되었다.

수염을 깎고 폴란드 왕의 갑옷을 입고 있는 가짜 드미뜨리 I세

를 이끌고 드네쁘르강을 넘어 모스끄바로 진격하였다. 설상가상으로 가짜 드미뜨리 I세가 러시아를 침공할 당시 귀족과 관리들에게 불만을 품고 있던 농민들과 까자끄들이 그에게 가세하기까지 하였다. 1605년 4월 보리스 고두노프가 갑자기 사망하고 그의 아들 표도르 II세(Фёдор II, 1605)가 즉위하였으나, 두 달 후 가짜 드미뜨리 I세를 지지하는 귀족들이 궁중반란을 일으켜 표도르 II세와 그의 모친을 살해하였다. 그리고 가짜 드미뜨리 I세는 폴란드 군대를 이끌고 6월 20일 모스끄바에 입성하여 황제로 즉위하였다.[124] 그는 자신을 지지한 귀족들에게 엄청난 재물을 나누어 주며 재정을 탕진하면서 폴란드

---

123) 가짜 드미뜨리 I세는 러시아의 가난한 귀족 출신인 유리 오뜨레뻬프(Юрий Отрепев)인데, 수도사명이 그리고리(Григорий)로 모스끄바의 추도프 수도원에서 생활하다 문제를 일으키고 도주한 수도사였다.

124) 당시 폴란드는 리투아니아, 백러시아, 우끄라이나 영토를 통치하는 강력한 국가였다.

군인들과 더불어 모스끄바의 정복자처럼 군림하였다. 이듬해 2천여 명의 폴란드인을 이끌고 모스끄바에 당도한 폴란드 여인 마리나 므니쉑(Marina Mniszek)과의 결혼식이 5월 초에 거행되자 국민의 분노는 극에 달하게 되었다. 1606년 5월 17일 귀족 바실리 슈이스끼(Василий Шуйский, 1606~1610)를 선봉으로 한 대규모 민중봉기가 발생하여 폴란드인들과 가짜 드미뜨리 I세가 살해되고 바실리 슈이스끼가 황제로 즉위하였으나, 러시아는 점점 무정부 상태로 빠져 들면서 혼란이 가중되었고 전국 각처에서 민중들의 봉기가 끊이지 않았다.

이런 와중에 1607년 8월 폴란드의 사주를 받은 두 번째 가짜 드미뜨리 II세(Лжедмитрий II, 1607~1610)가 출현하여 러시아는 정치적 일대 혼란기를 맞이하게 되었다. 당시 폴란드 왕 시기스문트 III세(Sigismund III, 1566~1632)의 지시에 의해 가짜 드미뜨리 I세와 결혼했던 마리나 므니쉑과 다시 결혼식을 올린 가짜 드미뜨리 II세는 폴란드 군대를 이끌고 슈이스끼 황제에 반대하는 귀족들과 까자끄들의 도움을 받으며 1608년 여름 모스끄바로 향하던 중 뚜쉬노(Тушино)에 정착하여 이를 기점으로 인근 마을을 약탈하고 국토를 황폐화시켰다. 가짜 드미뜨리 II세의 배후세력인 폴란드의 침공을 저지하기 위해 바실리 슈이스끼는 마지못해 스웨덴의 찰스 IX세(Charles IX, 1550~1611)에게 도움을 요청하자 스웨덴 군대가 북부 러시아 지역으로 진입해 들어왔다. 이 소식이 전해지자 시기스문트 III세는 폴란드 군대를 이끌고 스몰렌스끄를 비롯한 러시아 여러 도시를 본격적으로 공략하기 시작하였다. 1610년 여름 폴란드 군대가 모스끄바를 함락하기 직전에 황궁에 있던 일부 러시아 귀족들이 슈이스끼 황제를 강제 퇴위시키고 자신들이 집권한 후 폴란드 왕자 블라지스라프(Владислав, 1610~1612)를 러시아 황제로 즉위시켰다. 한편 스웨덴은 노브고로드를 포함한 러시아의 북서부지역을 장악하여 영향력을 행사하게 되었다.

1611년 러시아는 절망적인 상황에 봉착하게 되었다. 이때 모스끄바 총주교 게르모겐(Гермоген, 1530년경 출생~1612)과 상인 꾸지마 미닌(Кузьма Минин, ?~1616) 등이 러시아 국민에게 애국심과 단결을 호소하였고 이에 호응한 국민들이 각처에서 니즈니 노브고로드(Нижний Новгород)로 몰려들었다. 각지에서 모여든 러시아인들은 국민회의를 개최하여 드미뜨리 뽀좌르스끼(Дмитрий М. Пожарский, 1578~1642) 공후를 총사령관으로 임명한 후, 러시아를 점령하고 있던 폴란드 군대와 일대 격전을 벌였다. 러시아 국민병들은 1612년 10월 26일 모스끄바를 점령하고 있던 폴란드 점령군을 몰아냈다.[125]

로마노프 왕조의 초대 황제 미하일 로마노프

1613년에 소집된 국민의회에서 당시 폴란드에 포로로 잡혀 가 있던 모스끄바 부주교 필라레뜨(Филарет, 1554~1633)[126]의 아들 미하일(Михаил Федорович Романов, 1613~1645)을 황제로 선출하였다. 이로써 러시아에 새로운 로마노프 왕조가

125) 폴란드와 스웨덴 군대를 러시아 영토에서 완전히 몰아내는 데는 이로부터 수십 년이 더 소모되었다.

126) 이반 IV세의 둘째 부인 아나스따샤 로마노브나(Анастася Романовна)의 조카로 그의 속세명은 표도르 로마노프(Фёдор Н. Романов)이다.

필라레뜨의 러시아 총주교 임관식
(중앙의 왼쪽에서 세 번째 인물이 필라레뜨이다. 17세기 작품)

출범하게 되었다. 그러나 당시 17세였던 미하일은 육체적으로 병약한 황제였기에 친인척들이 그를 대신하여 국정을 수행하였다. 1619년 폴란드에서 석방되어 돌아온 필라레뜨는 부주교에서 총주교로 승격하고 국정의 일인자로 등장하였다. 그는 국가 질서를 회복하고 정부의 중앙권력을 강화시키면서 폴란드와 스웨덴과의 전쟁을 주도하였다. 1645년에 즉위한 알렉세이(Алексей Михаилович, 1645~1676) 황제 역시 몸이 허약하여 귀족 모로조프(Борис И. Морозов, 1590~1661)가 국정을 대신 수행하였다. 모로조프와 그의 측근들은 민생은 돌보지 않고 권력을 남용하며 재물을 탐했고 그 결과 국민의 삶은 곤궁에 처하게 되었다. 과중한 세금부담으로 도탄에 빠져 분노가 극에 달한 국민들은 1648년 모스끄바에서 폭동을 일으키고 황제에게 모로조프의 처형을 요구하였다. 그러나 알렉세이는 모로조프 대신 다른 귀족들을 내주고 그를 끼릴로-벨로제르스끼 수도원(Кирилло-Белозерский монастырь)으로 4개월간 피신시켰다. 1649년 국민들의 불만이 고조된 상황에서 황제는 국민회의를 소집하여 민중들의 권리와 의무를 명기한 '법전'(Уложение)을 제정하였으나, 새로 공포된 법률은 귀족과 상공업에 종사하는 도시민들에게는 다소 만족스러웠지만 다수를 차지하고 있는 하층민들에게는 하등 도움이 되지 않았다.

폴란드와 스웨덴과의 장기간에 걸친 전쟁으로 인하여 나라의 경제는 어려움에 빠지게 되었고 전국 각처에서 민중봉기가 빈번히 발생하였다. 이런 와중에 가난한 농민들이 자유로운 까자끄(казак)가 되기 위하여 돈강 유역으로 몰려들었으나 까자끄들은 이들 농민들을 빈민(голытьба)라 부르며 자신들과 차별하였다. 초기에 도주한 농민들은 돈강 유역에서 까자끄들의 일꾼으로 종사하였다. 돈강의 까자끄인 스쩨빤 라진(Степан Тимофеевич Разин, 1630~1671 : 스쩬까 라진이라고도 불린다.)은 1670년 봄 까자끄들과 빈민들을 이끌고 난을 일으켜 황제와 귀족들에 대항하였다. 돈강과 볼가강 유역을 장악한 라진의 군대는 심비르스끄에서 정부군과 충돌하여 수많은 사상자가

스쩨빤 라진의 군대와 전투를 벌이기 위해 배를 타고 떠나는 러시아 친위대
(17세기 작품)

발생하였다. 1671년 4월 정부군은 반란군을 진압하고 약 10여만 명의 가담자들을 처형하였다. 정부군에 패배하여 도주한 라진은 부하들의 배신으로 체포되어 모스끄바로 이송되어 참혹하게 처형당했다.

1676년 알렉세이 황제가 사망하고 즉위한 장남 표도르 III세(Фёдор III, 1676~1682 : 알렉세이의 첫째 부인 마리야의 장남)에게는 대를 이을 자식이 없었다. 1682년 그가 사망하자 당시 열 살인 이복동생 뾰뜨르(Пётр I Великий , 1682~1725 : 알렉세이의 둘째 부인 나딸리야의 아들)가 즉위하였으나, 뾰뜨르의 즉위에 불만을 품은 일부 공후 · 귀족 · 친위대원들은 어린 이반 V세(Иван V, 1682~1696 : 알렉세이의 첫째 부인 마리야의 둘째 아들)를 공동 황제로 선포하고, 소피야(Софья, 1682~1689 : 마리야의 장녀)에게 섭정 권한을 부여하였다. 친위대원을 선동하여 소피야를 여제로 즉위시키려는 골리쯔이느이(Василий В. Голицыны, 1643~1714) 공후의 계획은 실패로 끝나게 되고, 1689년 17세 성인이 된 뾰뜨르는 이복누이 소피야를 수도원으로 추방하고 나라를 통치하다가 1696년 이복동생 이반 V세가 사망하자 단독으로 국가를 다스리게 되었다.[127)]

---

127) 뾰뜨르 I세는 18세기 초 러시아의 서구화와 근대화에 박차를 가하며 부국강병의 기반을 조성한 인물로 높이 평가되고 있다.

2. 「라자레보 마을의 율리아니야에 관한 이야기」

「라자레보 마을의 율리아니야에 관한 이야기 Повесть о Юлиании Лазаревской」는 러시아 문학에 최초로 등장하는 귀족 여인에 관한 자서전 형식을 갖춘 성자전이다. 성자전의 주인공 율리아니야 오쏘리나(Юлиания Юстиновна Осорьина)는 무롬(Муром)의 라자레보(Лазарево) 마을에서 1604년 사망했고, 그녀의 아들 깔리스뜨라뜨(Каллистрат Дружина Осорьин, 1570~1640)[128]는 1610년대에 어머니의 경건한 삶을 기리며 그녀의 자서전을 집필하였다고 추정된다. 과거 성자전이 익명의 작가 혹은 성직자에 의해 형식적인 면을 위주로 과장되게 쓰여진 것에 반해, 성자의 아들이 직접 집필함으로써 상세한 가족연보와 모친의 행적, 그리고 고인을 사모하는 따스한 자식의 정과 존경심이 잘 묘사되어 있다. 작가는 이 작품의 서두에 '1월의 두 번째 날은 무롬의 기적을 행하는 자, 성인 율리아니야의 사망일'(Месяца генваря во 2-й день успение святые преподобныя Ульянеи, муромския чюдотворицы)이라는 소제목을 쓰고 있다. 비록 고대 러시아 문학의 전형적인 성자전에서 흔히 발견되는 성자의 경건한 삶, 악마의 출현과 기적 등이 일부 묘사되었지만, 작가는 율리아니야의 헌신적인 가정생활과 금욕

128) 무롬 지방의 고위층 귀족으로 '군(郡) 재판장'(губной староста)을 역임한 인물이다.

생활, 그리고 이웃과 자신의 하인들에게 베푸는 선행 등에 상당히 많은 비중을 두고 기록하였다. 말년에 수도원으로 들어가 수도사 생활을 하려는 것을 남편이 만류하자, 그녀는 남편에게 순종하고 평생토록 가정을 지키며 금욕과 절제된 생활을 하다가 생을 마감하였다. 악마의 이야기와 사후에 발생한 기적을 제외한다면 이 작품은 숭고한 삶을 누린 평범한 한 여인의 일대기를 감동적으로 묘사한 전기 작품으로 간주할 수 있다.

작가는 율리아니야의 부친과 모친에 대한 이야기로 서두를 전개해 나간다. 이반 IV세 시절에 신앙심 깊은 궁중귀족 유스찐(Иустин)이 무롬 지방 출신 스쩨파니다(Стефанида)와 결혼하여, 그들 사이에 율리아니야가 탄생하였다. 모친이 사망한 여섯 살 때부터 그녀는 여러 친척집을 전전긍긍하며 생활하였다. 소녀시절부터 신앙심이 돈독했던 그녀는 말이 적고, 유순하고, 겸손하며, 어른들에게 순종적이었고, 친구들과의 유희를 멀리하고 집안일에 충실한 처녀로 성장하였다. 16세 되던 해 그녀는 게오르기 오쏘린(Георгий Осорьин)이라는 후덕하고 부유한 사람과 라자리 교회(церковь Лазаря)에서 결혼식을 올리고, 시부모를 극진히 모시면서 큰 영지와 많은 하인들을 소유한 시댁살림을 도맡아 관리하며 생활하였다. 그녀는 매일 저녁마다 하나님께 기도하고 아침마다 일찍 일어나서는 남편과 함께 백 번 이상 무릎 꿇고 절하였다. 그녀는 집안일 외에 이웃의 과부와 고아를 보살피고, 농노들에게 음식을 제공하고 능력에 따라 일을 나누어 주었고, 아랫사람들을 부려먹지 않았다.

비록 이 작품이 과거 전형적인 성자전과 달리 주로 가정과 이웃을 배경으로 한 여인의 선행과 거룩한 행위에 초점을 맞추고 있으나, 작가는 두 차례에 걸쳐 악마를 등장시키고 있다. 남편이 출타중이던 어느 날 율리아니야에게 악마(бес)들이 나타나 그녀를 괴롭히

성 니꼴라이(15세기 작품)

기 시작하였다. "만일 네가 그런 행위(하나님께 기도하고 이웃에게 선행을 베푸는 일)를 그만두지 않는다면, 즉시 너를 파멸시키겠다."(«Аще не престанешь от таковаго начинания, абие погубим тя».) 공포에 사로잡힌 그녀가 주님과 성모 마리아, 그리고 성 니꼴라이(святый Николай)에게 기도를 드리자, 니꼴라이가 나타나 악마들을 쫓아내고 그녀에게 위로의 말을 전했다. "내 딸아, 마음을 굳게 먹고, 담대하라, 그리고 악마들의 위협을 두려워하지 마라! 그리스도께서 악마들과 사악한 사람들로부터 너를 지키라고 내게 명령하셨다!"(«Дщи моя, **мужайся** и крепися, и не **бойся** бесовскаго прещения! Христос бо мне повеле тебе соблюдати от бесов и злых человек!») 작가는 '혼돈의 시기'에 가뭄과 기근이 들고 페스트가 만연하였을 때 굶주린 자에게 음식을 나누어 주던 모친의 선행과 병들어 죽어가는 환자들을 돌보며 사람들을 고용하여 시신을 묻어 주는 그녀의 숭고한 행위를 묘사하였다. 시부모가 돌아가신 다음 남편과 함께 덕행을 쌓으며 생활하던 중 그녀의 두 아들이 농노에 의해 살해되는 사건이 발생하였을 때, 그녀는 자식들의 죽음에 대해 슬퍼하지 않고 농노들의 영혼에 대해 슬퍼하였다. 자식을 잃은 후 수도원으로 들어가겠다고 남편에게 간청하였으나 이를 허락하지 않자, 그녀는 부부

관계를 금하고 금욕과 절제생활을 하며 평생을 지낸다. 10년 후 남편이 세상을 떠나자, 그녀는 기도와 금욕생활에 더욱 정진하였고, 고통을 몸소 체험하기 위해 한겨울에 자신의 신발에 '호두 껍질'(ореховы скорлупы)과 '날카로운 질그릇 조각'(острое чрепие)을 넣은 채 신고 다녔다. 어느 날 그녀가 교회에서 기도를 드리고 있는데 갑자기 악마들이 나타나 그녀를 죽이려 위협했다. 두려움에 눈물을 흘리며 주님께 기도를 드리자 성자 니꼴라이가 다시 나타나 악마들을 쫓아냈고, 그 중 한 악마는 그녀에게 축복하고 다음과 같이 고백하였다. "내가 바로 당신에게 매일 말썽을 일으켰던 놈입니다. 내가 (당신의) 자식들과 노예들 사이에 싸움을 일으켰습니다. (당신의) 자비와 겸손함과 기도로 인해서 감히 (당신에게) 가까이 나아갈 수 없었습니다."(«Аз ти многу спону творих по вся дни: воздвизах брань в детех и в рабех, к самой же не смеях приближитися ради милостыни, и смирения, и молитвы».) 그리고 악마는 율리아니야가 늙으면 더 큰 불행이 닥칠 것이라고 예언하고 물러갔다. "당신 때문에 지금 많은 불행이 내게 찾아왔다. 그러나 당신이 늙으면 나는 당신에게 환난을 만들어 줄 것이다. 다른 사람들에게 먹을 것을 주는 대신에, 당신은 굶주리게 될 것이다." («Многу беду ныне приях тебе ради, но сотворю ти спону на старость: начнеши гладом измирати, ниже чюжих кормити».)

9년 동안 과부로 지내면서 그녀는 주위의 가난한 자들에게 자선과 구제를 베풀며 보리스 고두노프 황제 치세까지 살았다. 그 당시 러시아에 흉년이 장기화되고 기근이 들자(1601년부터 1604년까지 지속된 참혹한 기근기간 중 1601년 혹은 1602년을 지칭하는 것으로 추정됨) 일부 궁핍한 사람들은 '더러운 고기와 인육'(скверные мясы и человеческие плоти)을 먹으며 생활하였고 많은 사람들이 굶어 죽어 갔다. 작가는 사람들이 인육을 먹었다는 사실을 기록하면서 17세기 초 러시아에 닥친 심각한 기근을 극적으로 묘사하고 있다. 이런 상황하에서도 그녀는 굶주린 이웃을 위해 먹을 것을 나누어 주었다. 그해 니즈니 노브고로드 마을로 이주한 후 그녀는 궁핍한 생활을 하면서도 기도와 금욕생활을 게을리하지 않았다. 집안에 식량이 다 떨어지자 노예들을 방면하였고, 남아 있는 일부 하인들과 함께 '명아주와 나무껍질'(лебеда и кора древяная)로 빵을 만들어 먹었다. 이로부터 2년간 궁핍한 생활을 하면서 그녀는 아무런 불평도 하지 않았다. 1603년 12월 26일에 병들어 드러누운 율리아니야는 며칠 후 자식과 하인들을 불러모아 놓고 이웃에게 사랑과 자비를 베풀라고 훈계한 후, "범사에 하나님을 찬양합니다! 주님, 당신의 손에 내 영혼을 맡깁니다, 아멘!"(«Слава богу всех ради! В руце твои, господи, предаю дух мой, аминь!») 이라는 마지막 말을 남기고 1604년 1월 2일 사망하였다.

작가는 그녀가 죽은 직후 성상에 흔히 묘사되는 성자의 머리 주위에 그려진 '황금빛 후광'(круг злат)이 그녀에게도 나타났다고 기록하였다. 그녀는 남편이 묻혀 있는 라자리 교회 근처 묘지에 함께 매장되었고, "얼마 후 사람들은 그녀가 묻힌 곳에 '천사장 미카엘'이라는 이름의 따스한 교회를 설립하였다."(Потом над нею поставиша церковь теплую во имя архистратига Михаила.) 그리고 작가는 그녀의 무덤가에서 발생한 기적을 기록하였다. "…그녀의 무덤 위에 난로들이 생겨나서 빛을 발산했고, 난로에서 탄 재로 인해 1년 내내 무덤 위에 흙이 두꺼워졌다." 1615년 8월 8일 그녀의 아들 게오르기(Георгий)가 사망하였다. 이틀 후 그를 모친 옆에 안장하기 위하여 율리아니야의 무덤을 파보니 관이 완전하게 보존되어 있었고, 관 안에 몰약 향기가 가득하였으며 그녀의 하반신은 썩지 않고 보존되어 있었다. 관에 있는 몰약이 담긴 작은 그릇을 꺼내서 무롬의 '대성당 교회'(соборная церковь)에 가져가 보관하였다. 그날 밤 이 관은 저절로 동쪽으로 1

'싸졘'(сажень : 약 2.1m) 이동하여 교회의 벽에 가서 멈추었다. 이 기적을 듣고 병든 사람들이 몰려와서 몰약을 몸에 바르고 완치되었다. 몰약이 떨어지자 관 근처에 '모래 같은 먼지'(перьсть, аки песок)가 계속 생겨났고 사람들이 이 먼지를 몸에 발라 병을 치료하였다. 작가는 이 기적들이 거짓이 아니라 진실이라는 것을 강조하며 글을 맺는다. "만일 증거가 없었다면, 우리는 감히 이를 기록하지 않았을 것입니다."(Мы же сего не смеяхом писати, яко не бе свидетельства.)

이 작품은 과거 전형적인 성자전과 달리 마무리 부분에 성서 구절을 인용한 화려한 미사여구의 성자찬양 대목이 없는 것이 특징이다. 마치 고대 러시아 문학의 독특한 장르인 성자전이 순수한 전기 형태의 작품으로 변모되는 느낌을 주는 작품이다. 이 작품을 통해 17세기 초 러시아의 모범이 되는 귀족 여인상(시부모와 지아비를 받들고, 하인과 농노들을 잘 다루며 집안일을 잘 꾸려 나가며 가난하고 헐벗은 이웃을 돕는 데 솔선수범하는 여인)과 1601년부터 1604년까지 걸친 극심한 기근을 감지할 수 있다. 동시에 교회슬라브어 단어가 비교적 많이 눈에 띄는 점으로 미루어, 재판장이었던 작가를 포함한 당시 지식인 권력층이 문어에 적합한 언어로 교회슬라브어를 선호했다는 것을 엿볼 수 있다.

3.「싸바 그루드쯔인의 이야기」

「싸바 그루드쯔인의 이야기 Повесть о Савве Грудцыне」는 1670년대에 익명의 작가에 의해 집필된 것으로 인간의 욕정과 쾌락을 위하여 악마에게 영혼을 팔고 방탕한 인생을 즐기는 한 젊은이의 파란만장한 삶을 주제로 다루고 있다. 주인공 싸바는 17세기 초 '혼돈의 시기'에 방종한 생활을 누리며 청년기를 보냈고, 1632년부터 1643년까지 벌어진 스몰렌스끄 탈환전투에 참여했던 인물로 추정된다. 이 작품에는 다양한 17세기 역사적 실제 인물들이 등장하고 있다.[129] 작가는 이들 이름의 일부를 의도적으로 바꿔 마치 허구 이야기인 소설의 형태를 취하려는 시도를 하고 있다. 그러나 젊은 시절 싸바가 방탕한 생활을 누리기 위해 악마와 맺은 계약, 여러 도시를 전전긍긍하다가 말년에 중병에 걸린 후 참회하고 성모 마리아와 꿈속에서 대화하며 맺은 언약, 그리고 수도원으로 들어가는 이야기의 결말은 과거 고대 러시아 문학의 성자전 장르의 틀에서 완전히 벗어나지 못한 느낌을 주고 있다. 교회슬라브어가 상당히 많이 사용된 것으로 미루어 작가는 성직자나 상류층 인사일 가능성이 높으며, 17

---

129) 미하일 로마노프 황제, 귀족 스뜨레쉬노프(Стрешнев), 궁중고관(стольник) 보론쪼프(Воронцов), 사령관(воевода) 쉐인(Шеин), 기병중위(сотник) 쉴로프(Шилов), 상인 그루드쯔인 우소프(Грудцын Усов) 등.

세기 말 부를 축적한 상인계급의 도덕성 상실에 대한 교훈적 메시지를 담은 작품으로도 평가된다. 또한 이 작품은 17세기에 운문 형태로 쓰여진 「슬픔과 불행에 관한 이야기 Повесть о Горе и Злочастии」와 더불어 문학성이 뛰어난 작품으로 평가되고 있다.

작품의 줄거리는 다음과 같다. 1606년에 우스쮸끄(Устюг)의 부유한 상인 포마 그루드쯔인 우소프(Фома Грудцын Усов)는 보리스 고두노프 황제 사후부터 발생하기 시작한 러시아 귀족들의 반란, 폴란드의 침공과 내정간섭, 그리고 민중의 봉기 등으로 모스끄바가 혼돈 상태에 빠지게 되자 까잔으로 이주하였다. 까잔에서 페르시아를 왕래하며 교역하여 부를 축적한 포마는 외아들 싸바를 볼가강 하류에 위치한 솔 깜스까야(Соль Камская) 지방으로 보내 상거래 일에 종사하도록 지시하고 페르시아로 떠났다. 싸바는 솔 깜스까야의 오룔(Орёл)에 도착하여 여관에 머물다가 부친의 친구인 바젠 II세(Бажен Второй)를 만나 그의 집에 기거하게 되었다. 바젠 II세는 덕망을 갖춘 오룔의 유지로 세 번째 부인인 젊은 여인과 살고 있었다. 부인의 유혹과 자신의 정욕을 이겨내지 못한 싸바는 그녀와 불륜의 관계를 맺고 생활하였다. 작가는 싸바와 부인이 저지르는 부정행위는 근원적으로 선을 증오하는 악마(диавол)의 간계에 의한 것이라고 말한다. "인간의 선을 증오하는 악한인 악마는 그 남자(바젠 II세)가 덕행을 하는 생활을 보고 그의 가정을 분란시키려고, 즉시 그의 아내를 유혹하여 그 청년과 색정의 추악한 관계를 맺도록 하였다. 그리고 그녀는 끊임없는 감언이설로 그 청년을 색정의 타락으로 몰아넣었다."(Ненавидя же добра роду человеческаго супостат диавол, видя мужа того добродетельное житие и хотя возмутити дом его, абие уязвляет жену его на юношу онаго к скверному смешению блуда и непрестанно уловляше юношу онаго лстивыми словесы к падению блудному.) 이 부분의 묘사는 성서의 창세기에 나오는 뱀의 형상을 한 악마에 의해 유혹당한 이브가 아담을 타락시키는 장면과 흡사하다. 이처럼 성직자로 추정되는 작가는 등장인물들—싸바와 바쮄 II세의 부인—이 저지르는 죄악의 근원을 악마에 의한 것으로 간주하고 있다. 이어 작가는 자신이 갖고 있던 '여성에 대한 부정적 견해'를 다음과 같이 피력하였다. "여성이 천성적으로 젊은이들의 이성을 간통으로 몰아넣는다는 것은 익히 잘 알려져 있다."(Весть бо женское естество уловляти умы младых к любодеянию.)

바쮄 II세의 부인은 예수 승천을 기념하는 성일 전날 밤에 남편이 잠든 후 싸바의 잠자리로 가서 관계를 가지려 하였다. 이때 싸바는 하나님의 심판을 두려워하며, "어떻게 이런 성일에 그런 추악한 짓거리를 행할 수 있겠느냐"(«Како в таковый господственный день таковое скверное дело сотворити имам».)라고 말하고 그녀를 거부하였다. 이에 분노한 부인은 싸바에게 복수를 결심하고 '독이 든 약초'(отравное зелье)를 준비하였다. 다음날 아침 바쮄 II세와 함께 교회에서 예배를 드리고 돌아온 싸바에게 약초를 포도주에 섞어 건네주었고, 그는 아무 생각 없이 이를 받아 마셨다. 약초가 든 포도주를 마신 후 싸바는 슬픔에 잠기고 여인을 그리워하는 마음이 생겨나게 되었다. 그러자 부인은 그에게 냉정한 시선을 보내며 남편에게 싸바에 대한 험담을 늘어놓았고, 이 말을 듣고 바쮄 II세는 싸바를 집에서 내쫓았다. 다시 여관으로 돌아온 싸바는 바쮄 II세의 부인을 사모하는 마음으로 인해 몸이 야위어져 갔다. 여관 주인은 싸바가 슬픔에 빠진 원인을 알아내기 위하여 이 도시에 살고 있는 한 마법사(волхв)를 불렀다. 마법사는 싸바가 바쮄 II세의 부인과 헤어져 슬픔에 빠져 있다고 여관 주인에게 알려 주었으나, 바쮄 II세의 경건한 성품을 잘 알고 있는 그는 이를 좀처럼 믿으려 하지 않았다.

중병을 앓고 있는 환자처럼 여인을 그리워하며 몸이 허약해진 싸바는 어느 날 들판을 걸으며 다음과 같은 독백을 하였다. “만일 사람이든 악마든 누군가가 내게 그 여인과 성관계를 갖도록만 해준다면, 난 그 악마를 위해 봉사할 것이다.”(«Егда бы кто от человек или сам диявол сотворил ми сие, еже бы паки совокупитися мне з женою оною, за бы послужил диаволу».) 그리고 정신나간 사람처럼 들판을 계속 건던 싸바에게 청년의 모습을 한 악마가 나타나 자신이 싸바의 형제라고 거짓말을 한 후, 교활한 미소를 지으며 무슨 일로 마음에 근심과 슬픔이 가득하냐고 물었다. 이에 싸바는 “만일 당신이 진정 (나의) 불행을 알아맞춘다면, 당신이 날 도와줄 수 있다는 것을 믿을 것이다”(«Аще убо ведаеши истинную скорбь, юже иман в себе, то пойму веры тебе, яко можеши помощи ми».)라고 답변하였다. 싸바가 바졘 II세의 부인을 사모하기 때문에 마음속에 그녀를 갈망하고 있다는 것을 청년이 지적하자, 그의 통찰력에 놀란 싸바는 만일 자신을 도와준다면 부친이 맡긴 모든 재물과 부를 그에게 바치겠다고 대답하였다. 그러나 청년은 재물은 필요 없고 “단지 자기에게 간략한 수사본을 써주면, 싸바의 욕망을 충족시켜 주겠다”(«Но даждь ми на ся рукописание мало некое, и аз исполню желание твое».)고 대답하였다. 싸바가 청년의 제안을 수락하자, 청년은 종이와 펜을 꺼내서 그에게 시키는대로 글을 쓰라고 명령하였다. 이어 작가는 주인공 싸바에게 연민의 정을 느끼며 안타까운 심정을 토로한다. “그런데 어떤 불행 속에 빠지게 될지, 그리고 자신이 무엇을 쓰고 있다는 것조차 그는 모른다. 오, 정신나간 젊은이여! 어떻게 여인의 아첨에 의해 약정을 맺게 되었는가, 그리고 이 때문에 그는 어떤 파멸 속으로 떨어질 것이다!”(А неведый, в какову пагубу хощет впасти, еще же и писати совершенно ниже слагати что умея. Оле безумия юноши онаго! Како условлен быть лестию женскою, и тоя ради в какову погибель снисходит!)

하나님을 배반하고 악마를 추종하겠다는 내용을 담은 글을 써서 청년의 모습을 한 악마에게 전달한 후, 싸바는 다시 바젠 II세의 집으로 들어가서 그의 부인과 부정한 관계를 하며 생활하였다. 까잔에 살고 있던 싸바의 모친은 아들이 방탕한 생활을 하고 있다는 소문을 듣고 까잔으로 돌아오라는 편지를 수차례 보냈으나 허사였다. 어느 날 악마는 싸바에게 자신은 그와 형제관계가 아니라고 고백하고, 자신은 '황제'(사탄을 지칭)의 아들이라는 것을 설명한 후, 그를 부친의 나라로 데리고 갔다. 악마와 함께 화려하게 치장된 도시에 도착한 싸바는 황제에게 자신이 쓴 수사본을 전달한 후 무릎을 꿇고 그에게 충성을 약속하였다. 오룔로 돌아온 싸바는 계속해서 바젠 II세의 부인과 음탕한 생활을 하며 지냈다. 어느 날 페르시아로부터 돌아온 싸바의 부친 포마는 부인으로부터 아들에 관한 소식을 듣고 까잔으로 돌아오라는 내용의 편지를 썼으나 아무 반응이 없자, 아들을 데리러 오룔로 떠났다. 이 사실을 알아차린 악마는 싸바를 데리고 오룔에서 볼가강 상류에 위치한 꾸즈모제미얀스끄(Кузмодемьянск)에 하룻밤 만에 도착하여 며칠을 머물고, 오까(Ока) 강변에 있는 빠블로프 뻬레보즈(Павлов Перевоз)에 도착하였다. 그 도시의 장터에서 우연히 마주친 한 늙은 성스런 거지가 싸바에게 그와 함께 동행하는 자는 그의 형제가 아니라 악마라는 사실을 알려 준다. "아이야, 너는 지금 함께 다니는 자가 누구인지, 그리고 네가 형제라고 부르는 자가 누구인지 알고 있느냐? 그는 인간이 아니라, 너와 함께 다니며 너를 지옥으로 떨어뜨리려고 끌고 다니는 악마이다."(«Веси ли, чадо, с кем ныне ходиши и его же братом себе нарицаеши? Но сей не человек, но диавол ходяй с тобою и доводит тя до пропасти адския».) 악마는 싸바가 그 노인과 대화한 것에 대해 분노하며 그 노인은 '사악한 살인자'(злой душегуб)라고 역정을 낸 후, 싸바를 데리고 빠블로프 뻬레보

즈를 떠나 슈야(Шуя)로 향했다.

한편 오률에 도착한 포마는 싸바의 행방을 찾기 위해서 여기저기 수소문해 보았으나 헛수고였다. 낙담한 후 까잔으로 되돌아온 포마는 자식을 잃은 슬픔으로 인해 얼마 후 사망하였다. 슈야에서 악마와 함께 생활하던 싸바는 당시 미하일 로마노프 황제가 스몰렌스끄를 점령하고 있던 폴란드 군과 전쟁을 벌이기 위해 군인을 모집한다는 방을 보고 악마와 함께 입대하였다. 훈련과정에서 두각을 드러낸 싸바는 독일인 연대장으로부터 돈독한 신임을 얻고 기병중대장으로 임명되었다. 악마의 도움을 받아 부대원들을 잘 보살핀 싸바에 대한 소문이 모스끄바 황제에게까지 알려졌고, 수도에서 파견된 귀족 스뜨레쉬노프(Стрешнёв)가 싸바를 자신의 휘하에 두려고 제의했을 때 악마는 싸바에게 훗날 황제의 휘하에 들어가는 것이 더 낫다며 이를 거부하도록 지시하였다. 얼마 후 싸바는 황제의 명에 따라 슈야를 떠나 '제믈랸 도시'(Земляный город : 모스끄바를 지칭)로 이동하여 쉴로프 기병중위 집에 머물었다. 어느 날 악마는 싸바와 하룻밤 사이에 스몰렌스끄로 가서 4일간 폴란드 군인들의 동향을 살피고 모스끄바로 돌아왔다. 그리고 얼마 후 귀족 쉐인(Шеин)은 군대를 이끌고 스몰렌스끄로 진격하여 폴란드 군과 전투를 벌였다. 이 대목에서 작가는 싸바를 마치 영웅서사시의 주인공으로 묘사하고 있다. 전투가 벌어지기 전 악마는 싸바에게 3명의 폴란드 거인 병사가 차례로 나와서 러시아 군인과 결투를 벌일 것인데 이때 러시아 군의 대표로 나아가 그들과 싸우라고 지시하였고, 그는 악마의 도움으로 폴란드 군인들을 차례로 물리쳤다. 그의 용맹에 사기가 떨어진 폴란드 군인들은 도주하였고 러시아 군은 승리를 거두었다. 싸바의 용맹에 매료된 스뜨레쉬노프는 그를 불러 누구의 아들인지 물었다. 그가 까잔 출신 포마 그루드쯔인 우소프의 아들이란 대답을 하자, 스뜨레쉬노프는 화를 내며 그의 부친이 부유한 상인이라는 것을 알고 있다며 그에게 집으로 돌아갈 것을 권유하였다.

스뜨레쉬노프의 말을 듣고 슬픔에 잠긴 싸바는 악마와 함께 모스끄바로 돌아와 쉴로프의 집에서 머물던 중 중병에 걸려 드러누웠다. 쉴로프와 그의 부인이 정성스레 간호했으나 병은 더욱 악화되었다. 기병중위의 아내는 성 니꼴라이 사원(Святой Николай храм)의 사제를 불러 병든 싸바를 위한 기도를 부탁하였다. 사제가 기도하는 순간 싸바는 자신의 형제인 악마가 본연의 모습을 드러내고 다른 악마의 무리들과 함께 방안으로 들어오는 것을 보았다. 분노한 악마는 싸바에게 그가 예전에 작성한 수사본을 들이대며 협박하였다. 그러나 다른 사람들의 눈에는 하나님께 간절히 기도하며 참회하는 싸바 외에 아무 것도 보이지 않았다. 악마는 참회하는 싸바를 공격하기 시작하였다. 구타하고, 바닥으로 내동댕이치고, 목을 졸라 거품을 토하게 만드는 등 온갖 방법으로 그를 괴롭혔다. 방안에서 이 장면을 보고 있던 쉴로프와 그의 아내는 아무런 도움을 줄 수 없었다. 악마는 날이 갈수록 강도 높게 싸바를 괴롭혔고, 보다못한 쉴로프의 아내는 황제에게 사람을 보내 이 사실을 알렸다. 미하일 로마노프 황제는 이 소식을 듣고 군인 2명을 쉴로프의 집으로 보내 보초를 세워 주었다.

7월 1일 악마로부터 고통받던 싸바는 잠이든 상태에서 눈물을 흘리며 다음과 같이 말했다. "오, 가장 자비로운 여인이여, 여왕이여, 성모 마리아여, 자비를 내려주십시오. 여 군주여, 거짓말을 하지 않겠습니다. 여왕 중의 여왕이여, 거짓말을 하지 않겠습니다. 당신에게 약속한 것을 반드시 지키겠습니다."(«О, всемилостивая госпоже царице богородице, помилуй , владычице, не солжу, всецарице, не солжу, но исполню, елико обещахся ти».) 잠에서 깨어난 싸바에게 쉴로프는 무슨 꿈을 꾸었느냐고 물었다. 싸바는 꿈속에서 성모 마리아, 사도 요한 그리고 부주교 뾰뜨르(Пётр, ?~1326)를 만났고, 성모 마리아가 "만일 네가 수도사가 되겠다는 언약을 한다면, 너를 불행으로부터 구해 주겠다"고 말한 것과 그녀에게 언약을 지키겠다는 답변을 했다고 대답했다. 그녀는 까잔의 우스뻬니야(Успения) 사원에서 성모 마리아의 축일인 7월 8일에 많은 사람들 앞에서 싸바를 위해 기적을 베풀겠다고 약속했다. 쉴로프와 그의 아내로부터 이 이야기를 전해 듣고 신하들을 대동하고 우스뻬니야 사원에 도착한 미하일 황제는 병든 싸바를 사원 입구에 내려놓았다. 사람들이 게루빔(Херувим, Cherubim : 하나님을 수호하는 천사) 찬가를 부르기 시작했을 때 하늘에서 다음과 같은 소리가 들렸다. "싸바야, 일어나거라! 왜 꾸물거리느냐? 내 교회로 들어오너라, 건강해질 것이다. 그리고 (앞으로) 잘못을 저지르지 말아라!"(«Савво, востани! Что бо медлиши? И прииди в церковь мою, и здрав буди, и к тому не согрешай !») 싸바는 일어나 교회 안으로 걸어 들어가서 눈물을 흘리며 기도하고 성모상 앞에 엎드렸다. 그때 싸바가 악마에게 써주었던 수사본이 깨끗이 지워진 상태로 교회의 천장에서 떨어졌다. 이 장면을 목격한 황제는 하나님이 베푼 자비에 감사하며 그를 찬양하고 모스끄바로 돌아갔다. 싸바는 자신이 갖고 있던 모든 재산을 교회와 가난한 자들에게 나누어 주고 '천사장 미카엘 기적 수도원'(монастырь Чюда архистратига Михаила)에 들어가 수도사 생활을 하다 사망하였다.

이 작품은 17세기 말 러시아 산문 장르에 급격한 변화를 초래한 작품으로 평가된다. 비록 기독교와 민간전설 요소—악마, 기적, 회개, 수도원 생활 등—가 산재하고 있으나, 단순하지 않은 변화무쌍한 플롯과 복합적인 구성, 그리고 역사적 사건과 인물들을 인용한 허구적인 이야기의 시도는 러시아 문학에 새로운 이정표를 제시하는 분수령으로 평가된다. 그리고 이 작품을 한 인물의 전기작품으로 간주할 경우, 전통적인 기독교 메시지가 약화되면서 통속적 내용이 부상하는 일종의 '산문의 소설화' 현상으로도 평가할 수 있다. 작품의 결말이 권선징악으로 끝나고 있지만, 이야기가 전개되는 과정에 펼쳐지는 주인공의 세속적 열정과 모험들은 독자들에게 다양한 인생의 간접경험을 제공해 주고 있다.

4. 「슬픔과 불행에 관한 이야기」

「슬픔과 불행에 관한 이야기 Повесть о Горе и Злочастии」는 17세기 중엽 익명의 작가에 의해 쓰여졌는데, 운문 형태로 된 사본은 단 한 편만이 현존한다. 작가는 구전민요의 언어와 특성을 이용한 운율(размер)과 압운(рифма)이 없는 강약을 기초로 한 운문의 형태를 띠고 있는 이 작품의 원제목은 「슬픔과 불행에 관한 이야기, 어떻게 '슬픔과 불행'이 한 젊은이를 수도사로 인도했는가 Повесть о Горе и Злочастии, как Горе-злочастие довело молотца во иночеслкий чин」이다. 이 작품은 부모의 권고를 받아들이지 않고 자신의 의지대로 자유롭게 방황하던 한 젊은이가 의인화된 '슬픔과 불행'에 의해 깨달음을 얻은 후 수도원으로 들어간다는 내용을 담고 있다. 작가는 방황하는 젊은이를 비난하기보다는 젊은이가 택한 슬픈 운명을 동정의 시선으로 바라보고 있다. 교훈적 내용을 담은 경구, 비유, 상징들이 많이 사용된 이 작품에는 세대간의 갈등도 묘사되어 있다.

아담과 이브의 타락에 관한 글로 시작되는 이 작품에서 작가는 성경과 다른 내용을 기술하고 있다. 태초에 하나님은 하늘과 땅, 아담과 이브를 창조하시고 낙원에 있는 포도나무 열매를 따먹지 말 것을 명령하였다. "인간의 마음은 생각이 부족하고 감당할 수 없는 것이어서 / 아담은 이브와 함께 유혹에 빠져, / 하나님의 계율을 잊고, /

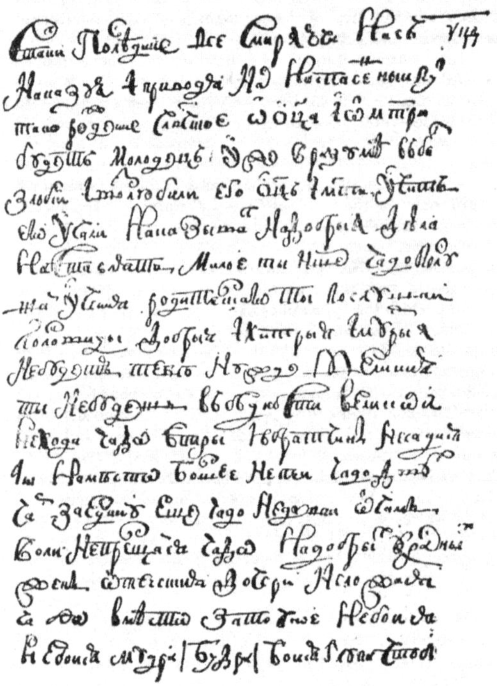

◀ 「슬픔과 불행에 관한 이야기」의 필사본 중에서

경이로운 위대한 나무로부터 / 포도 열매를 따먹었다."(Человеческое сердце немысленно и неуимчиво : / прелстился Адам со Еввою, / позабыли заповедь божию, / вкусили плода винограднаго / от дивнаго древа великаго.) 작가는 인간이 사탄의 유혹에 빠져 타락한 것이 아니라, 스스로의 의지로 포도 열매를 따먹고 하나님을 배반했다고 설명하면서 인간은 악한 성품을 가지고 태어났다는 점을 지적하고 있다. "그러나 인간이란 종족은 사악하다. / (그들은) 처음부터 불순종하였고, / 아버지의 가르침을 불신하고, / 어머니에게 불순종하였고 / 친구의 충고를 거짓으로 받아들였다."(Ино зло племя человеческо : / вначале пошло непокорливо, / ко отцову учению зазорчиво, / к своей матери непокорливо / и к советному другу обманчиво.) 이어 작가는 부모가 자식에게 주는 훈계의 글을 나열한다. "너 사랑하는 우리 아이야, / 부모의 훈계를 들어라, / 너는 교훈을 들어라, / 선한 자와 영리한 자와 현명한 자의 (교훈을 들어라) / 너는 큰 궁핍을 알지 못하고, / 너는 큰 가난을 알지 못한다. / 아이야, 주연과 흥청거리는 술판에 가지 마라, / 높은 자리에 앉지 마라, / 아이야, 한번에 두 잔의 술을 마시지 마라!"(«Милое ты наше чадо, / послушай учения родителскаго, / ты послушай пословицы / добрыя, и хитрыя, и мудрыя, — / не будет тебе нужды великия, / ты не будешь в бедности великой . / Не ходи, чадо, в пиры и в братчины, / не садися ты на место болшее, / не пей , чадо, двух чар за едину!») 부모는 계속하여 자식에게 여자를 조심하고, 도박에 빠지지 말고, 부귀영화에 현혹되지 말고, 거짓말을 하지말고, 부모를 공경하라는 훈계를 한다.

그러나 젊은이는 부모의 말을 거역하고 '자기 뜻대로 살고자 원했다'(а хотел жити, как ему любо). 작가가 주인공 이름을 거론하지 않고 일반인으로 지칭한 것을 미루어 볼 때 이는 당시 젊은 세대의 보편적인 사고방식을 거론한 것으로 간주할 수 있다. 그는 50루블을 가지고 집을 나와 50명의 친구들을 사귀었고[130], 그 중 한 친구의 유혹에 빠져 술집에서 취하도록 술을 마시고 곯아떨어졌다. 저녁 무렵 잠에서 깨어났을 때 그는 속옷만을 걸친 채 모든 것을 도둑맞은 상태였다. "그리고 젊은이는 맨발로 일어났다. / 젊은이는 옷을 걸치기 시작했다. / 그는 낡아빠진 신발을 신고, / 그는 술집의 낡은 옷을 입고, / 그는 자신의 벌거벗은 몸뚱이를 감쌌다. / 그는 자신의 하얀 얼굴을 씻었다."(И вставал молодец на белы ноги, / учал молодец наряжатися : / обувал он лапотки, / надевал он гунку кабацкую, / покрывал он свое тело белое, / умывал он лице свое белое.) 작가는 '벨르이'(белый)[131]라는 형용

130) 당시 50루블은 상당히 큰 액수의 돈이었다.

사를 세 차례 사용하여 모든 것을 상실한 '가련한' 청년의 적나라한 이미지를 더욱 부각시키고 있다. 마치 아담과 이브가 벌거벗은 수치를 깨닫고 낙원에서 쫓겨나듯, 슬픔에 잠긴 젊은이도 부모가 살고 있는 도시를 떠나 낯선 미지의 땅으로 떠난다. 그곳에 도착한 그는 도시의 궁중 안에 위치한 농가에서 벌어진 주연에 참석하였다. 많은 사람들이 술을 마시고 흥에 겨워 자랑을 일삼고 있었으나, 젊은이는 술을 마시지 않고 슬픔에 젖어 있었다. '선한 사람들'(добрые люди)이 그에게 무슨 사연이 있냐고 묻자 젊은이는 부모의 말을 거역하고 저지른 과오와 그 결과 자신에게 닥친 슬픔과 불행을 다음과 같이 이야기하였다. "가난이 나의 웅변의 혀를 얌전히 만들었고, / 슬픔이 나의 얼굴과 벌거벗은 몸뚱이를 야위게 만들었습니다. / 이 때문에 내 마음은 기쁘지 않고, / 하얀 얼굴은 우울하고, / 맑은 두 눈은 흐릿하게 되었습니다. / 모든 소유물과 내 시력이 상실되었고, / 내 아버지의 명예가 실추되었으며, / 내 젊은 용기가 사라졌습니다."(«Укротила скудость мой речистой язык, / изсушила печаль мое лице и белое тело, — / ради того мое сердце невесело, / а белое лице уньıнливо, / и ясныя очи замутилися, — / все имение и взоры у мене изменилися, / отечество мое потерялося, / храбрость молодецкая от мене миновалася.)

이 말을 들은 '선한 사람들'은 그를 '분별 있는 젊은이'(разумный молодец)라고 부르며, 복종 · 겸손 · 진실 · 정의를 지키면 명예와 존경 그리고 선한 친구를 사귀게 될 것이라고 조언하였다. 이 말을 새겨 듣고 젊은이는 다시 길을 떠나 낯선 땅에 도착하여 현명하게 생활하였다. 몇 년 후 많은 재산을 모은 그는 결혼식을 올리게 되었다. 그런데 결혼식 연회장에서 그는 사람들 앞에서 교만스레 자랑을 늘어놓았다. "난 옛날보다 더 많은 재산을 모았다." 이 말을 엿들은

---

131) '하얀', 혹은 '속살을 드러내는'이란 의미를 가진 형용사.

'슬픔과 불행'(Горе-злочастие)은 젊은이에게 다음과 같이 말했다. "너, 젊은이여, 자신의 행복을 자랑하지 마라. 자신의 부를 자랑하지 마라." 등장인물로 의인화된 '슬픔과 불행'은 교만한 인간의 내면세계를 파고들어 그의 영혼을 불길한 운명 쪽으로 이끄는 역할을 한다. 동시에 작가는 이 '슬픔'(이하 '슬픔과 불행'을 '슬픔'이라 지칭함)을 바로 젊은이의 내면세계에 존재하는 부정적인 형상의 분신으로도 상징하고 있다. '슬픔'은 젊은이에게 자기는 부자라고 뽐내는 사람들 속에 살면서 그들을 불행과 파멸로 이끄는 능력이 있다고 말하며 어느 누구도 자기를 내쫓지 못한다고 호언장담하였다. '슬픔'은 젊은이의 꿈속에 나타나 그에게 결혼할 신부를 포기하고, 술집으로 가서 전재산을 술로 탕진한 후 값비싼 옷을 벗어버리고 누더기를 걸치면 더 이상 그를 괴롭히지 않을 것이라고 유혹하였다. 젊은이가 이를 거부하자 '슬픔'은 천사장 미카엘의 모습을 하고 꿈에 나타나 그에게 부귀영화를 포기하도록 유혹하였다. "젊은이여, 너는 진정 모르는구나, / 벌거벗음과 극도의 헐벗음과, / 가난과 상실에 대한 큰 안전을 모르는구나? / 자신을 위해 구입한 것은 돈을 주고 낭비한 것이다, / 너, 젊은이는 용감하구나, 그렇게 살아가고 있구나! / 그런데 (천국에서는) 벌거벗고 헐벗은 자를 때리거나 고통을 가하지 않는다. / 그리고 천국으로부터 헐벗은 자를 쫓아내지도 않는다. / 그리고 저 세상(천국을 의미)으로부터 이곳으로 밀어내지도 않으며, / 어느 누구도 그를 괴롭히지 않으며, / 벌거벗고 헐벗은 자를 못살게 굴지도 않는다!"(«Али тебе, молодец, неведома / нагота и босота безмерная, / легота, беспроторица великая? / На себя что купить — то проторится, / а ты, удал молодець, и так живешь! / Да не бьют, не мучат нагих, босых, / и из раю нагих, босых не выгонят, / а с тово свету сюды не вытепут, / да никто к нему не привяжется — / а нагому, босому шумить розбой !»)

젊은이는 천사장 미카엘로 변신한 '슬픔'의 감언이설을 받아들여 전재산을 술로 탕진해 버리고, 술집의 낡은 옷으로 벌거벗은 몸을 감싼 채 다시 낯선 땅으로 떠나게 되었다. 많은 부를 축적하여 성공한 젊은이가 다시 교만해져 술독에 빠져 재산을 탕진하게 되었던 것이다. 빈털터리가 된 그는 가는 도중에 만난 '빠르게 흐르는 강'을 배를 타고 도하하려 하였으나, 배 삯이 없어 사공으로부터 거절당했다. 강을 건너지 못하고 3일 동안 아무것도 먹지 못해 굶주리고 지친 그는 마침내 슬픔과 불행을 견디다 못해 빠르게 흐르는 강에 몸을 던져 자살하려 하였다. 바로 이때 강 옆 바위 뒤에서 알몸으로 벌거벗은 '슬픔'이 뛰어나와 큰 소리로 외쳤다. "멈추어라 너, 젊은이여, 너는 나, '슬픔'을 (남겨 두고) 떠나지 못한다./빠르게 흐르는 강으로 뛰어들지 마라./그리고 슬픔에 잠기지 마라./슬픔 속에서 산다는 것은 슬프지 않은 것이나,/슬픔 속에서 파멸한다는 것은 슬픈 것이다!/젊은이여, 자신의 첫 번째 삶을 기억하라./아버지가 네게 어떻게 말했는가,/어머니가 네게 어떻게 말했는가./그때, 왜 너는 그들의 말을 듣지 않았는가?"(«Стой ты, молодец; меня, Горя, не уйдеш никуды;/не мечися в быстру реку,/да не буди в горе кручиноват — /а в горе жить — некручинну быть,/а кручинну в горе погинути!/Спамятуй, молодец, житие свое первое/и как тебе отец говорил/и как тебе мати наказывала./О чем тогда ты их не послушал?») 알몸으로 등장한 '슬픔'은 젊은이에게 슬픔 속에서 자살하는 것을 만류하면서 그가 부모의 훈계에 순종하지 않고 제멋대로 살아갔던 것을 질책한 후 다음과 같이 말했다. "자기 부모의 선한 훈계를 듣지 않은 자를/나, '슬픔과 불행'은 가르칠 것이다./그가 좋아하는 것에 매달리지 않도록 가르칠 것이고,/그가 다른 사람들에게 고집부리지 않도록 가르칠 것이다!"(«А хто родителей своих на добро учения не слушает,/того выучю я,

Горе-злочастное. / Не к любому он учнет упадывать, / и учнет он недругу покарятися!») "나 부정한 '슬픔'에게 순종하거라, / 축축한 땅에 (엎드려) 나 '슬픔'에게 절해라, / 이 세상에 나 '슬픔'보다 더 현명한 자는 없다! / 그리하면 너는 빠르게 흐르는 강을 건너갈 것이고, / 선한 사람들이 너를 받아들이고, 먹을 것을 줄 것이다."(«Покорися мне, Горю нечистому, / поклонися мне, Горю, до сыры земли, / а нет меня, Горя, мудряя на сем свете! / И ты будешь перевезен за быструю реку, / напоят тя, накормят люди добрыя».)

'슬픔'이 시킨대로 따르자 젊은이에게 근심 걱정이 사라지고 행복한 마음이 가득했다. 기쁨에 넘친 그는 어린 시절 부모님이 자기에게 베풀었던 사랑과 은혜를 노래하며 강가를 거닐었다. 이 노래를 듣고 감동한 사공들이 그를 배에 태워 강을 건네주었다. '슬픔'이 예언한 것처럼 '선한 사람들'이 그에게 다가와 옷가지와 음식을 주었다. 그리고 그들은 젊은이에게 집으로 돌아가 부모님께 용서를 빌고 축복을 받으라고 말했다. 그들의 충고를 기쁜 마음으로 받아들이고 집으로 향하던 도중 사악한 '슬픔'이 뒤따라오며 소리쳤다. "멈추어라, 선한 젊은이여, 떠나지 마라, / 한 시라도 나 '슬픔과 불행'은 너와 떨어질 수 없다! / 죽을 때까지 나는 너와 함께 고통을 받을 것이다!"(«Ты стой, не ушел, доброй молодец, / не на час я к тебе, Горе-злочастное, привязалося! / хошь до смерти с тобою помучуся!) 이어 작가는 도주하는 젊은이와 그를 추적하는 '슬픔'을 직유법을 사용하여 장엄하게 묘사한다.

"젊은이는 찬란한 송골매처럼 날아갔다.
　그리고 '슬픔'은 하얀 매처럼 그를 추적했다.
젊은이는 회청색 비둘기처럼 날아갔다.
　그리고 '슬픔'은 회색 매처럼 그를 추적했다.

젊은이는 회색 늑대처럼 들판을 달려갔다.
  그리고 '슬픔'은 날쌘 사냥개처럼 그를 추적했다.
젊은이가 들판에서 (몸을 감추기 위해) 나리새 풀로 변했다.
  그리고 '슬픔'이 날카로운 낫을 들고 쫓아왔다."
(Полетел молодец ясным соколом, —
  а Горе за ним белым кречатом;
молодец полетел сизым голубем, —
  а Горе за ним серым ястребом;
молодец пошел в поле серым волком,
  а Горе за ним з борзыми вежлецы;
молодец стал в поле ковыль трава,
  а Горе пришло с косою вострою;)

젊은이는 끈질기게 뒤쫓아오는 '슬픔'을 떼어 놓으려고 물고기처럼 바다로 뛰어들었다. 그러자 '슬픔'은 그물을 가지고 바다로 들어와서 그를 조롱하였다. "네가 물고기가 되더라도 바닷가에서 사람들에 의해 잡혀 먹힐 것이다." 다시 집을 향해 길을 따라 걷는 젊은이에게 '슬픔'이 다가와 "사람을 살해하고 약탈하면 부유하게 살 수 있다"고 말했다. 그러나 젊은이는 그의 가르침을 거부하고, 더 이상 방황하지 않고 구원을 얻기 위하여 수도원에 들어가 수도사가 되었다. 그리고 작가는 '슬픔'이 수도원으로 들어오지 못하고 더 이상 그를 괴롭히지 못하게 되었다고 서술하며 이야기를 맺는다.

이 작품에는 '젊은이의 부모'와 '선한 사람들'이 긍정적 인물로, '슬픔'은 부정적 인물로 등장한다. 그러나 '슬픔'은 창세기에 등장하는 아담과 이브를 유혹한 뱀의 형상을 한 악마와는 전혀 다르게 묘사되었다. 부모의 훈계를 저버리고 자기 의지대로 살아 보려는 젊은이가 교만하게 되는 순간에 찾아온 '슬픔'은 주인공의 내면세계의 부정적 형상이 표면으로 노출된 분신으로도 간주할 수 있다. 주인공이 결말 부분에 분신인 '슬픔'과의 갈등을 극복하고 선한 삶을 누릴 수 있는 이상적 공간인 수도원에 들어가게 된 결정적인 요인은 자아의 의지가 아니라 분신 '슬픔'의 집요한 공략 때문인 것이다. 이 작품은 전통적 고대 러시아 문학과는 달리 주인공이 선에 도달하는 과정에 기독교적 교훈 혹은 하나님의 간섭 등이 나타나지 않고, 일반 세속 인물인 '선한 사람들'의 훈계 그리고 주인공의 분신인 '슬픔'의 역설적 행동 등이 사용되었다. 비록 결말 부분에 구원의 공간으로 수도원을 설정하였으나, 탈기독교 현상이 가속되면서 세속문학으로 전환하는 과도기적 작품으로 평가할 수 있다. 이런 시각에서 이야기 도입부에 서술한 성경과 전혀 다른 포도나무 열매와 첫 인간 아담과 이브의 죄악에 대한 묘사는 작가의 고의적 장치로 간주할 수 있다.

5. 「술꾼에 관한 이야기」

강한 풍자를 띠고 있는 「술꾼에 관한 이야기 Повесть о бражнике」는 17세기 중반에 익명의 작가에 의해 집필되었다. 17세기 작품들 가운데 풍자 장르에 속한 작품들은 당시 사회생활의 문제점들을 예리하게 지적해 주고 있다. 이 작품을 통해 우리는 17세기 러시아 사회에 만연한 '형식적으로 경건한 척하는 교회'와 '타락한 성직자들'의 모습을 엿볼 수 있다. 작가는 주인공인 '술꾼'(бражник)을 성서에 등장하는 유명한 인물들—사도 베드로, 사도 바울, 다윗 왕, 솔로몬 왕, 사도 요한—과 성 니꼴라이와 비교하면서 독자들에게 성직자들의 형식적인 경건성과 타락한 도덕성에 일침을 가하고 있다. 작가는 많은 대중들이 자신의 작품을 읽을 수 있도록 가능한 상류층에서 사용하는 교회슬라브어를 배제하고 대신 구어로 된 간결한 대화체를 주로 사용하였다.

어느 날 한 술꾼이 사망한 후, '그는 천국 문을 두드리기 시작했다'(Бражаник же нача у врат рая толкатися). 천국에 있는 사도 베드로가 "누가 천국 문을 두드리느냐?"(«Кто есть толкущися у врат рая?»)고 묻자, 그는 죄인 술꾼이라고 대답하고 당신과 함께 천국에 거하겠다고 말했다. 그러나 "술꾼은 천국에 들어올 수 없다"라고 베드로가 답변하였다. 술꾼은 "거기 당신은 누구요, 당신 목소리는 들리는데, 당신

이름은 모르겠습니다!"(«Кто ты еси тамо: глас твой слышу, а имени твоего не ведаю!») 이에 베드로는 "나는 사도 베드로다"(«Аз есть Петр апостол».)라고 대답했다. 그가 베드로임을 알아차린 술꾼은 그에게 "그런데 베드로, 당신 기억합니까, 그리스도가 처형당하러 잡혀 가던 그때 당신은 세 번씩이나 그리스도를 부인하지 않았습니까. 그런데 어떻게 당신이 천국에 살고 있습니까?"(«А ты помниши ли, Петре, егда Христа ваяли на распятие, а ты тогда трижды отрекся еси от Христа. О чем ты в раю живеши?») 술꾼으로부터 모욕당한 베드로는 저만치 물러났다. 이런 식으로 술꾼은 계속하여 천국 문 앞에 서서 등장인물들과 차례로 대화를 나눈다. 술꾼은 사도 바울에게 "당신이 바울이군요, 당신이 첫 순교자인 스데반 보제장을 돌로 쳐죽인 것을 기억합니까?"(«Ты еси Павел, помнишь ли: егда ты первомученика архидиякона Стефана камением побил?») 그는 다윗에게 "다윗 왕이여, 당신 기억합니까, 자신의 부하 우리야를 전쟁터로 보내 죽게 만들고, 그의 아내를 침실로 끌어들였습니다. 그런데 당신은 천국에 살고 있으면서, 나를 천국으로 들어가지 못하게 합니까!"(«Помниши ли ты, царь Давыд, егда слугу своего Урию послал на службу и веле ево убити, а жену ево взял к себе на постелю, и ты в раю живеши, а меня в рай не пущаеши!») 술꾼은 "우상을 숭배한 죄를 지어 지옥에 떨어졌으나, 하나님께 자신의 초라한 모습을 끝까지 기억하지 말아달라고 간절히 탄원한 끝에 가까스로 천국으로 올라간 자."라고 말하며 솔로몬을 비웃었다.

성서에 등장하는 인물들을 조롱하는 술꾼의 얘기를 듣고 있던 성 니꼴라이가 등장하여 술꾼에게 다음과 같이 말했다. "술꾼은 이곳 천국으로 들어오지 못한다. 그에게는 영원한 고통이 있을 것이고, 참회하지 않는 자(술꾼을 지칭)는 지옥으로 간다!"(«Бражником зде невходимо в рай : им есть мука вечная и тартар неисповедим!») 이에 술꾼은 니꼴라이가 과거에 이단 아리이(Арий)의 뺨을 때렸던 것을 폭로한다. "당신이 니꼴라이요, 기억하시겠죠. 성직자들이 '전(全) 그리스도교 집회'에 모여서 이단들을 폭로했을 때, 당신은 미친 아리이를 손으로 때렸습니다. 성직자들이 손찌검하는 것은 온당치 않습니다. 율법에 써 있습니다. "살인하지 마라."132) 그런데 당신은 몹시 꺼려하던 아리이에게 상처를 입혔습니다!"(«Ты еси Николай, и помнишь ли: егда святи отцы были на вселенском соборе и обличяли еретиков, и ты тогда дерзнул рукою на Ария безумнаго; святителем не подобает рукою дерзку быти; в законе пишет: «не убий», а ты убил Ария треклятаго!») 이 말을 듣고 니꼴라이도 살그머니 뒷걸음쳤다. 얼마 후 사도 요한(Иоанн Богослов)이 등장하여 천국 문 앞에 서있는 술꾼과 대화를 나눈 후, "술꾼은 하늘나라를 유업으로 받지 못하고, 영원한 고통만이 그에게 마련되어 있다"라고 말하고 천국으로 들어올 수 없다고 선언하였다. 이에 술꾼은 "당신은 누가(Лук)와 함께 복음서를 썼습니다. '서로가 서로를 사랑하라'. 그리고 하나님은 모든 사람들을 사랑하십니다. 그런데 당신은 떠돌이를 증오합니다. 당신은 나를 증오합니다!"(«А вы с Лукою написали во Евангели: друг друга любляй; а бог всех любит, а вы пришельца ненавидите, а вы меня ненавидите!») 술꾼의 논박을 받아들인 요한은 천국 문을 열어 주었다. 그리하여 술꾼은 천국에 들어와 가장 높은 자리에 앉았다. 성자들이 그에게 물었다. "어떻게 너 술꾼은 천국에 들어와서, 가장 높은 자리에 앉을 수 있느냐? 우리는 감히 그 자리에 당당하게 접근할 수 없는데."(«Почто ты, бражник, вниде в рай и еще сел в лутчем месте? Мы к сему месту не мало приступити смели».)

---

132) '살인하다'는 의미를 가진 러시아어 동사 '우비찌'(убить)는 '상처를 입히다'라는 뜻도 있다. 술꾼은 '우비찌' 동사를 사용하여 니꼴라이가 아리이를 때려 상처를 입힌 것을 비꼬고 있는 것이다.

그들의 질문에 술꾼은 다음과 같이 대답하였다. "성직자님들! 당신들은 술에 취하지 않은 사람뿐 아니라 술꾼과도 대화할 줄 모르기 때문입니다!"(«Святи отцы! не умеете вы говорить с бражником, не токмо что с трезвым!») 즉, 장차 술꾼 혹은 일반인이 천국의 문을 두드릴 때 그들과 대화할 능력을 갖춘 술꾼이 상석을 차지해야 한다는 주장을 펼친 것이다. 이 답변을 들은 성자들은 고개를 끄덕이며 그를 축복한다. "너 술꾼은 그 자리에서 영원토록 축복을 받을 것이다! 아멘."(«Буди благословен ты, бражник, тем местом во веки веков!» Аминь.)

이 마지막 장면은 웃음을 절로 자아내게 하는 이 작품의 백미로 꼽을 수 있다. 술꾼은 상기 언급한 성자들과 달리 하나님을 부정하지 않았고, 간음하지 않았고, 우상을 숭배하지 않았고, 폭력을 행사하지 않았고, 타인을 증오하지 않았던 것이다. 그는 다만 술잔을 높이 들고 '주님을 위하여'라고 뇌까리고 술을 퍼마셨던 것이다. 성자들은 자신들이 저지른 죄로 인해 감히 천국의 상석에 앉으려는 생각조차 하지 못했으나, 술꾼은 당당하게 이 자리에 앉아 성자들 위에 군림하게 된 것이다. 천국의 성자들은 이것을 당연한 것으로 받아들일 뿐 아니라 술꾼에게 축복까지 내리고 있다.

6.「쉐먀까의 재판 이야기」

17세기 후반 익명의 작가에 의해 집필된「쉐먀까의 재판 이야기 Повесть о Шемякином суде」는 다량의 사본이 발견된 것으로 미루어 당시 상당한 대중적 인기를 얻었던 것으로 추정된다. 풍자성을 강하게 띠고 산문 형식으로 쓰여진 작품은 18세기에 운문 혹은 드라마 형태로 재구성되어 유포되기도 하였다. 작품의 줄거리는 다음과 같다. 어느 마을에 부유한 형과 가난한 동생이 살고 있었다. 어느 날 동생은 형을 찾아가 장작을 실어 나르기 위한 '말과 멍에'(лошадь и хомут)를 빌려달라고 요청하였다. 형은 화를 내며 말만을 빌려주었다. 멍에를 빌리지 못한 동생은 말꼬리에 썰매(дровни)를 묶고 숲 속에서 땔감을 구해 집으로 운반하던 중 대문을 열어 놓는 것을 깜박 잊은 채 채찍으로 때리자 말은 닫힌 대문 밑으로 통과하려 애쓰다가 그만 꼬리가 잘리고 말았다. 동생이 꼬리 잘린 말을 돌려주려 하자 화가 난 형은 고소하기 위하여 그를 데리고 도시로 떠났다.

도시로 가던 중 그들은 형과 친분이 있는 어느 사제의 집에 하룻밤을 묵게 되었다. 형은 사제에게 도시로 향하게 된 자초지종을 설명한 후 둘이서만 식사를 하였다. '뽈라찌'(полати)[133] 위에 누워 잠

133) 농가의 난로와 벽 사이에 널빤지로 높게 설치한 잠자리.

을 청하던 동생은 그들이 먹는 음식을 쳐다보다가 그만 떨어져 밑에 있던 사제의 어린아이를 압사시켰다. 화가 난 사제는 형과 함께 동생을 고소하러 다음날 아침 도시로 떠났다. 도시 입구에 설치된 다리를 건너던 중 자신의 처지를 비관하고 투신자살하기로 마음먹은 동생은 성호(城壕, ров)로 뛰어내렸다. 그 순간 한 청년이 부친을 모시고 '목욕탕'(баня)[134]으로 가고 있었는데 동생이 그의 부친 위로 떨어져 노인이 즉사하였다. 이에 분노한 청년은 형과 사제와 함께 재판관을 찾아갔다.

아무것도 가진 것이 없는 가련한 동생은 재판이 시작되기 전에 자신에게 닥칠 재앙을 모면하기 위하여 재판관 쉐먀까에게 무엇인가를 주려는 마음으로 길에서 주운 돌을 수건으로 싸서 모자 안에 넣고 세 차례에 걸친 재판이 시작될 때마다 재판관에게 다가가 수건으로 싼 돌을 보여주었다. 탐욕한 재판관은 이를 뇌물로 지레짐작하고 3명의 원고들에게 각각 다음과 같은 판결을 내렸다. "그(동생)가 당신(형)의 말의 꼬리를 잘랐으니, 꼬리가 다 자랄 때까지 그가 가지고 있는 당신 말을 가져가지 마라. 꼬리가 다 자랐을 때 그가 가지고 있는 당신의 말을 가져가라."(«Коли он лошади твоей оторвал хвост, и то у него лошади своей ни замай , до тех мест у лошеди выростет хвост, а как выростет хвост, в то время у него и лошадь свою возьми».) "그가 당신(사제)의 아들을 죽였으니, 당신은 그에게 당신의 아내를 내주어라. 그가 당신의 아내에게 아이를 만들어 주면 그때 그에게서 당신의 아내와 어린아이를 데리고 가라."(«Коли де у тебя ушиб сына, и ты де отдай ему свою жену попадию до тех мест, покамест у попадьи твоей он добудет ребенка тебе, в то время возьми у него попадью и с ребенком».)

---

134) 당시 러시아 사람들은 성곽 주위로 흐르는 얕은 강물에서 주로 목욕하였고, 물이 말랐을 때는 사람들이 걸어다니며 웅덩이에 고인 물을 찾아 몸을 닦았다.

"당신(청년)이 다리 위로 올라가고, 당신 부친을 살해한 사람(동생)을 다리 밑에 세우고, 그를 향해 뛰어내려라. 그가 당신 부친을 살해한 것처럼 그를 죽여라."(«Взьıди ты на мост, а убивый отца твоего станет под мостом, и ты с мосту вержися сам на него — такожде убий его, яко же он отца твоего».) 이처럼 예상치 못한 판결이 나자 형은 동생에게 5루블을 주면서 꼬리 없는 말이라도 가져가겠다고 부탁했고, 사제는 10루블을 주면서 아내를 데려가지 말라고 애원했고, 청년은 뛰어내리다가 동생이 피하면 자신이 대신 죽을 수도 있다는 것을 염려하여 동생에게 사례하고 뛰어내리지 않기로 하였다. 쉐마까의 불공정한 판결로 인해 동생은 졸지에 적지 않은 수입을 올렸다. 얼마 후 재판관은 동생에게 사람을 보내 재판하기 전 자신에게 보여준 모자 속에 있던 '세 보따리'(три узлы)를 달라고 요청하였다. 동생이 손수건에 싼 돌을 꺼내 보여주자, 그 사람은 의아해하며 "너는 그 돌로 도대체 무엇을 하려 했지?"(«Что же ты кажешь камень?»)라고 동생에게 질문하자 동생은 다음과 같이 답변하였다. "이 돌이 내가 그 재판관에게 줄 물건입니다. 만일 그가 나에게 유리하게 판결하지 않았다면, 난 이 돌로 그를 쳐죽였을 것입니다."(«То судии; я де того ради сей камень зде казал, того как бы он не мне судил, и я тем камнем хотел ево ушибити».) 이 이야기를 전해 들은 재판관 쉐마까는 안도의 한숨을 내쉬며 "내가 그의 편에서 판결 내린 것에 대해 나의 하나님께 감사와 찬양을 드립니다. 만일 내가 그의 편에서 판결하지 않았다면, 그는 나를 죽였을 것입이다"(«Благодарю и хвалю бога моего, что я по нем судил, а как бы я не по нем судил, и он бы меня ушиб»)라고 자위하며 이야기는 끝난다.

이 작품은 문체뿐 아니라 줄거리 진행과 구성 등 여러 부분에서 문학성이 다소 떨어진다. 특히 이야기의 결말 부분이 더욱 그렇다.

그러나 이 작품을 고대 러시아 법률의 보복 조항에 관한 '패러디'(пародия)로 간주할 경우 고발문학의 가치를 부여할 수 있다. 주인공 쉐먀까는 15세기의 역사적 인물인 드미뜨리 쉐먀까 공후(Дмитрий Шемяка, 1446~1447)[135]의 속성을 가진 부정적 형상의 인물로 간주할 수 있다. 드미뜨리 쉐먀까는 자신의 친동생인 꼬소이(Василий Косой, 1434~1448)가 바실리 II세(Василий II Тёмный, 1425~1462)에 의해 장님이 된 것에 대한 보복으로 바실리 II세를 잡아 장님으로 만들었던 인물이었다. 권력을 탐했던 그는 한때 모스끄바를 점령하여 대공으로 나라를 통치하였는데, 그의 불공정한 통치(보복법을 시행한 것으로 추정된다.)에 반발한 주민들과 장님이 된 바실리 II세에 의해 결국 쫓겨났다. 그런데 17세기 중엽 1649년 알렉세이 황제 시절 개정된 러시아 '법전'(Уложение)에 보복 조항이 들어 있었다. 즉, 살인한 자는 반드시 사형되었고, 방화죄를 저지른 자는 화형 당했다. 그리고 주화를 위조한 자는 불에 녹인 납을 그의 목구멍 속에 부어넣어 처형하였던 것이다. 이 작품의 주인공 재판관 쉐먀까가 내린 판결을 주목해 보면 보복법의 철저한 시행인 것을 감지할 수 있다. 즉, 이 작품은 뇌물을 바라는 재판관의 부도덕성을 고발한 작품으로 평가하기보다는, 당시 법률에 있는 보복 조항이 잘못된 것이라는 것을 꼬집으며 신랄하게 조롱하는 작품인 것이다.

135) 바실리 I세의 동생인 유리(Юрий) 공후의 장남. '불공정'이라는 뜻을 내포하고 있는 '쉐먀까'라는 단어는 정의롭게 통치하지 못했다는 그의 별명이다.

7. 「까르쁘 스뚤로프에 관한 이야기」

타락한 성직자, 부유한 상인, 그리고 고위 관리에 대한 강한 풍자를 담은 「까르쁘 스뚤로프에 관한 이야기 Повесть о Карпе Стулове」는 익명의 작가에 의해 17세기 후반에 집필된 것으로 추정된다. 장르상 '풍자'(сатира)에 포함시킬 수 있는 이 작품은 화자가 등장인물에 대한 평가나 그들의 행위에 대한 견해를 노출하지 않고 제3자 입장에서 객관적으로 서술하고 있다. 작가는 이런 서술방식을 사용하여 독자 스스로 판단을 유도하면서 풍자의 강도를 더욱 상승시키는 효과를 만들어낸다. 표면에 드러난 부정적 형상의 등장인물인 2명의 성직자와 1명의 상인이 저지르는 타락과 더불어 결말 부분에서 주인공 따찌아나(Татиана)를 도와주는 행정, 군사 양권을 소유한 인물인 '사령관'(воевода)의 감추어진 부패는 풍자의 묘미를 한층 더해 준다.

이야기의 줄거리는 다음과 같다. 어떤 도시에 부인 따찌아나와 함께 살고 있던 부유한 상인 까르쁘 스뚤로프(Карп Стулов)는 장사를 하기 위해 리투아니아로 떠나게 되었다. 부인을 홀로 남겨 두고 떠나는 것이 염려된 스뚤로프는 둘도 없는 친구인 상인 아파나시 베르도프(Афанасий Бердов)에게 다음과 같은 부탁을 하고 떠났다. "내 사랑하는 친구, 아파나시여! 내가 지금 상거래를 하기 위해 리투아니아 땅으로 떠날 때가 되었네. 내가 아내를 홀로 내 집에 남겨 놓았으니, 사랑하는 나의 친구여, 내 아내가 요구하는 것을 들어주고, 모든 것을 제공해 주게나. 내가 상거래를 하고 돌아와서, 그대의 요구를 듣고 갚아 주겠네."(«Друже мой любиме, Афанасие! Се ныне приспе мне время ехати на куплю свою в Литовскую землю, аз оставляю жену свою едину в доме моем; и ты же, мой любезней ший друже, жену мою, о чем тебе станет бити челом, во всем снабди: аз приеду от купли своей , буду тебе бити челом и платитися».) 베르도프는 친구 스뚤로프의 부탁을 기꺼이 받아들였다. 스뚤로프는 부인에게 자신이 없는 동안 필요한 돈을 주면서, 혹 모자랄 경우 베르도프에게 요청하고 절대 다른 남자와 잠자리를 하지 말라는 당부를 하고 리투아니아로 떠났다. 남편 없이 3년간 홀로 생활하던 따찌아나는 마침내 가진 돈을 다 써 버리고 말았다. 그녀는 남편의 지시대로 베르도프를 찾아가서 100루블을 꾸어달라고 부탁하였다. 따찌아나의 미모에 반한 베르도프는 흑심을 품고 그녀에게 "내가 당신에게 식량을 사는 데 필요한 100루블을 주겠소, (대신에) 단 하룻밤 나와 잠자리를 합시다"(«Аз дам тебе на брашна денег сто рублев, толко ляг со мною на чочь.»)라고 제안하였다. 이 말을 듣고 당황한 그녀는 고해사제(духовный отец)에게 여쭈어 보고 만일 그가 허락한다면 그리하겠다고 대답하였다. 따찌아나가 고해사제를 찾아가서 베르도프의 제안을 이야기하자 그는 200루블을 줄테니 자기와 하룻밤을 지내자고 말했다. 성직자로부터 이런 말을 듣고 당황한 따찌아나는 만일 대주교(архиепископ)가 이를 허락한다면 그리하겠다고 대답하였다. 그녀는 대주교를 찾아가서 베르도프와 고해사제가 자신에게 제안한 것을 설명하였다. 그녀의 하소연을 듣고 대주교는 다음과 같이 대답하였다. "그 두 사람, 사제와 상인을 내버려두고 나와 함께 지냅시다. 그리하면 내가 당신에게 300루블을 주겠소."

(«Остави обоих их, попа и гостя, но пребуди со мною единым, и аз дам тебе и триста рублев».) 대주교의 말을 듣고 어찌할 바를 모르는 따찌아나는 부정을 저지른 후의 미래에 닥칠 사후심판을 염려하며 대주교에게 물었다. "오 위대한 성직자님, 제가 어떻게 장차 불의 심판을 피할 수 있겠습니까?"(«О, велики святы, како я могу убежати от огня будущаго?») 이에 대주교는 "내가 모든 것에 대해 너를 용서할 것이다"(«Аз тя во всем разрешу»)라고 답변하였다. 그러자 따찌아나는 대주교에게 2시에 집으로 찾아오라고 말하고, 고해사제와 상인을 찾아가 각각 5시와 9시에 집으로 방문하라고 전하였다.

약속대로 대주교는 따찌아나의 집으로 와서 그녀에게 300루블을 주고 관계를 맺자고 말했다. 이에 그녀는 성의를 입은 자와는 관계할 수 없다며 세속인의 옷으로 갈아입을 것을 제안하고, 자신이 입던 여자 속옷을 건네주고 그의 성의를 벗겨 궤짝(сундук) 속에 넣었다. 그리고 그녀는 대주교와 잠자리를 하기 전에 처리할 일이 있다며 시간을 끌었다. 5시경 고해사제가 대문을 두드리자 그녀는 창문을 내다보며 남편이 돌아왔다고 환희하며 기뻐했다. 따찌아나의 말을 듣고 당황해하는 대주교가 궤짝 속에 숨자, 그녀는 자물쇠로 궤짝을 잠가 버렸다. 이어 고해사제가 집안으로 들어와서 그녀에게 200루블을 주고 추근대기 시작했다. 그녀가 고해사제에게 두 사람 사이의 간통으로 영원한 죄의 고통을 받게 될 것이라고 말하자, 그는 자신이 바로 고해신자들의 죄를 용서해 주는 사람이니 걱정할 필요가 없다고 대답하였다. 그녀는 고해사제에게 "당신이 공정한 심판관입니까? 나를 지옥이나 천국으로 보낼 힘을 갖고 있습니까?"라고 질문하면서 오랫동안 이야기를 나누었다. 이윽고 상인 베르도프가 현관문을 두드리는 소리가 들리자 그녀는 창문으로 달려가 내다보고 남편이 돌아왔다고 소리치며 기뻐하였다. 사제는 당황해하며

"큰일났네! 하나님 맙소사, 어디다가 나의 치욕을 감출 수가 있나?"(«О беда моя! Где мне, госпоже моя, укрытися срама ради?»)라고 소리쳤고, 따찌아나는 속옷만 걸치고 있는 사제를 헛간으로 데려가서 다른 궤짝 속에 넣고 잠근 후 대문을 열어 주었다. 상인은 그녀에게 100루블을 건네주고 그녀와 관계를 가지려 하였다. 그녀는 잠시 자리를 비우고 하녀에게 달려가 대문을 두드리라고 지시하였다. 잠시 후 대문 두드리는 소리가 나자 그녀는 창문을 통해 밖을 바라보고 소리쳤다. "오 완전한 내 사랑의 형언할 수 없는 기쁨이여, 오 내 눈의 빛이여, 내 영혼의 갈망이여 기쁨이여."(«О всевидимая радость от совершенныя моея любви, о свете очию моею и вожделение души моея и радость».) 그녀의 탄성에 의아해하며 상인은 무슨 일이냐고 물었다. 남편이 상거래를 마치고 돌아왔다고 대답하자 베르도프는 당황해하며 또 다른 궤짝 속에 몸을 숨겼고 그녀는 자물쇠로 잠가 버렸다.

이튿날 아침 따찌아나는 그 도시를 다스리는 사령관을 찾아가 스똘로프의 아내라고 소개한 후, 비싼 옷이 들어 있는 3개의 궤짝을 저당잡히고 100루블을 빌려달라고 요청하였다. 사령관은 착하고 부유한 상인 스똘로프를 잘 알고 있다며 저당물 없이 100루블을 빌려주겠다고 대답하였으나, 그녀는 고가의 옷이 들어 있는 궤짝이기 때문에 도둑맞을 염려가 있다며 남편이 돌아올 때까지 맡아달라고 간청하였다. 사령관은 부하들에게 따찌아나의 집에서 궤짝 3개를 가져오라고 명령하였다. 따찌아나는 사령관 저택으로 운반한 궤짝을 열어보고 내용물을 확인하라고 부탁하였다. 3개의 궤짝을 열자 속옷차림의 상인과 사제, 그리고 여자속옷을 입은 대주교가 앉아 있었다. 사령관은 창피스러워 어찌할 줄 몰라하는 그들에게 나오라고 명령한 후 따찌아나에게 자초지종을 물었다. 그녀의 설명을 들은 후 사령관은 따찌아나의 기지에 감탄하며 자신의 잠자리를 더럽히지 않은 것을 칭찬하였다. 사령관은 저당물이 비싼 가치가 있다며 상인, 사제, 대주교에게 각각 500루블, 1,000루블, 1,500루블을 받은 후 그들을 풀어 주었다. 그리고 그녀와 사령관은 각각 1,500루블씩 나누어 가졌다. 얼마 후 스뚤로프가 리투아니아로부터 돌아오자 그녀는 남편에게 자신에게 일어났던 일을 이야기해 주었고, 그는 부인의 지혜를 칭찬하며 무척 기뻐하였다.

교회슬라브어가 현저하게 감소되고 구어체 러시아어가 주로 사용되고 있는 이 작품은 전통적인 교회중심 문화의 붕괴와 더불어 17세기 말 세속화가 가속되며 발생하는 윤리 도덕의 타락상을 잘 보여주고 있다. 특히 성직자들마저 성적으로 타락하였다는 메시지를 전달하고 있는 이 작품에는 줄거리 진행과정 혹은 등장인물의 언어 속에 '작가의 언어'(авторскся речь)를 전혀 첨가하지 않고 객관적인 묘사만을 하고 있다. 이러한 특징은 당시 상인과 성직자 계급의 풍기문란을 더욱 강하게 고발하는 역할을 한다. 이 작품을 집필한 익명의 작가는 상인, 성직자, 혹은 지배계급이 아닌 평민일 가능성이 높다. 작품 내용상 도시의 군사와 행정을 관장하는 사령관이 부유한 상인과 비교하여 성직자에게 더 많은 벌금을 부여하는 것을 미루어 볼 때, 고위 성직자들이 상당히 많은 부를 축적하고 있었다는 사실도 함께 엿볼 수 있다. 결말 부분에서 따찌아나의 기지로 벌어들인 3,000루블이라는 막대한 금전 가운데 사령관이 절반인 1,500루블을 착복하는 장면은 독자들로 하여금 상인과 성직자 계급 위에 더 부패한 지배계급이 감추어진 채 도사리고 있다는 사실을 감지하게 만들어 준다.

8. 「프롤 스꼬베예프에 관한 이야기」

익명의 작가에 의해 17세기 말에 집필된 것으로 추정되는 「프롤 스꼬베예프에 관한 이야기 Повесть о Фроле Скобееве」는 완전한 세속문학 형태를 띠고 있다. 종교적 혹은 도덕적 색채가 완전히 배제된 이 작품은 「싸바 그루드쯔인의 이야기」처럼 역사적 실제 인물들이 등장하고 있으며, 「슬픔과 불행에 관한 이야기」처럼 주인공의 인생역정을 다루고 있다. 무엇보다도 탈기독교화했다는 점에서 이 작품을 높이 평가할 수 있다. 일부 학자들은 이 작품을 '악한 소설'(плутовская новелла)의 장르에 포함시키기도 한다. 3인칭 화자에 의해 이야기가 진행되고 복합적인 플롯이 설정되어 있는 이 작품은 상류귀족층 생활상에 대한 풍자도 약하나마 일부 내포하고 있다. 그러나 주인공의 악행에 대한 질타나 이를 통한 도덕성 회복의 암시 등은 전혀 발견할 수 없다. 당시 귀족생활상의 사실적 묘사와 짜임새 있는 구성이 돋보이는 이 작품에는 교회슬라브어가 눈에 띄지 않고, 러시아 일상구어를 사용한 단순하고 간결한 문장들이 주류를 이루고 있다. 등장인물의 대화를 통해 그들의 성격을 묘사한 점은 문학적으로 높이 평가할 수 있다. 간간이 관청용어가 사용된 점으로 미루어 볼 때 작가는 주인공 프롤(Фрол)과 같은 가난한 궁중귀족 출신인 것으로 추정된다. 세습영지를 소유하고 권위를 누리는 귀족과 능력에 따라 봉토를 부여받고 관청직무를 수행하는 궁중귀족의 구분이 점차 사라지고 하나로 통합되는 17세기 말을 시대적 배경으로 하고 있는 이 작품에서 작가는 프롤을 질타하기보다는 긍정적 시각으로 바라보는 듯한 인상을 주고 있으며, 그의 치밀한 계획들이 이루어지는 것을 축하하는 느낌마저 주고 있다. 종교적 요소를 담은 전통적 고대 러시아 문학작품과 달리 하나님이나 악마의 도움을 받지 않고 인간의 지혜와 술책으로 성공을 거두는 프롤과 부모의 간섭을 배제하고 스스로의 판단과 행동으로 그를 인생의 반려자로 택하는 안누쉬까(Аннушка)를 통해 전통파괴와 탈기독교화를 달성한 17세기의 독창적인 작품으로 평가된다.

작가는 서두에 시공간에 대한 설명과 두 주인공 프롤과 안누쉬까에 관한 간략한 소개를 하고 이야기를 전개한다. 1680년 노브고로드 지방에 궁중귀족 프롤 스꼬베예프가 살고 있었다. 노브고로드에는 '궁중고관'(стольник)[136] 나르진 나쉐낀(Нардин нащекин)의 세습영지가 있었고, 그 세습영지에 그의 딸 안누쉬까가 살고 있었다. 프롤은 안누쉬까를 유혹할 생각을 품고 영지를 관리하는 집사(прикащик)의 집을 자주 방문하여 그녀가 항상 유모(мамка)와 함께 있다는 사실을 알아낸다. 어느 날 프롤이 집사의 집을 방문하였을 때, 우연히 안누쉬까의 유모를 만났다. 유모가 떠나려 할 때 프롤은 그녀에게 다가가 2루블을 건네주었다. 안누쉬까를 유혹하려는 프롤의 계획을 알아채지 못한 유모는 돈을 받고 마냥 고마워했다. 크리스마스 주간이 다가오자 안누쉬까는 유모를 시켜 인근에 살고 있는 처녀들을 찾아가 자기 집에서 야회(вечер)를 개최할 것이니 방문해 달라는 말을 전하도록 지시하였다. 초청을 받은 프롤의 여동생은 여장을 한 오빠 프

136) 궁중에서 일하는 귀족들 가운데 상당히 높은 지위를 가진 인물.

롤과 함께 안누쉬까의 집을 방문하였다.

그녀의 집에 모인 많은 사람들은 프롤이 여장을 했다는 것을 전혀 알아채지 못했다. 화장실을 갔다오다 유모와 마주친 프롤은 그녀에게 "오, 나의 빛 유모여! 여기 우리의 많은 자매들이 와 있는데, 많은 자매들이 당신에게 봉사를 요구하는군요, 그런데 아무도 당신에게 (봉사에 대한) 선물을 주지 않는군요!"(«Ах, моя свет-мамушка! много наших сестер здесь и твоей услуги ко всякой много, а ни которая, надеюсь, тебя не подарит!»)라고 말한 후, 5루블을 건네주었다. 안누쉬까와의 결혼하려는 계획을 달성하는데 꼭 필요한 유모를 구세주 혹은 희망의 뜻을 내포한 '나의 빛'이라는 표현에서 프롤의 치밀하고도 교활한 성격을 엿볼 수 있다. 프롤은 유모 앞에 무릎 꿇고 자신이 프롤이라는 것을 밝힌 후, 안누쉬까와 사랑을 나누기 위해 여장을 하고 왔다고 고백하며 도움을 청하였다. 두 번에 걸친 뇌물을 받은 유모는 일을 성사시켜 주겠다고 대답하였다. "좋습니다. 스꼬베예프 나리, 저에게 베푼 당신 호의에 대한 보답으로 당신의 뜻에 따라 모든 조력을 동원할 준비가 되어 있습니다!"(«Добро, господин Скобеев, за твою ко мне благосклонную милость готова чинить по воли твоей всякое вспоможение!»)

연회장에 들어선 유모는 안누쉬까에게 특별한 놀이를 제안하였다. 안누쉬까가 무슨 놀이냐고 묻자 다음과 같이 대답하였다. "좋습니다, 안누쉬까 아가씨! 당신이 신부가 되고, ― 프롤 스꼬베예프를 가리키며, ― 이 아가씨가 신랑이 되는 겁니다!"(«Изволь, матушка Аннушка! Ты будь невестой , ― а на Фрола Скобеева указала, ― а сия девица женихом!») 그리고 유모가 이 두 사람을 특별히 마련한 방으로 데리고 갔다. 방안에 들어선 프롤은 안누쉬까에게 자신을 소개한 후 당황해하는 그녀를 강제로 범했다. 프롤에게 순결을 빼앗긴 안누쉬까는 그에게 소문내지 말아달라고 부탁하고, 유모를 찾아가 자기와 동침한 자는 여자가 아니라 인근 마을에 사는 프롤이었다고 말하며 화를 냈다. 유모는 프롤이 여장을 하고 있었다는 것을 전혀 몰랐다며 거짓말을 하고, 그녀가 원한다면 그를 처치해 버리겠다고 대답하였다. 그러나 프롤과 첫 관계를 맺고 사랑이 싹트기 시작한 안누쉬까는 그럴 필요는 없다며 만류하였다. 야회가 끝날 무렵 모든 아가씨들이 방을 잡고 잠자리에 들기 시작했다. 안누쉬까는 "나와 같이 잘 친구로 이 아가씨보다 더 좋은 사람은 없어"라고 말하며 프롤을 데리고 방으로 들어갔다. 작가는 안누쉬까의 적극적인 행동을 묘사함으로써 그들의 사랑은 일방적이지 않았다는 것을 암시하고 있다. 두 사람은 밤새도록 육체관계를 가지며 쾌락을 즐겼다. 다음날 아침 야회에 참석했던 모든 아가씨들이 떠나려 할 때 안누쉬까는 프롤과 그의 여동생을 3일간 더 머물도록 배려하고 3일 동안 프롤과 깊은 사랑을 나눈 후, 그에게 300루블을 건네주었다.

얼마 후 모스끄바에 거주하고 있던 부친 나르진이 신랑감을 구해 놨다며 모스끄바로 오라는 편지를 보내자 안누쉬까는 유모와 함께 마지못해 상경하였다. 이 소식을 전해 들은 가난한 궁중귀족 프롤은 자신이 소유하고 있던 황무지를 처분하고 비장한 각오로 여동생에게 의미심장한 말을 남기고 모스끄바로 향했다. "…비록 내 행운이 사라지고, 그곳에서 내 목숨이 끝나더라도, 안누쉬까와 헤어질 수는 없다. 장차 내가 귀인이 될지 혹은 고인이 될지 모르겠다!…"(«...Хотя и живот мой утрачю, по тех мест и жизнь моя кончается, а от Аннушки не отстану, —или буду полковник, или **покойник**!...») 프롤은 제행무상(諸行無常)의 뜻을 담은 "오늘은 귀인, 내일은 고인"(Ныне полковник, завтра покой ник)이라는 러시아 속담을 인용하면서 스스로의 능력으로 자신의 운명을 결정하겠다는 강한 의지를 표현한 것이다. 모스끄바에 도착한 프롤은 나르진 저택 근처에 숙소를 정했다. 어느 날 교회 앞에서 유모를 만난 프롤은 그녀에게 자신이 모스끄바로 상경했다는 사실을 안누쉬까에게 전해달라고 부탁하였다. 이 소식을 전해 들은 안누쉬까는 기뻐하며 유모를 통해 그에게 200루블을 전달해 주었다.

나르진에게는 여동생이 있는데, 그녀는 모스끄바 근교의 '여수도원'(девичий монастырь)의 수도사였다. 어느 날 그녀는 오빠를 만나 조카가 보고 싶다며 며칠 후 집으로 마차를 보낼 것이니 여수도원으로 보내라고 부탁하였다. 부친으로부터 이 말을 전해 들은 안누쉬까는 유모에게 프롤로 하여금 마차를 몰고 집으로 오도록 지시하였다. 이 소식을 듣고 프롤은 마차를 구할 방도를 궁리하였다. 그 동안 모스끄바를 왕래하면서 대리인 업무를 하며 수단과 방법을 가리지 않고 생계를 꾸려 나가던 프롤은 상류사회에서 교활한 인물로 정평이 나 있었다. 그래서 또 누군가를 속이는 것 외에 별다른 방법이 없었다. 프롤은 착한 궁중고관 로브치꼬프(Ловчиков)를 찾아가 약혼녀를 만나러 가기 위해 마차가 필요하다며 거짓말을 하고 마부와 마차를 빌렸다. 그리고 마부에게 술을 잔뜩 먹여 취하게 만든 후 자신이 마부의 옷으로 갈아입고 나르진의 집으로 찾아가 안누쉬까를 데리고 왔다. 그리고 프롤은 마부에게 다시 술을 먹여 취하게 만든 후 마차에 태워 로브치꼬프 집에 몰래 데려다 주었다. 그날 집으로 돌아온 나르진이 유모에게 딸의 행방을 묻자, 그녀는 "당신의 지시대로 여동생이 보낸 마차에 태워 수도원에 보냈다"고 거짓말하였다. 이후 프롤과 안누쉬까는 몰래 결혼식을 올리고 단란한 살림을 차리고 생활하였다. 오랜 시간이 흐른 후 나르진은 딸의 소식이 궁금하여 여동생을 찾아갔다가 그녀가 수도원에 오지 않았다는 사실을 알게 되었다. 딸의 행방불명으로 슬픔에 젖은 나르진은 황제를 찾아가 이 사실을 고했고, 얼마 후 안누쉬까를 납치한 자는 극형에 처한다는 방이 나붙었다.

이 포고문을 본 프롤은 장인 나르진으로부터 축복을 받고 그의 재산을 물려받아야겠다는 생각을 품었다. 그는 궁중고관 로브치꼬프를 다시 찾아가서 자신의 의중을 설명하고, 후견인으로 자신을 도와주지 않으면 마차를 빌려준 공범자로 고발하겠다고 엄포를 놓았다. 로브치꼬프는 당황해하며 "넌 정말 사기꾼이구나! 도대체 나에게 무슨 짓을 한거야? …좋다, 내가 할 수 있다면 너의 후원자가 되어 주마!"(«Настоящей ты плут! Что ты надо мною зделал? ...Добро, как могу, буду предстателствовать!»)라고 말한 후, 프롤에게 다음날 우스뻰스끼 사원 앞 이바노프 광장(Ивановская площадь)으로 와서 나르진에게 진실을 고백하면 그때 옆에서 도와주겠다고 말했다. 다음날 광장에서 프롤은 나르진 앞에 엎드려 절하고 자신이 저지른 죄를 용서해 달라고 빌었다. 나르진이 누구냐고 묻자 옆에 있던 로브치꼬프가 "당신 앞에 엎드려 있는 궁중귀족은 프롤 스꼬베예프인데 당신에게 용서를 빌고 있다"고 거들었다. 나르진은 소리를 지르며 "일어나라, 사기꾼아, 난 오래 전부터 널 알고 있다. 사기꾼이자 쓰레기 같은 놈! 네가 중상모략하고 다니고 있다는 것은 잘 알려져 있다! …일어나서 말해라, 너의 죄가 무엇이냐?"(«Встань, плут, знаю тебя давно, плута и безделника! Знатно, что наябедничел себе! ...Встань, скажи, что твоя вина?») 프롤은 나르진에게 그의 딸과 결혼해서 살고 있다고 실토하였다. 나르진은 이 말을 듣고 실신하였다. 얼마 후 두 사람은 헤어져 각각 집으로 돌아가서, 부인들에게 광장에서 일어난 일을 설명하였다. 나르진은 부인과 상의한 후 하인을 시켜 안누쉬까가 어떻게 살고 있는지 알아보도록 지시했다. 프롤의 집을 찾은 하인이 마당으로 들어섰을 때, 프롤은 안누쉬까에게 침대에 누워 아픈 척하라고 지시하였다. 방에 들어선 하인에게 프롤은 부모의 분노가 그녀를 이렇게 병들게 만들었다고 하소연한 후, 부모의 자비를 필요로 한다고 말했다. 하인으로부터 이 말을 전해 들은 그녀의 부모는 딸의 고통을 안타까워하며 보석으로 치장한 값비싼 성상과 돈 500루블을 하인을 시켜 전달하였다.

며칠 후 나르진은 황제를 찾아가서 자초지종을 설명한 후 프롤이 저지른 죄를 용서해 달라고 간청하였다. 황제는 "네 뜻이 정 그러하냐. 내 네게 지난 일(프롤과 안누쉬까의 결혼)은 이미 돌이킬 수 없다는 것을 충고하마. 그리고 그(프롤)는 너의 포상과 내 완고한 신하들의 뜻에 반하는 나의 축복을 받게 될 것이다. 그리고 이로 인해 너는 노후에 위로받을 것이다."(«В том твоя воля, как желаещ, и советую тебе, что уже того не возвратить, а он твоим награждением, а моею милостию против протчих своей братьи оставлен не будет, и в том на старости возымееш утеху.»)라고 대답하였다. 군주로부터 축복을 받고 돌아온 나르진은 사위와 딸에게 식량과 살림살이를 6두 마차에 가득 실어 물품목록과 함께 보냈다. 장인의 도움을 받은 프롤은 모스끄바의 저명한 인사들과 사귀면서 부유한 생활을 누리게 되었다. "…사람들은 프롤이 그런 음모를 그렇게 대담하게 수행했다는 사실에 상당히 놀랐다."(...и весма Скобееву удивлялися, что он зделал такую притчину и так смело.)는 문장을 통해 작가는 프롤이 음모와 술수를 통해 이룩한 성공을 감축하고 있다. 오랜 시간이 흐른 후 나르진 부부는 프롤 부부를 자택으로 초대하였다. 가출 후 처음 집을 방문한 안누쉬까는 부모 발아래 무릎 꿇고 용서를 빌었고, 나르진은 딸의 자유분방한 행동을 꾸짖은 후 프롤에게 "너, 사기꾼 녀석, 계속 서있을 거냐? 여기 앉아! 사기꾼아, 네가 내 딸을 조정했지!"(«а ты, плут, што стоиш? садись тут же! тебе ли бы, плуту, владеть дочерью моею!»)라고 소리질렀다. 이에 프롤은 "장인어른, 이미 하나님이 이렇게 결정을 내렸습니다!"(«государь-батюшко, уже тому как бог судил!»)라고 항변하였다. 작가는 프롤을 통해 인간이 스스로 계획하고 실행하는 것이 곧 하나님의 결정이라는 기독교 전통사상을 파괴하는 파격적인 발언을 하고 있다. 식사 후 프롤이 관청 일로는 생계를 유지하기가 어렵다고 하소연하자, 나르진은 프롤에게 시골 영지를 관리하는 일을 맡기고 생활비로 300루블을 건네주었다. 몇 년 후 프롤은 영지를 자기 소유로 바꿔 버렸고, 다른 사람들에게 더 이상 사기를 치거나 험담을 늘어놓지 않았다. 장인이 사망한 후 재산을 상속받은 프롤은 부와 명예를 누리며 살다가 상속자에게 재산을 물려주고 죽었다.

이 작품은 화자와 등장인물의 화법을 능수 능란하게 사용하는 독창적인 소설로 평가할 수 있다. 기독교 전통파괴라는 파격적인 주제, 흥미롭고 역동적인 플롯, 직접화법 대화체에서 사용된 일상구어, 화자와 등장인물의 구별된 언어, 그리고 언어를 통한 등장인물 심리묘사 등이 돋보인다. 특히 등장인물들의 언어를 통해 그들의 행위나 목적뿐만이 아니라, 그들의 감정 상태까지도 감지할 수 있다. 예를 들어 나르진의 언어 속에 자주 등장하는 '사기꾼'이라는 단어에는 프롤에 대한 외형적인 혐오와 반감뿐 아니라, 역설적으로 내면에 깔린 부모의 사랑과 관심, 그리고 체념 속에 내포된 역정과 분노가 함께 포함되어 있다. 19세기 산문작가 뚜르게네프(Иван С. Тургенев)는 문체와 등장인물 묘사를 높이 평가하며 이 작품을 17세기 최고의 걸작으로 간주하였고, 18세기 작가 까람진(Николай М. Карамзин)은 이 작품의 플롯을 모방하여 「나딸리야, 귀족의 딸 Наталия, боярская дочь」을 집필하였다. 구소련 작곡가 찌혼 흐렌니꼬프(Тихон Н. Хренников)는 1950년에 「프롤 스꼬베예프 Фрол Скобеев」라는 코믹 오페라를 작곡하여 발표하였다.

9. 사제장 아바꿈과 러시아 정교회 분열

아바꿈(Аввакум Петрович, 1620~1682)은 1620년 11월 25일 그리고로보(Григорово) 마을의 성직자 집안에서 태어났다. 1638년에 아나스따시야 마르꼬브나(Анастасия Марковна)와 결혼한 아바꿈은 1642년에 니즈니 노브고로드(Нижний Новгород: 현재 고리끼 시)에서 보제로 임명되었고, 1644년에 볼가 강가에 위치한 도시 로빠찌쉬(Лопатищий)로 이주하여 사제로 승격되었다. 1647년 모스끄바에 상경한 아바꿈은 스쩨판 보니파찌예프(Стефан Вонифатьев)가 주도하는 소위 '경건 열성가 서클'(кружок ревнителей благочестия)[137)]에 가담하여 활동하였다. 1652년에 아바꿈은 유리예베쯔-뽀볼스끄(Юрьевец-Повольск)의 사제장으로 임명되어 그곳으로 이주하였다. 성직자의 경건성을 강조하던 그는 8주 만에 그 마을 사제들과 주민들에게 몰매를 맞고 가족을 남겨 둔 채 모스끄바로 도주하였다. 당시 '경건 열성가 서클'에 가담한 성직자들은 알렉세이 미하일로비치(Алексей Михаилович, 1645~1676) 황제의 후원을 받고 영적으로 타락한 교회를 개혁하는 데 앞장섰던 인물들이었다. 모스끄바로 되돌아온 아바꿈은 이 운동에 적극적으로 참여하여 활동하였다. 당시 '경건 열성가'들이 주도하는 경건성 회복운동에

---

137) 이들을 '하나님을 사랑하는 자들'(Боголюбцы)이라고도 불렀다.

니꼰 총주교(1672년 작품)

비교적 소극적이었던 총주교 요십(Иосиф)이 1652년 사망하자 알렉세이 황제는 스쩨판 보니파찌예프를 총주교로 임명하려 하였다. 그러나 그가 이를 거절하자 대신 노브고로드의 대주교인 니꼰(Никон, 1605~1681)을 총주교로 임명하였다. 그런데 니꼰은 다른 '경건 열성가'들처럼 순수한 영적 교회부흥을 추구하는 것 외에 러시아 총주교의 권한을 절대군주와 같은 수준으로 끌어올리려는 야심을 품고 있었던 인물이었다.

미하일(Михаил Романов, 1613~1645) 황제 시절에 러시아 정교회는 수세기 전부터 필사가들에 의해 쓰여진 성서, 기도서, 성자전 등에 적지 않은 오류가 있다는 사실을 인식하였으나 이를 크게 문제삼지는 않았다. 하지만 교회의 타락상으로 말미암아 실추된 교권의 회복을 위해 애쓰던 니꼰 총주교는 모든 교회 관련서적들을 그리스어 원본으로부터 재번역할 뿐 아니라 지역에 따라 다소 차이가 있는 예배의식도 하나로 통일할 것을 제안하면서 이를 종교회의에 상정하지 않고 독단적으로 처리하려 하였다. 이런 과정에서 아바꿈과 이반 네로노프(Иван Неронов, 1591~1670)가 주축이 되어 크게 반발하면서 '러시아 정교회 분열'(раскол)이 발생하기 시작하였다. '구교도파'(староверчество 혹은 старообрядчество)라고 불렀던 그들은 러시아 정교회에 사용되는 성서를 포함한 교회 서적들과 예배의식이 과거 비잔틴 교회로부터 물려받은 전통이므로 현재 그리스 교회에서 사용되는 것으로 바꾸어야 할 필요성이 없다며 니꼰의 개혁에 대해 정면으로 반발하였다. 문제가 된 예배의식은 크게 세 가지인데 성호를 그을 때 두 손가락이 아닌 세 손가락으로 할 것, 교회에서 절할 때 무릎까지 숙이지 말고 허리까지만 숙이라는 것, 그리고 예배시 할렐루야를 두 번 부르지 말고 세 번 부르라는 것이었다. 니꼰의 개혁에 반대했던 아바꿈은 1653년 9월 가족들과 함께 또볼스끄(Тобольск)로 추방되었고, 1655년 여름 야꾸쯔끄(Якуцк) 지방의 레나(Лена) 강변에 위치한 예니세이스끄(Енисеиск) 요새로 다시 추방당했다. 아바꿈은 요새의 수비대장인 빠쉬꼬프(Афанасий Пашков)의 탐사대와 함께 바이칼 호수를 거쳐 몽고 국경에 위치한 다우리야(Даурия)로 이동하면서 3년간 모진 고초를 겪었다.

알렉세이(Алексей Михаилович, 1645~1676) 황제의 후원을 받고 있던 니꼰은 1655년 종교회의를 소집하여 교회개혁안을 통과시킨 후 이를 실행에 옮겼으나, 구교도들은 목숨을 걸고 결사 반대하였다. 러시아 교회는 모든 성직자들에게 새로운 예배의식으로 전환토록 명령하였고, 이를 거부하는 성직자와 신자들을 시베리아의 유형지로 가차없이 추방하였다. 그러나 과거의 전통적 예배의식을 고

알렉세이 로마노프 황제
(17세기 화가 S. 로뿌쯔끼의 작품)

수하려는 구교도들의 운동은 좀처럼 누그러들지 않았고 일부 귀족들과 농민들마저 이 운동에 가세하기 시작하였다.[138] 교회와 구교도 사이에 마찰이 심화되는 가운데 다른 한편에서 알렉세이 황제와 니꼰 사이에 새로운 갈등이 싹트기 시작하였다. 니꼰은 "마치 달이 태양으로부터 빛을 받는 것처럼, 황제는 교회로부터 권력을 부여받는다"며 교권이 왕권보다 높다는 주장을 하면서 황제의 국정에 간여하기 시작하였다. 1658년 우스뻰스끼 사원에서 니꼰은 알렉세이 황제가 교회와 총주교를 무시하는 행동을 했다며 황제를 공개적으로 비난하는 사건이 발생하였다. 이에 분노한 황제는 니꼰을 총주교직에서 물러나게 만들었다. 니꼰은 공식적으로 1666년 총주교직에서 해임되었고, 페라뽄또프 벨로제르스끄 수도원(Ферапонтов Белозерский монастырь)으로 추방당했다.[139]

1662년 황제는 유배지에 있던 아바꿈에게 모스끄바로 돌아오라는 칙령을 전달하였다. 아바꿈은 약 2년에 걸친 여정 끝에 1664년 봄 모스끄바에 당도하여 황제와 귀족들로부터 환대를 받았으나, 니꼰이 주도했던 교회개혁운동에는 결코 참여할 수 없다며 자신의 소신을 굽히지 않았다. 그는 시베리아에서 가족들과 모진 고통을 당한 것에 대해 결코 황제를 비난하지 않았으며, 대신 '이단자' 니꼰과 그의 추종자들을 질타하였다. 그는 황제에게 니꼰 추종자가 아닌 경건한 인물을 총주교로 임명하여 러시아 정교회의 옛 영광을 되찾자는 탄원서를 써서 제출하기도 하였다. 그러나 아바꿈이 구교도 신앙을 버리

138) 귀족들이 참여하게 된 근저에는 강화되는 황제의 중앙집권력을 다소 약화시키려는 의도가 숨겨져 있었고, 농민들의 경우 농노제와 정부관리들의 횡포에 대한 불만을 토로하는 저항의 한 방편이었다.

139) 니꼰은 그곳에서 평범한 수도사 생활을 하다가 1681년에 배를 타고 보스끄레센스끄 수도원(Воскресенский монастырь)으로 이동하던 중 의문사당했다.

지 않자 황제는 그와 가족들을 시베리아의 메젠(Мезень)으로 다시 추방하였다.

1666년 3월 아바꿈은 다시 모스끄바로 소환되었고, 그해 5월 13일 우스뻰스끼 사원에서 개최된 '종교회의'140) 결과 아바꿈은 그해 9월 뿌스또제르스끄(Пустозерск)141)에 위치한 빠프누찌예프(Пафнутьев) 수도원으로 유배되었다. 이듬해 4월 다시 개최된 대종교회의에서 교회 개혁에 반대하는 사제장 아바꿈, 장로 에삐파니(Епифаний), 사제 라자리(Лазарь), 보제 표도르(Фёдор) 등은 파문을 의미하는 삭발을 당하고 뿌스또제르스끄로 유배되었다. 1669년 아바꿈은 뿌스또제르스끄에서 황제에게 두 번째 탄원서를 제출하였으나 아무런 소용이 없었다. 구교도인들을 옹호했던 귀족 부인 모로조바(Феодосия Прокопьевна Морозова, 1632~1675)142)가 감옥에 감금되어 가혹한 고문을 당하는 등 구교도에 대한 정부의 탄압은 날이 갈수록 강도를 더해 갔다.

아바꿈은 생애기간 중 총 80편의 작품을 남겼는데, 그 중 64편을 1667년부터 사망할 때까지 15년간 옥고를 치른 뿌스또제르스끄에서 집필하였다. 지하감옥에서 생활하던 아바꿈의 강직하고 경건한 성품은 간수들과 군인들을 감동시키기에 충분하였고, 이로 인해 그들 중 일부는 구교도로 개종하기도 하였다. 아바꿈은 지하감옥에서 옥고를 치르는 과정에서 자서전적 작품인 『사제장 아바꿈 전기 Житие

140) 알렉산드리아와 안티오크 총주교, 콘스탄티노플과 예루살렘 총주교구의 대표자들이 그해 가을에 열린 종교회의에 참석하였다.

141) 시베리아 북극 해안의 툰드라 지역에 위치한 곳으로 사람이 거주하기에 부적당한 동토지대이다.

142) 황제의 첫째 부인인 마리아 황후(Мариа Милославская)의 친척인 그녀는 1664년 시베리아의 유형지로부터 돌아온 아바꿈의 영향을 받고 열성적인 구교도 신자가 된 인물로 러시아의 대표적인 구교도 고위 여성이었다.

「사제장 아바꿈 전기」의 삽화기
(아바꿈이 오른손을 들어 성호를 긋는 두 손가락을 강조하고 있다. 맨 오른쪽 하단에 아바꿈이 화형에 처해지는 모습이 그려져 있다. 19세기 초 M. 그리고리예프 작품)

протопопа Аввакума」를 1672년에 집필하여 이듬해 완성하였다. 그리고 그는 니꼰 총주교가 의문사당한 1681년 이듬해인 1682년 4월 14일 에삐파니, 라자리, 표도르와 함께 화형에 처해졌다. 당시 구교도인들은 볼가강 너머의 숲 속으로 도주하여 공동체 마을을 형성하여 은둔생활을 하였으나 집요한 정부관리들의 추적으로 체포되어 화형에 처해지곤 하였다. 정부군이 구교도 공동체 마을로 침입한다는 소식이 전해지면 그 마을의 어린 아이부터 노인에 이르기까지 모든 구성원들이 교회에 모여 기도와 찬송을 부르며 불을 질러 집단자살하였다. 이처럼 1675년부터 1695년 사이에 집단자살로 사망한 구교도인들은 2만여 명이나 되었다. 결국 정부의 구교도에 대한 가혹한 탄압은 러시아 교회의 분열을 가속화시키는 결과만을 초래하게 되

었다. 18세기에 접어들면서 농민·수공업자·상인 등이 구교도운동에 대거 참여하자, 뾰뜨르 대제(Пётр I Великий, 1682~1725)는 그들을 '적그리스도'로 간주하고 참혹하게 다루었다. 19세기 초 니꼴라이 I세(Николай I, 1825~1855) 시절에는 구교도 교회들을 신성모독으로 간주하고 교회들을 파괴하기도 하였다. 마침내 알렉산드르 II세(Александр II, 1855~1881)가 통치하던 시기에 구교도에 대한 박해가 종식되고 구교도를 정교회의 분파로 인정하고, 그들이 거주하는 지역에 교회 설립을 공식적으로 허락하였다. 구교도인들은 러시아 정교회 개혁에 반대하고 분리되었다고 하여 '분리파 교도'(раскольник)라고도 부른다.

9-1. 「사제장 아바꿈 전기 Житие протопопа Аввакума」

러시아 최초의 자서전적 고백문학으로 평가되는 이 작품은 17세기 러시아 문학작품 가운데 최고의 걸작으로 꼽을 수 있다. 작가는 29년간 유배생활을 하면서 겪은 사건들과 북극 동토의 감옥에서 당한 고초 등을 꾸밈없이 진솔하게 묘사하며 자신이 걸어온 파란만장한 인생역정을 무수한 일화를 통해 자세하게 기록하고 있다. 1672~1673년에 집필한 이 작품에는 자신이 믿는 신앙에 대한 열정, 온갖 협박과 회유에도 신념을 굽히지 않는 강직성, 인간적인 면모가 넘치는 따스한 온정, 곤경에 처한 자들을 돕는 자비로운 마음, 불의와 타협하지 않는 정의감, 니꼰 총주교와 그의 추종자들에 대한 목숨을 건 처절한 투쟁 등이 잘 묘사되어 있다.

아바꿈은 이 작품에서 문장가로서의 뛰어난 면모를 보여주고 있다. 이 작품을 읽다 보면 작가가 글을 쓰고 있는 것이 아니라 독자의 감정에 호소하면서 말하고 있다는 느낌을 받는다. 이 같은 느낌을 받는 것은 그의 문체가 상당히 감상적이기 때문이다. 동시에 니

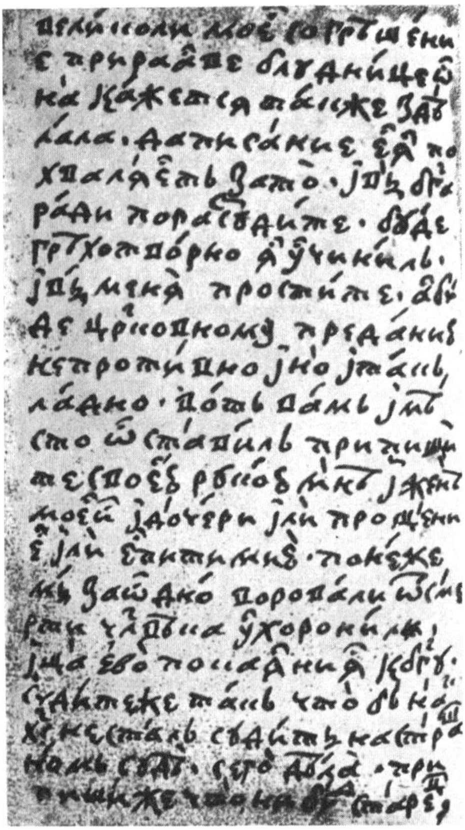

아바꿈이 자필로 쓴 「사제장 아바꿈 전기」 중에서

꼰과 그 추종자들에게 내뱉는 원색적인 어투 속에는 강렬한 분노가 파도처럼 술렁이고 있다. 시베리아 유형지에서 당하는 모진 고통 속에서 간간이 피어나는 여유로운 인간미는 이 작품의 가치를 더욱 빛나게 만들고 있다. 독자로 하여금 먼발치에서 바라보게 하는 과거 러시아 성자전과 달리 이 작품은 작가의 슬픔과 불행과 고통을 그와 더불어 느끼며 몰입하게 만드는 특징을 갖고 있다. 아바꿈은 이 작품을 '영원한 삶의 책'이라고 명명하였다.

작품의 도입부는 고대 러시아 문학의 전통적 성자전처럼 자신을 낮추고 하나님을 찬양하는 내용을 담고 있다. 이어 아바꿈은 자신의 출생, 가족, 결혼에 관한 이야기를 간략히 기록한 후, 사제 시절 자기를 찾아왔던 고해신자 젊은 여인에게 품었던 음욕을 진솔하게 고백한다. "세 번씩이나 죄를 범한 치유자인 내 스스로가 병들어 버렸습니다. 마음속에 호색한 불길이 타올랐고, 그 순간 전 고통을 받았습니다. 3개의 촛대에 불을 붙이고 (교회의) 경탁에 올려놓고, 불길 속에 오른손을 집어넣었습니다. 그리고 내 속에서 사악한 상념이 타서 사라질 때까지 꼼짝하지 않았습니다. 그리고 여인을 내보낸 후 사제복을 (벗어) 접어 놓고, 기도를 드리고, 상당히 슬퍼하며 제 집으로 돌아갔습니다."(Аз же, треокаянный врач, сам разболелся, внутрь жгом огнем блудным, и горко мне быть в той час : зажег три свещи и прилепил к налою, и возложил руку правую на пламя, и держал, дондеже во мне угасло злое разжение, и отпустя девицу, сложа ризы, помоляся, пошел в дом свой зело скорбен.) 비록 사제장이지만 여인에 대한 음욕을 품고 있었다는 진솔한 고백은 아바꿈의 인간적인 모습의 단편을 보여준다. 한 부정한 관리가 과부의 딸을 빼앗아 갔을 때 아바꿈은 그녀를 돌려달라고 관리에게 간청하였다가 모진 매를 맞고 쫓겨났다는 일화는 그의 강직한 성품뿐 아니라 당시 부패한 관리상을 묘사하기도 한다. 그 외에도 자신의 몸을 돌보지 않고 행동하는 이와 유사한 여러 일화들을 통해 '경건 열성가'로서의 아바꿈을 확인할 수 있다.

아바꿈은 니꼰에 대해 처음부터 부정적인 시각으로 바라보고 있었다. "그(니꼰)가 도착했을 때, 그는 마치 여우처럼 우리들을 대하였습니다. 머리를 숙이고 인사를 하는 등. 그는 자신이 총주교가 될 것이라는 것을 알고 있었고, 어디서든 어떤 훼방도 발생하지 않기를 바랬습니다. 그러한 간계들은 너무나 많아 다 말할 수 없을 정도입니다. 총주교로 임명되자, 그는 친구들을 총주교 저택의 성당에 들어오지 못하게 막았습니다! 그리고는 마침내 독기를 뿜어내기 시작하였습니다."(Егда же приехал, с ними яко лис : челом да здорово, Ведает, что быть ему в патриархах, и чтобы откуля помешка какова не учинилась. Много о тех кознях говорить. Егда поставили патриархом, так друзей не стал и в крестовую пускать! А се и яд отрыгнул.)

1653년 까잔 성당에서 아바꿈은 니꼰이 지시한 예배의식의 개혁에 관한 전문을 받고 이 내용의 일부를 기록하였다. "모년 모일. 성사도들과 성부들의 전통에 따라 교회에서 절을 할 때 무릎까지 하지 말고, 허리까지만 숙여야 한다. 또한 세 손가락으로 성호를 그어야 한다."(Год и число. По преданию святых апостол и святых отец, не подобает во церкви метания творити на колену, но в пояс бы вам творити поклоны, еще же и трема персты бы есте крестились.) 니꼰의 개혁에 불만을 품은 아바꿈은 꼬스뜨롬스끄(Костромск)의 사제장 다닐(Данил)과 함께 황제에게 탄원서를 올렸으나 허사였다. 이 사건으로 다닐은 체포되어 삭발당하고 쫓겨났고, 그 외에 많은 성직자들도 유배당했다. 아바꿈 역시 안드로니예프(Андроньев) 수도원으로 끌려가 쇠사슬로 묶인 채 지하감옥에 감금되었다. "…그리고 쇠사슬에 묶인 채 땅을 파서 만들어 놓은 깜깜한 골방에 처넣었습니다. 그리고 3일 동안 아무것도 먹고 마시지 않고 지냈습니다. 어둠 속에 앉아서 쇠사슬에 묶인 채 기도했습니다. 어느 쪽이 동쪽인지 어느 쪽이 서쪽인지 몰랐습니다. 어느 누구도 나를 찾아오지 않았습니다. 단지 쥐들과 바퀴벌레들만이 찾아왔습니다. 그리고 귀뚜라미가 울어댔고, 벼룩이 상당히 많았습니다."(...и тут на чепи кинули в темную полатку, ушла в землю, и сидел три дни, ни ел, ни пил; во тме сидя, кланялся на чепи, не знаю — на восток, не знаю — на запад. Никто ко мне не приходил, токмо мыши и тараканы, и сверчки кричат, и блох довольно.) 아바꿈은 지하 골방에 4주 동안 갇혀 있다 풀려난 후, 삭발을 당하지 않은 채 가족들과 함께 시베리아의 또볼스끄(Тобольск)로 유배되었다.

아바꿈은 또볼스끄에서 가족과 함께 2년 동안 생활하고, 황제의 칙령에 따라 1655년에 오지인 다우리아(Даурия)로 이주하였다. 이때 예니세이스끄(Енисейск) 요새 사령관인 빠쉬꼬프(Афанасий Пашков)

가 아바꿈을 데리고 이동하였다. 아바꿈은 니꼰의 명령에 의해 또볼스끄에서 아바꿈을 가혹하게 대했던 빠쉬꼬프와 오랫동안 여행하면서 많은 어려움과 갈등을 겪었다. 빠쉬꼬프 일행이 샤만스끼 급류에 도착했을 때 늙은 두 과부가 수도원에 입적하려고 배를 타고 가고 있었다. 빠쉬꼬프가 이 두 과부를 재혼시키려는 생각을 품자, 그의 의도를 알아차린 아바꿈은 “이런 분들을 다시 시집보낸다는 것은 법도에 어긋난다.”며 반대하였다. 아바꿈의 조언을 듣고 분노한 빠쉬꼬프는 가족들을 남겨 두고 아바꿈을 배에서 쫓아내서 깊은 산중에 홀로 버려 두었다가, 얼마 후 그의 부하들을 시켜 다시 배로 데리고 와서 채찍질하며 고문하였다. 부라쯔끄(Брацк) 요새에 당도한 빠쉬꼬프 일행은 아바꿈을 감옥에 처넣었다. 아바꿈은 감옥에서 짚단 한 더미로 추운 겨울을 나는 끔찍한 고통을 겪었으나, 이 역시 아바꿈의 의지를 꺾을 수는 없었다. 이듬해 봄 다우리야로의 행군은 계속되었다. 이동중 적지 않은 사람들이 죽어 나갔고, 바이칼 호수·힐록(Хилок) 강·이르겐(Ирген) 호수·인고다(Ингода) 강을 거쳐 네차르(Нечар) 강에 1658년 도착하여 2년간을 지냈다. 이 시절 아바꿈은 아내의 외투를 팔아 보리 4자루를 구입해서 식구들을 먹여 살렸다. 식량이 떨어지자 그는 유배된 사람들과 함께 풀뿌리·나무껍질 등을 먹었고, 늑대가 먹다 남긴 죽은 짐승 뼈를 주워먹기도 하였다. 어떤 사람들은 죽은 늑대와 여우·망아지 태반 등을 먹기도 하였다고 기록하면서, 아바꿈은 유배당한 사람들이 시베리아에서 겪는 상상할 수 없는 고통을 기록하고 있다. 그는 어려움 속에서도 늘 하나님을 경외하고 자신이 믿는 구교도 신앙을 결코 저버리지 않았다.

이 작품에는 고대 러시아 문학의 성자전처럼 기적적인 여러 사건들이 묘사되어 있다. 하루에 2개의 알을 낳는 검정 닭에 관한 일화를 소개하면서 이 닭 덕택에 아이들이 달걀을 먹을 수 있었다며 이는 하나님이 가족들에게 내린 은총이라고 고백하고 있다. 1661년 까자끄들과 원주민들을 이끌고 몽고족을 공략하기 전에 빠쉬꼬프가 시베리아 무당에게 점을 치는 장면을 목격하고 아바꿈은 개탄하며 슬픔에 잠겼다. 빠쉬꼬프가 아들 예레메이(Еремей)와 함께 부대를 이끌고 출정하려는 순간 온갖 동물들이 소리를 질러대는 기이한 현상이 발생했다. 불길한 징조로 판단한 아바꿈은 이를 무모한 출정이라 생각했다. 부하들이 탄 40척의 배는 급류를 통과하였으나, 빠쉬꼬프가 승선한 배는 급류에서 헤어나지 못했다. 사람들은 물에 빠지고 그의 배는 암초에 부딪혀 파손되었다. 예레메이가 아버지에게 다가가 아바꿈에게 가한 가혹한 행위로 인해 하나님이 진노한 것이라고 말하자, 이에 분노한 빠쉬꼬프는 부하의 총을 빼어들고 아바꿈을 죽이려 하였으나 총알이 발사되지 않았다.

남편을 따라 아이들을 데리고 온 아바꿈의 아내 아나스따시야(Анастасия)는 시베리아 유배지의 가혹한 상황에서 아이를 낳아 기르며 고통을 감수하는 현모양처의 형상으로 묘사되었다. 그녀는 처자식 때문에 갈등하는 아바꿈에게 당당한 위로와 격려의 말을 건넨다. "…저와 아이들은 당신을 축복합니다. 이전처럼 지속적으로 하나님의 말씀을 전하세요. …때가 되면 당신의 기도 속에 우리를 기억해 주세요. …그리스도는 강하시고 우리를 버리지 않을 것입니다. 가세요, 교회로 가셔서 이단143)의 음탕한 기만을 폭로하세요!"

화해를 시도하려는 황제의 명에 의해 1664년 모스끄바로 돌아와 자신을 환대하는 황제와 귀족의 모습을 아바꿈은 일화를 통해 자세히 묘사하였다. "그러자 모든 귀족들이 그(알렉세이 황제)를 따라 어깨를 굽신거리며 말했다. «사제장, 우리를 축복해 주고, 우리를 위해

---

143) 교회개혁을 강력히 추진하며 구교도 신자들을 핍박하는 니꼰의 추종자를 지칭한다.

기도해 주세요!» 이런 황제와 귀족들을 내가 어찌 애처롭게 여기지 않을 수 있겠습니까? (그들이) 측은해 보였습니다! 그들이 얼마만큼 선한지 보셨지요! 그들은 지금 나에 대해 악의를 품고 있지 않습니다. 악마만이 나에게 악의를 품고 있지요, 그리고 모든 사람들은 나에 대해 선하게 대합니다."(Таже и вся бояря после ево челом да челом: «протапоп, благослови и молися о насе!» Как-су мне царя тово и бояр тех не жалеть? Жаль, о-су! видишь, каковы были добры! Да и ныне оне не лихи до меня; дьявол лих до меня, а человеки все до меня добры.) 이렇게 황제와 귀족들이 아바꿈에게 구교도 신앙을 버릴 것을 회유하였지만, 그는 사도 바울의 말을 인용하여 이를 단호히 거부하였다. "나는 이 모든 것을 배설물처럼 여겼습니다. 그리고 난 그리스도를 얻었고, 죽음을 두려워하지 않습니다." 아바꿈의 고백 속에는 니꼰 추종자들과 타협을 거부하며 목숨을 걸고라도 구교도 신앙을 저버리지 않겠다는 불굴의 의지가 들어 있다. 아바꿈이 구교도 신앙을 버리지 않자 황제는 그와 가족들을 시베리아의 메젠(Мезень)으로 다시 추방하였고, 아바꿈은 1666년 다시 모스끄바로 소환되어 우스뻰스끼 사원에서 개최된 '종교회의'에 회부되어 파문당하였다. 그해 9월 뻐스또제르스끄에 위치한 빠프누찌예프(Пафнутьев) 수도원의 골방에 감금되었다.

1667년 4월 그는 다시 모스끄바로 소환되어 외국에서 온 총주교들과 러시아 주교들을 상대로 종교의식에 관한 논쟁을 벌였다. 총주교들이 아바꿈에게 물었다. "도대체 너는 웬 고집을 부리냐? 팔레스타인인, 세르비아인, 알바니아인, 루마니아인, 로마인, 폴란드인 모두가 세 손가락으로 성호를 긋는데, 너만이 유독 고집을 부리며 다섯 손가락으로 성호를 긋지 않느냐![144] 그래서는 안 된다."(«Что-де ты упрям, Аввакум? Вся-де наша Палестина — и серби, и албанасы, и волохи, и

144) 여기서 다섯 손가락이란 두 손가락을 의미한다.

римляня, и ляхи, — все-де трема персты крестятся, один-де ты стоишь во своем упорстве и крестисся пятью персты! Так-де не подобает».) 총주교들의 질문에 아바꿈은 타락한 외국 그리스 정교를 지적하며 다음과 같이 대답하였다. "전(全) 그리스도교의 스승들이여! 로마는 오래 전에 무너져 패배한 채 드러누워 있고, 폴란드는 로마와 함께 파멸하여 영원히 기독교의 적이 되었습니다. 그리고 당신들의 정교회는 터키의 마호메트의 폭력에 의해 얼룩이 졌습니다. 그 결과 당신들에 대해 감탄할 것이 없습니다. 당신들은 무기력해졌습니다. 그러니 앞으로는 우리에게 배우러 오십시오. 하나님의 은총으로 말미암아 우리에게는 전제군주제가 주어졌습니다. 배교자 니꼰이 출현하기 이전에 우리의 공후들과 황제들이 통치하던 시기에 정교회는 순수하고 더럽혀지지 않았으며, 교회에 분란이 없었습니다. 늑대 니꼰이 악마와 더불어 세 손가락으로 성호를 긋도록 규정했습니다. 그런데 처음에 우리 목회자들은, 우리의 성스런 조상들이 전통적으로 다섯 손가락으로 축복을 내렸던 것처럼, 다섯 손가락으로 성호를 그었습니다." (Вселенстии учителие! Рим давно упал и лежит невсклонно, а ляхи с ним же погибли, до конца враги быша християном. А и у вас православие пестро стало от насилия турскаго Магмета, да и дивить на вас нельзя: немощни есте стали. И впредь приезжай те к нам учитца: у нас Божиею благодатию самодержство. До Никона-отступника у наших князей и царей все было православие чисто и непорочно и церковь была немятежна. Никон, волк, со дьяволом предали трема персты креститца. А первые наши пастыри, якоже сами пятию персты крестились, тако же пятию персты и благословляли по преданию святых отец наших.) 이 문장에서 우리는 구교도 지도자인 아바꿈의 확고한 종교관과 교회분열의 분명한 원인을 찾아볼 수 있다. 비록 러시아 정교는 비잔틴 제국의 그리스 정교

로부터 유래되었지만 러시아 고유의 전통과 삶 속에 뿌리를 내리면서 통치자들과 민중들 사이에서 정통 기독교의 맥을 이어왔다는 것이다. 이에 반해 외국의 정교회들은 세월이 흐르면서 내부 혹은 외부의 압력에 의해 타락하고 순수함이 변질되었기 때문에 더 이상 정교회의 우위를 점할 수 없다는 엄청난 선언을 하였던 것이다. 즉, 두 손가락 혹은 세 손가락이라는 단순한 예배의식의 문제가 아니라, 세계 정교회에서 러시아 정교회의 신앙적 우월성과 자주성을 선포하였던 것이다. 동시에 아바꿈은 총주교 니꼰과 그의 추종자들에 대해 자신들의 사리사욕을 위하여 이미 타락한 외부의 정교회 의식을 맹목적으로 추종하는 늑대와 같은 집단으로 규정하고 있는 것이다.

아바꿈의 이 같은 엄청난 선언에 분노한 총주교들은 아바꿈, 장로 에삐파니(Епифаний), 사제 라자리(Лазарь), 보제 표도르(Фёдор) 등 네 사람을 이단 주모자로 판결하고, 파문한 후 뿌스또제르스끄로 유배보냈다. 황제의 명을 받고 뿌스또제르스끄에 도착한 부대장 이반 엘라긴(Иван Елагин)[145]은 아바꿈을 지하감옥에 가두었고, 나머지 세 사람의 혀를 자르는 이단에 대한 참혹한 형벌을 시행하였다. 라자리는 혀가 잘린 것 외에 오른손 팔목도 잘렸는데, 땅바닥에 떨어진 손이 구교도 전통대로 성호를 긋는 상태로 놓여 있었고, 혀가 없지만 정상적으로 말을 하였다고 아바꿈은 기록하고 있다. 그리고 에삐파니가 잘려 나간 혀를 입안에 다시 집어넣고 정확하게 발음하였다는 것과 표도르의 잘려나간 혀뿌리 부분에서 새 혀가 돋아 나와 입술 밖으로까지 튀어나왔다는 기적적인 사건을 진술하고 있다.

작품의 끝부분에서 아바꿈은 죽음을 당한 많은 구교도 신자들에게 용서를 빌고, 사도 바울처럼 자신은 형편없는 인간이라고 겸손하

145) 이 작품에서 엘라긴은 예수를 처형했던 빌라도(Пилат) 로마 총독으로도 간간이 불려지고 있다.

게 고백한다. 그리고 에삐파니 장로에게 사도 바울과 바나바가 소아시아 전도여행을 하고 돌아와 예루살렘 교회에서 증언한 것처럼 담대히 행동할 것을 권면하고 장차 찾아올 죽음을 두려워하지 말 것을 당부하며 글을 마무리짓는다. "사도 바울과 바나바는 하나님이 그들을 통해 이방인들에게 징표와 기적을 행했던 사실을 예루살렘 회의석상에서 여러 사람들 앞에 진술하였다. (이것은) 사도행전 제36절과 제42절에 기록되어 있다. 그리고 예수의 이름이 찬미되었다. 믿는 많은 사람들이 (바울과 바나바에게) 찾아와서, 자신들이 행했던 일을 고백하고 말하였다. 그리고 이 많은 것들은 사도들이 행한 사도행전에서 찾아볼 수 있다. 두려워하지 말고 내게 말하라, 단지 너의 양심을 단단히 붙잡아라. 자신의 영광을 구하지 말고, 그리스도와 성모 마리아의 영광을 위해 증언하라. 그리스도를 믿는 종들이 (성서를) 읽고 기뻐하도록 만들고, 우리는 읽고 듣는 자들을 위해 하나님께 기도할 것이다. 우리가 순교당했을 때 그들은 우리를 기억할 것이고, 우리도 저 세상에서 그들을 기억할 것이다. 우리의 사람들인 그들은 (장차) 그리스도와 함께 저 세상에 있을 것이고, 우리도 영원토록 그들과 함께 있을 것이다. 아멘."(Апостоли Павел и Варнава на соборе сказывали ж во Еросалиме пред всеми, елика сотвори Бог знамения и чюдеса во языщех с нима. В Деяниих зачало 36 и 42 зачало. И величашеся имя Господа Исуса. Мнози же от веровавших прихождаху, исповедующе и сказующе дела своя. Да и много тово най дется во Апостоле и в Деянии. Сказывай , небось, лише совесть крепку держи; не себе славы ища говори, но Христу и Богородице. Пускай раб от Христов веселится чтучи, а мы за чтущих и послушающих станем Бога молить. Как умрем, так оне помянут нас, а мы их там помянем. Наши оне люди будут там, у Христа, а мы их во веки веков. Аминь.)

10. 시의 출현과 시메온 뽈로쯔끼

러시아에 음절시가 나타나기 전 폴란드와 우끄라이나에서 성행했던 '비르쉬'(вирши)라는 형태의 시가 16세기 말부터 러시아에 출현하기 시작하였고, 17세기 초 '혼돈의 시기'에 러시아를 직간접으로 통치했던 폴란드의 영향으로 인해 급속히 유입되었다. 비르쉬는 '시'라는 의미를 갖는 라틴어 '베르수스'(versus)에서 유래된 단어이다. 폴란드어는 러시아어와는 달리 단어의 강세가 규칙적으로 단어의 끝에서 두 번째 음절에 떨어지기 때문에 폴란드 시의 압운(рифма)은 '여성운'(женская рифма)[146]이라는 특징이 있다. 이러한 '비르쉬' 혹은 '음절법 이전의 비르쉬'(досиллабические вирши)라고 불리는 형태의 시가 일부 무명시인들에 의해 쓰여졌으며, 시행의 길이, 음절수, 강세의 수 등은 전혀 고려되지 않았고 다만 시행의 마지막 단어의 강세가 폴란드 시처럼 끝에서 두 번째 음절에 떨어지는 것이 고작이었다. 게라심 스모뜨리쯔끼(Герасим Д. Смотрицкий, ?~1594)는 16세기 말에 「오스뜨로쥐스끼 공후 Князь Острожский」(1580~1581)라는 기도서

146) 시행의 마지막 단어의 강세가 끝에서 2번째 음절에 떨어지면서 동일한 소리를 내는 압운. 여성운은 러시아 시에 많은 영향을 끼친 폴란드 시에서 흔히 볼 수 있으며, 17~18세기의 러시아 시의 대부분은 여성운으로 쓰여졌다. 18세기 중엽 로모노소프에 의해 여성운 원칙은 폐지되었다.

의 서문을 비르쉬 형태로 집필하였다. 반면에 비르쉬의 특징 가운데 시행의 음절수를 균등하게 맞추어 시를 썼던 시인도 일부 등장하였는데, 대표적인 인물로 안드레이 르임샤(Андрей Рымша)를 꼽을 수 있다. 그는 1591년에 「사도 Апостол」라는 작품의 서문에 음절수를 동일하게 맞추고 있다. 즉, 후자의 비르쉬는 전자의 것에 비해 음절시의 형태에 근접하고 있다고 볼 수 있다. 이처럼 비르쉬는 러시아 음절시 발달에 디딤돌 역할을 하게 되었다. 비르쉬를 집필한 17세기 초기의 작가로는 바실리 슈이스끼 황제(Василий Шуйский) 시절 궁중 서기(дьяк)로 근무했던 수도사 예브스뜨라뜨이(Евстраты), 귀족 프니꼬프(Иван Фников), 공후 흐보로스찌닌(Иван Андреевич Хворостинин), 궁중 고관을 역임했던 귀족 로만추꼬프(Алексей Саввич Романчуков), 미하일 즐로빈(Михаил Злобин) 그리고 뾰뜨르 삼소노프(Пётр Самсонов) 등을 꼽을 수 있다. 이들이 쓴 비르쉬는 종교적 논쟁, 서한문, 기도문, 탄원서 등이 주류를 이룬다.

시메온 뽈로쯔끼(그라뷰르 소꼴로프의 작품)

사무일 시뜨니아노비치-뻬뜨롭스끼(Самуил Емельянович Ситнианович-Петровский)가 본명인 시메온 뽈로쯔끼(Симеон Полоцкий , 1629~1680)는 백러시아 출신으로 1629년 백러시아의 뽈로쯔끄(Полоцк)에서 출생했다. 청년시절 우끄라이나의 '끼예프-모길랸 학교'(Киево-Могилянская Академия)와 '폴란드-예수교 학교'(Польско-Иезуитская Академия)에서 수학하였고, 1648년부터 백러시아어 · 폴란드어 · 우끄라이나어로 시를 쓰기 시작하였다고 알려져 있다. 1656년 뽈로쯔끄에 위치한 보고야블렌스끼 수도원(Богоявленский монастырь)에 들어가 시메온이라는 수도사명을 부여받고 수도사들을 가르치기 시작하면서 그의 명성이 러시아에 널리 알려지기 시작하였다. 그해 가을 알렉세이(Алексей Михаилович, 1645~1676) 황제가 리가(Рига) 외곽에 주둔하고 있던 러시아 군대를 방문하던 중 뽈로쯔끄에 머물게 되었는데, 이때 시메온이 황제의 방문을 환영하는 시를 지어 낭송하면서 첫 만남을 가졌다. 1660년 황제의 초청을 받은 시메온은 제자들과 함께 모스끄바를 처음 방문하여 황제에게 자신이 지은 시를 선사하였다. 1661년에 폴란드가 뽈로쯔끄를 점령하자 3년 후인 1664년 시메온은 모스끄바로 영구 이주하였다. 그는 1665년에 모스끄바 근교에 위치한 자이꼬노스빠스끼 수도원(Заиконоспасский монастырь) 내에 동일한 이름의 학교를 설립하여 라틴어와 로만 카톨릭의 문화와 지식을 가르쳤다. 황제는 '비밀 업무성'(Приказ таиных дел)의 일부 관리들을 이 학교로 파견하여 라틴어를 수학하도록 지시하였다. 파견된 관리들 중에 꾸르스끄(Курск) 출신인 메드베제프(Симеон Агафоникович Медведев, 1641~1691)가 시메온의 수제자로 성장하게 된다.

1666년과 1667년 종교회의에 참석하였던 시메온은 1667년에 총주교 니꼰(Никон, 1605~1681)과 아바꿈(Аввакум Петрович, 1620~1682)의 주장에 반박하는 내용을 담은 신학논문 「통치의 홀장(笏杖) Жезл правления」을 발표하여 황제의 절대왕권을 신학적으로 옹호하였다. 이 논문으로 인해 알렉세이 황제의 절대적인 신임을 얻은 시메온은 1667년부터 황태자 알렉세이(Алексей, 1670년에 사망)와 표도르(Фёдор, 1676~1682), 공주 소피아(Софья, 1682~1689 : 섭정)의 가정교사로 임명되어 궁중에서 그들을 가르치기 시작하였다. 이처럼 시메온은 자신이 소유한 박학한 지식과 황제의 적극적인 후원을 등에 업고 러시아 정교회의 절대적인 인물로 부각되기 시작하였다. 1678년 말 그는 모스끄바의 '궁중 인쇄소'(Печатный двор)에 문필가와 동판 제작자들을 상주시켜 서적을 출판하였는데, 이 인쇄소에서 출판되는 서적들은 총주교의 검열 대상에서 제외되는 특권을 누렸다. 시메온은 상당한 분량의 설교문과 시를 썼다고 알려지고 있는데, 대부분 그가 사망하기 직전 혹은 직후에 전집의 형태로 출판되었다. 시메온이 1680년 8월 25일 사망한 후, 수제자 메드베제프는 1668년부터 1674년까지 시메온이 모스끄바에서 행한 영적, 교훈적 내용을 담고 있는 설교문을 모아서 『영혼의 식사 Обед душевный』(1681)와 『영혼의 밤 Вечера душевная』(1683)이라는 제목으로 된 2권의 설교집을 출판하였다.

러시아 시 발달에 한 획을 긋는 중요한 역할을 한 시메온의 '음절시'(силлабический стих : 시행에 포함된 음절수의 동일성을 원칙으로 하되 규칙적인 '강세 ударение'를 고려하지 않는 시)들은 그가 사망하기 2년 전인 1678년부터 집대성되기 시작하여 『음운 작시법 Рифмологион или стихослов』이라는 제목으로 1679년에 출판되었다. 이 작품집에 수록된 시는 1,500여 편의 방대한 분량인데, 대부분 낭송을 위한 것들이었다. 이들 중 대부분은 궁중이나 교회의 특별 행사를 송축하는 내용을, 그리고 일부 작품들은 황제 혹은 그의 직계가족들의 출생·결혼·죽음·즉위에 관련된 찬양조의 내용을 담고 있다. 그 중 주요한 작품으로 다음과 같은 것을 꼽을 수 있다. 1665년 4월 23일 황태자 시메온 알렉세예비치의 출생에 관한 「마음에서 우러난 환영 Благоприветствование」, 1667년 9월 1일 황태자 알렉세이 알렉세예비치에 관한 「러시아의 독수리 Орел Российский」, 1669년 4월 29일 황후 마리야 밀로스라브스까야의 죽음에 대한 「애가 Френы или плачи」, 1672년에 새로 건축한 꼴로멘스꼬예(Коломенское) 궁으로의 이주를 축하하는 「환영 Приветство」, 1676년 1월 29일 알렉세이 미하일로비치 황제의 죽음을 추도하는 「마지막 목소리 Глас последний」, 1676년 6월 18일 표도르 알렉세예비치 황제의 즉위식에 관한 「듣기 좋은 구슬리 Гусль доброгласная」. 『음운 작시법』에 실린 시메온의 음절시는 18세기에 러시아 문학의 주요 장르로 부각된 '음절 억양법'(силлабо тоническое стихосложение)[147]에 맞추어 쓰여진 '송시'(ода)[148]에 적지 않은 영향을 끼쳤다.

시메온의 『백화의 과수원 Вертоград Многоцветный』은 『음운 작시법』과는 달리 낭송보다는 단순히 읽는 데 주안점을 두고 쓴 작품집으로 상당히 많은 분량의 음절시로 구성되어 있다. 대부분 작품이 종교 및 교훈적인 내용을 담고 있으며 상징성을 강하게 내포하고 있다. 각각의 시는 믿음·도덕·탐욕 등 소제목으로 분류되어 있으며, 소제목에 포함되는 시들은 백과사전처럼 알파벳순서의 주제로 나열되어 있는 것이 특징이다. 또한 이 작품에는 고대와 중세 서유럽 역사에 관한 광범위한 지식을 담고 있는 고대 그리스 신화에 관한 내용과 시저(Julius Caesar, 100~44 B.C.), 아우구스투스 황제(Octavius Augustus, 63 B.C.~14 A.D.), 알렉산더 대왕(Alexander the Great, 356~323 B.C.), 디오게네스(Diogenes, 412~323 B.C.), 유스티아누스 I세(Justinian I, 527~565) 등에 관한 역사적인 일화들도 다루고 있을 뿐 아니라, 스핑크스·불도마뱀·불사조·켄타우루스·악어·타조·보석 등에 관한 다양한 정보도 제공하고 있다.

1665년부터 1668년까지 3년간 비밀업무성의 관리로 근무하면서 시메온으로부터 라틴어를 배운 수제자 메드베제프는 스승의 권고를 받아들여 1672년 공직에서 은퇴하고, 1675년에 수도사가 되어 실베

147) 시행에 포함된 강세음절의 규칙적인 분포를 원칙적으로 하는 작시법.

148) 서정시의 일종으로 황제를 포함한 위대한 인물의 삶과 죽음, 대관식, 국가적인 행사의 축하, 국가의 운명과 전쟁 등을 주제로 다루는 연의 형식을 갖춘 시.

스뜨르(Сильвестр)라는 수도사명을 부여받았다. 실베스뜨르는 시메온이 사망하기 2년 전인 1678년부터 1689년까지 시메온이 관리했던 궁중 인쇄소에서 교정작업과 문서관리를 담당하였고, 1680년부터 자이꼬노스빠스끼 학교의 책임자로 활동하였다. 시메온 사후 실베스뜨르는 시메온의 또 다른 제자인 까리온 이스또민(Карион Истомин, ?~1717)과 함께 많은 음절시를 집필하였다.

11. 희곡과 연극의 출현

흥미롭게도 시메온 뽈로쯔끼의 『음운 작시법』의 끝부분에는 자신이 1673년부터 1675년에 걸쳐 쓴 2편의 희곡이 첨부되어 있는데, 「탕자에 관한 우화의 희극 Комидия притчи о блуднем сыне」과 「느브갓네살 왕에 관해서, 황금 송아지에 관해서 그리고 풀무 불 속에서 타지 않았던 세 소년에 관해서 О Навоходоносоре царе, о теле злате и о триех отроцех, в пещи не сожженных」가 바로 그것이다. 이 작품들은 당시 '끼예프-모길랸 학교'에서 교육적인 목적으로 행해졌던 '학교극'(школая драма)에 사용하기 위해서 쓰여졌다. 후자는 다니엘서에 등장하는 하나니아, 아자리아, 미샤엘이라는 3명의 유대인 청년이 여호아 하나님을 믿는 신앙을 저버리지 않는다는 이유로 느브갓네살 왕에 의해 풀무 불에 던져졌음에도 불구하고 천사의 도움으로 몸이 타지 않았다는 내용을 다루고 있고, 전자는 신약복음서에 기록된 돌아온 탕자에 대한 예수의 비유를 드라마로 각색한 것이다. 「탕자에 관한 우화의 희극」은 프롤로그와 에필로그 그리고 총 6막으로 구성되어 있으며, 각 막이 끝나면서 합창단원들이 노래를 부른 후 막간에 익살꾼이 출현하여 연출한 각 막의 내용을 패러디하고 있는 것이 특징이다. 시메온은 작품에 등장하는 인물들에게 개인적인 특성과 이름을 부여하지 않음으로써 학생들로 하여금 등장인물인 아버지, 부친의 말에 복종하는 큰아들, 탕자인 작은아들 등을 현실세계에 존재하는 일반적인 인물의 전형으로 받아들이기를 원했다. 시메온의 학교극에서 나타나는 사건의 논리적인 전개, 긍정적인 인물과 부정적인 인물에 대한 명확한 구분, 교훈적인 메시지, 현실세계에서 발생하는 사건의 간접적인 표현 등은 18세기 러시아 고전주의 드라마의 발판을 제공하게 되었다.

17세기에 러시아에서는 연극이 세속적인 내용을 담고 있다는 이유로 이의 제작과 상연을 금지하고 있는 상황이었다. 이런 가운데 고위 외교관 아르따몬 마뜨베예프(Артамон С. Матвеев, 1625~1682)가 극장 설립에 적극적이고 주도적인 역할을 하였다. 그는 알렉세이 황제를 설득하여 1672년 봄 궁중극장 설립 허락을 받아냈다. 1672년 5월 31일 황제의 둘째 부인 나딸리야(Наталья Кирилловна)로부터 뾰뜨르 I세가 태어나자 황제는 이를 축하하는 희곡을 상연할 것을 지시하였다. 마뜨베예프는 모스끄바의 외곽에 위치한 독일인 마을에 살고 있던 루터란 교회 목사인 요한 그레고리(Johann Gottfried Gregori)에게 연극을 제작하여 상연해 줄 것을 부탁하였다. 그는 황제로부터 "독일인 그레고리가 구약성서의 에스더서를 주제로 한 연극상연을 허락한다"는 내용을 담은 칙령을 6월 4일 받아낸 후, 귀족 밀로슬랍스끼(Милославский)의 저택에 연극을 상연할 수 있는 소극장의 건립을 추진하였다. 그레고리 목사의 총감독하에 러시아에 거주하는 다양한 신분의 외국인 가운데 60명이 등장인물로 선발되었고, 그해 10월 17일 러시아 최초의 연극인 페르시아의 아하수에로 왕과 그의 두 번째 부인인 유대 여인 에스더의 사랑을 주제로 한 「아하수에로의 종교극 Артаксерксево действо」이 황제와 나딸리야 황후, 그리고 일부 측근들이 참석한 가운데 장장 10시간에 걸쳐 상연되었다. 황제는 이 작품의 주인공 아하수에로 왕처럼 둘째 부인 나딸리야와 깊

요한 그레고리(1672년 작품)

은 사랑을 나누고 있었던 상황이었기에 자신의 처지에 빗대며 남다른 감회를 느끼면서 이 작품을 극찬하였다.

이후 그레고리는 성서를 주제로 한 일련의 희곡들을 제작하여 상연하였는데, 「유디프 Юдифь」, 「아담과 이브에 관한 슬픈 희극 Жалостная комедия об Адаме и Еве」, 「요셉에 관한 신선한 소희극 Малая прохладная комедия об Иосифе」, 「티무르 악사끄 종교극 Темир-аксаково действо」 등이 그것이다. 이 중 외경을 주제로 하고 있는 「유디프」는 코믹한 요소를 많이 내포한 총 7장으로 구성된 작품으로 당시 상당한 인기를 얻은 것으로 알려져 있다. 앗시리아의 장수 올로페른(Олоферн)이 유대 땅을 침공하여 베풀리야(Бефулия)를 점령하자, 미모의 왕비 유디프(Юдифь)가 앗시리아의 압제로부터 조국을 구하기 위하여 올로페른을 유혹하여 살해한다는 내용을 주제로 다루고 있다. 등장인물들 가운데 포로로 잡혀온 앗시리아 군인 쑤사낌(Сусаким)과 유디프의 하녀 아브라(Абра)는 관객들에게 웃음을 선사하는 중요한 역할을 한다.

유대 군인들에 의해 포로로 잡혀온 쑤사낌은 겁이 많고 단순 무지한 인물이다. 제6장 5막에서 유대 사형집행인 베네야(Бенея)는 칼 대신 여우 꼬리털로 쑤사낌이 죽은 자처럼 땅에 쓰러질 때까지 그의 목을 내리쳤다. 그리고 베네야가 동료들과 함께 무대에서 퇴장한 후, 쑤사낌은 천천히 일어나며 독백하였다. "내가 지금 어떻게 되었는지 나도 모르겠다. 내가 살았나, 죽었나? 내가 진짜 죽었는지 살았는지 정말로 알 수가 없구나. 내가 확실히 알고 있는 것은 창자 안쪽에서 오른쪽 다리를 통과하고, 다리에서 목구멍 속으로 통과한 내 생명과 오른쪽 귀로 말미암아 흥분한 내 영혼이 나에게서 떠났다는 것이다. 내가 빛을 인식하고 있다는 것 같은 생각이 든다! 여기 내 양말과 신발이 있다. 저기 내 모자가 놓여 있네. 여기 내 겉옷과 바지가 있다. 그런데 내 머리는 어디 있는지 통 모르겠다."(Якоже надо мною ныне творитца, не ведаю. Жив ли я или мертв? Право, впрям того знать не могу, подлинно ли умер есмь. Аз подлинно слышу, что от мене живот отступил из нутренних потрохов в правую ногу, а из ноги в гортаны, и правым ухом вышла душа; токмо еще мнится ми, яко несколько света помню: зде мои чулки и башмаки; тамо лежит моя шляпа, зде мой кафтан и штаны; токмо того не знаю, где глава моя.)

(그는 여기저기를 바라보며 자신의 머리를 찾는다.) "오, 여러분! 만일 여러분 중 누군가가 사랑과 우정이 결핍되어 내 머리를 감추었다면, 모자를 벗고 정중하게 그에게 요청합니다. 그리고 그가 내 머리를 돌려줄 것을 간절히 빕니다. 혹시 도둑놈 두흐(Доох)가 내 머리를 훔쳐 자기 집으로 가져간 것은 아닐까요? 내가 죽은 후, 난 단지 유령이나 혼령이 될 것입니다. 그러면 한밤중에 두흐의 집으로 가서 그를 깜짝 놀라게 만들어, 그가 내 머리를 가져오게 만들 것입니다." *(Он везде ищет главы своея)* (О вы, господа! Аще ли кто от вас из любви и приятства мою главу скрыл, и того покорно без шляпы прошу и молю, чтоб мне он возвратил. Или вор Доох с собою в жилище свое взял? Аз же по сей смерти инако не буду, токмо аки привидением или мечтанием: нощию

войду в чертог Дюхов и ево так устрашу, что он главу мою мне возвратит.)

마지막 제7장 3막에서 유디프는 하녀 아브라와 함께 부하들과 함께 술을 마시고 있는 올로페른의 장막을 찾아간다. 술이 건하게 취한 올로페른은 유디프와 잠자리를 함께 하겠다는 마음을 품고 부하들을 장막에서 물리친다. 이때 상황을 잘못 판단한 하녀 아브라가 올로페른과 잠자리에 드는 것을 도와주려는 심산으로 유디프에게 "무엇을 원하십니까, 마님? 혹 제가 마님의 옷을 벗겨드릴까요?"(Что желаеши, госпожа моя возлюбленная? Или хощеши одежду свою низ сложити?)라는 어처구니없는, 그러나 그녀에게는 꽤나 심각한 질문을 던져 관객들로 하여금 폭소를 유발시킨다. 유디프는 그녀에게 장막 밖으로 나가서 군인들이 들어오는 것을 감시하라고 이르고 술에 취해 침상에 누워 잠든 올로페른의 칼을 뽑아들고 하나님께 기도한 후 그의 목을 잘랐다. 유디프가 그의 목을 들고 장막에서 나왔을 때, 아브라는 그녀를 바라보며 심각하게 말문을 연다. "오!, 나는 감히 할 수 없는 일이야. 오! 그녀가 용맹스런 장수의 목을 잘랐다! …이 비참한 사람(올로페른을 지칭)이 잠에서 깨어나면, 유디프가 자신의 목을 잘라간 것에 대해 뭐라고 말할까?"(О! никогда бы аз тако дерзостна была. Ох! таковому храброму воину главу отсекла! ...Что же тот убогий человек скажет, егда пробудится, а Июдифь с главою его ушла?)

이 작품은 조국을 위해 적군 장수의 목을 베는 유디프의 애국심이 장엄하게 펼쳐지면서, 동시에 익살꾼의 역할을 하는 아부라와 쑤사낌을 통해 희극적인 요소를 첨가하여 웃음을 자아내는 독특한 작품이다. 유디프와 유대민족의 올로페른과 앗시리아인들에 대한 승리는 러시아가 당시 적대관계에 놓여 있던 비기독교 국가인 터키에 대해 언젠가 승리할 것이라는 상징성을 내포하고 있기도 하다.

러시아 최초의 연극 제작자였던 그레고리가 1675년 사망하자 그와 함께 연극 제작에 참여했었던 독일인 야콥 히워너(Jacob Hiwner)가 궁중극장의 책임자가 되었으나, 이듬해 알렉세이 황제가 사망하고 나서 궁중극장은 문을 닫게 되었다.

17세기 말 러시아 희곡은 크게 두 부류로 나눌 수 있다. 첫째, 요한 그레고리와 그의 후계자들이 주도했던 궁중연극. 둘째, 시메온 뽈로쯔끼에 의해 뿌리를 내리기 시작한 학교극. 두 부류 모두 성서를 주제로 하여 교훈적 메시지를 담고 있다는 것이 공통점이다. 반면 대조되는 특징으로 전자는 산문 형식을, 후자는 주로 음절시 형태를 띤 운문 형식을 취하고 있다. 전자는 독일인들에 의해 제작되었기에 후자에 비해 문어인 교회슬라브어보다는 일상구어를 주로 사용하였고, 이로 인해 익살스럽고 우스꽝스런 효과를 더욱 유발하고 있다. 요한 그레고리에 의해 시작된 러시아 연극은 1676년 1월 30일 알렉세이 황제 사후 문학의 세속화를 염려한 보수적 성향의 집권층에 의해 중단되었다가, 18세기 초 개혁을 추구했던 뾰뜨르 대제 시절에 대중적 문학장르로 다시 부활하게 된다.

참고문헌

Адрианова-Перетц, В.П. *Древнерусская литература и фольклор.* Ленинград : Наука, 1974.

______, *Очерки по истории русской сатирической литературы XVII в.* Москва : Издательство академии наук СССР, 1937.

______, ред. *Повесть временных лет.* Москва : Издательство академии наук СССР, 1950.

Гаспаров, Б. *Поэтика "Слово о полку Игореве".* Wien : Gesellschaft zur Forderung slawistischer Studien, 1984.

Гудзий , Н.К. *История древней русской литератры.* Москва : Государственное учебно-педагогическое издательство, 1953.

______, состав. *Хрестоматия по древней русской литературе XI ~XVII веков.* Москва : Государственное учебно-педагогическое издательство, 1955.

Дмитриева, Л.А. и Д.С. Лихачёв, ред. *Памятники литературы древней руси.* Москва : Художественная литература, 1984.

Еремин, И.П. *Лекции и статьи по древней русской литературе.* Ленинград : Издательство ленинградского университета, 1987.

______, *Литература древней руси : этюды и характеристики.* Ленинград : Наука, 1966.

Истрин, В.М. *Очерк истории древнерусской литературы домосковского периода : 11 ~ 13вв.* Петроград: Наука и школа, 1922.

Кузьмин, А.Г. *Начальные этапы древнерусского летописания.* Москва : Издательство московского университета, 1997.

Кузьмин, В.Д., ред. *Исследования и материалы по древнерусской литературе*. Москва : Издательство академии наук СССР, 1961.

Кулешев, В.И. *История русской литературы X~XX века : для студентов-иностранцев*. Москва : Русский язык, 1989.

Кусков, В.В., состав. *Древнерусская литература в исследованиях*. Москва : Высшая школа, 1986.

______, *История древнерусской литературы*. Москва : Высшая школа, 1982.

Лазутин, С.Г. *Поэтика русского фольклора*. Москва : Высшая школа, 1981.

______, *Русская частушка : вопросы происхождения и формирования жанра*. Воронеж, Издательство воронежского университета, 1960.

______, *Русское устное народное творчество*. Москва : Высшая школа, 1977.

Лебедев-Полянский, П.И., ред. *История русской литературы* Том I и II. Москва : Издательство академии наук СССР, 1946, 1948.

Лихачёв, Дмитрий С., ред. *История русской литературы : X~XVII вв*. Москва: Просвещение, 1980.

______, *Великий путь*. Москва : Современник, 1987.

______, *Великое наследие*. Москва : Современник, 1975.

______, *Исследования по древнерусской литературе*. Ленинград : Издательство наука, 1986.

______, *Поэтика древнерусской литературы*. Ленинград : Издательство наука, 1967.

______, *Развитие русской литературы X~XII веков*. Ленинград : Издательство наука, 1973.

______, ред. *Словарь книжников и книжности древней руси*. Ленинград : Издательство наука, 1987~1998.

______, *"Слово о полку Игореве" и культура его времени*. Ленинград : Художественная литература, 1978.

______, *Человек в литературе древней руси*. Москва : Издательство наука, 1970.

Орлов, А.С. *Древняя русская литература*. Москва : Издательство академии наук СССР, 1945.

______, ред. *Труды отдела древне-русской литературы*. Том. I~XLVIII. Москва :

Издательство академии наук СССР, 1934~1993.

Осоргина, А.М. *История русской литературы: с древней ших времен до Пушкина* Париж : YMCA Press, 1955.

Пруцков, Н.И., ред. *История русской литературы в четырех томах* Том I. Ленинград : наука, 1980.

Робинсон, А.Н. *Литература древней руси в литературном процессе средневековья XI~XIII вв.* Москва : Издательство наука, 1980.

Рогачевская, Е.Б., ред. *Энциклопедия литературных героев : русский фольклор и древнерусская литература.* Москва: Издательство АСТ, 1998.

Ромодановская, Е.К., ред. *Памятники литературы и общественной мысли эпохи феодализма* Новосибирск : Издательство наука, 1985.

Сазонова, Юлия. *История русской литературы: древний период* Иью-Йорк : Издательство имени Чехова, 1955.

Срезневский, Измаил Иванович., состав. *Материалы для словаря древнерусского языка* Том. I~III. Москва : Государственное издательство иностранных и национальных словарей, 1958.

Щеблыкин, И.П. *История русской литературы: XI~XIX вв.* Москва : Высшая школа, 1985.

Brown, William Edward. *A History of Seventeenth-Century Russian Literature.* Ann Arbor, Michigan : Ardis, 1980.

Cross, Samuel Hazzard, & Olgerd P. Shobowitz-Wetzor, translated and edited. *The Russian Primary Chronicle : Laurentian Text.* Cambridge, Mass: The Medieval Academy of America, 1953.

Fennell, John and Antony Stokes. *Early Russian Literature.* London : Faber and Faber, 1974.

Lindstrom, Thais S. *A Concise History of Russian Literature : from the Beginnings to Chekhov.* New York : New York University Press, 1966.

Mann, Robert. *Lances Sing : A Study of the Igor Tale.* Columbus, Ohio : Slavica, 1990.

Mirsky, Dmitry Svyatopolk. *A History of Russian Literature.* New York : Alfred A. Knopf, 1964.

Moser, Charles A., edited. *The Cambridge History of Russian Literature.* Cambridge :

Cambridge University Press, 1989.

Rybakov, Boris A. *Kievan Rus.* translated by Sergei Sossinsky from *Киевакая Русь и русские княжества XII ~XIII вв.* Moscow : Progress Publishers, 1989.

Stender-Petersen, AD., edited. *Anthology of Old Russian Literature.* New York : Columbia University Press, 1954.

Terras, Victor. *A History of Russian Literature.* New Haven, Mass. : Yale University Press, 1991.

______, edited. *Handbook of Russian Literature.* New Haven, Mass. : Yale University Press, 1985.

Tschizewskij, Dmitrij. *History of Russian Literature : from the Eleventh Century to the End of the Baroque.* Hague: Mouton & Co., 1962.

Vernadsky, George, and Michael Karpovich. *A History of Russia.* New Haven, Mass.: Yale University Press, 1943.

Vernadsky, George, translated. *Medieval Russian Laws.* New York : Columbia University Press, 1947.

______, *The Origins of Russia.* Oxford : Clarendon Press, 1959.

Zenkovsky, Serge A., edited & translated. *Medieval Russia's Epics, Chronicles, and Tales.* New York : Dutton, 1963.

______, edited & translated. *The Nikonian chronicle.* Princeton, New Jersey : Kingston Press, 1984.

______, *Русское старообрядчество : духовные движения семнадцатого века.* München : W. Fink, 1970.

고대 러시아 문학사

저 자 : 김문황
발 행 처 : 도서출판 개신 (충북대학교 출판부)
발 행 인 : 임동철
주 소 : (361-763) 충북 청주시 흥덕구 성봉로 410
전 화 : (043) 261-2952, 3014
팩 스 : (043) 274-1256
이 메 일 : presscbu@chungbuk.ac.kr
등 록 : 제1983-2001-7호
초판3쇄 : 2009.1.15
인 쇄 처 : 삼성디자인기획 042)221-3111

ⓒ도서출판 개신 2008, printed in KOREA
ISBN 978-89-7295-149-0 93890

값 19,000원